区域国别学丛书

国际区域研究选论

张蕴岭 著

山东大学出版社
SHANDONG UNIVERSITY PRESS
·济南·

图书在版编目(CIP)数据

国际区域研究选论 / 张蕴岭著. —济南:山东大学出版社,2024.6
ISBN 978-7-5607-8239-3

Ⅰ. ①国… Ⅱ. ①张… Ⅲ. ①国际关系—研究 Ⅳ. ①D81

中国国家版本馆 CIP 数据核字(2024)第 099871 号

责任编辑 陈佳意
封面设计 杜 婕

国际区域研究选论
GUOJI QUYU YANJIU XUANLUN

出版发行 山东大学出版社
社 址 山东省济南市山大南路 20 号
邮政编码 250100
发行热线 (0531)88363008
经 销 新华书店
印 刷 济南新科印务有限公司
规 格 720 毫米×1000 毫米 1/16
19.75 印张 325 千字
版 次 2024 年 6 月第 1 版
印 次 2024 年 6 月第 1 次印刷
定 价 59.00 元

总　序

区域国别学一级学科的设立对于我国的区域国别研究、学科建设和人才培养有着重大的意义。

认识世界需要从认识区域和国别开始。国家是世界构成的基础，每个国家都处在一定的区域，区域和国别间既有紧密的联系，也有各自的特质。区域国别学是一个交叉学科体系，无论从对象、方法，还是理论与实践都具有不同于其他学科的特征。

区域国别学需要区域学理论构建。区域是所在国家的地缘载体，在区域范围内，各国间有着长久、多样和特殊的联系。从本质上说，区域是相关国家的共处、共生之地。如今，在各个区域层次上都发展起了以区域为载体的多种形式的合作与治理机制，像欧盟、东盟等已经具有不同特征的区域管理与治理功能。

区域国别学需要国别学理论构建。现代民族国家制度是由《联合国宪章》所确立的。各国都经历了很长的历史演变，不同的历史时期有着不同的存在和发展形式。二战后，现代民族国家构建得到普遍的发展，各国实现独立自主基础上的现代民族国家的构建和治理。世界各国在政治制度、国家治理、社会经济发展、对外关系等方面都各具特色。

区域国别研究需要学科交叉方法。以往区域国别研究主要是单学科导向的，得到了很大的发展，但交叉学科导向的区域国别研究由于缺乏学科的支撑，没有得到很好的发展。单学科导向的研究把区域与国别问题分割成不同的学科主题，有助于专门的研究。但区域国别问题具有很强的综合性，仅有单学科导向往往不能认识问题的全貌和特性，甚至可能会形成错误的定论以及政策取向。比如，对经济的分析，在很多情况下需要考虑政治、社会以及外部因素，如果不考虑，就有可能得出偏颇的结论，与经济的实际运行相差甚远。学科交叉是科学发展本身的必然趋势，无论是自然科学，还是人文社会科学，越来越多的问题都需要用交叉学科知识和学科交叉方法来进行观察、分析与认定。这就是为何要设立交叉学科门类和在交叉学科门类下设立以交叉学科为定位的学科。区域国别学一级学科的设立，为用交叉学科方法研究世界区域国别提供了学科支撑。

设立交叉学科门类下的区域国别学既是学科发展的需要，也是国家发展的需要。长期以来，区域国别研究领域有影响力的认知、理论和政策大都来自西方国家，特别是欧美大国。近代以来，西方大国崛起后基于对外扩张的需要，加强了对区域国别的研究，形成了基于其价值观认定和利益定位的区域国别认知和理论。一方面，这些认知和理论成为其制定对外政策的根据和引导，为其实施对外扩张、殖民、控制、干预提供支持；另一方面，通过多种形式的话语传播，西方大国也获得了话语权。

我国的区域国别研究有着很长的历史和雄厚的基础。特别是改革开放以后，我国的区域国别研究得到快速的发展，为我国深入了解世界、走向世界做出了贡献。区域国别学一级学科的设立使我国的区域国别研究和人才培养进入一个新的发展时期。有了学科支撑，就可以对研究、教学进行科学的布局，将使我国的区域国别研究和人才培养得到更好的发展。

从提升国际话语权的角度来看，向世界推介具有中国特色的区域国别学成果，可以大大提升我们的国际影响力，有助于我们在国际交往中获得更大的话语权。中国特色的区域国别学理论和体系构建，要广泛吸收国外已有的优秀成果，继承中国优秀传统思想文化，立足当代，面向未来。中华民族伟大复兴是中国人民的伟大事业，对于世界的发展有着巨大的影响。中国人对世界的认知以及在世界的话语权等，不但不能缺失，而且还必须有区别于他者的立场，在传统与现代、东方与西方、当今与未来等重大问题上，推出更符合世界可持续发展、和合共处的理念与方略。

构建中国特色的区域国别学体系是一项大工程，需要动员和组织国内高校和研究机构力量一起做。同时，作为一项系统工程，区域国别学学科体系构建需要做好顶层设计，进行统筹与合理规划，把体系构建与服务国家战略、新时代人才培养紧密结合起来，与提升我国在国际上的话语权紧密联系起来，使我国区域国别学学科的建设在实践中得到更好的发展，发挥更大的作用。

我们推出"区域国别学丛书"的目的在于为推动我国的区域国别学学科建设做出努力，本丛书由山东大学出版社出版，本项工作得到教育部国别和区域工作秘书处的支持，在此深表感谢。

"区域国别学丛书"编委会

2024年元月

前　言

国际区域研究是我从事国际问题研究的主要领域，我围绕该领域发表了许多论文和研究报告。这里所选的是我2000年以后发表的论文和调研报告，主要涉及国际区域理论以及有关亚太、东亚、东北亚、东盟、周边地区等领域的问题。

在国家设立区域国别学学科之后，为了推动学科理论的构建，我主编了《国际区域学概论》《国际区域治理概论》和《国际区域认同研究》，三本书都是由我负责设计、撰写导论、规划各章、邀请作者参与撰写和对所有章节进行认真审定和修改，以实现全书理论框架、内容和结构的协同。三本书都是集中于国际区域的理论性研究和创新理论构建。我决定出版这本选论的目的在于丰富国际区域学理论体系构建的内容。

希望在大家的共同努力下，我国的区域国别学学科建设能够得到更好的发展。感谢山东大学出版社对本书出版提供的大力支持。

张蕴岭

2024年1月

目　录

综合理论研究

周边问题研究

东亚问题研究

“一带一路”研究

综合理论研究

国际区域学理论探讨

国际区域是由多个国家共处的地区，地缘链接是国际区域的基础。[①] 国际区域是一个客观存在，具有显性的关系和直接的利益。对于国家而言，所在国际区域的关系和利益通常被置于对外关系和涉外利益的首要地位。对于世界来说，区域是国家群组的重要载体，承担着重要的发展与治理职能。我们通常把区域和国别研究放在一起，尽管区域和国别二者有着不可分割的特征，即研究区域离不开对国别的研究，研究国别也不能忽视所在的区域，但国际区域研究是一门独立的学问，因为国际区域有着独立的组成结构和运行机制。因此，创建国际区域学理论体系十分必要。国际区域学理论需要回答国际区域是什么、国际区域怎样构成和国际区域如何运行。

一、国际区域的构成与定位

（一）国际区域的构成基础

世界是一个整体，在构成结构上分为三个层次：国家—区域—世界。国家是现实世界的本位和基础，国际区域介于国家与世界之间。国际区域是一个多国共处的地缘与利益空间，也就是说，国际区域既基于地缘链接，也基于利益链接；既有国家间的关系，也有区域层次的关系；既有区域内关系，也有区域间关系。从世界范围看，尽管不同的区域在构成、链接方式、关系结构、治理形式等方面很不相同，但是作为区域，也有相同与相似之处，有体现国际区域存在和发展的普遍性特征与规律。因此，国际区域学理论是在

① 这里之所以用“国际区域”（international region），有两个原因。其一，这里所说的“区域”是各国共同相处的区域，对一国来说，本国以外的区域具有国际的性质，区内链接是国家间的联系，区内关系为国际关系；其二，一国之内也有不同的区域（region），区域学也是专门的学问，国际区域与国内区域不同。通常所说的“区域合作”，实际上是“国际区域合作”的简称。

对世界不同国际区域研究和比较的基础上，提出国际区域构成与运行的一般规律。[①]

地缘是国际区域划定的基础，通常分为两个层次：第一层次是大区域，以洲为界，分为五大洲区；第二层次是次区域，在大洲之内划分，基本以近地缘为界。此外，在次区域之内，还有基于接邻地区链接的各类小区域，大多是由几个国家间的相邻区域构成，规模不等，且划分也因不同的定位而异。

基于地缘定位的大区域，首先是一个地理概念，但它们也并非仅仅是一个地理存在。基于长期历史的发展，各洲内都有着特殊的内在联系与利益基础。洲际区域范围广，国家之间存在种族、政治、经济、文化上的差异。但是，出于地缘链接的原因，特别是出于政治、安全、经济、社会、文化方面的联系和利益驱动，各洲际区域都发展起了形式多样的区域机制或制度构建机制。在世界五大洲中，欧洲、美洲、非洲、亚洲和大洋洲都建立了洲际区域组织对区域进行治理。在次区域层次，由于地缘更近，利益链接更直接，人文交流更密切，因此，在许多方面，区域的特性更强，大多发展起了区域组织或者合作机制，对区域进行更有深度的管理和治理。

国际区域性机制构建巩固了国际区域存在与运行的基础。国际区域机制构建的驱动和支持要素多样，比如阿拉伯国家联盟（简称“阿盟”）、海湾阿拉伯国家合作委员会（简称“海合会”），二者既有地缘链接，又有族群和政治特征。又如东亚，其地缘定位是指东北亚与东南亚，但如今，大洋洲的澳大利亚、新西兰加入了东亚区域合作框架，被认为属于利益上的东亚区域；印度属于南亚，其加入了东亚区域合作机制，使得东亚的区域范畴进一步扩大。由此，东亚既有基于地缘构建的国际合作区域，也有基于利益构建的功能性合作区域。因此，国际区域学理论构建既包括地缘基础上的国际区域，也涵盖基于利益的功能性区域。[②] 显然，地缘国际区域的客观存在是区域机

---

① 国内通行的国别与区域研究包含两层含义：一是国别，二是区域。尽管二者有密切的联系，但研究上有很大的不同。国别研究着眼于单个国家的政治、经济、语言、文化、历史等，而区域研究“更加重视整体主义，强调应将区域作为一个整体看待”。参见郭树勇等编著：《新编区域国别研究导论》，高等教育出版社 2019 年版，第 49 页。

② 基于功能性构建的机制是否被视为国际区域，要作具体分析。比如，美国主导的双边军事同盟就不被认为是区域性功能构建。还有欧盟和日本签订了经济伙伴关系协议，被视为有别于全球多边协议的区域性协议，但这应该属于跨国的功能性机制构建协议，并非属于严格意义上的国际区域范畴。又如东亚峰会、区域全面经济伙伴关系（RCEP），二者均由东盟推动建立，尽管前者有美国和俄罗斯参加，后者有澳大利亚和新西兰参加，但其主体还是基于东亚范畴，应该属于国际区域组织或者机制。

制构建的基础，而区域机制的构建不管通过什么样的形式，都是对国际区域存在的加强，区域机制的多样性凸显了国际区域的差别特征。①

世界分为各种区域，但在地理大发现之前，人们对外部世界的认识有限，主要是所在的区域。可以说，近缘区域就是“天下”，即认识的整个世界。地理大发现使得区域的地位发生变化，把区域置于世界的大框架之下，出现了不同的区域。② 现代民族国家规则确定之后，区域的地位又发生了变化，区域被置于民族国家的基础之上，成为国家（复数）的区域，具备了国际的性质。全球化的发展使得区域进一步发生变化，把区域置于开放的全球框架之下，成为全球的区域。

在现代国际体系中，国家是本位，因此，国际区域的核心问题是不同国家间如何相处，涉及利益分享、关系处理和制度构建。作为客观存在，国际区域有着诸多超国家的链接，称之为“共域链”，是构成国际区域的内在链接机制，涉及区内各国的共同利益。在国际区域内，国家之间的利益争夺或合作分歧往往引发对抗、冲突和战争，理性的或者说合理的处理方式是各国通过合作和共同参与实现利益分享和秩序共治。

地缘链接，即地理链接，本身造就了区域的自然性基础，山川、河流、海域、空域等都具有天然的区域性链接特征。历史表明，地理条件对人类活动、权力形成、文明发展等起着十分重要甚至是支配的作用。起初，人类的活动包括权力与利益争夺，主要是在一定的地理区域范围内进行的。因此，在很大程度上说，历史上的国际关系带有凸显的地缘区域特性。

现代民族国家制度确立后，地缘国际区域具有鲜明的国家性特征，即由数个国家组成。区域的国家属性是对地缘自然性的政治分割，尽管被分割，但也“藕断丝连”，存在资源的共域和共享问题。比如一条河流，基于属地的原因，被分割为不同的国家所有，每个国家都有对其拥有部分进行开发利用的独占权。但是，河流割而不断：一则，河水具有公共资源的性质；二则，河流上下游贯通，在生态环境、河水流经上具有整体性。因此，这需要相关国

---

① 皮特·普利司通（Peter Preston）认为，地区不是一种自然存在，而是各国推动构建的结果。这种观点实际上有些本末倒置，不是有了机制才有区域，而是有了区域才有构建机制的基础。关于皮特·普利司通的观点，参见 Mark Beeson, Richard Stubbs, eds., *Routledge Handbook of Asia Regionalism*, London and New York: Routledge, 2012, p.41。

② 地理大发现（Age of Exploration）是指 15 世纪到 17 世纪欧洲的船队利用海上优势，到世界各地发现贸易机会，进行殖民扩张，“发现”了亚洲、美洲。

家开展合作，合理利用和分享水资源，对流域生态环境进行共同治理。再比如海域，尽管有基于《联合国海洋法公约》的领海和专属区划分，但海域具有天然的链接属性，特别是海水、海底资源、海洋生态等都有很凸显的共域性特征。同时，海洋作为地球生态的重要组成部分也需要共同维护，其中区域性维护居于重要地位。

跨国链接是各国经济发展的基本特征，贸易交换、人员流动、投资等跨国交换、交流会随着经济发展而增加。近地缘区域为国家推动对外交往及企业走出去开展贸易、投资提供了更为有利的地缘环境和人文环境，因此成为各国政府、企业以及个人境外活动的首选之地。在近地缘区域，生产和经营活动的分工、产业链、供应链具有物流、人脉、文化等方面的优势，因而，区域性经济链能得到快速发展。

基于受益的认知和动机，国家会积极支持加强区域经济链接，推动区域合作，改善区域经济发展和贸易投资等的环境。比如，通过签订区域性协议，推动开放市场，消除或减少贸易投资壁垒，为开展区内贸易、投资和人员流动提供优惠待遇；通过建设区域基础设施交通网络、通信网络等，为经贸活动、人员流动提供便利。通过加强合作，可以获得更好的发展环境，从而使得区内贸易、投资等能有更快的增长，由此形成经济区域化的趋势加强。

区域安全涉及各国的直接利益，包括诸多方面，既有与国家间关系相联系的安全问题，也有安全威胁跨国扩散问题，还有共同安全问题等。就安全的性质而言，可分为传统安全与非传统安全。传统安全的主要表现形式是军事行为。在许多情况下，冲突或战争是在一些国家之间，特别是相邻国家之间发生的，表现为区域性冲突或战争。非传统安全问题涉及的范围很广，主要表现形式是非军事的，但其危害性并不亚于甚至大于军事手段的战争。在现代，非传统安全问题越来越凸显，并且具有很强的区域性特征。比如，毒品、恐怖主义、极端势力、网络安全、信息安全、人的安全，以及自然灾害、重大事故、公共卫生等等。这些安全问题大多具有共同安全的性质，即其威胁与损害不仅仅限于单个国家，往往具有很强的区域性特征。

民族、宗教、思想、文化都有着显性的区域特征，因此成为国际区域链接的重要元素。比如，一个民族往往分布在很大的区域，被划割到不同的国家。由于一个民族分布在多个国家，因此民族联系成为国家之间和国际区域内人际交往的重要链接。许多宗教往往以特定的区域范围为基础，作为群体共同的信仰，以内在的方式渗透到不同国家的社会生活，并且对国家政治产生重要影响。同时，宗教往往跨区域传播，有着多区域的链接。就思想文化而言，其跨国传播与联系的最直接路径是近地缘区域，长期的积累形成具有区域特色的文化圈。历史积淀与传承是思想文化发展的本质特征，而积淀与传承的重心大多是在一定区域范围内，这为形成具有区域性的文明奠定了基础。

以国家为基础构成的国际区域和作为国际区域成员的国家，二者有着互为主体和客体的关系。国际区域内国家之间的关系是一种带有一定特殊性的国际关系。之所以具有特殊性，是因为它们有着与一般国际关系不同的地缘、政治、利益、文化链接。这些要素既可以导致国家间守望相助、和谐相处，也会发生由权力争夺、霸占、吞并等驱动的冲突和战争。从历史看，各个国际区域都不乏不断发生动荡与战争的记录。国际区域不是封闭的，都会与其他区域有着多样性的联系，并且作为全球体系的一个组成部分而存在与发展。因此，一个国家、一个区域都有着多重的对外关系。在许多情况下，国际区域在链接和组合上是互有交叉的，有时一个国家可以参与多个区域①，这就使得国家间关系和国际区域的关系具有多向、多层的特征。

国际区域研究利用交叉学科研究的方法，以区域为视点，对国际区域的构成要素、运行、关系进行综合研究，找出国际区域机制或制度构建和发展的基本特征和规律。尽管每一个国际区域都有各自的不同特征，有着构成国际区域的特色要素，以不同的方式运行，发挥不同的作用与影响，但国际区域作为世界总体结构中的一个实际存在，也有共性、普遍性的东西。同时，交叉学科研究也适用于对次区域的研究，比如中东、东南亚、南亚、北非、南美等等，可以用来分析其综合的构成与特征。学科专门研究方法，是对国际区域的各个领域，主要是政治、经济、文化、治理等进行专门研究，从而产生基于区域视点的政治学、经济学、文化学等研究成果。因此，国际区域学研究实际上是一个庞大的工程，可以有许多基于不同研究方法的分类。

（二）国际区域的认知与定位

究竟如何认识和定位国际区域，这是国际区域学研究需要解决的问题。

---

① 土耳其横跨欧亚两洲，是一个典型的地缘跨区域例子，在申请加入欧盟时，其身份认同受到欧盟成员的质疑。在很多情况下，有的国家参加多个跨区域的合作机制，特别是自贸区。

从地缘角度来认识，国际区域具有自然属性，并不拥有独立于国家的法定边界，主要是基于多种要素的链接，形成了诸多共享的区域性资源和利益。因此，区域的自然属性也具有政治与社会要素链接的内涵。

从国家认同的角度来认识，基于利益的考虑和长期积累的历史、文化传承，国家对区域有身份认同，即赋予区域特殊的定位，愿意在区域关系处理和机制构建等方面给予特殊的安排。从区域治理机制的角度来考虑，在身份认同的基础上，所在国家通过合作构建区域机制或组织，使得区域组织拥有区域管理和治理功能，由此国际区域就有了独立的治理权属性，通过区域组织签署的协议、条约等具有法律效力，依据区域组织所制定的法律、规则实施管理与治理，不仅得到成员国的认可，而且对成员国有约束力，成员国有遵守的责任和义务。[①]

国际区域具有涵盖范围，其地缘范围以所有成员国的边界为基础。但是，功能性区域机制或制度构建是可以跨区域的。在一些情况下，基于"开放的区域主义"原则，国家基于利益的区域定位可以有多个选择，也就是说，不一定仅参与一个区域。基于功能性构建的区域机制形式多样，情况比较复杂，有些并不具有很强的紧密区域性特征，只是就某个领域开展合作。

国际区域的关系结构是多层次的，概括地说，主要基于三个层次：国家间关系、区域内关系和区域间关系。国家间关系是国际区域国家相互间的关系，由于每一个国家都有多个双边、三边或更多的对外关系，因此国家间关系呈现相互交叉的复杂格局。区域内关系主要包含两层含义。一是区域国家间关系的总和，好的国家间关系可以使区域内关系走向和谐与合作，不好的国家间关系可以使区域内关系走向紧张甚至对抗。现实中，如果两个或者几个国家间的关系不好，甚至发生冲突，区域内关系就会陷入困境，甚至导致区域局势动荡与冲突。国家间关系不好，不仅危及当事方的利益，而且也会危及其他国家的利益。二是区域框架下的关系，更多地体现在区域制度构建下的关系。国家对区域内关系有着直接的影响，在很大程度上决定着区域内关系，但同时，区域性规制对国家的行为有着明确的要求。区域间关系是指一个区域与另一个区域的关系，包括国家与其他区域的关系以

---

① 关于国家为何推动国际区域的机制或者制度构建，有许多理论性解释，如"联邦主义""功能主义""新功能主义""制度主义"等。关于这方面的理论介绍，参见 Mark Beeson, Richard Stubbs, eds., *Routledge Handbook of Asia Regionalism*, London and New York: Routledge, 2012, pp.11-21。

及区域之间发展的关系。区域间关系一方面受到不同区域国家间关系的影响,另一方面也取决于不同区域间构建的关系框架与机制。区域间关系是一种特殊的共处关系,良好的区域间关系建立在区内利益共享和秩序共建的基础上。从根本上说,创建良好的区域间关系有着共利的基础,因为可以为区域共处提供良好的环境,让各国从中获益。实现良好的区域间关系目标,既要靠各方的自觉行为,也要靠共建区域机制。区域间关系对国际区域的发展也起着重要的作用。从国家的角度看,区域内的国家与其他区域的国家可能结成不同的关系,有的可能因为政治、军事、民族、宗教等结成更为紧密的关系,有的甚至会结伙反对区域内或区域外其他国家。就区域而言,在有的情况下,区域之间也可能会结成不同的关系,进而对区域的发展产生影响。

区域关系是复杂多变的。基于不同的原因,一些区域会发生冲突甚至战争。比如国家在资源占有、领土归属、政治制度、宗教派系等方面存在分歧而引发争端、敌对,或者强国推行扩张或霸权而引发区域性冲突与战争。在一些区域,长期的冲突无解,不时爆发战争,使得区域关系陷入混乱,地区秩序坍塌。区域关系涉及许多因素,呈现复杂多变的特征。历史上和现实中也有过大国治下的稳定的地区关系和秩序,但是难以维持长久,要么因为大国衰落失去掌控能力,要么因为国家间权力争夺,关系结构与区域秩序遭到破坏。从长远看,良好的区域关系需要建立在合作性区域规则与法律基础之上,在有的地区,如欧洲和东南亚,其分别通过欧盟和东盟构建了区域共处的基本规则。[①]

二、国际区域学的研究方法

从综合研究的角度来看,国际区域研究大体可以分为基础研究、功能研究和制度研究。基础研究着重于对构成区域的基础因素——地缘和国家进行研究,功能研究着重于对构成区域的链接机制——政治、经济、文化在区域运行中的功能进行研究,制度研究着重于对国际区域的制度构建和区域治理进行研究。

---

① 欧盟的发展建立在一系列共同签署的条约的基础上,如《罗马条约》、《布鲁塞尔条约》、《欧洲联盟条约》(亦称《马斯特里赫特条约》)、《里斯本条约》。东盟最为重要的法律文件有《曼谷宣言》《新加坡宣言》《东南亚友好合作条约》《东盟宪章》。

(一)国际区域的基础研究

地缘链接是国际区域的基本形态,因为地缘链接把域内各国天然地连接在一起。地缘链接的要素是土地、山川、森林、河流、海洋等,它们在自然属性上是一体的。研究国际区域,需要研究区域的自然属性,即区域地理链接的结构与特征。但是,国际区域学研究的地理与自然科学研究的地理是有区别的。国际区域学所注重的主要是地理自然属性与国家属性之间的关系,特别是二者之间的平衡与矛盾。因此,国际区域学的地缘研究包括了附着其上的政治、国际关系、经济和人文因素。比如,一条大河流经几个国家,一方面河段被分割,各国都有利用径流河水的权利;另一方面,水作为区域的公共产品,需要各国对其进行综合调配、管理和治理。因此,河流就被赋予了国家间关系的性质。在国际区域内还有诸多基于地理要素的链接,而这些链接使得国际区域具有整体性,也使得各个国家之间有着难以割断的联系。地缘区域具有特殊的含义,不同的地缘区域有着不同的特征和运行方式,由此形成了地缘政治学、地缘经济学、地缘关系学、地缘社会学、地缘文化学等等。

国家是国际区域构成的基础,其对国际区域的认同和参与是国际区域机制或制度构建的关键。从这个意义上说,不了解国家,就不了解区域,因此,研究国际区域要从研究区域内的国家开始。然而,国际区域学框架中的国家与专门的国别研究不同。国别研究需要对一个国家进行多学科的研究,涉及语言、民族、政治、经济、社会、文化、对外关系等各个领域,既需要分类研究,深刻了解每一个领域,也需要综合研究,以了解国家的全貌。作为国际区域学框架下的国家研究,重点不是国家构成本身,而是国家的政治、政策和对外关系,特别是区域关系以及区域国家的比较。

国家政治包括制度、政党、政局、领导人等,对区域机制或制度构建有着直接的影响,对国家的区域认同、参与和作用发挥着导向性影响。有的国家出于复杂的原因,区域认同度低,因此对国际区域机制或制度构建与发展的参与度就低;有的因政局动荡,或执政者更替,会改变对国际区域事务参与的态度;还有的因为与相邻国家发生矛盾、冲突,而不愿参与有对方参加的区域性机制;等等。在有的情况下,政治歧见也会对国家间关系产生重要影响,进而影响国际区域关系。

国家政策,即国家参与区域机制或制度构建与治理的投入,在很大程度上决定了国际区域发展的进程。国家参与是建立在区域认同基础上的，而政策取向则是出于多种考虑，既有政治、经济、安全上的考虑，也有宗教、文化上的考虑，还有战略上的考虑。受到不同因素的影响，国家对参与区域的政策会发生变化。在有的情况下，可以变得更为积极；在有的情况下，则可能变得消极，甚至反对。在正常情况下，由于参与国际区域机制或制度构建能够带来直接的利益，且具备制度性约束，国家不会轻易退出。当然，也有例外，有的国家可能会决意退出，或者因为不遵守规则而被暂停参与资格等。

国家对外关系特别是与区域国家的关系，对于国际区域的构建与发展有着直接的影响。一般来说，在各国对外关系中，首要的是与近邻区域国家的关系。“远亲不如近邻”，各国都对与邻国的关系给予特别的重视。较之其他的对外关系，邻国关系受到更多因素的影响，直接的利益关联性更强。久远的历史交往积淀了丰富的遗产，也累积了许多问题。历史传承加深了国家间的关系，而遗留的问题往往成为导致关系紧张甚至冲突的诱因。国家间关系好，有助于国际区域的和谐相处与共同发展，而国家间关系不好，则影响到相关国家以及国际区域的相处与发展环境。一旦发生战争，受到损害的不仅是直接参与的国家，而且也影响到整个国际区域。在有的情况下，局部战争甚至能引发更大规模的战争，如第一次世界大战就是先从欧洲局部开始并扩展到世界范围的。

在现实中，合作性国际区域机制或制度的构建对于改善国家间关系有着显著的作用。国际区域组织制定的法规、达成的协议等，对成员具有约束性，成员国有责任和义务遵守共同制定的法规，如果退出，也要经过相应的程序。在一些地区，区域组织和制度在改善国家间关系方面起到了至关重要的作用。

区域观是国家以己为中心对所处国际区域的认知和定位，因此，每个国家都有不同于他国的区域观。以国家为中心的区域观，核心是如何在共处环境中定位自己的利益，处理与他国的关系，在区域中发挥自己的作用。显然，区域观对国家制定区域政策有着很大的影响。鉴于各国的区域观是以己为中心的，因而在区域各国间形成区域观的共识并不容易。

尽管每一个国家都有自己的区域观，但基于历史共处的积累和相互链接的多重关系与利益，各国在区域定位、关系定位和利益定位上也存在趋同，即区域观上的认同。在现实发展中，出于共同推动国际区域合作的需要，各国也需要寻求和凝聚共识。事实上，在一些领域，基于共同的利益形成区域观共识是可能与可行的。国际区域的共域空间是推动区域观共识达成的重要基础，同时，在诸多方面亦可以基于共同的利益形成区域认知与构建的认同，比如，基于安全、经济、宗教、文化的区域认同等。

（二）国际区域的功能研究

区域政治、区域经济、区域文化和区域治理是国际区域构建与运行的重要支撑。国际区域政治是建立在国家政治基础上的，但并不是国别政治的累加。各国都有各自的政治制度和国家治理方式，因此，研究区域政治需要研究国别政治，包括政治制度、国家治理、政策、对外关系等。但对于区域政治的研究来说，一则，需要以国别政治为基础，进行国别政治比较，厘清异同；二则，在国别政治差异的基础上，寻求国际区域政治的协同和认同。

国际区域政治的历史充满敌视、排斥、争斗的记录。自现代国家制度确立以来，政治纷争、统合与分裂反复上演，构成区域政治复杂的历史。二战后，《联合国宪章》为国家间的相处制定了明确的规则。应该说，国际区域政治有了应该遵循的基本原则，其中，最为重要的包括国家主权独立和政治多样性，认同不同政治制度、国家治理方式的合法性基础；和平与合作共处，抵御和制止扩张、侵略与霸权，构建基于国际法的共守规则；开放、包容，互学、互鉴，开展平等参与的政治对话，反对强权、霸权政治；建立区域对话与合作机制，认同并参与基于共商共利的区域治理；等等。在各种区域政治构建中，这些基本原则也都被写入共同签署的章程、条约等。应该说，这是人类历史上的一个重要转折点。①

出于多种原因，政治矛盾、冲突往往成为国际区域不稳定甚至发生战争的成因。比如，基于对不同政治制度、意识形态的非认同，国家间往往会发生政治对立、政治排斥与对抗，甚至由此引发战争。强国基于对己政治优越性的认知与定位，往往会引发对其他国家的压制，甚至采取强制性措施推行改变他国政治的行动。事实上，现代战争许多都是由政治原因引发的。政治对话是增进相互了解和理解、弥合政治分歧、避免发生冲突的理性选择。

---

① 《威斯特伐利亚和约》被认为是现代国家确立的转折点，其确立了国家主权的概念，但真正为国家、国际关系和秩序确立具有法律性质的原则的是《联合国宪章》。关于《威斯特伐利亚和约》的分析，参见［美］亨利·基辛格：《世界秩序》，胡利平等译，中信出版社 2015 年版，第 19—25 页。

开展政治对话,可以基于当事方主动理性的政治动机驱动,也可以是被动接受教训的结果。如今,世界各个国际区域几乎都建立起了政治对话的机制,实现领导人的定期与不定期会晤,并且构建了从部长会议到职能部门合作的多层区域对话合作框架。在有的地区,比如欧洲,以各方的政治共识为基础,推动构建了超国家的区域性治理体系。

社会因素在区域政治中的作用不可轻视。社会因素的主要作用体现在公民直接参与政治。公民的参与包括对国家政治的认同、对执政者的选择和对权益的诉求等,这些本身也是国家政治的重要组成部分。在信息时代,社会诉求可以通过媒体舆论来加以表达,并且形成社会运动,一旦社会运动被动员起来,就会对国家政治的发展产生极大的影响。社会舆论和社会运动具有很强的扩散性与传播性,国际区域往往是扩散与传播的主要方向,从而产生呼应,对区域政治造成很大的影响。

经济是国际区域最重要的链接,资源、商品、服务、资本、技术、人员的流动构成各国间最直接的联系网络。国际区域是各国对外经济联系的首站,在一般情况下,区域各国间会建立比其他国家更密切的经济联系。区域经济的优势可以体现在:地缘、社会联系上的方便和互通,使得经济交往更为易行;形成区域性的规模优势,为各国发挥比较优势提供地缘空间;发展区域交通设施易行网络,实现互联互通;通过机制和制度构建,创造区域共享利益等。

经济全球化以世界市场为框架推动商品、服务、人员和资本跨国流动,得到多边体系机制与国家开放政策的支持和推动。经济区域化是以区域市场为平台,通过生产与经营的分工,构建分工链、供应链网络,与全球化有着直接的联系,是在分享多边体系市场开放基础上做加法。国际区域的经济机制构建,要么是推动更高程度的开放,要么是做多边体系不能做或者尚未做的事情,旨在为区域经济联系创建更好的环境,打造区域经济发展和竞争优势。在多边体系难以深化或者发展受阻的情况下,在区域范围内推动机制构建可能会更容易。因此,考虑到多边体系和全球化发展面临诸多挑战,区域化可能会得到更大的发展。从这个角度来认识,各国可能会对国际区域的经济合作机制构建给予更大的支持。

区域经济发展的基础是利益共享,即各方都能从参与中获益,并且随着市场开放度的加深、经济规模的扩大,参与者(主要是企业、个人)能够分享到更多的利益。但是,在现实发展中,实现利益分享均衡并非易事,导致失衡的原因主要有:竞争力差别,强者分享更多的利益;市场、技术、交易垄断,利益向垄断者倾斜;区域制度构建缺少利益均衡调节机制,过度依赖市场调节机制;等等。在有的情况下,强权或者霸权国家可能会采取利己的单边主义政策,从而导致结构失衡,制度调节失灵。

受益均衡、发展均衡是区域经济合作可持续的关键。如果受益过度失衡,发展差距拉大,推动区域经济开放与一体化的动力就会降低,反对的声音和势力就会增强,有些国家甚至会退出区域组织或协议安排。特别是社会公众,一旦他们感到不能从中受益,甚至受到了伤害,就会要求政府采取保护措施,如果不能得到满足,就会引发社会运动。从现实的发展看,以往区域经济构建的重点是推动市场开放,或者称之为“经济自由化”,而对获益和发展均衡的调节关注甚少。这种取向导致了许多问题,既包括经济发展本身的问题,也包括政治、社会、关系等问题。因此,国际区域经济机制构建中,必须把利益均衡与发展均衡放到突出的位置,并采取有效措施。各国政府在参与中需要制定相应的政策,对可能出现的利益失衡与发展不平衡进行纠正,同时也需要加强区域经济机制中的调节功能,特别是要加强经济合作的议程,在改善发展环境、加强能力建设、促进资本和技术流动等方面制定切实有效的措施。

文化联系是国际区域构成的重要组成部分,对于国际区域的发展起着特殊的作用。文化的突出特征有三。一是多样性。不同的国家、不同的民族都会有独具特征的文化。二是传播性。文化是流动的,以不同的形式进行传播与扩散,并以多样的形式被融合。三是传承性。作为非物质的存在形式,文化的传承具有历史的连续性。在国际区域范围,民族国家的文化是主体,不同文化之间有着各种形式的交流。文化具有民族和国家属性,但又是开放的,不同文化之间的交流能够推动各国在文化上的互学互鉴。在国际区域内,长期的历史交往与文化传承容易形成具有“同质特征”的文化圈。这里所说的“同质”并非“同一”,而是指不同文化间的交融,形成对先进文化的吸收与认同。

不同文化的竞争也会导致文化冲突。维护民族文化的主体地位是各国文化价值的取向,为此,国家都对自己的文化给予特别支持和保护,以免受到其他文化特别是强势文化的压制或者侵蚀。从历史和现实的发展看,强势文化往往借助国家的力量进行扩张，把战胜其他文化作为目标。在某些情况下，文化扩张也被作为强国势力扩张的重要工具。因此，文化冲突在历史发展的长河中并不鲜见。

文化冲突是指不同文化之间的矛盾和由此引发的争斗。有的认为，文化冲突有两种：一种是不同的文化价值之间的冲突，另一种是不同文化准则对立而产生的法规冲突。文化冲突可以发生在国内不同种族、地区之间，在国际区域范围，文化的冲突则更多地表现为价值观、宗教、习俗等方面的排斥与诋毁。

国际区域发展离不开区域文化的构建。区域文化构建的目标是推动不同文化的互学互鉴，凝聚认同和共识，创建区域开放、包容、合作的共处环境，增加共享利益。在很多情况下，文化在促进沟通、增进理解等方面可以发挥特殊的作用。

（三）国际区域的制度研究

制度建设是国际区域构建的重要组成部分。制度建设有多种形式，功能各异，制度化的程度也很不相同，但却有共同之处，即对区域关系、区域事务进行管理。按照研究分类，以区域主义理念推动和引领的称为“制度化建设”，以功能性理念引领的称为“机制化建设”。一般而言，制度化建设以参与各方对国际区域的高度认同为前提，其愿意让渡部分国家治权，交由区域组织来实施。

成立区域组织是国际区域制度化建设的重要形式。有的区域组织逐步构建起比较完善的区域制度，包括法律机构、立法机构、决策机构和管理机构等，比如欧盟建立了比较完善的区域政治制度体系，包括欧洲理事会（决策机构）、欧洲议会（立法机构）、欧盟理事会（执行机构）、欧洲法院（仲裁机构）；有的则在区域组织的基础上建立从领导人会议、部长会议到职能部门的合作机制框架，主要是进行对话协商，就重要事务达成共识，而具体实施主要依靠成员国进行；也有的在区域组织下建立职能管理机构，行使部分管理权。机制化建设并不需要成立区域组织，而是通过签署相关协议来进行。有些近地缘小区域的合作机制构建，形式更为灵活，主要是推动基于共同需要的项目合作，有的也与区域组织有直接的联系。

国际区域作为一个共处区，有着诸多超越国家范畴的公共资源、公共环境、发展空间、区域关系、社会文化等，因此，需要区域层次的管理与治理。

区域管理和治理可以通过签订区域性协议或者建立区域组织进行。比如,由于资源(水资源、矿产资源等)的跨境特性,在拥有、分配、利用和开发等方面,各国间往往存在分歧与争端;由于权力争夺、利益冲突或者其他原因,国家间往往出现矛盾和冲突,甚至会兵戎相见。这些都需要通过区域治理来进行调节与管理,以维护区域共处的秩序。

在国际区域内,存在着国家之间的竞争或者争斗,主要是出于利益争夺、权力争夺,以及宗教、意识形态的争斗等原因。利益争夺主要体现在对疆土、资源、市场等的占有与利用。纵观历史,国家间的战争大多是为了疆土、资源等利益的争夺。权力争夺主要是大国对区域控制权的争斗,是影响区域关系的重要因素,是导致地区动荡、战祸的主要原因。在一些地区,宗教冲突对区域关系的影响很大。与其他方面的冲突不同,由于不同的教派难以实现和解,有的争斗延续上千年,从而使得区域长期处于不稳定与动荡之中。

区域治理有些是区域各方的主动行为,有些是由问题或者危机驱动。总的来看,推动国际区域治理的动机主要是共同应对面临的问题和挑战,创建区域性共利空间,维护区域的和平与发展环境。推动国际区域治理的主要方式是构建区域治理的制度体系,包括成立区域组织,签订协议,制定治理法律、规则与行动议程;协调国家间关系和区域关系,创建区域公共产品,包括创建区域市场,实现区域互联互通等。

区域治理并不替代或者弱化国家治理,而是做加法,做单个国家不能做或做不成的事情。从总体上看,区域治理的方式主要包括区域大国主导下的治理、功能性机制治理与区域综合制度治理。在不同的地区、不同的历史时期,治理的方式不同。历史上,大国主导下的治理曾是主要的形式,由此形成一个大国主导下的区域关系结构与秩序。如今,大国主导下的区域治理式微,功能性机制构建和组织制度建设成为国际区域治理的主流。

功能性治理主要是指针对存在的区域性问题,以解决问题为目标,签署相关合作协议,制定共同遵守的法规,或者各方达成共同参与和投入解决问题的行动方案。在有的情况下,也可以建立合作机制来加以解决。功能性治理有针对性,有明确的目标,成为解决区域性问题的重要方式。功能性治理具有目标明确的选择性和针对性:一则,在一些具有自然性争议的领域,如跨境河流的治理(特别是水资源)、自然资源的利用与开发、海域资源、生态管理、生态环境保护等,通过协商合作、签订协议、制定规则等方式,实现治理的目标；二则，在一些公共性强的领域，如市场开放、跨境公共安全（走私、毒品、极端势力等）、人员流动、资本流动等领域，通过签订合作协议，实现区域的有序安排与治理。在构建和参与上，功能性治理并不要求区域所有的成员都参加，在许多情况下，所签协议或者开展的项目往往是由几个国家先行，其他国家后续参加。

制度治理的层次比较高，主要是通过构建区域组织对区域事务进行管理和治理。国际区域制度治理的主要特征是，构建具有行使治理功能的区域组织，通过区域组织对所涉及的政治、安全、经济、社会、文化进行综合治理。高水平的区域制度治理是，依靠区域组织，构建一套制度体系，对区域事务进行治理。基于制度构建的区域治理的关键是，参与国家同意让渡治权，赋予区域组织以超国家行使职能的合法性。

现实中，能实现高水平的国际区域制度构建的区域很少，因为这不仅要求各方有区域观共识、高度契合的政治环境，而且也要求有与其相适应，或者说可以提供支持的国家治理基础。在有些区域，尽管成立了区域组织，设立了明确的区域治理目标，构建了区域治理的制度框架，但是并没有建立高水平的制度体系。在有的区域，各方出于对国家主权、自主性的维护，并不愿意把治权让渡给区域组织，因而根据当地政治、社会、文化等条件与环境实行被称为“软制度”的治理方式。其主要特点是，制度建设主要是为了提供区域性合作的平台机制，汇聚共识、推动议程，而非进行超国家管理，议程落实主要依靠成员国的政治承诺与责任担当。在此情况下，区域治理制定的议程、通过的法规、签订的协议等主要靠成员国实施，而不是依靠区域组织的推行。在有的国际区域，尽管建立了区域组织，构建了一定的治理机制，但在实际的运行上，功能发挥很有限，甚至是基本失能的。

总的来看，国际区域治理建立在国家对区域认同的基础上，同时，区域治理机制能够发挥作用，也需要有各方较坚固的认同基础。只有这样，才可以制定和遵守区域治理规则，开展治理行动。国家对区域的认同意味着，区域内的国家不仅有参与治理的意愿，而且有承担相应责任的意识。当然，从区域治理方面来说，若要得到各国的支持，必须能够为各国带来可见的利益，并且能够让社会公众真正受益，得到社会的支持。

（本文原载于《俄罗斯研究》2021年第6期，略有调整）

国际区域合作发展解析

区域合作是一个大趋势。有人说，区域合作是21世纪世界发展的主流趋势，由于许多问题在全球层面难以形成共识，可能需要在区域层面加以解决。区域是一个具有多重含义的概念，基于地缘的区域是国际区域定位的基础，但地缘区域本身也有不同的层次。同时，还有基于利益、战略、关系、历史、文化等定位的观念与关联区域，在不同层次上有着不同的合作内容与方式。

一、新区域合作的发展

二战后，区域合作运动的发展有一个共同的特点：以平等参与为前提，以合作共利为共识，以成员政府为主导，内容、目标、方式都与此前不同。开展合作的目的是创建区域内的和平与繁荣，而不是结盟、结伙对抗，合作的方式是共商、共建，而不是大国强势推行，不妨称之为“新型区域合作”。如今，区域合作已经得到普遍性发展，世界上没有一个地方没有区域合作，区域合作的功能与作用得到了普遍性认同。

事实上，区域合作的实践先于理论、超越理论。作为实践，区域合作运动主要是基于现实的需要，在很多情况下是问题导向、“危机驱动”，促使各国从区域合作中求解。区域合作可以创造国别自身不能创造的利益，解决单个国家不能解决的问题，这是其价值所在。区域合作往往以经济为重点，因为区域市场提供大于国别市场的利益，从合作中获益较为明显。但区域合作并不限于经济领域，有的区域把区域安全及区域综合治理作为重点。区域合作所带来的好处，使得政府、企业、个人以更积极的态度参与和推动更多领域的合作。一个地区合作的成功，也会对其他区域开展合作提供启迪。

区域合作是多层次、多样性的。有些合作是在区域合作机制下安排的，有些是通过共识和专门性协议进行的。区域合作的参与者也是多角色的，有政府机构，也有非政府行为体。区域合作组织、机制主要是由政府构建的，但企业自身也可以构建合作的机制，比如建立行业协会，很多行业协会是行业运行的规则制定者和监督者。

在有关区域合作的研究中，人们主要的关注点还是集中在显性区域合作的发展上，重视区域合作的制度建设，力图把不同的区域合作方式加以区分。比如，把基于区域认同，由政府推动的区域合作制度构建称为"区域主义"(regionalism)。区域合作并不等同于区域主义，区域合作有着多种驱动，也有着多种形式。就新型的区域合作而言，尽管层次、方式不同，但都有着自主、平等参与的前提，相向而行的方式和清晰的目标定位，基于共同构建和共享利益(shared interests)的动机以及实现相互间和平与发展的目标。

当然，区域合作，特别是深度的合作，并非都是顺行和坦途。毕竟国家是本位，区域认同和区域治理是建立在各国认同和支持的基础之上的。国家间实力差异、利益差异以及历史、现实的分歧和利益冲突等，往往会削弱区域聚合的基础。尽管如此，新型区域合作仍在继续发展，因为越来越多的问题需要在区域层面通过合作来加以应对和解决。

区域合作涉及几个重要概念：区域认同、区域定位和区域共识。区域认同是各国对区域归属的认知，也称为区域的身份认同。区域定位是各国对区域利益、关系的认知，体现为区域政策和参与方式。区域共识是各国区域认同和定位的协同点。区域共识是开展区域合作的前提，基于不同的考虑，各国的区域认同度和定位导向是有差别的。因此，要成功开展区域合作，必须寻求和构建区域共识。各国间通过对话和协商，增进相互了解和信任，有助于在为何合作、合作什么和如何合作上凝聚共识，并以此为基础，制定开展区域合作的规划和实施方案。

危机往往是凝聚区域共识和开展合作的重要致因。区域性的危机来自多个方面，安全危机有着很强的合作共识驱动。长期以来，区域冲突、战争连年不断，强国扩张、争夺，争端升级，宗教激斗等，一时的稳定大都靠失衡的秩序，而一旦力量对比发生变化，新的冲突、战争再起，周而复始。欧洲曾是战争的热土，是两次世界大战的策源地，基于地区安全危机的教训，二战后开启了区域合作进程，首要目标是创建区域合作安全长久机制。在全球化时代，经济危机是推动达成区域合作共识的重要因素。亚洲金融危机催生了东盟与中日韩合作的进程，基本共识是合作应对危机，以此为基础，多层次的东亚区域合作机制逐步发展起来。像气候变化、新冠疫情、恐怖主义等都是涉及共同利益的危机，成为凝聚区域共识和开展合作的驱动器，因为在这样的危机面前，没有一个国家可以置之度外、单独应对，合作是唯一可行的选择。

经济合作是区域合作的重点领域，在许多地区，经济合作是主轴。经济合作的主要形式有两种：一是构建开放的区域市场，通过自贸区（FTA）、经济共同体等方式，消除域内要素流动障碍，推动区域内的贸易、投资和其他经济活动；二是改善区域经济发展的综合环境，包括实现互联互通，帮助欠发达经济体提高发展能力等。特别是在多边经济机制（即 WTO 所管理的机制）推动遇到困难的情况下，区域经济合作成为主要的方式。区域经济合作有多层次和多形式的特征，有国家层面和地方层面，有高度制度化和非制度化，之所以得到发展，是因为效益比较明显，且可以使参与者普遍受益。

区域合作的发展和深化受到多种因素的影响。其中，影响最大的是国家间的关系，关系不好自然会导致相互间难以合作。在欧洲，法德和解是推动区域合作的关键；在东南亚，由于各国遵从普遍和解的理念，东盟可以包容所有的东南亚国家；在东北亚，由于日韩之间、中日之间难以实现"历史和解"，中日韩合作机制走走停停。

普遍受益是各国参与区域合作的基本认知。基于对参与合作受益的认知和在实践中得到体现，政府为此进行投入，为合作提供政治与政策支持，公民也对政府的政策给予认同。如果政府和公民认为不能从参与中获益，或者受益不均衡，就会采取消极参与的政策，或者退出合作机制。

制度建设是区域合作取得成效的关键。一般而言，制度建设越完备，区域合作的效能就越好。制度建设主要是指建立合作组织和行使相应的管理职能。欧盟被认为是制度建设最好的，具备了区域层次的法律、管理、民意代表职能。不过，不同的区域有不同的区情，因而制度建设的方式也不同。比如，东盟就与欧盟不同。东盟不是进行超国家的区域治理，而是靠区域共识的目标设定以及具有法律约束的条约和规章，落实目标主要依靠成员的自主和自觉行为。

在很多情况下，区域合作是通过功能性（functional）合作进行的，即通过签署相关协议或者制定规约进行合作。功能性合作所涉及的领域非常广泛，由于针对性强，合作领域具体，规则明细，大多有较好的效果。比如FTA就属于功能性合作，大多基于地缘区域，有的是跨地缘区域。

区域合作有多种层次，有国家间的合作，主要是推动制度建设；也有地方之间的合作，主要是灵活多样的功能性合作。区域合作的方式也是多样性的，有制度性、规约性、约定性等等。合作可持续的关键是目标定位明确和协同性强的执行力。

开展合作是一种认知进步、价值观进步，也是一种文明进步。现代民族国家(national state)具有两个基本的特征：一是具有神圣不可侵犯的边界，二是具有不可干涉的治权。然而，各国的利益具有外延性，为了实现拓展的利益，边界需要开放，治权需要让渡，而区域合作为各国提供了相互开放与相互让渡的互利平台。尽管边界开放和治权让渡不仅仅限于区域范畴，但区域合作无疑是最主要的平台。

二、区域合作的功能

区域合作是对区域的再认识和再定义。基于对合作的认知，区域合作旨在发挥区域在国家间关系、秩序和利益构建中的作用，赋予区域合作机制超国家治理职能。

二战后，欧洲掀起了区域合作运动，力图通过合作来实现国家关系和区域秩序的治理。基于长期战乱不止的教训，欧洲创建了现代民族国家制度，其核心是划定了神圣不可侵犯的国土边界，赋予了国家拥有排他性的治权。但是，现代民族国家的建立并没有阻止一些国家对外发动战争。两次世界大战都起于欧洲，为此付出了巨大的代价。第一次世界大战后，欧洲就曾出现建立欧洲合作机制的动议，但没有成功。直到二战后，推动欧洲合作的动议才形成强烈共识，并采取行动加以推进。欧洲合作的初始目标主要是获得区域和平，以合作而不是战争的方式阻止任何国家发动战争、破坏和平。

欧洲煤钢联营的目标设计是，通过建立区域合作机制，控制资源和生产的分配，限制单个国家发动战争的能力。当然，欧洲合作后来的发展具有更综合的目标和制度构建，在发展中逐步提升了区域管理的权力和职能，统合分散的机制，建立单一的欧盟体系。欧洲单一市场(single market)、单一货币的建立是一个重要的突破，实现了以区域为依托的成员国共享的区域经济与社会体系。

在欧盟制度下，现代民族国家的专属权在区域合作机制上被合法分解，许多重要的管理和治理权交由区域职能部门行使，成员国则分享区域合作所创建的利益，包括区域和平、区域市场、区域福祉以及对外利益构建等。与其说这是对民族国家治权和利益的限制，倒不如说是对民族国家治权和利益的扩大。因为超国家的治理和分享，事实上在一定程度上突破了民族国家在治理和利益创建上的制约。

在欧盟区域管理的制度下，一方面，国家作为基本制度的基础和地位没有发生根本性变化，保证了国家对本国政治、社会、公民、对外关系的基本宪政权力；另一方面，区域制度作为成员国认同的管理载体，具有了合法性的地位和行使权力。因此，就制度构建而言，国家与区域有着内在的合法性链接，形成了新的双层治理结构；就公民身份认同而言，个人既具有合法的国家身份认同，也具有合法的区域身份认同。当然，在民族国家本位下，如何保持这种二重性的平衡，让二者能够相互兼容，使得制度能够运行顺畅，还是需要不断磨合的，有时也会发生冲突。比如，原定提升欧盟宪法地位的《欧盟宪法条约》，因一些成员反对，不得不改为《里斯本条约》，删除了涉及"宪法"名称和含义的内容；英国之所以脱欧，主要还是因为其对欧盟制度的非认同。

当然，欧盟的区域制度构建具有特殊的背景，也有着欧洲人对区域认同的历史、思想、文化认同基础，欧盟模式在其他地区很难复制。然而，基于对区域功能的认可与实际发展的需要，在世界范围内，区域合作无论是从观念上还是从实际行动上，都得到越来越强的认同，从而使得多样性的区域合作成为具有内在驱动力的潮流。

经济上的区域合作是发展最快的，主要形式是构建区域经济合作框架，签署旨在推动区域市场开放的 FTA 等。推动区域性经济合作机制构建有着内在逻辑，即创建超国家的经济空间，实现规模经济利益。在全球范围，有以 WTO 为主要框架的多边合作机制。鉴于在区域范围形成共识更容易些，因此，区域合作发展得更快。流行的说法是，区域是对多边的补充。其实并非完全如此，在诸多方面，区域层次的构建是必不可少的。

目前，世界所有区域都在不同层次上构建了区域经济合作机制。在亚太，有亚太经合组织（APEC）；在北美，有《北美自由贸易协定》（NAFTA，现改为《美墨加协定》);在拉美,先后建立了南方共同市场、安第斯共同体、中美洲共同市场、加勒比共同体等;在亚洲,有《曼谷协定》、东盟自贸区、《区域全面经济伙伴关系协定》(RCEP)、南亚自贸区、海湾合作委员会、中亚经济共同体等;在非洲,有非洲自贸区、阿拉伯马格里布联盟、西非国家经济共同体、西非经货联盟、萨赫勒—撒哈拉国家共同体、东南非共同市场、中部非洲国家经济共同体、中部非洲国家经货共同体、东部非洲共同体、南部非洲发展共同体;等等。

尽管区域经济合作的形式多样,所取得的成效也差别很大,但是它们有着共同的基本特征,即对开展区域合作有着基本认同,对参与区域合作给予积极支持,对通过合作分享利益有着期待。显然,区域合作凝聚的最宝贵财富是合作成为基本的价值认同。

三、区域合作的动机

在对区域合作的研究中,区域主义(regionalism)、区域一体化(regional integration)、区域化(regionalization)、区域合作(regional cooperation)几个常用词试图把具有不同含义和内容的区域合作发展加以区别,并且赋予不同的含义。

区域主义一般是指区域制度化建设的合作,包括成立区域组织、赋予区域组织管理职能等。区域一体化或者区域化主要是针对经济上的高度链接,通过机制构建[如FTA/经济伙伴关系(EPA)]形成区域性产业链、供应链网络。现实中,区域合作的内容很丰富且形式多样,合作程度和效果也不同。在笔者看来,区域合作可以作为一个统称,包括区域层面各种形式的合作性构建。

区域不只是一个“想象的共同体”,而是所在国家的共处、共生之地,有着不可割断的历史、现代联系,存在着诸多共享的利益。即便如此,要开展合作,还是需要条件的,必须基于成员国的需要与共识。有的说,危机是推动合作的驱动力,这种说法有部分道理,但有时危机也会产生分裂。推动区域合作的需要和共识在不同地区有所不同,在合作内容和方式上也不同。

欧洲合作被认为是在区域主义指导下的区域合作。欧洲有着历史的区域主义基础。第一次世界大战后,出于通过区域合作构建欧洲和平的需要,欧洲国家曾努力推动欧洲区域合作的制度构建,但没有成功。第二次世界大战后,欧洲推动区域合作的需要和共识更为强烈,因此获得了成功。欧洲合作以创建地区和平为初衷,逐步建立起了一套比较完整的区域管理体系。欧洲统一大市场的构建是一个里程碑,实现了区域法律基础上的高度开放与融合,使得区域制度构建发展到一个很高的程度。

东盟的发展建立在东南亚特色的区域主义认知基础上。东南亚地区不像欧洲那样有着区域主义的历史积淀,多数国家直到二战后才逐步实现民族国家独立,从殖民主义的枷锁中解脱出来。1967 年,部分国家出于政治动机,即联合抵御"共产主义扩张"的动机,成立区域组织。此后调整合作目标,把发展经济作为重点,力图通过推动区域市场开放,促进经济发展。东盟在合作取得显著成效的基础上决定构建"东盟共同体",这是东南亚区域主义制度构建的一个大发展。其目标是通过构建东盟特色的经济、政治安全、社会文化共同体,凝聚区域合力,实现区域的合作、和平与发展。之所以说其是"准区域主义",原因在于东盟的共同体是以维护国家主权、治权为基础,区域层次的作用是目标、议程、基本规则设定与监督,而实施则是以成员国的自主落实为基础,是一种基于政治约定和承诺与目标导向的区域合作。

非洲联盟(简称"非盟")的成立和发展有着不同于其他区域的特点,带有很强的政治导向,受到强烈的民族独立思想驱动。非盟的前身是 1963 年成立的非洲统一组织(简称"非统"),其目标设定是最终建立统一的"非洲合众国",实现非洲的独立和自强。2001 年,非统改为非洲联盟,并制定了《非盟宪章》,绝大多数非洲国家参加了该组织。按照目标设计,非盟将推动形成非洲自贸区、统一货币、联合防御力量等。不过,由于非洲的复杂性以及非盟缺乏执行力,要实现这些远大目标并非易事。

关于区域主义指导下的区域合作以及区域主义本身,都是需要进行深入研究的问题。可基于不同的构建和动机进行分类分析,比如基于政治安全的区域主义构建,主要出于区域的政治利益考虑,如非盟、泛美运动、阿拉伯联盟(简称"阿盟");基于经济的区域主义构建,主要出于经济利益考虑,在这方面最为突出的是关税同盟、货币区、共同市场,特别是经济共同体的构建;基于文化的区域主义构建,主要出于加强文化的区域认同性和独立性考虑,被认为是对"全球文化主义"的应对,其形式比较多样,多以非政府合作的形式构建。从欧洲、东南亚、非洲的区域主义制度构建来看,区域主义具有很强的综合性,在总体理念和构建实践上还是基于区域整体和综合的考虑。

在很多情况下，区域合作并不一定是区域主义的驱动，而是出于利益上的需要，其逐步发展到区域主义导向下的区域制度共识和构建，还需要许多条件。比如，东亚区域开展的合作形式多样，成效也不小。亚洲金融危机曾一度催生了东亚的区域主义意识和举动，提出了构建东亚共同体的倡议，但由于受到诸多因素的制约，目前提及者甚少，推动协同的区域共同体构建者更是难觅。笔者出版过一本名为《在理想与现实之间》的书，对东亚区域主义意识与行动进行了比较详尽的分析，感兴趣者可细读品味。

四、区域合作的进步基础

区域的地缘性为开展区域合作提供了最重要的依托。地缘区域国家比邻而居，有着割不断的联系和诸多共享的利益。友好相处、合作共利是邻国间的最优选择。常言道“远亲不如近邻”，人之间相处如此，国家间亦然。

但是，地缘本身并不必然导致所在国家间会开展合作或者能开展合作。地缘相近也往往引发国家间为利益而争夺，因纠纷而结仇。古往今来，矛盾冲突甚至战争频发，多为近邻国家之间，“近而不亲”的现象也并不少见。

域内国家间的良好关系是开展区域合作的重要保障。在有些情况下，良好的关系可以受益于内在的近亲因素，比如同民族、同宗教、同意识形态等。这些因素往往使得国家间相处容易，彼此有亲近感，愿意交往，能够成为友邦或者结成盟友。它们之间即便有些矛盾，化解起来也比较容易。在通常情况下，若缺乏这样的近亲因素，国家间建立良好的关系就需要做出很大的努力。比如，在利益上相互照顾，在关系上相互尊重，在出现分歧、争议、矛盾时，能够互谅互让加以处理，使“大事化小，小事化了”。如果互不相让，针锋相对，则关系会走向恶化。

在现有的区域合作中，大多是因为国家间关系出问题而受到影响，甚至使得区域合作机制名存实亡。像南亚区域合作组织（南盟）就是因为印巴之间不能和解，关系长期紧张，难以开展深度合作；东北亚中日韩合作机制就是因为韩日、中日、中韩关系不时出现问题，领导人会晤机制数度中断。除非区域组织具有超国家的合法管理职能进行干预，不然在区域层面难以避免关系不好而损害区域合作的情况。

现代区域合作是在共识的基础上进行的。无论国家大小，都是以平等的身份参与区域合作的。作为成员，各国在地位、权力上是平等的，在利益上是分享的。如果域内国家间力量对比失衡，特别是在一个大国占主导地位的情况下，开展区域合作的难度会增加。在此情况下，如果大国能够对其他国家平等相待，且提供更多公共产品(public goods)，则有利于推进合作，否则区域合作难以深化。

当然，区域合作机制本身具有推动国家间关系改善的功能。各方通过参与区域合作，在合作进程中可以分享共同利益，从而会提高维护合作的责任意识，进而有助于国家间关系的改善。在欧洲合作中，法德和解，两国共同承担推动区域合作的责任，使得两国从世仇结怨的阴影中走出来，这是一个区域合作促进国家关系改善的范例。不过，也许因为欧洲特殊的政治背景(二战)，法德除了合作没有其他选择。在许多情况下，本国优先的政治驱动和压力往往会制约政府采取主动让步的行动。

区域合作若要不断深化、可持续，需要制定具有约束力的共守规则。区域合作的规则大体可分为两类：一类是大规则，针对整体合作，对成员具有法律效力，涉及组织、权力、原则、责任等，如关于区域组织的条约、宪章等；另一类是功能性规则，针对领域合作，具有法律效力，涉及面比较广泛，像自贸区协议、投资协议、数字协议等等。有些是很具体的规则，涉及标准、程序等等。对于区域合作来说，无论是大规则还是功能性规则，越细化、越具体，对深化合作的作用就越强。

在一些情况下，出于多方面的原因，区域合作是建立在软约束基础上的，多是合作的导向性目标，并无具体的规则和法律约束，其落实是基于参与合作各方的共识、自觉行动与责任意识。还有的则是区域性对话合作机制，具有多重目标，主要通过领导人、政府职能部门的对话，就开展合作达成共识，推动制定合作议程，明确合作项目，也可以在此基础上推动制定功能性规则。合作所涉及的领域可多可少，主要取决于参与方的合作意愿。

值得关注的是，信息化、数字化、智能化网络的发展，一方面可以提升区域合作的水平，通过利用新技术，开展更具效力的合作，提高合作利益的共享性；另一方面，也对基于地缘区域的合作形成挑战。信息化、数字化、智能化的发展具有超地缘的特性，可以创造超地缘或者跨地缘的利益，还可以规避因地缘区域双边或者几个国家间关系不好而对开展合作制造的障碍。鉴于此，在国家开展合作的参与选择上，可能会更多地考虑获益因素，而不是地缘因素。对于区域合作的研究来说，这也是一个值得重视并需要进一步观察和深入研究的问题。不过，从研究的角度来看，这涉及如何对区域合作的概念进行定位。在笔者看来，既然是“区域合作”，那还是需要对区域有一个范围认定，地缘是区域的基本构成，这是国际区域定位和认知的基础。

（本文为《世界知识》2021年专栏连载短文的合集，略有调整）

国际区域治理的理论与实践

对于国际区域，笔者主编的《国际区域学概论》给出这样的定位：世界是一个整体，在构成结构上，分为国家—区域—世界三个层次。国家是世界的本位和基础，国际区域介于国家与世界之间，尽管不具有独立的法权地位，但有事实上的存在、认同上的定位和治理上的职能。显然，国际区域是世界构成结构的一个独立层次，这样国际区域也就有了自己的本位。

一、区域治理的基本定位

在国家层次，有国家治理；在世界层次，有全球治理；在国际区域层次，则有国际区域治理。国家治理是基于本国的范畴，全球治理面向全球问题，国际区域治理则主要是针对区域性的问题。这里之所以用“主要”二字，意味着还有超越区域的问题，有些是跨区域的问题，有些与全球问题有关。在许多情况下，国际区域治理被置于全球治理的范畴，就超国家的国际治理而言也有道理，但国际区域治理无论是在范畴上、内容上还是在方式上，都与全球治理不同。

国际区域治理是解决单一国家不能解决的超国家、跨国家的区域问题。由于它涉及区域内多个国家的利益，因此进行国际区域治理会涉及诸多问题，其中最为重要的是国际区域治权的合法性问题。现代民族国家(national state)对本国事务具有排他性的治权。现代民族国家本位制度由欧洲创建，逐步获得各国的承认和遵守。二战后，《联合国宪章》作为普世的现代民族国家制度得到确认。

超国家的国际区域治理合法性(legitimacy)如何得到确认呢？其实，《联合国宪章》对于国际区域的治权给予了确认，明确赋予区域在维护和平安全上的合法职能，国家可以在合作的基础上行使集体自卫权，成立区域组织,以及为此进行区域性干预。在经济领域,关税及贸易总协定(简称“关贸总协定”,GATT)/WTO赋予区域经济组织成立的合法性,为其制定了规约,即与多边原则一致,不能在开放上倒退,必须保持高水平的开放安排。但区域治理的范畴远远超出安全领域,也超出GATT/WTO赋予的经济区域性安排。

总体而言,区域治理的合法性主要来自相关国家的认同和授权。区域治理具有两个基本特征:一是超越国家治理的范畴,对区域共域性问题进行治理;二是渗透到国家治理内部,进行一定的“干预”(或称之为“参与”)。对区域共域性问题的治理可称为国家治理权的延伸,后者则可称为国家治理权的让渡。这两个方面的区域治理权来自各国的接受与认可(通过协议),或者得到国家的法律授权(经国内法律程序批准)。有的认为,区域治理的合法性被认为是由传统国家主权(sovereignty)向次级主权(secondary sovereignty)的合法转移。正是这种转移形成了区域治理的合法性基础,并推动治理体系构建,形成具有独立特征的国际区域治理体系。

据研究,治理(governance)一词本来是用于国家治权的改革,实现了由政府独揽到政府与非政府组织协同的转变。根据这样的定义,参与区域治理的既有政府公权力部门,也有非政府组织。在国家治理概念中,非政府组织的参与是国家管理向国家治理转变的一个重要标志。因此,按照这样的界定,国际区域治理中非政府组织的参与也具有合法性的定位,它们要么是作为独立团体的直接参与者,要么是作为政府合作机制中的合作参与者,或者组成区域性的合作机构参与。不过,非政府组织构成非常复杂,有些并不具备参与治理的资格和能力,如何确认其参与区域治理的资格,并赋予合法性的地位,这方面还存在不少有待解决的问题。

就国际区域治理的功能而言,一方面是为了解决一国不能解决的问题,另一方面是为了合作创建区域性潜能。这两个方面涉及传统国家主权的转移和衍生。因此,国际区域治理的合法性需要相关各国对涉及治理的领域、方式与获益给予认同和授权,比如,对区域治理“次级主权”涉及的政治、经济、社会、文化治理的界定,对超国家治理与国家治理界线的界定,特别是对“干涉”原则与内容的认定,对区域性公共产品(public goods)的提供方式和共享利益(shared interests)分配的界定,对导致区域公共利益损害的行为、后果(如污染排放、资源破坏性开发)责任与区域治理行动的认定,以及对涉及民族、宗教、人员流动、社会舆论治理的认定等。这些一方面需要在区域定位的层次上加以确认，另一方面则需要在开展合作治理的实践中逐步加以完善。当然，从研究的角度来说，这些也是国际区域治理需要深入研究的问题。

二、现代区域治理的特征

国际区域治理研究需要回答的基本问题是：治理什么、为何治理、如何治理以及如何受益。

作为研究，首先需要对国际区域治理本身进行明确定位，这样才可以对其做深入、系统的研究。所谓"定位"，就是为国际区域治理划定一个边界，即定义范畴。国际区域治理具有独立的属性，与基于国家本位的国家治理和基于全球问题的全球治理既有联系也有不同。就治理本身而言，大体有两类：一是问题性治理，通过治理解决所存在的问题；二是创造性治理，通过治理开发潜能、创造新利益。

国际区域治理具有独立属性，定义范畴主要有三个：其一，超越国家范畴的区域共属性问题，或者称之为公共领域；其二，相关国家以合作的方式参与，这里既包括合作治理机制下的共同参与和行动，也包括依据合作议程进行的单独行动；其三，治理成果属于公共产品，为参与各方所共享，不能为单个或几个国家独有。因此，共属性、合作性与共享性是现代国际区域治理的基本特征。

治理的公共领域大体可分为三类。一是跨境性的自然领域，涉及山川、河流、海域、资源、天气、自然灾害等等。一方面，山川、河流、海域有着国家归属性；另一方面，其存在与影响亦具有跨境性，往往链接区域的多个国家，涉及诸多共同利益。二是对区域具有综合影响的问题，如战争、恐怖行为、地震灾害、重大事故、交易规则、信息安全等等。尽管它们可能发生在一个国家，但是其影响具有扩延性，会危及多方利益。三是对各方具有共同利益的区域潜能。"区域潜能"只有在区域层次才可以体现出来，如成立区域组织或合作机制、创建区域市场、制定区域规则等。

当然，国际区域并不是孤立存在的，而是与其他区域直接相连接的。公共领域往往具有很强的跨区域性，与此同时，全球性问题在大多数情况下是难以被区域性分割的。因此，在许多方面，区域公共领域的问题往往是全球性问题的区域性表现。

现代国际区域治理的基本特征是共同参与、共担责任和共享利益，参与者以政府为主体，也有社会组织、企业与个人，治理是基于共识、规则和行动进行的。这与单个国家、单个组织和个人的单独行为不同。国际区域治理不是一项行动，而是一个体系，是一个不间断的进程。

成立区域组织是开展国际区域治理的最有效形式。区域组织由于被参与国家赋予行使治理的职能，因此可以对区域治理进行规划、实施和监督，可以使治理常态化、有秩序、见效果。在区域组织功能较弱的情况下，区域治理更多的是通过签订合作协议来进行的。基于协议的治理也被称为“功能性治理”，即针对不同的领域和问题，根据需要和可行性开展专项合作治理。专项合作治理针对性强，目标明确，效果明显，不需要复杂的制度设计和高度的政治认同。在研究中，往往把区域制度建构称为区域主义(regionalism)，把区域功能性构建称为区域合作(regional cooperation)。其实，从区域认同的角度看，二者都有对区域利益的认同，只是采取的方式不同。

鉴于现代国际区域治理是以政府为主体的多角色参与，非政府实体的参与则是在统筹规划与行动议程下进行的，要么是按照分工承担治理责任，要么是通过合同承担治理议程的项目。当然，在有的情况下，一些非政府组织也根据自定的议程开展治理活动，比如在区域环境治理领域，非政府环保组织往往非常活跃，所取得的成效也非常显著。虽然它们的许多行动并不在政府间合作治理的议程之内，但对于这样的行为和所取得的成效也应给予支持。作为政府间合作治理的有效补充，非政府实体可以通过加强协调，把其行动纳入综合治理议程，或者对其成果加以利用。在现实中，多角色相向而行的治理参与和行动有利于国际区域治理体系更完善、更有效。

国际区域治理的领域既然是公共领域，涉及共同利益，又是区域成员共同参与和投入的，那么所获得的成果自然成为公共产品，为大家所共享。国际区域治理成果的共享性即各方都可以从中受益，是保证区域治理进程可持续的基础和保障。当然，即便国际区域治理是基于共同的利益诉求和需要，也应重视成果共享的受益均衡问题。这里均衡的要义是公平与合理，而不是均等。再则，在有些情况下也会出现付出与收益的不对称，甚至个别付出会暂时大于收益，对此需要有国际区域治理的综合利益观。

三、区域治理的制度构建

国际区域治理是一个常态，是一个基于区域各国共同需要和共同利益的议程。同时，国际区域治理涉及多个国家、诸多领域，仅仅靠国家间的双边或诸边(plural，有的称之为小多边)合作是难以实现常态与有效治理的。因此，需要建立常设性的治理机制，制定可持续的议程。

建立国际区域组织是开展有效区域治理的最基本方式。国际区域组织是相关国家通过合作在区域层次上成立的机构。现代国际区域组织的基本特征是：其一，在国家自愿、平等参与的前提下合作构建；其二，具有运行和行使职能的组织架构；其三，赋予其超国家治理的合法性与治理功能。自愿和平等参与是一个前提，因此区域组织的构建往往由几个国家发起，逐步扩大、逐步完善。区域组织的基本组织架构与领导决策机制大多以理事会、领导人会议(峰会)的形式体现，由参与国的领导人组成。为了常设运行和行使职能，需要成立秘书处或者功能更为完备的职能机构。同时，为了保障区域组织的运行，需要有可靠与可持续的资金保障，可以设立公共财政，也可以建立专项基金等。

区域组织的合法性在于参与国家的授权与接受，有些通过区域组织条约或章程的方式加以规定，有些则通过合作协议给予确认。区域组织发挥效能的方式不同，有的通过组织自身机构行使职能，有的凝聚共识，通过成员国行使职能。尽管方式不同，但其却有共同的特征，即超越单个国家的区域性治理，也就是说，是面向那些单个国家治理不能解决的问题，或者针对单个国家不具备解决能力的区域性问题。从本质上说，现代区域组织之所以得到很大的发展，正是因为能为各国所接受，并且能为各国带来利益。国际区域治理不是国家治理权力的让渡或削减，而是国家治理权力的延伸或增加，各方都能够从参与区域治理合作中获得增加的权益和利益。

政府间合作组织是国际区域组织的主要形式。国际区域组织的组成和运行方式是多样的。就组成与运行方式而言，国际区域组织大体可分为三类。其一，实体性组织，具有独立的超国家治理职能。在这类区域组织中，无论是组织形式，还是运行方式和治理效果，都有很大的差别。比如，欧盟设有从决策、管理到立法、议会等完备的组织架构，行使诸多区域治理职能。在组织架构上与欧盟类似的是非盟，其机构设置比较完备，包括首脑会议、执行理事会、非盟委员会、泛非议会、非洲法院，以及和平与安全理事会，经济、社会和文化理事会。按照规划，非盟未来要实现自贸区、统一货币以及联合防御力量。东盟实质上是一个具有区域治理职能的协作性区域组织，尽管有从领导人会议到部长会议、高官会议的协作机制，但没有行使治理职能的机构，秘书处规模也很小，落实区域治理议程主要靠成员国行动。即便在建东盟共同体，也没有增设组织内职能机构的打算，还是要保持东盟的“Association”特征。其二，非实体性组织，具有组织、协调和讨论地区事务的功能。这类组织也具备许多区域治理的功能，涉及诸多领域，包括政治安全、经济发展、社会文化、生态保护等。像亚洲相互协作与信任措施会议（简称“亚信会议”），其主要功能是通过召开领导人和高官会议，就和平与发展问题达成共识，推动区域合作机制的构建，其本身并不具备实施治理的功能。类似的还有跨区域的亚欧会议、东亚—拉美合作论坛、东盟地区论坛等等。其三，功能性机构或合作机制，可以分为两大类。一类是实体机构，如地区金融机构，像地区性开发银行、亚投行等，为地区发展融资。另一类是功能性构建，如自贸区，成为推动区域经济开放合作的主要形式，具有常设性合作机制。还有的像清迈倡议，是合作性金融货币合作机制。

当然也有非政府的区域性组织，大多以国别组织为基础，以非实体的形式构建区域合作框架，开展民间区域治理活动，主要涉及环境、社会、人文领域，有的则以灵活的形式参与官方构建的区域组织的活动。

区域组织进行治理也会遇到许多挑战，比如，如何分工，如何协调国别与区域治理之间的关系，特别是在涉及国家内部问题的时候，区域治理的干预可能会触及国家内部的利益，进而产生矛盾。在区域组织职能比较弱的区域，区域治理往往遇到很大的困难。此外，在区域治理与国别之间也存在所谓“囚徒困境”的问题，即国别利益与区域利益之间协调，特别是在问题涉及多个国家的时候，有的往往会持等待、推诿或者观望的态度。

四、区域经济治理

经济是国际区域治理的重点领域，也是成效最为突出的领域。为什么需要经济的区域治理？最基本的原因是克服国家边界限制，以国家间合作的方式开拓更大的经济运行空间，实现资源要素在区域内自由流动，实现生产、销售、服务的规模效益。

为什么区域市场能够获得更大的收益？理论上，最著名的是由维纳提出的关于区域市场可以实现贸易转向与贸易创造的理论。简单的解释是：由于区域市场内取消了国家间的关税，成本降低，商品变得便宜，于是原来从区域外进口的商品就转到区内来进行，这样就增加了区内贸易。同时，由于贸易增加，经济发展，收益增加，提高了购买力，也会因此增加贸易的总量，包括扩大从区外的进口。这个理论开始主要是为建立内部消除关税的关税同盟提供支持，后来被广泛用于所有推动区域市场创建的实践，特别是自贸区(FTA)的构建。同时，该理论得到了进一步的深化，进一步证明区域市场可以产生动态效应，即可以带来不断增加的综合收益。

初级的区域市场构建是建立关税同盟，再进一步是建立共同市场(common market)，区域市场的治理包括更多的内容，更进一步是建立经济共同体(economic community)，其具有统合经济政策、实现区域经济均衡发展的功能。在共同体的基础上建立联盟(union)，则是更高层次的区域治理，像欧盟，就是构建了单一市场(single market)和单一货币(single currency)，实现了很高水平的区域经济治理。如今，最为流行的是自贸区(FTA、RCEP)构建，特别是新型自贸区由以削减关税为主要内容转向以制定经济交往规则为主要内容。

新型自贸区之所以成为区域经济治理的主要形式，是出于适应区域经济治理新的需要。生产和经营活动的分工深化，基于分工的产业链、供应链把各国经济更为紧密地连接在一起，经济的区域化特征越来越明显。在此情况下，统合国别政策法规，制定新的共同遵守的规则，让经济交流活动依规而行，成为区域经济治理的最重要任务。自贸区构建建立在各国参与和谈判的基础上，不是必须有区域组织支持，可以考虑参与国的不同情况灵活安排，因此做起来相对容易。

通过自贸区构建深化区域经济治理，把标准、规则制定作为重点，是一个重要的发展。比如，1992 年签署的《北美自由贸易协定》涉及诸多非关税领域的规则。日本、新加坡于 2002 年签的自贸协定被称为经济伙伴协定(EPA)，不仅包括货物贸易、服务贸易、投资、人员的开放，而且包括知识产权、技术标准、政府采购、竞争政策等。自进入 21 世纪以来，绝大多数的自贸区协定都包括了诸多领域的规则制定。奥巴马政府推动的《跨太平洋伙伴关系协定》(TPP)被认为是高水平的新型自贸区构建，不仅涉及交易规则，还涉及成员经济运行的许多规则，美国退出后签署的《全面与进步跨太平洋伙伴关系协定》(CPTPP)基本上延续了TPP的做法。

全球化是二战后世界经济发展的典型特征，多边贸易治理(GATT/WTO)是全球化发展的基础。就产业分工与产业链、供应链构建的特征而言，体现为凸显的区域特征。北美、欧洲、东亚是世界三大区域经济中心，一则各个区域中心有着比其他地区更为紧密的经济链接和供应链网络，二则三大中心之间有着比其他区域更为紧密的经济关系。如今，三大经济中心都各自建立了区域性经济框架。欧盟有基于全要素流动和单一货币的统一大市场；北美原来有《北美自由贸易协定》，后改为《美墨加协定》；东亚有《区域全面经济伙伴关系协定》(RCEP)。这三个区域经济之间也发展起了相互对话与合作，美欧之间已经就构建美欧自贸区进行了很长时间的商讨，北美和东亚之间有亚太经合组织(APEC)为链接，推动构建亚太自贸区(FTAAP)的努力一直在进行，东亚与欧盟之间有亚欧会议(ASEM)，将来也有望做出更为密切的跨区域安排。世界三大经济区之间建立开放性联系是基于经济利益的需要，因为在全球化深度发展的情况下，跨区域联系非常紧密，特别是三大经济中心之间的联系尤为紧密。一个突出的特征是，出于复杂的原因，在多边框架下推进新规则制定非常困难，区域规则往往成为全球规则制定的引领，且各区域都希望把自身的规则推广为全球规则。

当然，国际区域经济治理还包含其他许多内容，比如对自然资源保护与开发的治理。随着越来越多的不可再生资源被无序开发以及枯竭，其影响超越资源本身，影响到了整体的生态，如何在区域范围构建合作机制，也逐渐被提到国际区域经济治理的议程上来。

五、区域安全治理

安全是国际区域治理的重要领域。从历史的角度考察，国际区域安全一向与国家安全紧密相连，但长期以来缺乏合理且有效的治理。历史上，区域安全主要由大国主导，通过征服与霸权的方式，为支撑与维护主导国家的地位和利益服务。新的国际区域安全与传统的区域安全构建有着根本性的区别，新区域安全治理的本质特征是合作安全与共同安全，由区域各国共同参与，打造可持续的区域安全环境。

较之以往，安全的内涵也发生了重要变化，由传统安全扩展到包括传统安全和非传统安全在内的综合安全。传统安全主要是指来自军事武力的威胁，而非传统安全主要是指来自非军事武力的威胁，涉及社会、经济、文化等诸多安全领域。传统安全的威胁主要来自外部，如外敌入侵、武力冲突等等，而非传统安全的威胁则来自内外，以多种形式渗透到各个领域。

安全具有很强的外延性、扩散性和共同性。所谓“外延性”，是指一国的安全问题往往会外延到国外，影响其他国家；所谓“扩散性”，是指局部的安全威胁、一国或者少数国家的安全问题会扩散到更大的范围。区域内各国比邻而居，在全球化、区域化深度发展的情况下形成相互链接的网络。因此，安全的扩散性更为强烈，形成很突出的安全区域化特征和安全共同性特征，而安全共同性的加强对新的区域安全治理提出了更为迫切的需求。

国际区域安全治理涉及很多方面，主要可以归纳为以下两大类。

一类是传统安全领域：(1)传统军事结盟引发对抗，大国战略竞争引发冲突，强国军事干预或者入侵；(2)领土争端与其他争端引发的冲突；(3)大规模杀伤性武器、核武器、智能攻击武器竞争引发的军备竞赛等。核武器用于冲突和战争对人类是毁灭性的。联合国五个常任理事国发表禁止核武器用于战争的联合声明，这是一个重大信号。但是，在核不扩散体系失能的情况下，发生核战争的风险仍不能被排除。此外，越来越多的智能技术被用于武器装备，对安全的威胁不断上升，大国争相提升智能武器的水平，并且延伸到太空，这些都成为危及共同安全的新因素。

另一类是非传统安全领域：(1)气候变化引起的全球生态安全威胁；(2)突发重大事故和灾害的外延与扩散影响，如疫情、核泄漏、污染、地震、海啸、森林大火等；(3)恐怖主义、极端势力制造的各种威胁，以及跨境走私、贩毒造成的社会危害；(4)网络攻击或者其他形式的网络瘫痪；(5)经济危机、金融危机的外延和扩散。非传统安全因素突发性强，扩散迅速，往往缺乏预防措施，大多时候是在遭受损害的情况下后发应对。特别是在信息化、网络化时代，网络安全问题危及经济、金融、社会等，造成了巨大的安全损害。

《联合国宪章》赋予区域干预安全的职责，但是，一则存在谁来干预、如何干预的问题；二则，当今的区域安全问题仅仅靠干预并不能解决，综合安全问题复杂性大大增加。区域化是当今世界发展的一个重要趋势，因此需要构建可持续的、有效的国际区域治理制度和体系，在实践中不断加以完善。

国际区域安全治理是通过不同的方式进行的，区域制度建设是推进区域安全治理的有效形式。区域制度建设分为两大类。一类是综合制度建设，具备安全治理职能。比如，欧洲区域制度建设的初衷就是构建区域的安全合作机制，防止欧洲再次发生战争。在东盟共同体建设中，政治与安全共同体建设居于首要地位，目标是实现区域的持久和平。非盟的主要功能之一是对区域的安全威胁进行直接干预，等等。另一类是功能性制度建设，即建立专门的合作安全机制。传统的安全机制是军事结盟，而新的安全治理机制是合作共建。像欧洲安全与合作会议（简称“欧安会”）是由包括美国在内的35个国家参加专门讨论欧洲安全会议的机制，冷战结束后其更名为欧洲安全与合作组织，成员国扩大到57个国家。还有像独联体集体安全条约组织（简称“集安组织”），其基础是苏联解体后的独联体集体安全条约，该组织成立了集体安全司令部和快速反应部队。

国际区域安全治理面临复杂的局面。美国领衔建立的军事同盟仍然存在并发挥作用，具有对抗性质的北约仍然在扩大，并且对成员国之外的国家进行军事干预。在一些情况下，军事干预具有明显的对抗和扩张意图，甚至直接推翻当事国的合法政府。在此情况下，基于平等参与合作共建的新区域安全制度和体系建设受到严重干扰和破坏，致使共同安全与合作安全的新区域安全治理发展缓慢。

六、区域环境治理

环境治理是国际区域治理的重要内容，治理的宗旨是应对不断恶化的环境形势，解决导致环境恶化的现实问题，构建可持续的生存环境和发展环境。

环境是最具有外延性、扩散性和共同性的因素。一国的环境可以外延到国外，影响到他国的环境。同时，环境问题还具有更大的扩散力，局部的问题可以扩散到更大的区域，因此，环境问题是区域各国共同的问题。当然，环境问题并不仅静止在某一个区域，不同区域之间会相互影响，有的则可能变成全球的问题。

环境恶化是一大趋势，带有普遍性，且与人类活动有关。工业化的发展，人类生活方式的改变，对不可再生资源的消耗与破坏，生产、生活所造成的污染排放等，导致了资源危机、生态危机和气候变化。特别是气候变化，影响到地球生态的转变,危及人类和地球其他生物的生存。环境治理几乎涉及地球生态、人类活动的各个领域。在生态领域,如土地、水、空气污染,森林减少,生物多样性失衡,臭氧层破坏等。在人类活动领域,不合理的资源开发与利用,大量产生污染的生产过程,不合理的消费方式对资源、环境的破坏等,同时也涉及危及环境的污染、废料跨国交易和转移等。显然,环境治理的突出特征是治理领域上的综合性以及政策与行动上各行为主体的共同参与性。

环境治理需要多层次的参与和合作,就一国而言,是政府、市场与社会共同参与、承担责任和采取行动。在全球层面和区域层面,需要国际组织、各国政府、企业和社会的共同参与。迄今,在全球层面和区域层面已经签署了为数众多的协议,涉及的领域很多。在全球层面,联合国成立了环境规划署,其职能是推动环境治理,实现可持续发展,对全球、区域和国家的环境状况进行评估,制定国际和国家环境保护规划,拟定应对环境挑战的多边环境协定、原则、准则,实施国际环境法规,召开联合国可持续发展会议,制定可持续发展目标、21 世纪议程,与各国合作推进环境治理。联合国推动的《里约公约》涉及环境治理的许多领域,有的建议成立世界环境组织(World Environment Organization, WEO)以加强环境治理。全球层面、区域层面、国家层面签署的有关环境治理的协定达数百项,以合作治理环境问题。

在环境治理中,国家环境治理是基础。国家既是环境恶化的责任者,也是环境治理的责任者。但同时,环境问题具有很强的区域性。从治理的角度来看,很多方面必须通过区域合作治理才可以实现环境的改善,只有通过区域合作治理才可以获得更好的成效。现实中,环境治理被列入区域治理的重要议程,区域主体设立了专门的环境治理机制。比如,东北亚地区制订了东北亚次区域环境合作计划(NEASPEC),中日韩对话合作把环境治理作为重要议题,在东盟+中日韩(10+3)对话机制、东亚峰会(EAS)机制、亚太经合组织(APEC)机制下设立了专门的环境合作议程,每年召开部长会议、高官会议,提出合作动议和推出合作议程。美洲区域早在 20 世纪 40 年代就制定了自然保护公约,此后签署了大量的区域和双边环境治理公约、协议。欧盟在环境治理方面有专门的立法,有具体的实施计划,成效比较显著。同时,欧盟也与包括北美、拉美、东亚、亚太在内的其他区域有着多种形式的环境治理合作。

不过，总的来看，对大多数区域来说，环境治理尚存在诸多问题，面临严峻的挑战，主要体现在：区域环境治理的制度建设不健全，在多数地区，缺少行之有效的环境治理法规，区域治理更多的是进行对话、倡议和交流信息；国家发展与环境治理、国家发展与区域治理之间也存在矛盾；目标设定与实现措施之间脱节，环境治理是一个需要做出一定现实利益牺牲和进行巨大投入的领域，在区域层面缺乏有效干预和进行投入的能力；良好的治理需要政府、企业与个人之间建立有效的协同，而在治理中存在矛盾，甚至冲突。

环境问题与发展问题紧密相连，二者之间需要维护平衡，同时，环境与发展方式有着直接的关系，因此，治理与变革、变革与发展之间需要寻求动态平衡，行进中会出现矛盾甚至冲突。环境治理需要观念更新，以往环境治理更多的是作为一种被动反应来认识和规划的，这样的治理难以解决人类面临的环境危机，一方面要适应变化的环境，另一方面需要创建新的环境。面对日新月异的新科技发展，需要在利用新科技创新环境上给予更大的重视。

七、海洋区域治理

在国际区域治理中，海洋治理居于重要的地位。地球的 2/3 是海洋，海洋是地球生物生存之地。人类生产、生活活动对海洋造成严重的影响，海洋问题越来越凸显。比如，对海洋资源的大规模和不合理开发，生产、生活污水排放等，导致海洋生态环境恶化，海洋生物种群大量减少，许多濒临或者已经灭绝。特别是全球气候变化导致地球极地冰盖融化，海平面上升等。据研究，地球整体环境在持续恶化，无法自我修复，海洋也是如此。全球海洋面临前所未有的危机，这也是对包括人类在内的地球生物生存的严重威胁。因此，恢复海洋生态平衡是当务之急，加强海洋治理不仅是沿海国家的责任，也是各个国家共同的职责，是全人类的使命。人类没有别的选择，只有采取坚决的行动开展合作，让地球包括海洋回到正能量运行状态。

地球海洋具有整体性、流动性和分割性的特点，海洋治理需要考虑海洋问题的特点。一则需要合作共治，尽管国家是海洋治理的第一责任者，但任何一个国家都不可能单独完成海洋治理的目标。因此，合作是海洋治理取得成效的基础，需要构建海洋治理的全球、区域和国家伙伴关系。二则需要陆海联动、综合治理。所谓“陆海联动”，就是把陆上治理与海上治理有机结合起来。因为海洋问题与陆地问题直接关联，人类的主要活动在陆地，海洋污染大多来自陆地污染的转移。三则需要全球海洋治理观，地球海洋是一个整体，归属分割并不能分割海洋。顶层的设计和行动议程是全球海洋治理，国家基于全球海洋思维承担责任。从治理的角度出发，在政府承担主要责任的同时，应该构建政府、国际组织、企业、社会团体和个人协同参与的治理体系。

海洋治理有着很强的区域性，一则国际区域大多由海洋连接，沿海国家构成一个个地缘海域；二则海洋环境变化的影响更多体现在一定的海洋区域。因此，海洋的国际区域治理在全球海洋治理中起着特别重要的作用。海洋区域治理的领域大体有三方面：(1)资源的区域性问题治理，包括自然资源的开发所带来的综合问题、渔业以及海洋生物资源保护问题；(2)海洋污染，包括废水排放、垃圾排放等的综合治理；(3)临海区域治理以及海洋通道的综合治理等。

海洋区域治理既是全球海洋治理的分解，也是全球海洋治理的深化。由于海洋区域直接关系到相关国家的利益，因此可以把责任与受益更好地联系起来，也更容易达成合作共识与签署合作协议，基于共识的治理规则与行动议程也比较容易实施及相互监督、检测和评估。在治理规划上也可以更有针对性，特别是可以进行专门性的区划功能治理。比如，设立海洋生态保护区、鱼类洄游区、禁渔区、航道区、石油天然气开发区等等，签署合作协议，制定行为规则，实行共同管理。在这方面已经建立了许多合作机制，签署了诸多合作协议。

海洋区域治理面临许多挑战。比如，许多海洋污染来自陆地，陆地的国别属性与海洋的公共属性在很多情况下难以协调一致，从而使得海洋的区域治理面临公共产品的“道德困境”，即不愿意做出牺牲。又如，海洋的整体性被使用权分割，《联合国海洋法公约》赋予国别海洋专属经济区使用权与保护权，往往前者强而后者弱，存在使用与保护上的错位。同时，诸多区域都存在海洋争端，从而使合作治理变得困难。尽管如此，加强海洋区域治理只能前行，不能退缩。

（本文为《世界知识》2022年专栏连载短文的合集，略有调整）

区域国别学学科体系的建设

2020年，国务院学位委员会批准设立了交叉学科门类。2022年，区域国别学被列为交叉学科门类一级学科。在我国学科建设上，这是具有里程碑意义的发展。

一、区域国别学学科的设立

科学的发展有两个大趋势：一是学科细分，二是学科交叉。在科学的发展中，学科细分受到越来越多的重视，无论是理科还是文科，都发展了诸多的细分学科。而学科交叉受到重视比较晚，西方发达国家从20世纪70年代开始搞交叉学科，在我国，只是近年才开始推进的。

随着科学的发展，学科交叉的特性愈加凸显。学科交叉不仅体现在理科和文科领域之内，而且也体现在理科与文科之间。从科学发展的角度看，设立交叉学科门类，在交叉学科门类下设立一级学科，既体现了科学内在的特性，也适应了科学发展的需要。目前，交叉学科门类下设立的一级学科多属于自然科学，其实，社会科学具有更强的学科交叉性。以学科交叉为特征的跨学科发展，正在改变着科学发展本身的特性，推动新科学的发展。

区域国别学属于国际问题研究范畴，区域国别研究是国际问题研究的主要内容。以往，国际问题研究被分割成不同学科，专业性很强，有着明确的学科边界。这样的研究实属必要，因为分科研究可以对学科领域内的问题给予更专业和更有深度的分析与考察。但是，区域国别领域的大量问题需要用学科交叉的方法来分析，特别是许多带有综合性特征的问题，离开了多学科的交叉分析，就不能得到全面的、科学的认知，只用单学科的方法容易产生偏差，甚至可能导致以偏概全。

作为交叉学科门类下的一级学科，区域国别学提供了一种新的分析方法。新方法的基本特征是多学科知识的交叉融合。学科交叉只是方式，知识融合才是目的。融合不是混合，而是创新，即创造新的方法、知识和理论。因此，交叉学科门类下的新学科建设所应强调的是推动学科交叉基础上的融合创新，有了融合创新，才会有立得住的区域国别学。

设立交叉学科门类下的新学科，不是替代现有学科，而是利用现有多学科知识进行交叉、融合与创新，形成新的学科方法和理论，是做加法，不是做减法。有人担心，有了区域国别学，会不会削弱现有的国际问题研究学科？肯定不会。从学科交叉的角度出发，区域国别学也为现有学科发展提供了新的平台。

现在公布的交叉学科门类下的新学科，都是加了一个括弧，表明可授予原有学科的学位。这容易产生误解，好像是新学科只增加了多学科知识，并没有跳出现有学科的围墙。从国际经验来看，区域国别学早就是一门独立的学科，可授予独立的学位。从这个角度来说，我国的交叉学科体系构建还没有走出单学科的"小院高墙"，去理直气壮地推动新学科体系的构建。

构建一门新学科，需要时间，更需要人才。人才从哪里来？在开始阶段，需要一些人转向，致力于区域国别学的发展。其实，在现有学科人才队伍中，已经有不少人具备多学科交叉融合的能力和学术知识基础，这些人是推动区域国别学发展的开拓者和中坚力量。同时，区域国别学学科的设立，也会激励一些人致力于该学科的发展，在发展进程中培养出越来越多的具备区域国别学知识体系和能力的人才。

区域国别学学科的发展离不开现有学科的支持，因为它们既是交叉学科知识的基础，又是新学科创新的因子。以经济问题为例，许多问题都需要把经济学方法与多学科交叉方法相结合。比如，各国的经济政策都不是单纯的经济学问题，涉及社会、政治、环保等多方面综合因素。比如外国语，大量的外语人才并非只从事语言教学和研究，而是以外语作为工具研究该国家，这样的研究往往找不到学科归属。外语既是语言工具，又是知识载体，区域国别学学科建设为外语学科由以语言工具为中心向语言知识为中心转变提供了学科支持。

二、区域国别学学科的性质

区域国别学是一个大系，与单学科不同，它是复杂多样的区域国别研究不同方法和理论的集大成。以国别研究为例，联合国有 193 个成员，各有不同，研究的方法和得出的认知也不同。比如，研究美国的方法和理论与研究中国的方法和理论就很不一样。从这个角度来说，任何一个国家都可以成为一门“学”，因为每个国家都有自己的历史、文化、政治、社会、经济等不同的个性特征，这构成了区域国别学内容上的多样性和复杂性。

区域国别研究需要“沉下去”，深入研究对象地区和国家去体验和调查。尽管在信息时代可获得的知识渠道多了，能够“秀才不出门，便知天下事”，但是实地体验和调查还是必不可少的。即便到对象地区和国家体验和调查，每个人得出的感知和认知也会有所不同。从“学”的角度看，可能正是这些不同，为全面和深刻地认识对象地区和国家提供了“全息图像”。区域国别研究难有全才，但可以有“大家”。所谓“大家”，就是能够基于深厚的知识功底，对一些问题看得更透、更高和更远的人。

对于我国设立区域国别学一级学科，大致有三种说法。一是人才培养的需要。我国大学教育实行学科制，人才培养都被置于一定的学科圈定范围，按照严格规定的学科要求设置课程、授课、指导学生和授予学科专业学位。在学科制下，每一个学科都有严格的学科边界，人才培养不能越界。设立交叉学科门类就是旨在打破学科边界壁垒，适应科学发展和现实需要，培养跨学科的新型人才。二是研究的需要。区域国别研究具有很强的综合性，越来越细化的学科分类使得区域国别研究只注重分学科研究、通用性研究，不能体现区域国别研究的综合性和个性特征。区域国别学学科的设立，不仅为区域国别研究提供了新的研究方法，还为区域国别研究提供了新的平台。平台很重要，因为无论是研究立项，还是成果评介、认定，都由此有了地位和规则，让被边缘化的区域国别问题有了平台支撑，受到公平对待。三是国家战略的需要。随着中国的不断发展强大，需要对区域国别扩大和加深了解，为国家制定对外战略提供智力支持，培养国际问题新型人才。

有人提出，区域国别学是大国之学，中国是世界大国，设立区域国别学学科是必然之举。引以为证的是，英美都把推行区域国别研究和人才培养作为国家战略，服务于其对外战略。大国固然有加强对区域国别战略研究的特别需求，但是，了解外部世界、对区域国别问题加深了解并非大国专有，任何国家都有加强区域国别研究的需要。比较而言，小国对区域国别研究的需求在广度和战略性方面与大国有着很大的不同。

各国都有自己的区域国别研究方法和认识论。欧洲率先进入现代化，凭借其超强的实力向世界扩张，对世界广大区域进行殖民掠夺，形成以欧洲看外部世界的认识论和以“欧洲中心论”为导向的世界观。美国崛起后，基于其超强的实力和影响力，看世界的方法和认识论与欧洲不同，形成以“美国霸权论”为导向的世界观，基于霸权形成的认知、理论对其对外战略、政策的制定发挥了重要作用。当然，这并不是说它们对外部世界的认识都是不对的，全盘否定显然是不可取的。但我们必须有自己对外部世界的认识方法和理论，我们所形成的认知和提出的理论应有中国特色。

中国特色的区域国别学建设不是封闭的，而是开放的。中国人看外部世界与外国人看中国是互相联系的，是互动的。我们不仅要更好地了解他们，也要让他们更好地了解我们。我们看他们，重要的是要深入了解他们如何看自己，不能先入为主。研究也是一个学习的过程，特别是通过实地调查与体验，才能更好地发现“是什么”和“为什么”。

我们进行区域国别研究，不仅要更好地了解外国，也要让外国更好地了解中国。我们到外国调查研究，听人家讲自己的故事，我们也要让对方听我们讲自己的故事，人家也会有这样的需求。事实上，从事区域国别研究者更能讲好自己的故事，语言能力加上对对方的了解，能用让对方听得懂、易理解的方式讲故事。从笔者个人的经历看也是如此，外国朋友问得最多的是中国的情况，希望从我这里了解中国，我讲的他们好像更能听得进去，也更愿意相信。研究区域国别的学者，实际上起着桥梁的作用：在国内，让国人更好地了解外国；在国外，让外国人更好地了解中国。

三、区域国别学学科体系

就学科来说，区域国别学是一个整体，但内容结构上是包括区域和国别的，二者既有联系，也有区别。区域是国别的地缘载体，国别是区域的构成基础，这是二者之间的内在关联性，但区域和国别都有本身存在的方式和特性。国外一般用“区域学”(area studies)，我国用区域国别学(region and country studies)，相比之下，我们的用法更能体现这个学科的内涵与特征。

区域，鉴于其国际性质，应称之为国际区域，有其单独存在的形式和特征。所谓“区域”，是指一定的地缘空间，大者称之为洲，洲内又分为不同规模的次区域。本来，人类以族群分，依区而居，区域是共有的活动空间。有了国家，区域成为实力争夺的空间，强者占领更大的区域。现代民族国家制度把区域分为不同的国家，尽管区域的连接性仍然存在，但是联系的性质和方式发生了变化，区域成为国家间的联系空间和被法律分割的破碎空间。由此，地缘共处区域变为具有国际关系性质的国际区域。

民族国家制度的确立为各国提供了受保护的生活空间和治理空间。但是，一则，民族国家的确立并没有阻止国家间因争端和实力争夺而引发的冲突和战争；二则，区域所具备和能够提供的地缘空间被分割了。从这个角度来看，区域的回归是一个必然趋势，有着内在的需求。区域重建与构建是区域国别学理论的重要内容。

区域重建与构建做什么？如何做？区域重建就是恢复分割的联系，保障区域对各国发展所能提供的空间。区域构建就是在区域层次上进行治理，建立区域治理制度。比如，打开被民族国家边界分割的区域市场，建立并维护区域关系、秩序，特别是区域和平的机制、法规，推动区域公共资源的管理和利用，创建区域公共资源，便利区域人文交流，等等。

区域重建和构建的一个重要前提是区域国家的区域认同，也称区域身份认同。区域认同的首要问题是“我是谁”，即区域身份。国家的区域身份认同具有二重性：一是作为独立的法人实体具有独立的身份，在领土主权、国家治理上拥有排他性；二是作为区域成员具有不完全的独立身份，在资源、利益和责任上与他国有着共享性(sharing)。因此，区域认同的“我是谁”问题对各国来说都有二重性关系，即“我与区域”和“区域与我”。前者是主体意识的认同，后者是客体意识的认同，二者有机结合，形成国家区域认同的完整性。

区域有多个层次，有大区域层次，即亚洲、欧洲、美洲、大洋洲；有次区域层次，而次区域亦可以根据不同的情况又分为不同的次区域。比如亚洲，有西亚、中亚、东亚、南亚、东南亚、东北亚，而东北亚和东南亚又构成东亚；欧洲有西欧、东欧、中欧、北欧，而中欧和东欧又构成中东欧；美洲有北美、中美、南美，而中美洲和南美洲又构成拉丁美洲；非洲有南部非洲、西部非洲、东部非洲、北部非洲等等。因此，在区域认同上，每一个国家都有双重或多重的身份。

基于多方面的原因，各国对不同层次的区域认同有着不同的特征。比如，大洲的区域身份认同有着很强的自然性，具有自然性认同特征。在很多情况下，自然性认同作为一种区域身份定位，往往只是一种象征性“符号”。由于大地缘区域范围广，国家之间的联系较为松散，使得区域认同往往停留在一般的意义上。次区域作为地缘链接紧密的共生区域，各国的区域认同受到历史、人文、利益的影响，有着较强的主体和客体认知取向。尽管各国在区域认同上会有很大的差别，但由于地缘、人文和利益链接紧密，相互关联性强，在认同上能形成较强的共识性。

总体而言，区域认同以三个要素为基础：一是自然要素，二是人文要素，三是利益要素，每一种要素都有非常多的影响因子。区域认同是多要素综合影响下形成的综合认知，这种认知既通过综合的形式表现出来，也通过不同要素作用下的特殊性形式表现出来。因此，区域认同并不是恒定不变的，它具有很强的可变性，同时也是多维的。

由于区域各国共处一区，因此，无论是从自然要素还是人文要素和利益要素出发，都会形成诸多区域共识。正是各国在区域认同上的共识，推动各国在区域重建和构建上开展合作，推动区域层次的制度构建，推动区域治理的开展。如今，以区域重建和构建为导向的区域化得到了很大的发展，区域化成为世界现实与未来发展的一个大趋势。从区域国别学学科的建设来说，需要对区域化的发展有深入的研究，需要创新区域重建和构建的理论体系。

四、区域国别学下的区域研究

对国际区域（简称“区域”）的研究早已有之。以往有关区域的政治研究主要是从地缘政治的视角进行分析，对区域合作的研究主要是从区域主义、比较区域主义的视角进行分析。这样的研究并不能全面认识国际区域本身的内在特性，不能从区域重构和构建的内在性和规律性角度进行深刻认识。区域国别学学科建设为深刻认识区域、构建国际区域学理论体系提供了契机。

区域学理论的方法论和认知论是从区域重构和构建出发的，把区域作为一个相关国家共处地缘空间，作为一个客观存在，作为一个各国的共生之地。笔者主编的《国际区域学概论》《国际区域治理概论》就是基于这样的出发点，力图为国际区域的重构和构建建立一个理论体系框架。

区域研究大体可以分为基础研究、功能研究和制度研究。基础研究着重对构成区域的基础因素——地缘和国家进行研究，功能研究着重对构成区域的链接机制——政治、经济、文化在区域运行中的功能进行研究，制度研究着重对国际区域的制度构建和治理进行研究。

地缘链接是区域的基本形态，因为它把域内各国天然地连接在一起。国际区域学所研究的主要是自然属性、国家属性之间的联系结构，内在平衡与矛盾，如何构建可持续的地缘环境。区域内有诸多基于地理要素的链接，而这些链接一方面要求维护区域的整体性，另一方面存在由民族国家归属所造成的分割与利益冲突。地缘区域有大有小，不同层次的地缘区域有着不同的特征和存在方式。国际区域学研究的重点是附着在地缘之上的政治、经济和人文因素，在理论研究上形成了不同的理论，如地缘政治学、地缘经济学、地缘关系学、地缘社会学、地缘文化学等等。

区域构建主要是推动区域的功能运行，包括区域政治、区域经济、区域文化和区域制度的功能性构建。区域政治不是国别政治的累加，而是相互交叉与融合，政治构建是在区域层面增进政治认同，推动政治联合和政治秩序；区域经济不只是国别之间经济的双向或多向流动，还包括区域层次上的制度（机制）构建，推动构建开放的区域空间，创建区域共享利益；区域文化具有历史和现实的双重含义，包括长期历史形成的文化传统、价值和现实中各国间思想、文化、艺术、宗教等的相互交流。不同文化之间有着各种形式的交流和传播，通过互学互鉴，形成区域文化的特殊联系与凝聚；区域制度是国际区域构建的重要组成部分。制度建设有多种形式，功能各异。制度化的程度也很不相同，但有共同之处，即对区域事务进行治理。成立区域组织是国际区域制度化建设的重要形式。

区域作为一个国家共处区，有着诸多超越国家范畴的公共资源、公共环境、公共空间、公共关系、公共文化等，因此需要区域层次的构建。区域治理可以通过签订区域性协议或者建立区域组织进行。推动区域治理的动机主要是共同应对面临的问题和挑战，创建区域性共利空间，维护区域的和平与发展环境。

国际区域学下的区域研究，要走出地缘政治、区域主义等研究范式的框架，以区域重构与构建的方法论来进行。中国特色的国际区域学理论的主要特征是基于区域共处、区域共生的理念，为创建新的区域关系、区域利益、区域制度提供理论支持。

中国人的区域观有着基于共生理念的历史认知基础，古代的“天下观”具有“天下一家”的基本内涵。现代中国先后提出了一系列基于共生观的理念、政策和倡议，比如“和平共处五项原则”“睦邻、安邻、富邻”“亲、诚、惠、容”“和谐周边”“命运共同体”等等。在中国特色的国际区域学理论体系中，它们应该得到充分的体现。

推动基于共生理念的区域构建，并不是无视区域内的矛盾，而是正视矛盾，目的是缓解、化解矛盾。历史和现实都表明，区域是矛盾、冲突和战争的多发地，特别是战争，为区域各国带来巨大的损失，造成难以消解的积怨。事实上，正是这些问题的存在，促使区域重构和构建的动力增强。二战后，欧洲联合的驱动主要来自对两次世界大战灾难的反省；东南亚国家建立东盟也是基于合作应对内部冲突和外部威胁的共识。通过构建欧盟、东盟，欧盟区内和东盟区内实现了持久和平与发展。它们的成功证明，基于区域共生理念，增进区域共识的凝聚、推进区域重构和构建是可行的，区域共生之道是现代区域重构和构建的核心价值观。

五、区域国别学下的国别研究

国别研究是区域国别研究的基础。顾名思义，国别研究就是对世界其他国家的研究。不过，国别研究不仅仅是对他者的研究，也包括对本国与他者关系的研究。

国别研究包含两方面：一是分科研究，分门别类地研究它们的政治、经济、社会、文化等，每一个方面又都可以分为更细的方面进行专门研究，这方面的研究具有很鲜明的学科边界；二是综合研究，包括国别的整体研究和某个领域的综合性研究，这方面的研究具有多学科交叉的跨学科特征。

区域国别学学科不仅为国别的综合问题研究提供了学科支撑，也为原来的专学科研究提供了新的方法。比如，国别经济研究中的大量问题涉及学科交叉。经济发展问题是一个多学科交叉问题，经济安全也是一个多学科交叉问题，科技发展更是一个多学科交叉问题，即便是经济增长研究，也需要交叉学科分析方法。像国家的政策问题，涉及政策决策、政策目标、政策执行等；国家的社会问题，涉及族群问题、宗教问题、社会阶层问题、社会关系问题、社会舆论问题等，对它们的研究都离不开交叉学科分析方法。

世界国家众多，“一国一体”“一国一学”，一个人很难成为多国别研究的专家，国别研究需要大批研究队伍。区域国别学学科为国别研究，特别是关于中小国家的研究提供了学科支撑和机制构建环境。如今，国内的国别研究力量和资源配置主要集中在少数大国，这种状况必须改变。

外语院校是国别研究的最大储库，首先有语言优势，这是从事国别研究的基本条件。语言是交流工具，更是知识载体。以往语言教育更注重交流工具的作用，今后应该更注重知识载体的教育，培养会语言、懂知识的国别学人才。在区域国别学学科建设中，应该大力支持外语院校设立以对象国语言为基础的国别研究中心，对小语种、小国家的研究给予特别支持和扶植。为了推动国别学研究，应该支持建立国别研究协同中心或者其他形式的研究团体，大力推动与对象国相关机构、学术团体建立交流合作关系。

国别研究的基础是国情研究，也就是要从历史到现实，把对象国国情的各个方面搞清楚。特别是现实的发展，需要进行实地体验和调查。国别研究既要知情，也要知人，特别是后者，对国别研究具有特殊意义。国别研究人员都应在对象国有丰富的调查经历，与当地各界人士有深交。

世界国家众多，各有不同，是否需要国别研究理论呢？答案是肯定的。国别学的理论可以建立在两个基础之上：一是利用现有学科的方法和理论研究相关问题，如经济学、政治学、历史学、语言文学等等；二是以多学科交叉的方法研究相关问题，包括专门问题和综合问题。区域国别学学科为两个方面的研究都提供支持，特别是为用学科交叉研究方法创建国别学理论提供学科支撑。从国别学的角度看，每一个国家都可以成“学”。所谓“学”，就是自成一体的国情和建立在该国情基础上的学问。就学科建设而言，要制定大小国家学问平等的评价制度，纠正只重视大国学问、大国之学的偏向。

各国都有了解其他国家的需求，但不同国家有不同的关注重点。对各国来说，国别研究的重点首先是接邻、近邻国家。我国有 20 多个接邻、近邻国家，通常称之为“周邻国家”，从区域的意义上则称之为“周边地区”。“周邻国家”“周边地区”是我国区域国别研究的首要对象。从目前情况看，关于周邻国家的研究缺乏全面布局，对小国的研究非常薄弱。以东盟研究为例，目前的研究大多集中在东盟整体，对成员国特别是规模小的国家的深入研究，无论是在资源配置还是成果产出上，都严重不足。国别研究要求研究者做到“会语言、懂国家、有思想”，做到这些不容易，其中难点在于缺乏相应的扶植和支持。

周邻国家和周边地区的研究具有特殊性。总的来说，要进行三个层次的研究：一是他者层次，即邻国和邻区的研究；二是双边层次，主要是本国与邻国、邻区关系的研究；三是第三方层次，即域外国家在邻国、邻区的存在。只研究一个层次不行，许多问题都是三个层次要素的交叉。对这方面的问题，特别需要用学科交叉的方法进行专门和综合研究。

作为一个大国，我国具有世界情怀，有着对世界各国的研究需求。我国与世界上其他国家都有经济、政治、文化关系，都需要对其进行全面、深入的研究。受学科设置和其他因素的影响，为数众多的国家在研究上被边缘化，甚至处于空白状态。改变这种状况的一个办法是国家制定特殊的支持政策，在资金、人员配置、成果评定、研究者职称晋升等方面给予可持续的专项支持，像扶植边缘、绝学那样给予特殊的支持。

六、区域国别学下的人才培养

区域国别学学科的设立为我国区域国别人才培养提供了学科平台。区域国别研究具有很强的学科交叉特征，从事区域国别相关工作包括外交、外事、与国际问题有关的研究以及教育等领域的人员，越来越需要具备交叉学科知识和处理问题的能力。

区域国别学学科人才主要是通过招收硕士、博士生来培养，招收学生后，按照交叉学科的方法进行课程安排，按现有学科方向进行培养，授予经济学、法学、文学、历史学学位。这样的人才培养方案的特点是，在现有学科下进行交叉学科知识和能力人才培养，以现有学科为支撑。比如经济学方向，区域国别经济中的大量问题需要用学科交叉的方法进行研究，需要培养具备交叉学科知识基础和分析能力的人才。文学也是如此，大量的文学问题涉及多学科的知识，文学本身所体现的是复杂的政治、经济、社会、文化问题，运用交叉学科的方法进行研究分析，可为文学学科的发展提供新路径。事实上，按照这样的思路，不仅是上述四个学科，其他学科也可以开展区域国别学学科的人才培养。

但是，这种方案的问题是，可能使交叉学科的人才培养“走形式”，使区域国别学学科体系的构建之路被封堵。一则，导师对学生的培养方向势必以现有的学科为标准，这样可能跨不出现有学科的边界，培养的人才的思维方式和分析方法还是以单科为引领，这与单学科下设立二级学科没有大的区别。二则，难以在学科交叉的基础上进行融合与创新。以笔者所推动的国际区域学、国际区域治理学、国际区域认同等为例，都是区域国别学科下进行的理论创新和体系构建，不属于任何一个现有单学科的扩展。显然，没有独立的区域国别学方法论和理论体系的人才培养，就难以培养出新型的复合型区域国别研究人才。

学科建设是人才培养的根基。因此，人才培养必须与学科建设紧密结合起来，包括学科方法论、学科理论体系、学科方向结构、课程设置框架、导师资格认定、学科成果评定、学位授予等等，需要在区域国别学学科框架下进行研究并形成基本方案。从学科发展的角度看，初始方案可以先确立基本原则和框架，鼓励学校按照基本方案原则创新人才培养方式。从学科建设和新型人才培养的角度看，对符合培养要求的学生，应授予独立的区域国别学学位。考虑到交叉学科的难度和现有导师知识结构的条件，在人才培养上可以实行多导师指导或多导师联合招生的方式。同时，考虑到现有单学科新型人才培养的需要，可以继续在单学科下设立二级学科的培养方式。

目前的区域国别学学科方案只适用于研究生培养。本科生教育如何为区域国别学学科人才培养提供支持呢？一是拓展本科教育的知识基础，比如，调整外语教育培养方式，大幅度增加语言教育中的知识语言内容，让学生从国别语言学习向国别学学习转变，支持本科生辅修学位，培养多学科知识型本科生。二是让学生更多地参与区域国别研究的学术活动、研究项目等，这不仅可以增加学生的知识，而且可以培养学生对区域国别研究的兴趣。本科生是基础教育，也是培养学生兴趣方向的重要阶段，因此，加强对本科生的区域国别知识和兴趣培养，对区域国别学学科的建设具有非常重要的意义。

专题培训是区域国别学人才培养的重要方式。全国高校设立了大批国别区域研究院、研究中心，研究涉及领域广，储备了大批区域国别研究人才。由于研究生招收制度的限制和申请接受研究生培养的限制，仅通过研究生教育渠道培养人才远不能满足各方面对区域国别研究人才的需要。大学、研究机构开办以需求为导向的培训班是一个可行的方法，有些培训可以与需求单位合作进行，有的可以通过网络进行。在网络时代，应该充分发挥网络平台在人才培养方面的作用。区域国别研究人才培养应该多平台、多方式相结合，国家层面和大学层面也应该支持多平台、多方式的人才培养，以适应各方面对区域国别研究人才的需要。

育人先育己。在区域国别学学科建设中，教师队伍本身的学习与提高应该走在前面。尽管我国的区域国别研究有很好的基础，但从学科建设的角度出发，还是需要在队伍建设上下大功夫。高校区域国别学人才培养与学科建设联盟的建立，为我国区域国别学学科教师队伍建设提供了一个很好的平台。

人才培养所涉及的许多问题需要在具体实施中逐步细化，碰到问题要在实践中逐步加以解决。比如，由于导师和授课教师来自多个学院，如何统筹解决导师资格、教师授课、绩效、成果认定以及研究平台共享等问题；作为新学科，如何增拨导师和招生名额，解决导师资格认定和招收硕博生的方向选择等问题；选修课数量多，研究生人数少，不像本科生阶段有选课的人数规模，如何进行教学安排等也需要研究解决。区域国别学学科人才培养需要让师生都能有到对象国进行“田野调查”的机会，从机制上如何给予支持也需要有特殊的规定。特别是区域国别学学位方向培养如何与学位授予相协同，由单科授予转变到交叉学科授予等问题都需要在实践中寻求解决方案。

开弓没有回头箭，我国区域国别学学科建设任重道远，只能前行，不能后退。

（本文以访谈形式原载于《东亚评论》2023 年第 2 辑，略有调整）

周边问题研究

周边战略依托带的构建

我国与 20 多个国家为邻，周边形成一个特殊的广袤地缘区域。周边地区是我国的立足之基，把周边地区作为我国发展与实现民族复兴的战略依托带，具有重要的意义。

随着中国国家力量的迅速上升，周边格局正在发生着历史性的大转变。以此为背景，我国要加大对周边地区的投入，提高我国在周边地区局势发展中的影响力和主导性，推动关系格局和地区秩序向积极的方向发展和转变，与周边国家一起共建新型的发展与安全合作伙伴关系，从根本上扭转近代以来周边地区被列强瓜分进而成为进犯、蚕食我国领土的前沿阵地、麻烦滋生区与安全威胁区的局面。

我国与周边国家的关系处于调整与转变期，各种利益和矛盾交汇，争端和热点升温，也有着多种力量的利益和战略博弈。因此，构建周边战略依托带存在诸多挑战。鉴于此，从现实利益和未来发展认知出发，我国应对周边地区给予更大重视，进行更多投入，花更大气力营造稳定、合作与发展的周边环境。

一、周边战略依托带的定位

无论是从地理方位、自然环境还是相互关系看，周边对我国来说都具有极为重要的战略意义。周边外交的战略目标就是服从和服务于实现“两个一百年”奋斗目标、实现中华民族伟大复兴，全面发展同周边国家的关系，巩固睦邻友好，深化互利合作，维护和利用好我国发展的重要战略机遇期。

我国具有众多的周边国家，构成独特的周边关系和地缘格局。周边关系和环境历来对我国的发展影响极大。周边是我国维护主权权益的重点，是我国发挥大国作用的首要选择，也是我国提升国际地位的主要支撑点与战略依托。因此,我国把周边地区置于外交首要地位是非常必要的。

把周边地区作为我国走向大国、强国之路的战略依托带,这是对周边地位的一个新认识。它意味着让周边地区不再是我国安全威胁的根源,不再是麻烦不断的包袱,而是安全的依托,是可资利用的资源,是与周邻国家共处、共生与共享的共守之地。

在新中国成立后的相当长时间内,安全威胁主要来自周边地区,迫使我国被动应对,有时被迫卷入战争。改革开放后,我国努力扭转被动应对的局面,积极推动与周边国家关系的改善,不仅极大减弱了我国面临的安全威胁,而且也大大拓展了我国回旋和利用的空间。直到冷战结束后,我国才终于实现了与所有周边国家之间关系的正常化,这是新中国成立后的一个重大转变。

如今情况不同了,中国已经是周边地区综合实力最强的国家,成为大多数周邻国家的最重要经济伙伴,中国的发展为其带来新的发展机遇,同时,周边地区也成为中国多重利益的中心和战略依托带。在中国与周邻国家的关系和周边环境构建中,中国具备越来越大的创建力和推动力,这是一个历史性的转变。尽管周边地区存在复杂多变的关系和局势,我们对周边地区的重大转变也应该有深刻的理解和认识,应该有自信和能力让周边地区向有利的方向发展。

将周边地区构建为我国崛起的战略依托带,要抓住两个要点:一是主动构建,即中国自身做出努力,推动新关系、新格局、新局面的建设,这不仅包括提出倡议,也包括进行投入,主动改变关系、格局和局面;二是合作共建,与周邻国家一起,开展合作,建设和平平台、机制、制度,这样就可以不断加固我国与周边国家相互链接的共享利益的坚实基础。

二、面临的主要挑战

我国综合实力持续提升,正在经历由大变强的历史性转变,我国的周边关系和格局也正在经历历史性的大转变。一方面,这从根本上扭转了中国百年衰落所形成的对我国不利的关系和利益格局;另一方面,也出现了新形势下的诸多新矛盾和新挑战。在此情况下,无论是看待和谋划我国与周边国家的关系,还是构建新的区域秩序,都要放在这个百年重构的长历史进程中。

目前，我国周边地区整体大局趋稳。从总体上看，周边环境是新中国成立以来威胁性最小的，不存在一个或者几个外部国家能够进犯中国，或者有能力发动针对中国的战争，明目张胆地侵害我国利益的情况。周边大多数国家希望维护稳定大局，希望与我国发展合作的关系。周边环境面临的主要挑战是美国的战略挤压，以及个别国家挑动事端。

我国的发展处于关键时期。在这一进程中，由于我国的综合实力持续上升，由综合实力对比转换引起的诸多矛盾也处于多发期。

我国综合实力由弱变强必然导致地区关系发生重大而深刻的变化。一则，我国实力变强对自身利益的诉求必然增强，必然会拓展自己的利益空间，这实际上是在改变现状。二则，美国力图调动多种资源，以更大的力度防范和制约中国崛起，在其对华“接触加防范”的两面政策中，防范的一面明显上升。美国通过实施“亚太再平衡”“重返亚洲”等战略，强化在中国周边地区的军事、经济存在，挤压中国的战略拓展空间。三则，相邻国家采取“对冲”战略应对中国的崛起。尽管各国应对方式不尽相同，但大都是两手，一手是发展与我国的关系，另一手是对我国加以防范。特别是那些与我国存在领土、海域争议的周边国家，倍感中国崛起的压力，把如何应对一个强势中国、防止中国做大作为其战略重点。

在这种形势下，美国挤压我国战略空间的企图与一些周边国家对我国日益增大的担心之间很容易找到契合点。而且在本地区，美国拥有一个长期存在的、仍然可以调动使用的同盟体系，这为美国与部分周边国家同时在我国周边地区发力提供了较为充分的动力和条件。

因此，我国周边地区出现了新的紧张局面，东海、南海地区的矛盾似乎有所升级，有发生武装冲突的风险。不过，一些矛盾固然存在很大的风险，对我国所处的周边环境产生很大的影响，但我国还是可以把握住总体形势的。应该说，目前是近代以来我国掌控周边大局能力最强的时期。尽管出现了许多新的矛盾，但我国并没有陷入“崛起困境”。更重要的是，随着国力的上升，我国不仅可以通过自身的调整改变局势走向，也可以通过自身的力量制约局势走向恶化。因此，面对新的变局，我们要看到自身所拥有的主动性和能力。

印度政府把发展经济放在优先地位，把稳定南亚关系作为重点，这使中印的共同利益点增多。尽管中印有着稳定大局的利益基础，但是基于多种因素，印度主动搅动领土争端的可能性仍然存在。

还有，值得重视的是，非传统安全的挑战凸显。一则，我国周边地区长期存在的恐怖主义、水资源争端、毒品走私等非传统安全问题趋向复杂化、多变化，特别是境外极端、恐怖主义势力活跃，他们会继续制造事端，制造恐怖活动，威胁我国的安全与稳定。二则，信息安全、网络安全的威胁增大，由于信息、网络成为社会经济、政治安全的核心构成，外部攻击、封锁等所造成的风险与挑战甚至比传统安全更大、更严峻。

三、周边战略依托带的构建

我国周边战略依托带构建的最重要目标是积极、主动、创造性地构建一个稳定、和平、合作、发展的周边大环境，构建的方式是利用中国不断提升的实力和影响力，把控大局走势，推动地区关系的良性发展，构建合作导向的共同发展与安全的地区秩序。

（一）构建利益和命运共同体

参与和推动区域合作已经成为我国对外关系的重要战略。近年来，我国采取了积极和有作为的区域战略，把周边地区作为重点，取得了很大的成效，不仅拓展了我国对外经贸合作渠道，加深了与周边国家的经贸联系，而且也构建了以区域为平台的对话与合作机制，改善了我国与周边国家的关系，加强了合作。

与周边国家构建区域性合作机制是我国与邻国关系的一个新发展。迄今，我国在周边东西南北各个方向都与相关国家建立起了对话和合作机制。中国—东盟合作机制既包括自贸区，也包括战略伙伴关系框架下的政治与安全对话合作。上合组织是我国与俄罗斯和中亚国家共建的区域合作机制，以安全合作为中心，也拓展到了经贸、能源、基础设施建设等领域。上合组织的影响力和吸引力在提升，成为构建区域新安全关系和秩序的重要平台。在东北亚，出于复杂的原因，区域性的机制比较脆弱，以解决朝核问题为宗旨的“六方会谈”机制处于停滞状态，朝鲜半岛矛盾可能会升级，中日韩三国合作机制处于半停滞状态。从未来看，需要重启或者重构东北亚合作机制。在南亚，我国只是南盟的观察员，还没有与其建立对话合作框架。从发展来看，可以在构建中国—南盟对话合作机制上采取更为务实的方式，推动与南亚国家的实质性合作。

我国与周边各国的双边关系是基础，但是周边次区域对话合作框架的建立改变了我国与周边国家只有双边关系的结构，增加了区域性综合利益平衡与拓展机制，有助于构建我国与周边地区的新关系和新环境。像我国这样一个有着众多周边邻国的大国，需要有自己能够起引领作用或者拥有重要影响力的操作平台，有的以经贸平台为主，有的则是综合性的，或以安全为主。这些平台的建设不仅仅是为了拓展我国的利益基础，更重要的是为地区关系和秩序构建规则。

周边战略依托带的支柱是利益和命运共同体。周边利益和命运共同体的构建主要基于“两个共同”框架：一是共同发展。构建我国与周边国家开放与合作的发展机制，构建开放与合作的大市场，建设互联互通网络，特别是要让周边国家优先从我国不断增大的经济实力中受益，加强其发展对我国的依赖。二是共同安全。构建我国与周边国家的安全对话、协商和合作机制，打造基于共同安全、共同守责的新安全合作机制，以合作的精神和共同安全的宗旨处理争端，降低发生冲突的风险。

在构建周边利益和命运共同体过程中，我国要加强对框架和规则“顶层设计”的导向，进行更多投入，为地区提供更多的“公共产品”。这里所说的“公共产品”不只是提供援助，还包括投资、基础设施建设、教育与培训、文化传播和有助于促进共同安全的警力与军力投入。利益和命运共同体的显性特征是中国与周边地区利益和发展的“共享性”，更多的资源用于可共享的“公共产品”。

（二）构建新型大国关系

我国提出的构建新型大国关系是有针对性的，但也有普遍性的意义。新型大国关系的核心是坚持不结盟、不对抗、不称霸，相互尊重，坚持对话、协商与合作。这与我国不走传统大国道路、走和平发展道路的宣示是一致的。它既是对自己的要求，也是对他国的要求。新型大国关系需要共同努力建设，构建新型大国关系是构建周边战略依托的重要保证。

构建新型大国关系最重要的是我国与美国之间新型大国关系的构建。从地缘上看，美国不在中国周边，但美国却在我国周边地区有诸多事实存在，在我国多个邻国有驻军，是周边一些地区安全秩序的主导者，有些机制是直接针对中国的。我国提出与美国构建新型大国关系，避免陷入上升大国和守成大国之间的所谓“修昔底德陷阱”，其原则是相互尊重，目的是避免对抗、开展合作。如果中美之间不在我国周边地区发生对抗，那么周边地区就不会出现大乱子。为此，要对美国针对我国的“重返亚洲”部署进行牵制和反制，压缩其挑动事端的空间，同时也积极寻求可容的“共域”，增加两国的共利空间。

当然，对美国也不能存有幻想，避免对抗需要双方相向而行，底线是不损害我国的核心利益。与美国构建新型大国关系是我国的主动型战略，不是被动型措施，主要目的是寻求和平共处，而不是合谋共治。中美之间追求和平共处，那就是在创造历史，创造大国崛起不发生战争的历史，创造构建新型国际关系的历史。

很少有像中国这样与几个大国、强国为邻的国家。因此，在与美国构建新型大国关系的同时，也要处理好与其他近邻大国的关系。冷战结束后，中俄之间对构建新型国家关系做出了巨大努力，确立了新时代全面战略协作伙伴关系，在地区和国际事务中逐步发展起了友好协商、密切合作的可信赖关系。要继续维护和加深两国的这种新型关系，使之成为我国周边战略依托带的重要支柱。

中印是两个崛起的发展中大国，中印关系是我国周边关系中最重要的关系之一。中印关系具有“竞争性崛起”的特征，同时也存在因领土争端而造成的积怨。但是，中印不是战略对手，两国有维护地区和平发展环境的共同诉求和扩大经贸合作的现实需求，只要坚守在稳定边界上达成的共识，中印新型发展大国关系的构建就可能会朝着积极的方向发展。中印关系有着巨大的拓展空间，这包括双边、地区和全球三个层面。在发展上，中国先行一步，可以为印度的发展提供经验与现实的商业和投资资源，经济领域是维系两国稳定与合作关系的基础。尽管随着我国在南亚其他国家的参与和投入增大，印度对我国在南亚地区的影响力和战略意图的疑虑会增加，但在中印双边关系改善的情况下，两国在南亚地区问题上协商与合作的可能性也会增加。只要把握好机遇，就有可能创建新的局面。

在中国同周边大国的关系中，与日本的关系最为错综复杂。2010 年，中国的 GDP 总体实力超过日本，此后以很快的速度把总量差距拉大。从中日关系的角度来说，这是一个大的反转。从发展趋势看，中日关系完全破裂、变成两个敌对国家、发生大规模战争的概率很低，但短期内出现明显改善也非常困难。中日关系没有走出历史的阴影，现在又陷入战略性对局的旋涡。

放在中日关系历史性反转和区域格局大调整的大视野来看，中日关系力量结构和利益结构的落定迟早是要明晰的。其实，中日也是在构建一种以历史和解为基石的新型大国关系，只是需要时间。钓鱼岛争端是一个具有大利益、大背景和大格局的问题。大利益就是中国要恢复对钓鱼岛的主权所有，而日本则极力维护现有的治权，并进而拒绝承认存在主权争端；大背景是中日综合实力对比向有利于中国的方向倾斜，日本“以攻（国有化）为守”；大格局则是钓鱼岛交由日本管理是二战后美日在我国没有参加的情况下进行的区域秩序安排，在我国力量上升的背景下，改变这种损害我国利益的秩序和安排也是迟早的事情。事实上，钓鱼岛的日治局面已经被打破，我国坚持巡航，在宣示主权问题上不退让，日本不承认存在争端也无济于事。只要双方不占岛，仗就打不起来。中日在多个方面进行“战略性竞争”，保持交往与竞争并存的“不冷不热”状态可能会持续相当长一个时期。

（三）维护与东盟合作的大局

东南亚是我国周边外交的优先方向。20 世纪 90 年代，我国与东盟建立了对话伙伴关系。进入 21 世纪，我国推动与东盟构建自贸区，建立了战略伙伴关系，双方的关系得到长足发展。

但是，近年来由于南海问题激化，东盟对我国的战略疑虑和担心增加，拉入外部力量、制约中国的倾向加强。东盟中的菲律宾、越南担心其在南海占据的地盘被中国夺取，近年来极力挑动事端，拉美国和日本介入，试图把南海问题搞大、搅乱。虽然一些东盟成员对此不满，但也无奈，因为东盟本身缺乏协调能力。尽管如此，东盟在维护与我国总体关系稳定、推进区域整体开放合作上还是有着重要作用的。东盟总体上还是把发展与中国的对话、协商和合作关系放在突出的地位，把避免与中国发生对抗作为底线。因此，维护与东盟整体关系稳定的大局不仅是必要的，而且也是可行的。

东盟是我国的地缘战略区，地缘优势所内生的直接利益联结是其他国家所不具备的，同时，我国是东盟难以替代的大市场，与中国关系如何关乎其全局利益。事实上，双方都从过去关系良好的发展中受益，因此都有着继续推进双方关系稳定发展和深化发展的愿望和动力。继续推进我国与东盟合作关系的发展，一是要“讲政治”，讲大局，增进战略互信，拓宽睦邻友好道路；二是要聚焦经济发展，扩大互利共赢，提升自贸区开放合作水平，为签署我国与东盟国家的睦邻友好条约创造条件。

东盟在稳定南海局势的大局上具有特殊作用。南海争端谈判尚不具备条件，稳定南海局势还是我国外交努力的主要方向。在这方面，发挥东盟的综合协调作用非常重要，东盟也有这个意愿，不愿意因南海争端毁掉与中国的关系。以寻求和平解决为主，突出各方整体利益，积极利用中国—东盟框架，是维护南海地区稳定的重要途径。2002 年，中国与东盟签署《南海各方行为宣言》是一个大的突破，表明双方将南海大局问题置于整体关系框架之内。2014 年，中国赞成并倡导解决南海问题的“双轨思路”，即有关争议由直接当事国通过友好协商谈判寻求和平解决，而南海的和平与稳定则由中国与东盟国家共同维护。这是对东盟在处理南海问题上的地位与积极作用的认可，对此东盟也表示赞许。双轨并行，既可以拓宽争端各方的对话渠道，一定程度上缓和双边矛盾，控制冲突事态的升级，也可以排除外部力量对南海问题的介入。

未来一个时期，南海问题还难以平静下来，我国将面临一些新的挑战。比如，应对菲律宾以及其他国家有关南海断续线的国际仲裁挑战，应对东盟希望与我国签署具有约束我国行为的“南海行为准则”的迫切需求，美国等域外力量以“航行自由与安全”为借口对南海问题的深度介入等。对我国来说，在南海问题上如何实现维权与维稳的双目标，即在与东盟构建和平稳定的地区关系的同时，维护中国在南海的主权权益，既需要意志，也需要智慧。

四、面向未来的思考

风物长宜放眼量。中国与周边国家的关系、周边新格局和环境构建，一是要放在历史发展的视野来认识，二是要放在构建周边战略依托带的大局来行动。

从我国的根本利益出发，未来相当长时期，发展仍然是第一要务，必须把维护有利的发展环境、稳固发展的战略机遇期放在突出位置，以实现我国由大到强的转变。

确保周边和平大环境、周边地区不发生战争，这应该是新时期我国的一个大战略设计，也是一个大战略目标。为此，需要把握两方面：一是把握大局走势，增强对局势走向的掌控能力，要有能力制止别国在周边发动针对我国或者友邻的战争；二是不主动用战争的手段解决冲突和争端，对邻国避用武力。对周边发生的一些变化、出现的一些新挑战，既要以力应对，又要以智化解，对那些不会扭转大局的小动作，不必做大动作应对，或者进行惩罚。我国要对局势的变化做到心中有数，有战略耐心，经得住时间和变化的考验。

争端，包括领土争端，用战争的方式是解决不了的，只会增加仇恨。现在，钓鱼岛争端和南海问题本质上都是地区力量与战略格局秩序的转换，求解还是要靠力量对比的反转。我国所要争取的是时间。因此，确保力量对比转换进程不发生停滞和逆转，这才是基于长远视角的战略谋划。

我国作为一个大国，不能没有以强军为基础的震慑力和威慑力。因此，建立强大的陆海空军力量、拓展海空力量的活动范围无可非议。然而，没有安全合作机制的构建，强军就会造成别国的“安全恐惧”。美国是靠同盟体系和承担安全保障来创建和确立地位并创建“安全信任”的，我国不可能通过在周边构建类似的结盟体系来确立主导地位和承担安全保护者的责任，而是应该推动构建新型的合作安全与共同安全机制。

上合组织成立和运行的经验表明，只要找到共识和可行方式，以合作安全为宗旨的安全机制构建是可行的。构建新的共同安全机制的形式可以灵活多样，有双边的，有几个国家的，也可以有针对性领域的。只有这样，我国才可以对周边安全规则制定逐步建立主导权或者拥有重要的影响力。我国在亚信会议上提出的有关构建亚洲新安全机制的倡议应该重点在周边地区实践。同时，要在我国周边地区选择安全支点国家，花大气力给予支持，既包括经济支持，也包括军事支持，构建以共同安全为宗旨的新安全机制。

居中的地理位置赋予我国构建周边大互联互通网络的特殊地位和必要性。互联互通犹如周边利益和命运共同体肌体的动脉，有了它才可以有生命力，有能动性。因此，在深化我国与周边地区国家的市场开放和发展合作过程中，构建互联互通网络居于核心地位。人们以往常说“条条大路通罗马”，有了周边的互联互通网络才能“条条大路通北京”，在这个方面值得下大功夫，值得进行大投入，要以战略的眼光，着眼于未来的谋划，推动我国与周边国家互联互通网络的建设；要建立合作与实施的多重机制，发挥大家的积极性，合作共建。互联互通的三个基本内容，即基础设施、法规和人员的互通，应该同时推进。同时，要把陆上、海上和空中的互联互通综合起来设计和推动，把丝绸之路经济带建设、21 世纪海上丝绸之路建设、中国—东盟互联互通网络建设、中巴经济走廊建设、孟中印缅经济走廊建设等统筹起来考虑,与周边互联互通基础网络的建设相连接。亚洲基础设施投资银行的建设应该主要服从于周边互联互通网络的建设。

周边战略依托带需要“软实力”建设。所谓“软实力”,其主要构成是文化(包括思想与道德)。西方国家讲“软实力”主要是强调其文化的优越性和主导性,我们讲“软实力”应主要强调多元文化的开放性和包容性,即不同文化的相互开放、相互尊重和相互学习。国之交往,以人为本。人际交往的利益体现在经济上,而认知则主要体现在文化上。当今,周边国家的人民对中国的许多误解大都是由于认知上出现了偏差,而认知上的偏差则是由于文化交流与合作的缺失。在以往的周边关系中,我国对经济投入多,对文化投入少,在经济合作项目上做得多,在文化项目上做得少。“软硬兼施”,相得益彰,这样才可以实现均衡。

我国要培育周边文化的制高点,推进周边文化共同体的建设。文化共同体的宗旨是开放与包容,目标是增进我国与周边国家人民的相互了解,形成利益和命运共同体的文化认同。为此,可以在周边地区推动构建多样性的文化平台,如合作建立双边或者此区域的合作性“文化论坛”;构建周边合作教育网络,充分利用网络技术,建立多样性的大学交流网络项目,务实建设我国与周邻国家接壤省份的合作性教育机制;建立媒体交流网络,设立周边国家合作电视节目、网络交流项目;推动周边民间组织的交流与合作,推动建立中国与周边邻国的志愿者交流项目,为此可以考虑成立中华国际交流基金,推动交流项目和其他资助项目重点向周边国家倾斜。

(本文为作者 2014 年撰写的一份调研报告,略有调整)

周边地区的新形势与影响

中国邻国众多，形成独特的周边相邻大区域，一向存在着复杂、多边的周边关系。认识中国与周边国家的关系（或称与周邻的关系），可以从四个不同的视角出发：地缘、关系、利益和博弈。视角不同，关系的特征和含义也不同。地缘最直接、最深刻的含义就是中国与邻国连在一起，共处一个区域，这是躲不掉的；关系有双边，有诸边，有近，有远，构成复杂、多层、好坏掺杂的关系层次和网络；利益关系各有不同，但都是直接的和难以割舍的；至于博弈，不仅存在于中国与邻国之间，而且也有来自外部势力的参与和谋划。世界上几乎没有像中国这样有着如此复杂邻国关系的国家，中国如何与邻国相处，邻国如何与中国相处，一直是一个难题。处理得好，各方受益，处理不好，各方受损，的确是荣则共荣，损则共损，这就是中国与邻国之间利益和命运共同体的内涵。

一、周边关系的定位

历史上，中国曾经与众多邻国有着很好的关系，一个强大的中国与周边国家之间构建了一种长期的稳定关系结构，核心是相互尊重、友好共处，特点是以强中国为中心。不过，尽管这个秩序是靠中国的硬实力（经济、军事）和软实力（文化、思想、道德）来维护的，但是中国并不强制改变邻国，而是创建彼此共处的基本原则和秩序，形成一种“以不治治之”的“天下共同体”。

近代，中国衰落，该秩序结构解体，邻国大多成了列强的殖民地，中国与这些国家的关系变为间接关系，如今不少遗留的问题都与此有关。中国本身衰败，不仅失去了维持秩序的力量和能力，自己也被列强势力争夺、瓜分与侵略，在这些强国中就有中国的强邻——日本、俄国。

1949 年新中国成立，中国自身的内乱结束，衰败的下行线也终停。不过,中国与周边邻国的关系还是经历了复杂、艰难的调整。由于形势复杂,中国对周边国家的关系定位处于被动。在很多情况下,外部因素决定着中国与邻国关系的特征和性质,中国则被动应对。

当然,新中国也试图做出努力扭转被动格局,推动新的关系发展。比如,在20世纪50年代,中国就与缅甸和印度一起提出了“和平共处五项原则”。该原则的内核是维护国家主权,不干涉内政,友好相处,基本出发点是争取国家生存与发展的和平环境。该原则具有新意,改变了中国传统的等级秩序观,所倡导的是一种新的平等秩序观。

事实上,由于冷战格局,中美形成对抗;由于中苏分裂,两国成为敌对国家。冷战、中苏分裂引起的复杂周边关系使和平共处的政策并没有得到很好的落实,中国与多数周边邻国的关系都不好,使得中国只好到“天涯”寻找朋友。

与周边国家关系的一个大的转变是中国实施改革开放政策。改革开放需要稳定与和平的政治环境,需要开放合作的经济环境。于是,中国转变战略思维,采取积极主动的措施,改善和发展与邻国的关系,特别是那些实行开放发展政策的市场经济国家和地区。冷战结束后,周边的政治分裂形势发生很大的变化,为中国进一步改善与邻国的关系提供了政治环境,而各国采取的开放发展政策也为发展更为广泛的经济关系提供了环境。这使得中国与邻国之间的政治关系和经济关系都得到了发展。一则中国实现了与所有邻国关系的正常化,二则中国成为邻国越来越重要的贸易伙伴。这是一个历史性的大转变。

中国变得强大了,与邻国如何相处?构建一种什么样的关系?中国提出了与邻为善、以邻为伴及睦邻、安邻、富邻的政策,把发展与周边邻国的关系放在首要地位,提出“周边是首要”的战略。党的十八大以后,新一届国家领导人提出了发展与邻国关系的“新四字方针”,即“亲、诚、惠、容”,提出与周边邻国构建“利益共同体”“命运共同体”,把周边地区作为中国的战略依托带。

总结起来,新中国与周边邻国的关系一直在调整,不断出新招。从阶段上看,第一阶段主要是“求生存,求共处”,第二阶段则强调友好相处、和平发展,第三阶段则积极主动推进利益和命运共同体建设。不同的阶段有不同的重点和特点,但这一切都没有改变新中国成立后提出的以平等相待、和平共处、合作发展为理念的“新秩序观”。

随着中国本身的发展以及中国与周边邻国关系的发展，对如何认识和定位周边地区也有新的思维和战略思考。概括起来，新的战略思考大体有两点：其一，把周边地区作为一个整体来对待，把中国本身置于其中。作为一个互联互通、利益密切的大区域，中国作为一国置身其中，这是一个大变化。它意味着，不再是线性的中国对各邻国的关系，而是面性的中国和各国的关系。其二，把周边地区作为中国的战略依托带。周边是中国走向大国、强国之路的战略依托带，这是一个全新的认识。它意味着不把周边地区作为威胁中国安全的根源，而是作为安全的依托。

当然，即便如此，真做起来也没那么容易。中国过去的受辱历史或在某些方面为极端民族主义思潮提供环境。同时，作为综合实力上升的国家，中国要拓展自身的利益，提高自己的影响力，必然会与大国特别是强国产生抗争或者争夺，包括可能使用军事力量，这会引起邻国对中国走和平发展道路宣示的质疑。

中国周边邻国的情况很复杂，很特殊，与周边邻国的关系处理起来难度很大，大邻居、强邻居众多，包括日本、俄罗斯、印度和美国在内。美国远在太平洋彼岸，但其在中国一些周边邻国有驻军，航母、飞机近在咫尺，战略武器“鞭长可及”，也应算作中国的地缘邻国和战略邻国。长期以来，中国的主要安全威胁来源是大的邻国，它们也是在中国相邻地区进行利益争夺的主要参与者。另外，众邻大多“近而不亲”，而且存在诸多争端，海上争端是当前最突出的问题。同时，“历史阴影”也挥之不去。与邻国相处，处好了是友邻，好邻居金不换；处不好就成为恶邻，麻烦不断。

有人说，只要中国足够强大，邻国就会“臣服”。其实不然。如今的周边形势和关系要比“华夷秩序”时代复杂得多，性质也不一样。中国官员提出要使中国成为一个可亲的大国，这很不容易。国家间的邻里关系向来难处：一是有各种矛盾、各种利益，复杂多变，磕磕碰碰；二是多方参与，明争暗斗。对处在上升期的中国来说，处理与邻国发生的矛盾更复杂，不仅需要实力，更需要智慧和耐心。

如今，没有一个国家有力量再侵犯中国，这是一个历史性的格局转变。在此情况下，很大程度上说，自己的耐心有多大，发展和崛起的机遇期就有多长；什么时候失去了耐心，机遇期的环境也就会遭到破坏，民族复兴之梦就很难成真了。一个崛起的大国,最易高估自己的力量而冒险盲动。中国还处在由大变强的历史发展进程中,需要的是时间,需要的是环境,这是大局,也是大利益定位。对这一点,要时刻牢记,保持清醒的头脑。

二、周边形势变化

如今,人们议论最多的问题就是中国周边地区出现新的紧张局势,东海、南海地区似乎有发生战争的风险。面对这样的形势,如何认识?各方观点分歧颇大。

笔者认为,一些矛盾固然存在很大的风险,对中国所处的周边环境产生很大的影响,但总的形势还是好的。从大的局势来看,甚至可以说目前是新中国成立以来国家安全威胁最小、中国掌控周边大局能力最强的时期。对于目前出现的新热点、新矛盾,需要以大视野来分析和认识。

我们可以回顾一下,新中国成立后,周边地区是主要的安全威胁源。在很长一段时期内,中国都是围绕政权生存、国家安危被动应对,且大都是外部因素逼迫,包括不惜参战或者进行军事行动。改革开放后,中国主动改善、开拓和平与发展环境,改善与邻近西方阵营国家的关系,拓宽发展与安全空间,使关系和地区秩序变动向有力的方向转变。改革开放的最大战略性转变,就是中国由被动应对外部环境转变为争取主动,创建有利于开放发展的环境。实施开放政策就是要吸引西方的投资,进入西方市场,那就要改善与西方的关系。因此,以改善中美关系为契机,中国与日本、新加坡、马来西亚、泰国等一大批周邻国家的关系得到改善。冷战结束后,中国很快摒弃前嫌,实现了与俄罗斯、新生国家、老挝、越南等国家的关系正常化。到20世纪90年代末,中国与所有周边国家实现外交关系正常化,这是一个历史性大变化。

接下来,中国与周边国家的关系还实现了一些新的发展。比如,与俄罗斯划定了边界,与越南划定了陆地边界,与印度开展边界谈判的同时达成稳定边界的共识;与几乎所有国家建立了伙伴关系;发展了周边次区域的合作机制,包括签订自贸协定、建立合作组织等。如此一来,中国与周邻国家的关系就进一步发生了变化。总的来说,关系得到很大改善,共同利益增加,特别是经济关系发生了大的反转,中国成为大多数周邻国家的最大贸易市场。在许多领域,中国可以发挥重要的或者主导性的影响力。

然而,发展并非总是“顺风车”。中国由弱变强本身会引起多重复杂的反应,会导致地区关系重大而深刻的调整。就地区关系来说,调整的基调是由弱势中国下的关系转变成强势中国下的关系。强势中国下的关系会使一些争端升温,因为中国在不强势的时候,自己没有力量去解决争端,他国也不太在乎,可以先搁置。但强势起来的中国就不一样了,这带来了双向的反应:一是中国对自身利益的诉求必然增强。中国曾经历百年衰落,失去很多,当自己变强的时候自然会想到将失去的东西拿回来。对于不合理的秩序,要求去调整。我们这样做并不是要“复仇”,而是要正位。当然,强大起来的中国并不止于此,扩大利益的诉求也必然会增加,即要拓展自己的利益空间。二是相关国家采取对策应对一个强势中国。各方对策不尽相同,但在防范中国上似乎有一种“准共识”,即防中国“做大”,防中国侵犯其既有利益。特别是那些与中国有争端的国家,必然会做多手应对,包括与其他国家为伍,推动“准结盟”联合。

应对动作最大的是美国,这也不难理解,因为中国作为一个强国崛起势必会对美国一家独大的地区和世界格局形成挑战。进入 21 世纪后的前 10 年,美国的战略重点是反恐。当中国的经济总量跃升为世界第二,被认定在改变秩序格局的时候,美国就不得不调整大战略,把重点转向应对中国的挑战。为此,美国调动资源,拉拢势力,力图压制中国的拓展空间,遏制中国影响力的上升,防止中国替代或者削减美国的存在与影响力,这就是美国“重返亚洲”战略提出的背景。

日本也进行了大调整。中国经济总量超过日本,使日本感到巨大压力,也感到紧张。日本开始认真考虑如何与一个强大的中国相处。自 19 世纪后期,日本就是亚洲的老大,二战被打垮后又迅速恢复,成为经济总量居世界第二的强国。如今,中国经济总量超过日本,而且以很快的速度继续把总量差距拉大,包括军事力量在内的综合实力持续提升,日本有些坐不住了。搁置钓鱼岛问题本来是两国恢复外交关系时的共识,但在中国综合实力大幅度提升的情况下,日本政府却将钓鱼岛“国有化”,钓鱼岛问题被推到了前沿。安倍再次上台执政后,把中国“威胁”作为推动国内改革、解禁行使自卫权的标靶,不惜恶化与中国的关系,使两国关系进一步恶化。

菲律宾、越南为了维护在南海所占的岛礁利益,公开向中国叫板,拉美国助威……一些西方媒体也把中国描绘成一个耀武扬威、力图扩大权势的国家。

如果就事论事看问题，的确让人有点头疼，为何突然冒出来这么多问题？形势为何“急转直下”？似乎中国周边地区一下子变了天。但如果我们把周边看成一个整体，把变化放在中国由大变强的大历史发展进程中看，那就可以有一个客观的大局分析，即强势中国下的格局和关系重构，新的百年大变局进程。

三、大战略思考

中国由百年衰败到百年复兴的历史转变，必然对中国与周邻的关系和周边秩序格局产生重大的影响，造成关系结构和秩序构造的大反转。也就是说，中国由大变强，使周边的关系和秩序进入一个百年调整和重构的进程，而现在正处于重构的历史长进程的关键期。

若把中国和周邻的关系以及周边地区秩序中所出现的矛盾、冲突放在百年重构的历史长进程中分析和认识，就可以看清楚实质和大趋势。

整体性和历史长进程是观察和认识中国周边关系的重要出发点。从整体的视角出发，一是把中国的周边作为一个整体来看待，二是把中国自身作为整体的一部分。把周边作为一个整体，会发现整体局势趋稳，包围圈并不存在，大多数国家希望维护稳定大局，希望与中国发展合作的关系，几个看似威胁的主要升温热点的扩散性也有限。可以说，如今周边的大格局是新中国成立以来威胁性最小的。最重要的是，已经不存在一个或者几个外部国家能够进犯中国，或者有能力发动针对中国的战争的情况了。我国安全面临的主要威胁是美国的战略挤压，个别国家挑动事端。周边广大地区有着中国利益拓展的巨大空间，中国也应该有这个能力。同时，把中国作为整体的一部分，我们就会看到中国是变化的一个因素，而且是重要的因素。这样，中国不仅可以通过自身的调整改变局势走向，也可以通过自身的力量制约局势走向恶化，避免损害自身利益。这样一来就可以看到中国本身所拥有的主动性，而不仅仅是被动性。

进行大战略思考，首先是基于大视野的认知，在此基础上谋划大战略。笔者将大战略归结为三个要点：一是利用好机遇期，把握住由大到强的发展大局；二是确保和平环境，周边地区不发生战争；三是要有战略耐心，经得住时间和变化的考验。

实现中华民族伟大复兴的中国梦，还在行进之中。中国还处在发展中阶段，所需要的是继续深化改革开放，实现发展方式的转变，提升自身综合实力。这个进程不能中断，为此，发展仍然是第一要务，这是大战略思考的底线。

未来二三十年是中国发展的特别重要的战略机遇期，即在现有的基础上，通过进一步提升，实现中国由大到强的转变。中国处在新百年的上升转变期，这是不可丧失的历史机遇。改革开放后的30多年，中国立足和平发展，抓住了机遇，充分发挥自身劳动力丰富、政府管理能力强的优势，利用外来投资和世界市场，实现了经济总量的快速增长。未来的机遇期与之前有着不同的内涵和环境，提升的难度更大，外部环境挑战性更强，因此，需要花更大的力气克服更大的困难。中国经济总量居世界第二，人均居世界中后，离真正的强国相距甚远，这个国情是维护发展大战略定位的基点坐标。

不让战争在我国周边地区发生，这是一个大战略设计，也是一个大战略目标。中国百年衰败时期，针对中国的战争不断，泱泱大国变得支离破碎。新中国成立后，很长时期周边地区一再发生战争，有些是针对中国的，有些是中国被迫卷入的，都使中国蒙受了巨大的损失，拖延了中国发展的进程。不让战争在中国周边地区发生，需要把握两方面：一是把握大局，增强掌控能力，有能力制止别国在周边发动针对自己或者友邻的战争；二是不用战争的手段解决冲突和争端，对邻国避用武力。

要想有能力制止别国发动针对本国的战争，就需要提升自身的综合实力，特别是军力，应该说，中国基本上可以做到这一点。今后，随着综合实力的进一步提升、军事的现代化，中国更能做到这一点。至于制止针对友邻的战争，尽管做到这点不容易，但还是要管，并且值得管。其实，过去中国也做过，如帮助越南赶走法国和抗击美国，抗美援朝等。但那是被动参与，今后是要主动拒止。不在自己的家门口闹事、惹事，特别是不挑动战争，这是中国变强的标志。我们还没有完全的把握做到这一点，但是要为做到这一点积聚力量和能力。

争端，包括领土争端，用战争的方式是解决不了的，只会增加仇恨。对邻国避用武力，是强者而不是弱者的表现。中国的传统文化崇尚“和为贵”，赞许“化解”矛盾，追求“和解”结果，信奉“不战而屈人之兵”的战术原则。对中国来说，在弱势情况下，战争是被动的选择。如今，中国强盛起来，提升了主动性，具备了主动选择的能力，应该是体现中国“和文化”的机遇期。

历史上，战争的确是大国、强国扩张领土的主要手段，但如今时代不同了。历史上，中国的基本战略是守疆，但在衰败时期，中国无力守住自己的疆土。应该看到，如今的领土争端主要来自遗留问题。现在，中国只与印度和不丹两个国家未定陆地疆界，与不丹自然不会打仗，与印度过去为此打过仗。中印两国已就稳定边界达成协议，并开展划界谈判，显然，战争不是选项。现在，热点是东海钓鱼岛，南海岛礁和海域。钓鱼岛问题不仅仅是领土问题，涉及力量对比和地区力量与战略格局秩序的转换。所谓“不为几块石头打仗”不是开玩笑，而是战略性思考。因为钓鱼岛问题起于力量转换，求解还是要靠力量对比的反转。中国要争取的是时间，因此要有战略耐心。

至于南海问题，重要的是中国能掌控大局，这包括三层含义：一是不让当事方的争端升级，二是拒止外部势力搅局，三是利用好东盟整体框架。南海问题的难度在战术上，不在战略上。对于南海海域的争端，尽管有九段线的历史权益问题，但可操作的空间还是存在的，争取主动性的举措是在适当的情况下，明晰中国对南海海域领海和专属经济区划界的原则立场与推动谈判的方略。

当然，这里的一个关键因素是如何处理与美国的关系。中国提出来要与美国建立新型大国关系，出发点是中国作为上升的大国避免与美国这个守成强国发生冲突，特别是发生战争。中国这样做不是怕美国，不是屈从美国，而是基于新的战略思维，即避免沿袭崛起大国必战的定律。美国也许不情愿接这个招，但还有比这个更好的选择吗？当然，美国对中国的担心是很难消除的，同时，中国面临的挑战也是客观存在的。因此，美国必然会千方百计制约中国的崛起，遏制中国势力的扩张。但这并不意味着美国非要与中国打一仗，因为打一仗实现不了其目标。现代战争特别是大国之间的战争无胜者。从这个角度来说，不打仗是双方的战略底线。中美之间可操作的战略空间很广，既有具体的“事务级”问题，也有“战略级”问题。只要双方可以坐在一起，就会发现有谈不完的问题，就会找到合作的领域，就会把感情拉近一步。

应该看到，中国与周边邻国的关系已经具备许多新关系的特征。其中，突出的是利益的共享性增强，体现汇合利益的次区域对话合作机制建立，特别是中国成为关系变化的核心。总体来说，这些新的发展对于我国构建一个和平、合作的周边地区是有利的。所以说中国要有自信，不仅是对自己，也是对所处的环境,特别是周边环境。

中国与周边,既要从“我的周边”来认识,又要从“周边的我”来考量,“我的周边”引导看全局,“周边的我”促使用好自己的力量。同时,周边地区是开放的,不是封闭的,已经没有任何可能而且也没有任何必要回到历史上以中国为中心的“华夷秩序”,那种“以不治而治之”的理想地区秩序也很难出现了。未来的周边地区是多样性与相融性并存,关系的多重性与利益的共享性并存,是多角色参与,多种利益博弈。关键是中国增强协调能力和掌控能力,也就是说,尽管有差别、分歧和矛盾,但要让合力大于分力,达到聚合化异,实现稳定与和平。中国重新回到地区舞台主角的位置,周边地区这场历史性的转换大戏如何演绎,就要看主角的演技如何。

(本文原载于《国际经济评论》2014 年第 5 期,略有调整)

周边区域观回归与新秩序构建

中国有着众多邻国，接邻地区形成宽阔的周边区域，既有大陆，也有海洋。一直以来，中国与周边国家有着特殊的地缘关系，形成了以周边区域为中心的区域观和独具特色的区域共处关系与秩序。

近代，中国由强转衰，受到外患内乱的困扰，历史上形成的周边关系和秩序遭到破坏。新中国的诞生结束了内乱，开始走向国家统一和民族复兴之路。但是，由于冷战和其他复杂的因素，周边关系和秩序的重建经历了艰难的历程。

总的来看，随着内外因素和环境的变化，中国以周边区域为中心的区域观逐渐回归，在周边区域关系和秩序构建上逐步取得主动。本文从中国的区域观历史考察出发，分析中国以周边为中心的区域观回归以及区域新关系与地区秩序构建的进程和特点，提出新形势下构建周边战略依托与命运共同体的战略。

一、历史上的周边关系与秩序

中国是一个拥有几千年文明史的泱泱大国。在长期的历史长河中，中国形成了独具特色的交往理念、规则和方式。据研究，中国的“世界观”源于以中原华夏民族为中心的认知和秩序。在很长的历史时期，发达的华夏民族与周边众多的族群部落相邻而居，逐步发展起以其为核心的相互交往的关系。秦统一中国之后，扩大了华夏的区域范围，进一步强化了华夏中心文化与秩序。[①]

自汉朝以后，中国的交往开始扩大，不仅在陆上，而且到海上。往东，开

① 参见何芳川:《“华夷秩序”论》,《北京大学学报》(哲学社会科学版)1998 年第 6 期,第 31 页。

始与朝鲜半岛、琉球、日本列岛交往；向西，则经由河西走廊开辟古丝绸之路，交往延伸到中亚、地中海；向南，交往不仅扩及整个东南亚，而且通过海上丝绸之路，与南亚各国甚至是阿拉伯、非洲发展商贸关系。[①] 尽管如此，中国仍然坚持以近邻周边为基，没有像后来的西方国家一样，当自己发达起来之后，就在世界范围扩大殖民地，尽可能多占地盘。

在长期的交往中，中国与周边国家和地区建立了复杂、多样的关系，有些国家被纳入了华夏体系，接受中国的册封，向中国纳贡。尽管中国的大部分邻国并没有加入华夏体系，但也尽可能与中国保持友好交往，形成了稳定的周边关系。[②]

鉴于是最强大的国家，中国自然以己为中心看待外部世界，处理与外部的关系，与周边邻国形成了独具特色的“华夷秩序”。在构建和维系“华夷秩序”上，中国一方面维护其至高无上的地位和尊严，另一方面基于“和而不同”的理念，对他国的内部事务不主动进行干涉和介入，对属国的纳贡也是根据具体情况灵活掌握，因为中国所在乎的是礼尊、秩序，而非贡品。正如明朝皇帝所言：“君临天下，抚治华夷，一视同仁，无间彼此。”[③]在长期的历史中，尽管中国在与邻国的关系中“恩威并用”，但总的来说，其所实行的被认为是一种“怀柔周边”政策。[④]

中国处在一个有着众多邻国的复杂环境之中。在长期的交往中，中国与周边国家逐步发展起了一套比较完备的规则体系。[⑤] 这个体系以儒家的等级秩序思想为指导，构建起了一种“中心—边缘式”的稳定架构。[⑥] 这个架

---

① 明朝时期，尽管有郑和七下西洋，广开对外关系，但是也曾长期实行海禁。实行海禁的原因相当复杂，其中海上安全威胁问题是一个重要动因。马丁·雅克认为，实行海禁的原因之一是皇帝自恃优越，认定大明文明远胜于蛮夷。Martin Jacques, *When China Rules the World: The Rise of the Middle Kingdom and the End of the Western World*, London: Allen Lane, 2009, p.78.

② 据研究，即便到清朝最强盛时，其属国或朝贡国也只有10多个。参见崔丕：《近代东北亚国际关系史研究》，东北师范大学出版社1992年版，第28页。转引自张小明：《中国与周边国家关系的历史演变：模式与过程》，《国际政治研究》2006年第1期，第59页。

③ （清）张廷玉等撰：《明史》，中华书局1974年版，第8442页。

④ 参见张小明：《中国与周边国家关系的历史演变：模式与过程》，《国际政治研究》2006年第1期，第60页。

⑤ 有的学者把这种体系称为“天朝礼治体系”。参见黄枝连：《天朝礼治体系研究》，中国人民大学出版社1992年版。

⑥ 也有学者认为，所谓“华夷秩序”，实际上是以经济关系为主，是区内国家和地区之间赖以开展互利贸易的礼乐秩序框架。中国用的是“软实力”，不是硬实力。参见韩东育：《“华夷秩序”的东亚构架与自解体内情》，《东北师大学报》（哲学社会科学版）2008年第1期，第46页。

构被认为是建立在两个基本保障基础上的：一是中国具有压倒性优势的经济力量，二是中国为区域提供安全保障。[①] 以中国为中心的区域秩序构建，其广度和深度是与中国自身的发展同向而行的。

当然，历史的发展是曲折的，中国的中心地位也不时受到来自外部的挑战和冲击，与周边的一些国家和部族不时发生冲突甚至战争。但总的来说，中国能够长期保持强大，主导地位没有受到根本性的挑战，也就是说，以中国为中心的区域关系秩序基本上没有受到外部力量的干预。由此，在很长的历史中，中国与周边国家的关系主要表现为一种区域内部的关系互动。[②]

长期积累和发展的这种区域性互动关系对于中国区域观的形成具有非常重要的意义。我们至少可以从以下三个方面归纳它的重要性：其一，区域的地缘视野始终把周边地区作为基础；其二，把周边地区作为利益攸关区；其三，与周边地区的国家形成一套相处的规则和行为方式。所谓“君临天下”，其核心价值是要对与中国密切相连的周边国家负责。[③]

然而，到 19 世纪中叶，中国与周边国家的这种秩序基础被摧毁。一则中国本身开始逐步衰落；二则西方列强大举向东方扩张，染指中国及其周边邻国。面对西方列强的势力扩张和入侵，中国败下阵来，被迫签订一系列丧权辱国的条约，支付赔款，割让领土；周边邻国大多被列强占领，成为殖民地。八国联军打进了北京，中国的权威被击破，而周边国家被殖民则割断了中国与它们直接交往的联系。这样，以中国为中心的区域秩序就彻底解体了。

特别是在 19 世纪后期，崛起的日本发起直接挑战，进犯并打败中国，吞并琉球，占领朝鲜，把中国仅存的一点“大国尊严”也给打掉了。从 1840 年鸦片战争到 1945 年日本战败，其间 100 多年，中国与其所在的地区发生了天翻地覆的变化，中国不仅失去了自我（能力），而且失去了自己所在地区的正常关系和环境。在这样的形势下，中国的传统区域观被埋灭，周边地区成

---

① 持这种观点的是日本学者滨下武志。转引自韩东育：《“华夷秩序”的东亚构架与自解体内情》，《东北师大学报》（哲学社会科学版）2008 年第 1 期，第 46 页。

② 参见张小明：《中国与周边国家关系的历史演变：模式与过程》，《国际政治研究》2006 年第 1 期，第 59 页。

③ 其实，这里的规则和行为方式并不是写在纸上的条约，更多的是一种认定和默契。约瑟夫·奈认为，所谓“软实力”，就是影响他者行为的能力，更多地表现为一种对他者的吸引力。在很大程度上说，中国所发挥的正是这种“软实力”。关于软实力的论述参见 Joseph S. Nye, Jr., *Soft Power the Means to Success in the World Politics*, New York: Public Affairs, 2004, pp.5-6。

为危及中国自身生存安全和利益的祸源。

1949年新中国成立，中国自身的内乱结束，衰败的下行线也终停。不过，中国与周边邻国的关系还是经历了复杂和艰难的调整。由于形势复杂，在很长一段时间，中国对周边国家的关系定位处于被动。在很多情况下，是外部因素决定中国与邻国关系的特征和性质，中国则主要是被动应对。

新中国也试图做出努力以扭转被动格局，推动新的关系发展。比如，在20世纪50年代，中国就与缅甸和印度一起提出了“和平共处五项原则”。该原则的内核是维护国家主权、不干涉内政、友好相处，基本出发点是争取国家生存与发展的稳定与和平环境。特别值得注意的是，新中国提出的这些原则具有了新意。从中国的认知来说，放弃了“中国老大”的观念，改变了中国传统的等级秩序思想，开始倡导新的国家平等及以此为基础的和平共处。

不过，由于冷战格局、中苏分裂等因素，中国周边地区的关系变得异常复杂，关于和平共处的原则并没有得到很好落实。在一段时间里，中国与多数周边邻国的关系都不好，只好到“天涯”去寻找朋友。

与周边国家关系的一个大的转变发生在中国实施改革开放政策以后。改革开放需要稳定与和平的外部国际环境，需要开放合作的经济环境，于是中国开始采取积极措施，推动与邻国(特别是那些实行开放发展政策的市场经济国家和地区)关系的改善，发展与它们的经济关系。

冷战结束后，周边地区形势发生了很大的变化，这为中国进一步改善与所有邻国的关系提供了政治氛围和环境，同时，各国采取的开放发展政策也为中国与邻国之间发展更为广泛的经济关系提供了环境。这样，中国与邻国之间的政治关系和经济关系出现了全新的变化：一则，中国实现了与所有邻国关系的正常化；二则，中国与邻国之间发展起密切的经贸联系，成为它们日益重要的贸易伙伴。应该说，这是近代发生的一个历史性的大转变。重要的是，随着中国与所有周边国家实现关系正常化，成为所有周边国家最重要的经贸伙伴，与所有周边国家建立了合作伙伴关系，中国的周边区域意识开始逐步回归。当然，这种回归不是也不可能退回到古代的“华夷秩序”模式，而是基于新环境下的新认知、新定位和新构建。

二、对新周边关系与秩序的构建

当今，中国是在一种全新的形势和关系架构下开始发展与周边国家关系，进行周边地区关系和秩序构建的。中国还处在复兴的进程之中，尽管已是周边地区经济总量最大的国家，但还难说是最强的国家；尽管中国的综合实力在大幅度提升，但美国的霸权地位并未有根本性动摇。中国并没有形成像历史上的那种"压倒性优势的经济力量"，更不能为周边国家提供安全保证。周边地区国家的情况相当复杂，多种力量在周边地区博弈。因此，中国对周边区域的认知定位还在形成过程中，需要时间逐步梳理和明确，对周边地区关系结构和秩序构建的努力也需要在参与中逐步发挥作用和提升影响力。

（一）把东盟作为构建新关系的"试验田"

中国与东南亚接邻，陆海相接相通。二战后，东南亚国家相继摆脱殖民统治获得独立，但与中国的关系经历了复杂的转换。中国与东南亚构建新关系是沿着"双轨路径"进行的：在把发展与东南亚各国双边关系作为基础的同时，充分利用东盟这个平台，构建中国与东南亚地区的综合新关系。而后一个方面的努力是中国构建周边新关系与秩序的重要尝试。

历史上，中国与东南亚国家曾保持着良好的关系。在近代，东南亚地区被殖民分解，中国与各国的关系性质发生变化，传统的关系已无踪影。新中国成立后，中国开始与东南亚国家重建双边关系，但受到复杂因素的影响，这个进程反复曲折。第一批与中国建交的东南亚国家有5个（20世纪50年代至60年代初）：越南、印度尼西亚、缅甸、柬埔寨和老挝。不过，60年代，印度尼西亚政局变动，发生反华事件，双方外交关系中断。70年代，因越南实行扩张主义政策，两国断交，并发生了战争，与老挝的关系也在此期间恶化。柬埔寨因国内政局变化，在70—80年代与中国的双边关系出现大的波折。第二批与中国建交的国家是马来西亚、菲律宾与泰国，建交以后没有出现大的波折。第三批是新加坡[①]和文莱，与此同时中国与越南、印度尼西亚和老挝的关系也恢复了正常化。可以说，就双边关系而言，直到90年代初，中国与东盟国家的关系才算走向真正的正常化。尽管此后的关系并非完全顺畅，比如，进入新世纪后因南海问题，中国与越南和菲律宾的关系出现紧张，但是不会出现像以往那样的大反转。

---

① 中国与新加坡的关系比较特殊，尽管双方正式建交是在90年代初，但是正式的交往早在70年代中期就开始了。

东盟的建立和发展为中国与东南亚国家的关系发展提供了一个新的平台。东盟从小到大，逐步成为东南亚区域整体发展利益的代表，构建了以东盟为中心的对话与合作关系，这是东南亚地区历史上从来没有过的。[①]

初始的东盟带有很强的反共意识，而当时中国与一些东南亚国家的共产党保持着联系，是其活动的支持者。但是，随着环境的变化，中国与东盟也找到了新的利益结合点。从中国方面来说，是主动放弃支持东南亚国家内部共产党革命的政策，支持东南亚地区的稳定、发展、合作与和平；从东盟方面来说，是把创建东南亚地区的和平放在突出位置，利用区域合作解决冲突和矛盾，反对越南的扩张政策。由此，在制止越南扩张、推进地区和平上，中国与东盟（此时越南未加入东盟）找到了利益与合作的契合点。[②]

在东盟接受包括越南在内的成员国后，中国把东盟当作一个可以与之构建新关系的区域组织。以往合作的基础加上新的形势发展，促使中国以积极的姿态发展与东盟的对话伙伴关系。[③] 中国积极参加东盟倡导的“10＋1”和“10＋3”对话，率先签署《东南亚友好合作条约》，率先提出与东盟构建自贸区和建立战略伙伴关系，并且与东盟签署旨在稳定南海大局的《南海各方行为宣言》等。显然，中国力图利用东盟这个区域合作机制，构建中国与东南亚地区的地缘区域新关系。在南海争端升温的情况下，中国提出“双轨思路”，即主权争端由当事国谈判解决，而维护南海和整个地区稳定则依靠与东盟合作。这表明中国对东盟作为区域合作组织的积极作用，特别是对其在中国周边关系与秩序构建中的特殊性给予了特别的重视。[④]

尽管中国与东盟的综合关系得到了前所未有的发展，中国也从同东盟的关系中体验到了“区域性构建”的重要性，但是，中国与东盟之间关系的构建特别是区域秩序构建并不很顺畅。一则，东盟实施大国平衡外交，不希望

---

① 东盟的法律地位得到其他国家的承认，越来越多的国家向其派驻大使，发展与东盟的整体关系。

② 这一段经历对于中国扭转对东盟的看法有很大影响。即便在越南加入东盟之后，中国也保持了对东盟支持的态度，继续积极推动与东盟改善和加强关系，支持东盟的联合。总的来说，中国的决策者认为，一个联合的东南亚对中国不是威胁。这方面的分析参见曹云华：《变化中的中国—东盟关系》，《东南亚研究》1995 年第 5 期，第 11—14 页。

③ 1997 年，中国领导人与东盟领导人实现第一次非正式会晤，确立了“面向 21 世纪的睦邻互信伙伴关系”。

④ 在笔者看来，处理南海问题的“双轨思路”沿袭了中国发展与东南亚关系的“大双轨战略”原则。关于南海“双轨思路”，参见王毅：《以“双轨思路”处理南海问题》，2014 年 8 月 9 日，http://www.fmprc.gov.cn/mfa_chn/zyxw_602251/t1181457.shtml。

与中国的关系拉得太近。在很大程度上，大国平衡主要是利用其他的大国平衡中国。二则，中国与东盟的几个成员国在南海存在争端，而争端往往成为疏远中国的重要因素。尽管中国与东盟之间完成了自贸区谈判，但东盟并没有与中国构建一个统一的区域合作组织的考虑，保持东盟的自主性和主动性是东盟发展与中国关系的一个底线。中国—东盟自贸区是一种功能性机制构建，即着眼于推动双边的市场开放和加强经济合作。其实，从东南亚国家的角度来说，东盟作为一个整体还有一层含义，即利用集体的力量与中国这个大国打交道，以此取得与中国实力对比的“均衡”。从中国的角度来说，只要东盟不成为“反华基地”，而是“稳边、兴边”之地，中国就会尊重东盟的“中心地位”和其在区域合作中的领导作用。尽管中国与东盟国家间存在不少问题，特别是与一些国家存在南海争端，但中国政府还是把发展与东盟的关系作为中国外交的“首要和优先方向”，对发展与东盟的关系“抱有信心”。①

从中国方面说，有了东盟，中国与东南亚国家的关系就有了一个新的大平台。为此，中国重视东盟的整体地位和作用，积极发展与它的关系，让它成为发展友好与合作关系的支柱，成为拓展综合利益和维护安全的重要战略依托。从区域关系和秩序构建的角度来认识，在周边，还没有一个地区像东盟那样有能力建设经济、安全与社会文化共同体。因此，中国重视东盟的地位和作用是理所当然的。不管出现多少波折，中国都要做出不懈的努力，使友好与合作的基础不可逆转。比如，2013 年正是南海争端升温之时，中国还主动提出要搞自贸区升级版，与东盟构建命运共同体，继续谈判制定南海行为守则，签署睦邻友好条约，这足见中国对东盟的战略意图是着眼于长期发展的。② 从这个方面来认识，东盟是中国构建周边新关系与秩序的一个“试验田”。

（二）对东亚合作的倾注与调整

东亚地区在中国的周边认知中有着特殊的地缘情结，中国对“10＋3”有

---

① 参见王毅：《以“双轨思路”处理南海问题》，2014 年 8 月 9 日，http://www.fmprc.gov.cn/mfa_chn/zyxw_602251/t1181457.shtml；《王毅谈南海问题：有关国家不要误判形势一错再错》，2013 年 8 月 2 日，http://www.chinanews.com/gn/2013/08-02/5118348.shtml。

② 有的学者认为，中国还需要打造自己的战略支点国家，在东盟，印度尼西亚具备这样的意义与条件。笔者认为，打造战略支点国家不是搞新的结盟，而是构建基于战略利益的合作与互信支持。参见周方银：《中国如何打造战略支点国家？》，《凤凰周刊》2014 年 10 月 5 日。

着清晰的区域观认知。[①] 当东盟于1997年邀请中日韩对话时，中国从一开始就表现得非常积极。这一方面是因为中国对东盟这个组织的重视，另一方面也是出于对"东亚区域主体性"的认知。从地缘上，包括东北亚和东南亚在内的地域，对中国来说才是东亚，是一个连成一片的共处区域。因此，中国对推动东亚合作表现得非常认真和务实。比如，在1998年"10＋3"领导人对话会议上，中国就提议成立央行和财政部负责人的合作机制。此后，中国积极推动发表《东亚合作联合声明》，支持"东亚展望小组"的研究（先后两期），主动提议牵头组织进行关于东亚自贸区的可行性研究，积极支持以金融货币合作为宗旨的"清迈倡议"，推动"清迈倡议"框架下的货币互换机制多边化，建立东亚外汇储备库以及成立东亚宏观经济办公室并担任首任主任等。

显然，在中国的地缘区域利益和战略思考中，东亚地区有着特别重要的地位和特殊的意义。改革开放以后，中国的沿海地区先行发展，成为中国经济的中心。由此，从东北亚到东南亚的地缘东亚地区，对中国的发展和综合利益都有着特别的重要性。尽管中国参与和推动东亚合作的主要内容是经济，但是东亚对中国来说也具有很强的政治与战略意义，中国希望逐步推进东亚地区合作的整体框架和组织结构发展。[②]

近代以来，东亚地区关系变化和力量对比是中国衰落的一面镜子，中国的利益从这里被剥夺，中国从这里被入侵，战争在这里发生。而在改革开放后，也正是在这里，中国打开了走向世界的大门，构建了经济发展的市场平台（贸易、投资、服务）。然而，构建一个合作的东亚遇到了三大障碍：一是力量的对比和竞争，这主要表现在"守成的日本"和"上升的中国"之间。近代以来，日本是东亚的力量重心。日本惧怕中国获得主导性影响，竭力阻挠中国所推动的区域合作议程成功，同时，它通过拉拢更多国家参与东亚合作进程，特别是像印度这样的大国，来平衡中国，化解所谓"东亚地缘区域之困"。[③] 二是"东盟坚持中心地位"。尽管东盟希望借助更大的区域合作框架来扩展自己的利益，但又不愿意被更大的区域机制融化掉。因此，东盟坚守

① 实际上，中国的东亚地缘区域认知基于东盟10国与朝鲜、韩国、日本和蒙古国。

② 参见张蕴岭：《探求东亚的区域主义》，《当代亚太》2004年第12期，第5页。

③ 日本在经济上是东亚"守成的主导大国"，在经济实力、技术能力和投资、贸易等方面居优势地位。因此，担心中国替代日本成为主导是日本的一个"战略性恐惧"。事实上，日本一直有"大东亚"的认知，作为一个岛国，其区域界定与中国有很大的不同。

自己构建以“东盟＋”为架构的“轴—辐”对话合作机制，对推动东亚的制度化建设则比较谨慎。三是美国的干预。出于对东亚合作机制排除自己、损害自身主导地位的担心，美国要构建由自己主导的区域机制（如TPP），推动扩大的东亚对话机制发展，并直接参与其中（如东亚峰会），以此扩大其对东亚合作走向的影响力。

由于多重力量的作用，以“10＋3”为“主渠道”的东亚合作进程一波三折，实际上形成了多层机制并存的局面，这与中国起初对东亚的区域定位和战略设计大不一样。[①] 这种形势迫使中国对东亚的区域合作进行重新思考和政策定位。出于地缘综合利益上的考虑，中国当然不会放弃推动东亚地区合作的努力，但对重点和方式进行了调整，其中，把务实性的“功能构建”而不是整体制度性构建作为重点。[②]

随着中国越来越重视整体周边的大区域关系和秩序构建，其对东亚地区的认知和战略定位也发生了变化，即把东亚作为周边大地缘区域的一个组成部分来对待。基于周边大区域的视角，“东方不亮西方亮”，在东亚做不成的事，也可以在别处推动，也许能够成功。由此，中国开始超越“东亚中心”的地缘区域认知，以新的大周边地缘区域认知和战略来进行区域关系和秩序的构建。

（三）创建亚太的相容性区域空间

就中国的区域认知来说，亚太是一个新概念。亚太之所以成为一个区域，原因有二：一是经济上的联系，二是安全上的联系。从经济联系来看，亚太为中国提供了巨大的对外开放空间，是中国对外贸易的主要市场和外来投资的主要来源。从安全联系来看，亚太是中国主要的安全与战略关注区域，尤其需要处理好崛起的中国与守成的霸权美国之间的新型大国关系。因此，亚太作为一个区域，既要为中国经济参与提供平台，又要为中国处理政治与安全关系提供空间。

亚太经济合作组织（APEC）是中国经济参与的主要平台。中国之所以

---

① 笔者曾经提出，理想的区域合作结构是一个联合的东亚与美国构建合作框架，形成新的东亚—北美关系框架的“太平洋关系”，类似于一个联合的欧洲与美国构建合作关系所形成的“大西洋关系”。但是，实践证明，“把美国排除在外的东亚合作机制构建不现实”。参见张蕴岭：《探求东亚的区域主义》，《当代亚太》2004年第12期，第6—7页；张蕴岭：《中国周边环境的新变化与对策》，《思想战线》2012年第1期，第2—3页。

② 参见张蕴岭：《探求东亚的区域主义》，《当代亚太》2004年第12期，第6页。

积极申请加入 APEC，一则是因为中国加入世界贸易组织（WTO）的进程不顺利，希望加入 APEC 获得参与机会；二则是因为 1989 年因为国内政治风波遭到西方制裁，中国非常希望通过加入 APEC 显示中国对外开放的决心，并以此突破西方的制裁。因此，从这个意义上说，中国对 APEC 的区域意识和区域定位并不强，主要还是基于参与上的经济利益，把它作为加入世贸组织的一个演练场。[①] APEC 实行自主自愿和协商一致的"APEC 方式"，这对中国来说是非常适合的。在相当长的时间里，中国不支持强推市场开放，更愿意循序渐进。比如，加拿大在 2004 年提出建立亚太自由贸易区（FTAAP）的倡议，美国于 2006 年正式提出推动亚太自贸区建设，中国表示了保留态度。[②] 但是，在美国领衔 TPP 谈判、把中国排除在外的情况下，中国则转而推动 FTAAP 建设进程。2014 年，中国承办 APEC 系列会议，成功使启动 FTAAP 进程成为共识。[③] 应该说，把 FTAAP 建设列入 APEC 议程，这是中国对亚太区域性认识的一个转变。

尽管 APEC 是一个经济组织，主要的议程是推动亚太地区的市场开放与开展经济和技术合作，但它也具有很强的政治含义。它所提供的区域对话与合作框架，也成为开展外交活动的场所。比如，20 世纪 90 年代，中美关系反反复复，在关系极度紧张的情况下，正是 APEC 领导人会议、部长会议提供了打破关系僵局的机会。美国在亚太地区有着最大的影响力，特别是在安全领域。中国并不是美国主导体系的组成部分，因此，中国在亚太区域的关系和秩序整体构建中并不占主动。中国实现国家复兴需要稳定与和平的外部环境，其中，如何处理与美国的关系至关重要。为此，中国的主要战略是拓展安全与战略空间，让太平洋"容下中美两国"。[④] 从这个意义上说，APEC 也是中国处理复杂大国关系的一个重要平台。[⑤]

---

① 有的学者认为，APEC 为中国"入世"提供了一个热身和演练的平台。参见蔡鹏鸿：《APEC：中国入世的演练场》，《浦东开发》2001 年第 10 期，第 13 页。

② 当时，加拿大、美国推动 FTAAP 是有背景的，即东亚推动东亚自由贸易区（EAFTA）进程，它们担心被排除在外会遭到损失。还有，美国原来计划要在 2005 年推动美洲自由贸易区（FTAA）建设，该计划流产，于是在 2006 年提出推进 FTAAP 建设。美国的此项倡议被搁置，于 2009 年决定推进 TPP。

③ 当然，也不光是中国如此。2010 年在日本召开的 APEC 非正式领导人会议就重提 FTAAP 建设，当时日本还没有决定加入 TPP。

④ 参见《中美元首同意共建新型大国关系：不冲突不对抗》，2013 年 6 月 9 日，http://news.ifeng.com/mainland/special/xjpmzzx/content-3/detail_2013_06/09/26267547_0.shtml。

⑤ 中国一向重视区域平台为双边会晤提供的机遇，在 APEC 会议期间，尽可能多地开展双边领导人会晤。

当然，如何看待亚太，学界在认识上也有不同。有的学者认为，在亚太地区，中国的战略主要还是塑造大国的战略均势，以均势来稳定中国所处的外部环境。[①] 也有学者认为，中国地处亚太，在此有着重大利益，应该在地区事务中发挥规范性作用，提出有引导力的理念和有吸引力的模式。中国的亚太战略应该在各个层次发挥重要作用。[②] 还有的学者甚至认为，中国处在不断扩展的亚太地区的地理中心，成为吸引力的中心，成为亚太地区的"地缘中心国"。[③] 不过，从中国的地缘区域认知来说，很难把亚太塑造为以中国为中心的区域。亚太地区是中国地缘利益的一个交汇点，也是处理大国关系的一个焦点，但是，中国难以通过区域性秩序构建来实现目标。尽管如此，中国还是力图利用好这个区域大平台来实现经济利益和战略利益，利用区域机制拓展战略和利益空间。

（四）上合组织构建实现新跨越

冷战结束前，中国与中亚地区的关系只是中国与苏联之间的双边关系。苏联解体后，就变成了带有区域性的多国家间的关系。由此，该地区的关系变得复杂了，既需要处理双边关系，又需要处理区域关系。首先是中国与俄罗斯的关系。双方之间迅速实现了关系正常化，确立了新的战略协商伙伴关系，从根本上改变了中苏后期的对抗关系。再则是中国与中亚几个国家间的关系。中国立即承认中亚各国的独立，与接壤国家划定了边界，建立了正常的外交关系。还有中国—俄罗斯—中亚关系，既具有双边和三边特征，又具有区域性的特征。这些关系相互交织，对中国来说，如果有一个区域性的合作机制，就会易于处理，把许多共同关心的问题放在区域的框架下解决。在苏联时期，中亚是一国内部的次区，而在苏联解体后则不同了，成为一个具有单独含义的国际地区，一个具有特别重要性且又充满变数的区域。[④]

---

① 参见焦兵：《塑造亚太均势：中国大战略的未来》，《江汉论坛》2014 年第 4 期，第 108 页。

② 参见吴心伯：《中国亚太战略急需新思维》，《东方早报》2012 年 11 月 21 日。

③ 参见朱听昌：《论中国在亚太地区的区域中心地位》，《世界经济与政治论坛》2010 年第 1 期，第 77 页。

④ 特别重要的是，西北地区的稳定对中国来说至关重要。有的专家认为，苏联解体使中亚成为一个战略活动空间，引入多种力量介入。参见王佳殷：《苏联解体后的中亚与中国》，《国际政治研究》1995 年第 4 期，第 23 页。

上海合作组织是由中国推动成立的第一个区域合作组织。[①] 它的基础是苏联解体后中国与俄罗斯以及从苏联分离出来的中亚国家处理外交关系的协商机制，通过该机制确立了中国与新生的俄罗斯和中亚诸国的新关系，同时，也在合作中建立了相互信任。应该说，通过构建区域合作机制来推动中国与多个国家关系的发展，通过发挥区域合作组织的功能来构建区域的综合发展和安全环境，这是新中国成立后对周边区域认知的一个新的转变。

上海合作组织之所以能够聚同化异，是因为中国与俄罗斯和中亚国家找到了具有最大公约数的合作切合点——共同安全。[②] 尽管上海合作组织是一个以安全为主轴的合作组织，但它有别于美国、欧洲以及美欧之间建立的安全机制。上海合作组织不搞军事联盟，不搞军事扩张，而是在平等参与和协商的基础上进行安全合作，创造共享的稳定与和平的发展环境。这样的合作方式被认为是“在当代秩序之外的另一种温和的选择”，它的功能主要体现在解决成员国共同关心的安全问题，同时也成为维护欧亚地区安全的稳定器。[③]《上海合作组织成员国长期睦邻友好合作条约》的签订是一个巨大的成就，这是中国第一次与区域组织成员集体签订一项条约。

其实，对中国来说，重视中亚地区不仅仅在于安全，也在于综合关系的发展，特别是推动经济发展合作。中国先后提出许多倡议，包括构建自贸区、设立上合组织开发银行、成立能源俱乐部、建立粮食安全合作机制、建设基础设施网等。对于中国的某些倡议，中亚国家和俄罗斯并没有立即做出积极的回应，之所以如此，还是出于对中国意图的担心。比如，中亚国家担心构建自贸区、向中国全面开放市场会导致中国对其市场的垄断，担心建立的上海合作组织开发银行会被中国主导，为中国在那里的经营活动提供融资等等。特别是俄罗斯，它最为担心的是中国主导中亚，排挤俄罗斯的传统

---

① 事实上，中国超越“东亚中心”地缘区域认知的一个突出表现是推动建立上海合作组织（SCO）。1996 年，中国、俄罗斯以及中亚三国（哈萨克斯坦、吉尔吉斯斯坦、塔吉克斯坦）签署了《关于在边境地区加强军事领域信任的协定》。2001 年，乌兹别克斯坦加入。六国以此为基础决定成立正式的区域组织——上海合作组织。

② 各国均面临三股势力（恐怖主义、分裂主义、极端主义）的威胁，且这些势力的活动具有跨国扩散的特征。

③ 这方面的分析参见冯玉军：《上海合作组织的战略定位与发展方向》，《现代国际关系》2006 年第 11 期，第 14—16 页。

利益。[①] 尽管如此，上海合作组织还是在经济合作领域取得不少进展。鉴于中亚地区的重要性，中国会锲而不舍。2013年，中国又提出建设“丝绸之路经济带”，以此推动与中亚地区的全面经济合作，构建延伸与扩展的经济发展区。[②]

上海合作组织的发展是一个奇迹。之所以如此，一是因为中国有明确的区域定位和战略；二是因为中国、俄罗斯和中亚国家有共识，其中特别重要的是中俄有战略性共识；三是因为没有外部大国的直接干预。人们原来对上海合作组织的发展并不太看好，而现实的发展却远超预期。如今，它的吸引力在增加，功能在扩大，吸纳新成员也在准备之中。

中国在上海合作组织的目标是什么？应该说现在可以说得比较清楚了，那就是渐进推动该组织的综合发展，使其成为一个新型的区域合作组织，以其为依托，创建和平、合作与发展的西部环境。随着上海合作组织的规模扩大和功能扩展，它会有更大的影响力，有助于拓展中国在大西部区域的影响力。历史上，中国西部与外部的联系主要通过古丝绸之路，区域延伸波及中亚、西亚和欧洲。如今，借助上海合作组织和丝绸之路经济带的建设，中国获得了更大的拓展空间，可以实现经济、政治和安全的综合利益。历史上，中国最不稳定的是西部，如今，它还面临着新的安全威胁（极端宗教与分裂势力）。中国力图通过这样的综合战略，构建稳定西部、发展西部、掌控西部的长久机制。

（五）力求突破“东北亚困境”

在周边地缘区域中，东北亚的地位举足轻重。无论从哪个角度出发，东北亚地区对中国来说都至关重要。二战后，中国只与苏联（部分东北亚）、蒙古国和朝鲜有外交关系，后来与苏联关系恶化，与蒙古国的关系也随之逆转。20世纪70年代，中日实现关系正常化；冷战结束后，中国与韩国建交，与分裂后的俄罗斯实现关系正常化，与蒙古国的关系也恢复正常。就双边关系而言，中国与所有的东北亚国家实现了关系正常化，但是东北亚作为一

① 成立上海合作组织开发银行是中国于2010年提议的。2014年9月召开的上海合作组织领导人会议发表的宣言把建立上海合作组织发展基金和开发银行列入合作议程。

② 比如，2013年，中国进一步提议签署《国际道路运输便利化协定》，开辟从波罗的海到太平洋、从中亚到印度洋和波斯湾的交通运输走廊。参见《习近平在上海合作组织峰会上的讲话》，2013年9月14日，http://news.xinhuanet.com/mrdx/2013-09/14/c_132719882.htm。

个地区仍然是分裂的，历史的创伤、二战后留下的分裂结构仍然没有弥合。中日关系陷入“战略性竞争”，中朝关系不仅受到朝鲜半岛南北关系、美朝关系的影响，而且也处于新的调整期。世界上像这样的地区已不多见。

中国曾经试图通过构建“六方会谈”机制来解决朝核问题以及东北亚的综合关系与长久和平问题，但是，出于复杂关系的掣肘，这个机制运转不灵，半途停滞了。这是新形势下中国第一次从区域构建的角度试图创建东北亚的新区域关系与合作框架。

朝鲜拥核改变了东北亚地区的关系结构和性质，破坏了以东北亚区域为框架的合作机制构建基础。朝核问题的症结是美朝关系和美国在朝鲜半岛的利益与战略意图。朝鲜不做出大的政治改变，美国难以接纳朝鲜，也不会改变对朝鲜的政策。朝鲜对“六方会谈”不信任的根本原因在于该机制以解决朝核为主要目标，而不是以解决朝鲜的生存与发展环境为目标。朝鲜的主要关注点是解决与美国的关系，要美国改变对朝鲜的政策。显然这些问题仅通过区域性合作机制难以解决。如今，尽管朝鲜对返回“六方会谈”机制不松口，其他各方仍表示要维护“六方会谈”框架下达成的协议。然而，想要以区域框架一揽子解决朝核问题和朝鲜半岛的长久和平问题，仍需要双边关系的改善，特别是美国的政策调整。因此，中国在东北亚地区构建新关系和秩序的战略也许应该有新的思考。

中日韩合作机制以经济链接利益为基础，中国原想将其作为主渠道来突破东北亚的“区域困境”。鉴于中日韩关系的敏感性，也考虑到由东盟主持的“10＋3”框架，一开始，中国对1999年三国领导人利用“10＋3”对话框架提供的平台进行会晤（早餐聚会）很谨慎，官方表态尽量淡化它的政治含义。但是，中国后来逐步放开对它的支持，这包括使三国在“10＋3”框架下会晤的机制常态化，建立独立于“10＋3”框架的三国峰会机制，并设立秘书处，推动三国自贸区的建设等。中国对中日韩合作的这种进取性态度，体现了其对东北亚区域重要性的认知。[①] 比如构建中日韩三国自贸区，基于发展水平的差异，中国本来是在谈判中面临困难最多的一方，却表现出比日韩更为积极的态度。特别是在美国大力推动TPP，东亚自贸区（“10＋3”）建设停

① 在中日韩第二次领导人会议开会前夕，据一项调查，受访的中国人中，91.8％的人希望中国发挥更大的作用。参见《中日韩峰会今召开　九成网民望中国发挥更大作用》，2009年10月10日，http://news.qq.com/a/20091010/000408.htm。

滞的情况下，中国把推进中日韩自贸区看作一个进取性的应对战略，希望以中日韩自贸区进程推动东亚自贸区进程，应对来自 TPP 的挑战。然而，中日韩合作的致命缺陷是不稳定的政治关系。正当中日韩合作出现良好的势头时[①]，由于中日关系、韩日关系出现逆转而陷入困境，峰会停止，高层会晤减少，合作项目难以推进。尽管自贸区谈判进程仍然继续，但是很难不受到冷政治的影响。[②]

中国的东北亚区域构建遇到的是政治问题，表明东北亚地区各方对构建区域性合作机制缺乏共识。不少专家提出了各式各样的有关东北亚区域合作的构想，其中最理想化的方案当属建立东北亚共同体。不过，构建东北亚共同体会遇到一系列障碍。[③] 迄今，中国构建东北亚区域性机制的努力主要还是着眼于务实的功能性建设。即便如此，也遇到了很大的障碍。这表明，东北亚的区域分裂还需要更长的时间来弥合，同时，中国的区域性关系和秩序构建也需要采取多管齐下的战略。[④]

（六）寻求与南亚的区域利益共同点

在中国的周边区域认知里，南亚地区的重要性凸显。一则因为印度是一个崛起的发展中大国，要与其构建新型的发展中大国关系；二则因为印度洋对中国具有越来越重要的意义，需要建立开放与合作的海上之路。一个稳定、开放、发展与友好的南亚地区符合中国的利益。就双边关系而言，尽管中国与南亚国家都较早实现关系正常化，但是关系结构差别大。中国与印度的关系因为领土争端复杂多变，中国与巴基斯坦是全天候战略合作伙

---

① 2008 年确立了三国的合作伙伴关系（发表《三国伙伴关系联合声明》），2009 年确立了三国合作的大方向（发表《中日韩合作十周年联合声明》），2010 年三国就未来合作达成共识（发表《2020 中日韩合作展望》）。

② 有的学者认为，中日韩合作离不开政治的支持，功利性的自贸区设计必然会受到政治的影响，仅仅推动自贸区进程行不通。参见于海洋：《自贸区与政治一体化——中日韩自贸区的战略设计及实施》，《东北亚论坛》2011 年第 6 期，第 39 页。

③ 韩国不少学者提出构建东北亚共同体的构想，不过也有人认为，共同体可以作为一个目标，现在提共同体还为时过早。参见《韩国国际交流财团理事长任晟准谈：东北亚区域共同体》，2014 年 11 月 10 日，http://theory.people.com.cn/GB/9733517.html。

④ 一个重要的发展是，2014 年 9 月 11 日，中蒙俄领导人实现历史性的会晤，并决定构建常态化对话与合作机制。会晤期间，习近平主席提议构建中蒙俄经济走廊，得到俄蒙的支持。有意思的是，这次会晤由推行"第三国"战略的蒙古国倡议。这表明，东北亚区域合作将不仅仅依赖中日韩三国合作的进展。这为中国推进东北亚地区新秩序的建设争取了主动。参见《习近平倡议打造中蒙俄经济走廊》，2014 年 9 月12 日，http://news.ifeng.com/a/20140912/41951795_0.shtml。

伴，中国与斯里兰卡、孟加拉国以及尼泊尔的关系也取得了新的发展。印度对中国加强与南亚其他国家的关系一直很敏感。中印两国不仅存在领土争端，也有发展崛起的竞争因素。同时，出于战略利益上的考虑，中国与巴基斯坦的特殊关系也令印度不快。特别是在中国取得快速发展、综合实力大幅度提高的情况下，印度对中国的战略警惕加强。因此，破解中印关系的困局，开拓与南亚地区关系的新局面，对中国周边地缘区域关系与秩序构建是一个考验。

理想的结构是中国与南亚整体构建合作机制框架。[①] 南亚地区成立了区域组织——南亚区域合作联盟（简称“南盟”，SAARC），亦构建了自贸区。中国希望与南盟建立合作关系，得到了巴基斯坦、孟加拉国等南盟成员的支持。但印度一开始就表示反对，只是在其他南盟成员的大力支持下，中国才在2006年与日本（印度坚持必须同时吸纳日本）一起被接纳为南盟的观察员。从未来发展看，中国加入南盟几无可能，中国自身也不会考虑加入，最理想的发展是与南盟建立“1＋8”（中国主持）或者“8＋1”（南盟主持）的对话合作机制。[②]

中国与南亚其他国家的关系有着巨大的发展空间。从发展的角度看，各国都需要通过加强与中国的经济合作来加快自身的经济发展，搭上中国发展的便车。事实上，中国与南亚其他国家快速发展的双边经济关系和多领域合作促使印度对中国采取积极的应对措施，即在进一步拉近与南亚国家关系的同时，积极发展与中国的关系。2014年9月，习近平主席访问印度，与新当选的印度总理莫迪达成许多重要共识，“从战略和全局的角度看待中印关系”，以深化发展伙伴关系为核心，“进一步夯实面向和平与繁荣的战略合作伙伴关系”。中印关系的拉近，构建发展伙伴关系，对中国推进与南亚地区的合作机制构建提供了新的环境。[③] 一切贵在坚持。在新的环境下，中国与南亚地区的综合利益在增加，只要“精耕细作”，中国与南亚的新关系与地区新秩序的细胞就会生长。

---

① 有的专家认为，双边模式无法涵盖中国与南亚关系的全貌，应该建立多边合作机制。参见龙兴春：《试论中国与南盟多边合作的机制与进程》，《南亚研究》2009年第4期，第2页。

② 参见龙兴春：《试论中国与南盟多边合作的机制与进程》，《南亚研究》2009年第4期，第3页。

③ 参见外交部：《中华人民共和国和印度共和国关于构建更加紧密的发展伙伴关系的联合声明》，2014年9月19日，https://www.mfa.gov.cn/web/gjhdq_676201/gj_676203/yz_676205/1206_677220/1207_677232/201409/t20140919_8008753.shtml。

综上所述，从中国的区域参与和构建实践中可以看出，中国的区域观认知也在根据区域实际的发展和中国本身的发展进行互动调整。一个明显的趋势是，中国更多地从以东亚为中心的参与转向以周边整体为基础的全面规划与构建。也就是说，中国越来越清晰地回归其地缘区域的本源认知，即中国—周边关系。尽管周边被分割为多个次区域，各次区域有着不同的特点、不同的关系架构，但对中国来说，都是山水相连的周邻之邦，有着不可割舍的共生利益基础，有着长久的历史积淀，以多样性的经济、政治、安全和社会文化联系相链接。放眼开来，周边是一个具有整体性和全面性的地缘区域。这是近代以来在中国转强新形势下的一种区域认知回归。

三、历史长进程中的命运共同体构建

习近平总书记在2013年召开的周边外交工作座谈会上强调，“无论从地理方位、自然环境还是相互关系看，周边对我国都具有极为重要的战略意义。思考周边问题、开展周边外交要有立体、多元、跨越时空的视角”，“要本着互惠互利的原则同周边国家开展合作，编织更加紧密的共同利益网络，把双方利益融合提升到更高水平，让周边国家得益于我国发展，使我国也从周边国家共同发展中获得裨益和助力”，“让命运共同体意识在周边国家落地生根”。① 中国国家领导人对周边发表这样的新认知，足以表明中国开始把周边作为一个整体来思考、定位和营造。② 中国具有众多的周边国家，构成了独特的周边关系和地缘格局。周边地区是中国维护国家权益的重点，是发挥大国作用的首要选择，也是中国提升国际地位的主要支撑点与战略依托。把周边地区作为中国走向大国、强国之路的战略依托带，构建基于共同发展、共同安全的命运共同体，这是对周边地区的一个全新认识。它意味着，让周边地区不再是威胁中国安全的根源，不再是麻烦不断的包袱，而是发展和安全的依托带，是与中国休戚与共的命运共同体。③

将周边地区构建为中国崛起的战略依托带，一是要发展好双边关系，稳定关系大局，扩大好邻居阵线；二是要以区域合作机制为平台，打造综合利

---

① 《习近平著作选读》第1卷，人民出版社2023年版，第152—153、153—154、155页。

② 有学者提出，倡导建设命运共同体，昭示了中国周边外交的方向。参见刘振民：《坚持合作共赢　携手打造亚洲命运共同体》，《国际问题研究》2014年第2期，第3页。

③ 有的专家认为，中国有着构建周边战略依托带的优势：一是有众多的邻国，二是有开放性的亚太。参见李永辉：《积极打造周边战略依托带，托升中国崛起之翼》，《现代国际关系》2013年第10期，第36页。

益基础。这需要进一步加深中国与周边国家在经济上的紧密链接和相互依赖,这包括中国成为大多数邻国的最大贸易伙伴、加大中国对周边国家的投资等等,由此构建起中国与周边国家共享利益的坚实基础;在政治安全上,要通过区域性的各种合作机制,与周边国家开展对话协商和发展合作,建立基于共同安全的新型安全机制。

新中国成立以后,中国与邻国一起提出了和平共处五项原则;改革开放以后,提出了"与邻为善、以邻为伴"的指导原则;在发展上取得成功以后,又进一步提出"睦邻、安邻、富邻"的指导思想;在新的形势下,中国又提出了"亲、诚、惠、容"的周边外交新方针,倡导与周边国家构建利益共同体和命运共同体。应该说,命运共同体是中国对周边区域构建的最新定位,而这样的定位和努力是着眼于中国复兴大局下周边关系和秩序百年重构的长历史进程。①

从总体看,如今的周边环境是新中国成立以来威胁性最小的,不存在一个或者几个外部国家能够进犯中国,或者有能力发动针对中国的战争,明目张胆地侵害中国利益的情况。周边绝大多数国家都希望与中国发展合作的关系,希望共同维护大局稳定与和平。

当然,中国实力由弱变强必然导致地区关系重大而深刻的调整。一则,中国实力变强对自身利益的诉求必然增强,必然会拓展自己的利益空间,这实际上是要改变"现状"。二则,居于主导地位的美国力图调动多种资源,以更大的力度防范和制约中国崛起,在其对华"接触加防范"的两面政策中,防范的一面明显上升。美国通过实施"亚太再平衡战略""重返亚洲战略",加强在中国周边地区的军事、经济存在,挤压中国的战略拓展空间。三则,相邻国家采取对冲对策,缓解中国快速崛起带来的挑战。尽管各国的对策不尽相同,但大都是两手:一手是发展与中国的关系,另一手是对中国加以防范。特别是像日本这样地位衰落的国家,与中国存在"战略性竞争"。② 那些与中国存在领土领海主权争议的周边国家,倍感中国崛起的压力与威胁,为

① 按照笔者的认识,近代中国经历了百年衰落期,即1840—1948年;新中国成立结束了衰落过程,开始了百年复兴期,即1949—2049年。按照"两步走"的战略安排,到21世纪中叶,中国将成为社会主义现代化强国。

② 日本与中国的战略性竞争与美国不同。美国争的是战略主导地位和利益,而日本争的是影响力和利益。美国需要日本成为战略帮手,帮美国制约中国,而日本需要借助美国的威力,助日本扩大影响力和利益。从这个角度来认识,美日之间既有利益重合,也有目标差别。

此，权衡如何应对一个强势中国，把防止中国做大、防止中国侵犯其既有利益作为战略重点。

在此情况下，中国周边地区出现了一些新的紧张局面，东海、南海地区的矛盾似乎有些剑拔弩张，有发生武装冲突的风险。不过，一些矛盾升温固然带来了风险，对中国所处的周边环境产生了不利的影响，但中国对总的局势还是把握得住的。应该说，目前是近代以来中国掌控周边大局能力最强的时期。随着国力上升，中国可以通过自身的努力改变局势走向，通过自身的运作制约局势走向恶化，利用不断提升的实力和影响力推动地区关系向良性的方向发展，并且在调整中构建新的发展和安全地区秩序。对中国来说，构建秩序的目标不是获取霸权，不是要建立以己为中心的势力范围，而是要塑造一个稳定、和平、合作、发展的地缘区域综合环境，有利于实现民族复兴之梦。

像中国这样一个有着众多周边邻国的大国，需要有能够起主导性作用或者可以发挥重要影响力的超越双边关系的平台。构建周边地缘区域性合作机制是中国与邻国关系的一个新发展。迄今，中国在周边东西南北各个方向都与相关国家建立起了对话与合作机制。中国—东盟合作机制既包括自贸区，也包括战略伙伴关系框架下的政治与安全对话合作。上海合作组织是中国与俄罗斯和中亚国家共建的区域合作机制，以安全合作为中心，也拓展到经贸、能源、基础设施建设等领域。重要的是，上海合作组织的影响力和吸引力在提升，成为构建区域新安全关系和秩序的重要平台。在东北亚，出于复杂的原因，区域性的机制比较脆弱。目前，以解决朝核问题为宗旨的"六方会谈"机制处于停滞状态，中日韩三国合作机制处于半停滞状态。但是，从未来看，重启"六方会谈"机制并非没有可能，恢复中日韩峰会机制只是时间问题。在南亚，中国是南盟的观察员，还没有与其建立对话合作框架。从未来发展看，构建中国—南盟对话合作机制包括自贸区也不是没有可能。周边次区域对话合作框架的建立改变了我国与周边国家只有双边关系的结构，增加了区域性综合利益平衡与拓展机制，有助于构建中国周边地区的新关系和新秩序。

基于共享利益的命运共同体是中国周边战略依托的支柱。命运共同体的构建主要基于两个合作框架：一是合作发展。构建中国与周边国家开放与合作的发展机制，建立开放与合作的大市场，建设互联互通大网络，让周边国家优先从中国不断增强的经济实力中受益，增大其对中国市场和投入的依赖性。二是合作安全。建立中国与周边国家的安全对话、协商与合作机制，打造基于共同安全、共担责任的新安全合作机制，以合作的精神和共同安全的宗旨处理争端，降低发生冲突的风险。①

地缘联系赋予中国构建周边大互联互通网络的特殊地位和作用。互联互通网络犹如周边利益和命运共同体机体的动脉，有了它才可以有生命力和能动性。因此，在深化中国与周边地区国家的市场开放与发展合作中，构建互联互通网居于核心地位。2013 年，中国提出建设“丝绸之路经济带”和“21 世纪海上丝绸之路”新倡议。“丝绸之路经济带”以推动中国西部陆地开放发展为基轴，拓展向西部延伸的巨大区域空间，构建从中亚到欧洲的广阔开放合作经济区；“21 世纪海上丝绸之路”旨在推动建设开放与合作的海上大通道和创建沿海国家间的经济合作与发展新动力。“一带一路”所倡导的是新发展观、新安全观和新文明观，借助“古丝绸之路”的共利共赢交往精神，借助郑和下西洋所开创的“海上文明”，推动陆地发展和海洋新秩序。因此，“一带一路”并不限定特定区域，不限定特定形式，也不限定特定参与国家，本质上是开放的。从这个意义上来说，它是基于地区、面向世界的大战略。

周边战略依托带需要软实力支柱。中国的软实力首先在于其发展成功的影响力，更在于其倡导“和而不同”“包容、和谐”的思想文化传统价值。西方的软实力强调的是其价值观与文化的优越性和主导性，而中国则倡导价值与文化的多样性，强调相互尊重和相互学习。中国立足现代，重视历史文明的传承，就可以在未来的发展中拥有占据文化制高点的优势。

比较而言，欧洲构建共同体是靠制度建设，而中国与周边邻国构建命运共同体则不同，它所体现的是一种共生理念，一种共利的关系，一种多层次、多样性的开放合作框架。② 命运共同体存在于各种复杂交错的关系之中，构建所依托的是基于共同利益的合作共处，因此，这样的共同体既体现于现实

---

① 刘振民把命运共同体概括为：以共同发展为核心要义，以互信协作维护安全环境，以开放包容推进机制建设，以文化互鉴凝聚共识，以和衷共济强化感情纽带。命运共同体的建设是涵盖政治、经济、安全、社会、文化多领域的综合、系统工程。参见刘振民：《坚持合作共赢　携手打造亚洲命运共同体》，《国际问题研究》2014 年第 2 期，第 3—4 页。

② 有的专家认为，推动开放性地区共同体的建设，可能是中国构建新周边关系和秩序的最好选择。参见张小明：《中国与周边国家关系的历史演变：模式与过程》，《国际政治研究》2006 年第 1 期，第 71 页。

之上，也存在于过程之中。[①] 作为命运共同体，其突出特征是共享发展成果，实现合作安全和人民的和谐相处，把实现中华民族伟大复兴的“中国梦”与别国的强国之梦链接起来。[②] 这与以往中国所提倡的“和谐世界，和谐周边”是相联系的。[③]

当然，中国地缘区域观的回归和区域秩序构建是一个长历史进程，需要周边国家的理解、认可与支持。在如今复杂多变的世界中，要实现这种“和谐”与“大同”并非易事，既需要时间的考验，也需要进程的检验。

（本文原载于《世界经济与政治》2015年第1期，略有调整）

---

① 按照西方学者的定义，一种国际秩序要靠三种力量的结合：权力的分配、制度的构建和规范行为的认同。地区主义则是要培养超国家的集体认同和组织认同。中国的命运共同体倡议显然是一种新的范式。关于秩序和区域定义的论述源自 Robert Cox, “State, Social Force and World Order”, in Robert O. Keohane, ed., *Neorealism and Its Critics*, New York: Columbia University Press, 1986, pp.204-254；转引自门洪华：《地区秩序建构的逻辑》，《世界经济与政治》2014年第7期，第18—19页。门洪华认为，地区秩序的构建基于共同利益追求、共担责任、开放的地区主义、合作安全和地区制度构建。参见门洪华：《地区秩序建构的逻辑》，《世界经济与政治》2014年第7期，第20—23页。

② 习近平主席在出访时把“中国梦”与“美国梦”“韩国梦”“亚太梦”等都尽可能地联系起来，以表明其开放性与合作意愿。

③ 中国共产党第十八次全国代表大会报告提出“人类命运共同体”的概念，提出人类只有一个地球，各国共处一个世界，要增强人类命运共同体的意识。参见胡锦涛：《坚定不移沿着中国特色社会主义道路前进 为全面建成小康社会而奋斗——在中国共产党第十八次代表大会上的报告》，人民出版社2012年版。

百年变局下的国家相处之道

面对百年大变局，世界多重力量交织转变，不稳定、不确定性增强，发生大风险、大冲突甚至是大战争的概率升高。因此，如何创建一个新百年、防止上个百年大变局的悲剧重演至关重要，维护世界的和平发展是新时代的首要任务。中国作为崛起的大国，既是被变者，也是推变者，处理好与他国的关系，既是为了自身，也是为了地区和世界。

一、中国与日本

在周邻关系中，中日关系可谓“剪不断，理还乱”。中日作为近邻，有着长久的交往关系，既有良好的记录，也有痛苦的记忆。近代，中日之间发生了大变局，日本综合实力大超中国，成为可与西方列强比肩的强国。日本崛起后加入了列强争夺，在东亚侵略扩张，一举打破了东亚特别是东北亚地区的传统关系格局和秩序。

二战后，中日都发生了巨变。中国建立了共产党执政的新政权，日本被美国改造成为盟国，中日分立于两个对抗的阵营。这样，战后两国本该得到处理的诸多问题，都没有得到解决，且两国关系成为敌对关系。

中美建交，日本跟进，中日实现关系正常化。中日建立外交关系，用的是“恢复邦交”，体现了与其他国家关系的不同特征。中国没有要求日本进行战争赔款，日本也只是对过去进行了反省，这也不多见。此后，两国关系的发展既有不错的时期，也有气氛紧张的时段，磕磕碰碰，并不顺畅。特别是在中国综合力量快速、大幅提升的情况下，日本对中国的战略认知发生了重要的变化，而中国对日本的许多作为也相当不满。2011 年，因日本政府宣布把钓鱼岛“国有化”，中日关系被推向对抗的地步，经过双方的努力，如今才基本上回归正轨。

总的来看,恢复邦交后的中日关系发展,应该说是基本稳定的,支撑稳定大局的主要因素是双方守住了中日关系基本原则的底线。和平、友好、合作是基本原则的核心,是通过四个政治文件“保驾”的。1972 年两国恢复邦交,确立了两国“持久的和平友好关系”大原则,这个原则在 1978 年的《中日和平友好条约》中得到确认。1998 年《中日联合宣言》重点强调的还是这个基本原则,承诺双方要致力于实现和平与发展、友好与合作。2008 年,两国在《中日关于全面推进战略互惠关系的联合声明》中特别强调,长期和平友好合作是双方唯一的选择,明确承诺通过协商和谈判解决两国间的问题。

和平与友好作为基本原则,体现了中日新关系的性质与特色,具有很强的针对性。和平的对立面是战争,友好的对立面是敌对或者交恶,战争与敌对是中日近代关系中最重要的历史记忆,既不能忘记,也不能重复。我们看到,每当两国关系出现问题时,两国政府就是以这个基本原则为指导,致力于让两国关系回归正轨。中日关系“剪不断,理还乱”,但乱也要理。“理”是梳理,也是治理,“剪不断”也许是理的基础与前提。

当今,中日关系处在一个与此前不一样的环境和结构中,面临新的挑战。以往,我们比较关注也常引起矛盾的是历史问题、钓鱼岛争端问题。这些问题不会轻易退去,也难以找到彻底解决的良方。遗留的历史问题只能让其在新历史发展进程中慢慢消减,钓鱼岛争端问题只能靠克制与控制,也许会找到一个双方都能接受的解决方案。新挑战的主要含义是在中日力量对比发生大转折的情况下,构建稳定、和平与合作的关系。

笔者曾写过一篇《百年大变局下的中日关系》长文。文中提出,构建面向未来的中日关系,首要的是凝聚共识,特别是在日本接受中国与中国接受日本上凝聚共识。中国的综合实力以越来越大的差距超越日本,日本对此感到担心是自然的。日本对如何与一个强中国和“异质的”中国(非西方民主政体)相处感到困惑,对中国的许多行动难以接受。前不久,笔者在日本参加一场会议,对此感受颇深。几位曾居高位的日本专家在谈到中国时,都是用“我们自由世界的看法”如何,看似中日属于两个不同的政治世界,很多方面难以苟同。这像是日本与中国拉近政治关系时遇到的一层厚厚的挡板。从中国的角度出发,以往曾担心日本会“再军国主义化”,如今这样的担心减退了,但对于日本与美国战略协同,执意与中国进行拼争、不惜对着干,总是感到不悦,保持着高度的战略警惕。在此情况下,中日需要基于和平友好的基本原则，面向未来，在利益和战略上寻求最大公约数。未来几十年，是中日两国的战略磨合期，需要把握大局，以智慧和耐力化解分歧，增加战略和利益上的协同与合作。

当前，中日关系转暖。新冠疫情发生后，日本对中国提供了大量的援助，尤其是贴在援助物资上的古诗句，像“山川异域，风月同天”“岂曰无衣，与子同裳”等，一下子拉近了两国人民的感情，不仅让人们忆起两国友好交往的历史，也让人们为患难见真情而感动。中国领导人要访问日本，有关中日发表新政治文件的议论不少。在笔者看来，如果要发表，离不开两条：一是和平与友好，二是面向未来的战略协同与合作。

二、中国与韩国

中韩关系很特殊，既短暂又久远，既亲近又疏远。韩国是个新生国家，二战后才建立。中韩 1992 年才建交，双方基于政体的关系很短。朝鲜半岛南北方本是一个国家，其分裂被认为是不正常的民族分裂，实现统一是朝鲜半岛南北双方的民族夙愿。因此，从这个角度看，历史并没有因国家分裂而被割断。中韩关系源远流长，两国有着非同一般的传统历史关系。两国人民之间，无论是从思想文化上还是从历史传承上，都有一种耐人寻味的特殊亲近感。

然而，新生的韩国作为美国的盟国，从诞生之日起，就被深深地带入冷战大格局之中。中国也发生了变化，二战后新中国成立，中美成了敌手。自然，新中国与韩国之间也就没有交往。特别是冷战结构下发生的朝鲜战争，让中韩之间产生了更大的敌对性。这也是为何直到冷战结束后，中韩两国才正式建立外交关系。

建交后，中韩关系理应走向正常化，但是两国关系仍然面临着“三重制约”：一是美国政策与中美关系发展的制约。鉴于韩国是美国的盟国，美国对朝政策、半岛战略、对华关系都影响到韩国的政策，进而对中韩关系产生影响。美国要做的，韩国难以反对；美国要韩国做的，韩国难以拒绝。比如，美国要在韩国部署萨德系统，韩国同意部署，这会影响到中国的安全，结果导致中韩关系产生危机。二是中朝关系与南北关系的制约。鉴于韩国与朝鲜的关系特殊，中国与朝鲜的关系自然对韩国对华关系有影响，同时，朝鲜半岛南北关系起伏也对中韩关系产生影响。中国与朝鲜半岛南北双方都有正式的外交关系，但南北双方却没有正式的外交关系，且长期对立。因此，中朝关系常常被拖入韩国对华关系之中。三是韩国政局变化的制约。韩国政党政治存在严重的对立性，政局变动往往导致国内政策发生巨大变动，从而引起中韩关系的剧烈震动。不同政党执政，必然改变前政府的政策，使南北关系发生变化；也会调整与中国的关系，从而使中韩关系受到影响。鉴于此，中韩关系总是磕磕碰碰，时而出现紧张，有时处理起来很棘手。

尽管如此，基于两国关系的大局利益，在双方的努力下，建交后的中韩关系总体是基本稳定的，是向前发展的，不时出现的一些紧张甚至一定程度的碰撞，没有让两国关系出现严重倒退。总的来说，中韩关系还是能化险为夷、柳暗花明的。分析起来，经济关系的快速发展和与此相关的大规模人际交往成为稳定中韩关系的压舱石。中韩之间已经建立起紧密的相互依赖、相互支持的特殊关系。这里所说的特殊性是建立在非同寻常的结构性互补与链接上的，即技术和市场的互补、地缘的方便对接。

中韩经济结构正在发生重要的变化。在许多方面，中国具有越来越强的竞争力，但是韩国在一些方面的竞争优势与中国巨大的市场潜力，加上不变的地缘链接，仍然是一种天然的组合。在其他方面，如音乐、艺术等，两国也有很强的互补性。最为突出的是人的交往，规模大，密度也大，两国之间构成了“一日生活圈”。

从未来发展看，两国还需要继续增进相互理解和信任。从中国方面来说，发展与韩国的关系还需要多一些对韩国的理解，有了更好的理解，处理一些问题就会更稳妥，效果也会更好。尽管韩国已经是发达国家，但是就政治、社会而言，人们并非过得心安理得。被欺压的历史、被分裂的民族、美国的驻军等等，都让韩国人心情很复杂。特别是朝鲜拥核所带来的安全危机感，使韩国人感到压抑和不安。中国综合实力快速提升，也令韩国产生了一种复杂、微妙的情绪，或者说是忧虑。一些人担忧，中国强大了会“重新掌控韩国”。面对这种情况，中国需要表现出“风范”，出现问题，要多做工作，尽可能避免采取报复、制裁等措施，以免产生深层损害。对韩国来说，无论从哪个角度出发，都没有与中国对抗的内在理由。对此，中国要有一个精准判断和定位。

古诗云：“人生乐在相知心。”国家间关系也是这样，中韩人民贵在心相知。在新时代，中韩两国相处之道的最优选择是携手共创未来。

三、中国与俄罗斯

中俄有着幅员辽阔的地缘链接,邻居相处特别是两个大国相处,注定不易。中俄既是新关系,也是老关系。现在的俄罗斯历史很短,脱胎于1991年解体的苏联,但俄罗斯是苏联解体的承接者,因此,中俄关系不仅要追溯到苏联时期,而且也要追溯到更远。由此,两国关系就源远流长了。

在两国长久的相处中,既有疏远的时候,也有紧密的时期,既有敌对的历史,也有亲密的记录。特别是近代,沙俄通过强权从中国获取了大片的领土,与清政府签订了不少不平等条约,对中国人来说,这是痛苦的记忆。在现代交往中,苏联为中国的抗日、共产党的革命提供了重要的支持,新中国成立后,中苏结盟。在初期的建设中,苏联为中国的经济重建提供了无可替代的支持。但自20世纪60年代初,中苏由分歧逐步发展到对抗,甚至险些发生大规模战争。此间中国与苏联领导下的整个阵营的国家关系都恶化了。

1978年,中国实施改革开放,与苏联及其阵营的关系进一步疏远。直到苏联解体前,1989年5月戈尔巴乔夫访问北京,中苏关系才恢复正常,邓小平提出了"结束过去,开辟未来"的八字方针。1991年12月,苏联解体,中国开始与"新生的"俄罗斯打交道,两国迅速建立了正式的外交关系,开启了两国关系发展的新纪元。

尽管邓小平的八字方针是针对中苏关系的,但真正落实却是在中俄关系上。"开辟未来"是新生的中俄关系发展的突出特征,双方在三个大方向上达成了共识:一是全面推进中俄关系的发展,二是协商解决分歧和争端,三是在地区和全球开展战略合作。基于这种共识,中俄建立了高层会晤机制,大力推进军事、经贸合作;推进协商解决边界问题,最终划定了全部边界,排除了引爆两国争端的隐患;两国在国际事务中协调立场,反对美国的后冷战霸权,积极推动构建以共同安全为宗旨的上海合作组织。

2019年6月,两国宣布建立新时代中俄全面战略协作伙伴关系。在公开发表的联合声明中,两国把"守望相助、深度融通、开拓创新、普惠共赢"作为基本指导原则,以此为导向,在涉及双边、地区、国际事务的几十个领域中表明了协同立场和共同承诺。此后,中俄领导人的协商互动频繁,在重要时刻和重要国际事务中表明协作立场。同时,两国在各个层次的协商与合作也紧锣密鼓地推进。用普京的话说,“俄中两国互信水平已达到了前所未有的高度”。

当然,中俄并非盟友,而是战略协作伙伴。这个定位意味着两国是在符合双方大利益的前提下开展合作的。按照中文的字面理解,“战略”的含义是指长远和重大的事务,“协作”是指在协商的基础上进行相互配合。显然,作为全面战略协作伙伴,中俄两国并不是在所有的方面都需要和都能够保持一致,而是协力“求大同”。

从大局看,中俄建交以来关系不断提升,没有折腾,这是很难得的。两国关系最大的稳定器是什么呢?显然是大战略协同利益和共识,主要是协作抵御美国称霸世界的战略图谋和行为,维护两国生存与发展的大环境。尽管中俄两国有着不同的国家利益定位,有着诸多差异和分歧,但是,在这一点上是协同的。在地区层面,中亚是中俄的共同邻居,维护中亚地区稳定,确保中俄与中亚国家关系的稳定和共同安全是大局,这正是两国共同推动创建上海合作组织的基础。

如今,世界力量格局与秩序正经历巨大的变化,最大的风险是大国之间发生战争。中俄战略协作的要义不在于协同作战,而在于协同阻战,通过合作尽力化解发生大战的风险。历史上,大国间总是结帮对战,或挑动他者生战,新型中俄关系若能改变这个历史规律,则人类之幸也。

四、中国与越南

中国与越南山水相连,有着长久、特殊和复杂的关系,正是这种特征,使两国间生成了难以说得清楚的爱恨情结。说实话,说清楚中越关系实在不容易。久远的不讲,就说近代,两国关系经历了大起大落,好的时候亲如兄弟,不好的时候兵戎相见,“近而不亲”似为一个不得不接受的现实。

近代,中国与越南的传统关系彻底遭到破坏。19 世纪,法国侵犯越南,越南成为法国的殖民属国。二战期间,日本染指越南,战后法国又卷土重来。20 世纪 60 年代美国侵越,发动了惨烈的越南战争。像越南一样遭受如此多劫难的国家为数不多。

中越是患难之交。在越南抗击外敌入侵与占领、走上革命道路和实现国家南北统一的过程中,中国一直给予坚定的支持,与之并肩战斗。可以说,没有一个国家像中国那样给越南提供了如此大的支持与援助。

尽管如此，出于复杂的原因，中越两国关系的根基并不稳固，不时产生动摇，甚至出大问题。特别是在越南实现国家统一后，野心膨胀，实行扩张政策，攻打柬埔寨。在中苏发生对抗时，越南倒向苏联，反对中国，并且挑起边境冲突，从而引发了两国间的战争。那次战争为两国关系留下了很大的创伤，埋下了仇恨的种子，对后来中越关系产生深刻影响。

冷战结束后，中越恢复了关系正常化，基于和平相处与聚焦发展的共同愿望，两国做出了积极的努力，推动关系的发展。中国快速发展、改革开放、应对后冷战政治挑战等的经验，为越南提供了可资利用的市场与资源以及可供借鉴的发展与治理经验。而中国也需要有一个友好的越南，助力改善与深化同周邻的关系，这使得两国关系的发展有了新的驱动力。在友好的气氛下，两国推动了陆地边界和北部湾海域划界谈判，签署了协议。

然而，好景不长，两国在南海的争端加剧，越南拒绝承认中国对南海岛屿和海域的主权及管辖权认定。越南不时采取对抗性、冲突性行动，同时拉入外部势力，其中主要是美国，加强对中国的制衡与遏制。在此情况下，越南国内的反华情绪上升，甚至发生反华浪潮。出于战略的需要，美国也极力拉拢越南，让越南为其在南海的行动提供支持。在一些场合，越南成为挑动南海问题的推手。由此，原来支持中越两国发展关系的共同利益基础遭到一定程度的破坏，特别是在中美竞争加剧的情况下，越南成为加大格局倾斜的砝码。

当然，如今时代不同了，中越关系有着与以往不同的特征和发展基础。首先，双方建立起了密切的经济关系，有多重合作机制相连接。多年来，中国都是越南的第一大贸易市场。对越南来说，其正处在经济提升的黄金期，承担不起与中国“脱钩”的代价。其次，中越两国有着共同的政治理念和相互支持与借鉴的需求。2017年的《中越联合声明》对此表述得很清楚，即“都是共产党领导的社会主义国家，政治制度相同、发展道路相近，前途相关、命运与共”。最后，越南是东盟成员，中越关系有着中国—东盟大关系框架的依托。在南海争端方面，也有《南海各方行为宣言》(DOC)和正在谈判的“南海行为准则”(COC)。

中越确立了“长期稳定、面向未来、睦邻友好、全面合作”的大方针。显然，稳定大局、不出大乱子是双方的战略性共识和底线定位。我们看到，过去一些年，每当中越关系出现大的波折时，双方总能尽力把它拉回正轨。

从未来发展看，中越关系面临的挑战也不少。最容易出事的当属南海争端。尽管双方承诺，“坚持通过友好协商和谈判，寻求双方均能接受的基本和长久解决办法，积极探讨不影响各自立场和主张的过渡性解决办法”，但在新形势下，爆发新冲突的火种并没有熄灭，双方都将会以更强的姿态表达对各自主权的拥有和诉求，退让的可能性极小。因此，把达成“过渡性解决办法”作为双方努力的现实目标，不失为一个理性的选择。不过，这需要双方的智慧，谈判是要双方做出妥协与让步的，有所失才可有所得。

在中美竞争与对抗的情况下，维护中越关系稳定的大局有着特殊的意义，这需要越南避免剑走偏锋。在这方面，东盟可以发挥内外双向的战略平衡作用。本来东盟的对外战略设计就是推动大国对话，避免被卷入对抗，特别是防止生战，东盟可以在这方面做得更好。

五、中国与印尼

中国与印度尼西亚依海接邻，尽管隔海相望，两国关系还是可以追溯到很久以前。据记载，早在中国的汉唐时期双方就有了较多的交往。但自17世纪初印尼被荷兰占领，先后成为多个西方国家的殖民地后，印尼与中国的官方关系就疏远了。不过，中国与印尼有着特殊的人际联系，规模很大且在当地拥有很大影响力的华人族群是链接两国的人文引线，难以割断。

1945年，印尼宣布独立。独立后的印尼很快与新中国建立了外交关系。建交后两国曾有过一段时间的“蜜月期”。印尼是一个具有创造精神的大国，获得独立后，先后发起“亚非会议”（万隆会议）、不结盟运动等，这些都成为推动中国与印尼关系发展的重要连接线。

然而，好景不长，1965年印尼发生“9·30”大规模屠杀华人事件，导致1967年两国断交。此后，印尼国内政治形势巨变，华语被全面禁止，华人被强制加入印尼国籍，就连华人的中文名字也被禁止使用，与中国有关的文化也被封停。由此，中国与印尼的关系进入了冰冻期。直到1989年双方关系才开始松动，1990年实现复交。此后，中国与印尼的关系开始逐步恢复，但1998年发生的新排华事件又极大地损害了两国关系。1999年，印尼总统瓦希德访华，双方关系才又开始好转。进入新千年，两国关系有了大的改善，2005年双方建立了战略伙伴关系，2013年提升为全面战略伙伴关系。

印尼在推动东盟成立和发展的过程中起着引领的作用，东盟成为中国与印尼关系的重要桥梁，双边关系加上区域组织关系，扩展了两国合作的空间。中国与东盟的关系发展良好，印尼作为东盟的大国，中坚作用凸显。在中国与东盟发表关于南海行为宣言、构建自贸区谈判中，印尼都是积极的促进者。中国是第一个向东盟派驻使团的国家，东盟秘书处设在雅加达，中国使团的进驻对推动“区域＋双边”关系的发展是非常有益的。近年来，中国与印尼的关系发展迅速，特别是经贸关系大幅提升，无论是贸易还是投资、“一带一路”建设项目等，都得到了很大的发展，雅万高铁成为一个标志性项目。目前，中国已经是印尼的第二大外来投资来源国，特别是在印尼的基础设施建设中发挥了非常重要的作用。

进入新时代，中国与印尼的相处之道是合作共赢，这既是理念认知的共识，也是行动引领的信守，两国关系没有理由再发生大的折腾。当然，两国也面临一些新的挑战，需要把握好大方向。

印尼国内的极端势力、仇华势力闹事的根基仍在。印尼是一个多元的社会，内部矛盾复杂，一点火星就可能点燃大火。随着中国在印尼贸易、投资以及文化综合影响力的提升，印尼国内的仇华势力可能会兴风作浪，把目标对准当地华人族群和在印尼的中国投资项目。印尼的发展需要稳定大局，政府把握大局的能力还是比较强的，但升温的“经济民族主义”在印尼国内政治层面也有支持的土壤。

印尼对中国的战略警惕在增加。尽管中国与印尼在南海划界上基本没有争端，仅在捕鱼区范围上存有争议，但印尼对中国在南海地区实力的快速提升有着很强的战略疑虑与警惕。美国、日本等以“航行自由”“遵守国际法”为旗号打压中国，在这一点上，印尼与美国、日本等有着认知和行动的协同性。中国与印尼建立了全面战略伙伴关系，但还是存在一定的战略信任缺位。维护中国与印尼良好的关系，需要加强战略对话，增进战略理解。在中美竞争加剧的情况下，印尼需要战略上的中庸。对于东盟来说，作为一个区域组织，维护以东盟为中心的定位，也具有重要的战略平衡作用。无论是“亚太再平衡”还是“印太战略”，在应对美国针对中国的战略布局中，印尼和东盟都坚持了自主性的选择，不明显选边站，以自身和地区的稳定与平衡为定位，以维护地区的开放与合作为目标，这是很难能可贵的。

新中国成立后，中国与东南亚国家的关系发展多有波折，也与个别国家发生过战争。冷战结束后，无论是双边关系还是地区关系都步入正常化的轨道并且不断取得进展。这种变化不仅改变了中国与东南亚国家关系的格局,而且也改变了地区关系的格局。然而,如今出现了一些变化,其中影响较大的是中国快速崛起引发战略警惕,美国拼力打造遏制中国圈。在此情况下,稳住和增进中国—印尼关系与中国—东盟关系至关重要。

六、中国与印度

中国和印度比邻而居,有着长久的交往历史,唐僧千辛万苦赴印度取经的故事世代传颂。不过,也许是因为隔着喜马拉雅山的缘故,两国却总是有些“近而不亲”,双方人民都缺乏对对方的深度了解和理解,对大多数人来说,总觉得两国“相距甚远”。近代,由于中国衰落,印度被殖民,两国没有发展起正常的关系。

1947 年印度独立,1949 年新中国成立,为两国建立新关系打开了大门。20 世纪 50 年代初,两国出于共同的理念和诉求,提出了具有深远影响的和平共处五项原则,为推动二战后构建新型国际关系做出了贡献。但是好景不长,独立后的印度在领土问题上坚持无理立场。1962 年,印度以武力侵占中国领土,两国发生了边界战争,中国把印度军队打了回去,这导致了两国关系恶化,从此结下了一个难解的死结。

中印关系出现明显改善还是在冷战结束以后,特别是新千年以后。一是两国的经贸关系得到前所未有的大发展;二是两国签订了稳定边界和开展边界谈判的协议;三是基于在区域和国际舞台上的共同关注和利益,两国立场和政策的协调性增强。由此,两国关系进入了一个新的发展时期,经贸关系、政治关系、人文关系都得到了较快的发展。特别是两国有了更多的合作平台,如金砖合作机制、东亚合作机制、上合组织、二十国集团(G20)等。在国际舞台上,基于共同的关注和利益诉求,两国在许多重要领域协调立场和政策。为了推动两国关系的发展,两国领导人通过武汉、金奈非正式会晤的形式,就稳定与发展两国关系、在地区与国际事务中加强协调与合作等方面达成重要共识,这为两国关系开启了新的局面。

但是,中印关系的发展总是不那么顺畅。究其原因,两国还有不少结,有的解开颇难。就难度而言,排在第一位的当属边界争端。尽管 2003 年两国签订了稳定边界和开展谈判协议,但迄今谈判并没有实质性结果,在可见的未来,达成有效协议的难度也很大。争端久拖无果,难免会生事端,就像洞朗事件。事实上,在两国都处于综合国力上升的时期,要达成相互让步与妥协的边界协议难度更大。

战略与利益的差异,似乎成为阻挡两国关系拉近的一条鸿沟。印度作为一个上升的大国,有自身的战略定位,成为世界大国是印度的战略追求与既定目标。由于战略利益定位的差异,中国在一些方面并不是印度可依赖的支持者。比如,印度急于成为安理会常任理事国,得到了其他大国的支持,但中国对此表示谨慎,坚持放在联合国综合改革方案里面统筹解决,而不是单独解决;又如,美国拉印度构建印太机制,印度与美国有着协同利益,鉴于印太战略有针对中国的战略设计,中国对此是反对的;再如,中国倡议并积极推动建设"一带一路",印度担心中国借此深入印度洋和加强在巴基斯坦及其他南亚国家的存在,明确不给予支持;等等。这些都为两国发展合作关系罩上了阴影。

两国存在的诸多矛盾点,往往成为发展关系的绊脚石。比如,对抗性的印巴关系与合作性的中巴关系似乎成为一个"无解的难题",对中印两国关系伤害极大;又如,由于经济发展结构差别造成的贸易、投资不平衡,短期内难以找到让印度方面满意的办法,因此,贸易、投资争端可能会长时间存在;再如,两国政治、治理、价值观等的差异,本来不应成为两国互学互鉴的障碍,但在现代环境下似乎成为产生隔阂的诱因。

中印如何相处呢?在笔者看来,需要有两个基本认知:一则,中印不是也不应成为战略对手;二则,中印没有理由也不应再发生战争。因此,两国存在发展关系的巨大空间,争端是可以通过协商缓解或加以冷却的。如果这能成为中印两国的认同共识,并作为双方共同的战略底线思维,那么就可以创造性地开拓新局面。

在新时代,中印两国相处之道的"秘籍"是和合两利。双方应为此共同做出不懈的努力,着力扩大合作、努力缩小分歧、尽力管控争端,从务实的思维出发,两国即便难成守望相助的好友,也可以成为共谋合作的伙伴。中印两国占世界人口的近40%,到21世纪中期,印度可能成为综合实力居世界前三位的"超级大国","龙象共舞"而不是"龙象互斗",那将会是一个美好的世界。

七、中国与美国

中美关系无疑是最令人关注的,也是最令人担心的,因为它们是居世界前两位的大国，关系好与坏，不仅对两国而且对世界都事关重大。

二战中，中美曾是战友，战后关系发生大转变，固然有新中国成立、冷战大背景的因素，据史料研究，也有战略误判的原因。

新中国成立后，中美关系经历了多次大波折，有过对抗，打过仗。建交后，两国关系也并非一帆风顺，有好的时候，也有不好的时候，甚至也有过危局。之所以能够一路走过来，除了逐步铺垫的利益基础，重要的是双方都有推动关系发展的基本认知和政策定位，能够求同存异，并努力化异求同，学习如何在异的前提下处理分歧，克服障碍，化解矛盾。

中美是两个很不同的国家，历史、文化、价值观特别是政治制度差别很大。中美为何能在建交后的40余年里一路走来，没出大乱子呢？在笔者看来，主要基于以下两点：其一，双方都认为发展关系可以实现共利，这可以从20世纪70年代的共同反对苏联霸权，从中国改革开放后的经贸发展，从两国的人文交流、科技交流，从两国合作反恐等方面得到体现；其二，政治家能够审时度势，把握大方向，在出现矛盾甚至危机时审慎和理智地进行处理，尽力不使矛盾升级，并及时进行接触和沟通，通过协商走出危局。尽管中美关系可以说是一种“低互信基础上的共利认知”，但双方协同认知的基础还是比较稳固的。

如今，这种共利认知的基础正在遭到破坏。基辛格曾说，中美关系再也回不到过去了。他所说的“过去”，显然是中美建交以后逐步加固的“共利认知”基础。美方曾把中国作为合作伙伴，把中国称为“利益攸关方”，寄希望于未来；而中方把与美国的关系定位为不冲突、不对抗的新型大国关系，甚至有人把双方比喻为“夫妻关系”。然而，特朗普上台执政后，好像一下子变了天。美国明确把中国定格为战略竞争对手，采取多种措施对中国进行限制、遏制、封堵，甚至对一家私人公司华为实施全面围剿。

从美国方面来说，看似不再认为与中国发展开放、合作的关系是共利的，只是让中国单方获利，甚至认为美国是受害者，政治家包括总统以及为数不少的议员们在处理矛盾时不再审慎和理智，而是实施单边制裁，甚至宁愿让矛盾激化。究其原因，主要是出于对中国快速崛起的惊恐，进而产生了对中国要替代美国的战略误判。

的确，中国实行与美国不同的政治制度，综合实力上升飞快，在地区和世界的影响力不断增强，美国对中国不放心不无道理。但是，采取封堵性甚至敌对性政策并不能让中国改变，可能会适得其反，由此带来的损害不仅伤及中国，也伤及美国自身，因为美国在中国以及在那些与中国保持紧密关系的国家都有着太多的利益，中国也是一样。

世界在变，不再是美国一家独大，可以"任我行"。其中，最重要的变化之一是发展中国家的总体实力大幅度上升，现行国际治理体系发生变革，大趋势是发达国家，特别是美国主导世界的格局和秩序会改变。当然，不能主导并非意味着其在诸多方面的领先优势终结，也并非意味着后来者会推倒重来。如今的世界特别是未来的世界会变得更为相互交织、相互依赖，各国解决国内发展问题、社会问题，只能在开放与合作中寻得答案，而不是相反。

中美关系需要面向未来和创建未来，如此，需要回到对话、协商、交流的轨道上来。笔者曾经写文提出，中国对美国要"打太极"，避"打拳击"，要学会与其进行战略周旋，这倒不是要对美国的强权屈膝，而是要讲究策略。好在中美并没有完全"脱钩"或者决裂，经贸谈判已经取得进展，谈判还会继续，过程可能会拉得很长，只要谈就行，在一些重大事务上两国也保持着沟通，倒是许多媒体有些偏向极端、煽风造势，颇令人担忧。

看待中美关系，我们不妨重温邓小平的一句名言，"好也好不到哪去，坏也坏不到哪去"，这也算是一种自信吧。也就是说，头脑要冷静些，好的时候不要太乐观，坏的时候不要太悲观。特别是当前，还是要往前看，不可太悲观。

有人说，鉴于中美关系性质生变，再引用邓小平同志的话不妥，因为中美关系不是好不到哪里去的问题，根本就是好不了了，将会坏到不可收拾的地步。"风物长宜放眼量"，对中美关系还是要有些耐性。

2020年是多事之年，中美关系一路走来的确非常艰难，险象丛生，令人揪心。年初，围绕贸易争端，双方还可以谈，后来连谈也不谈了。美国政府变本加厉，不仅在对中国制裁、限制、封堵上不断加码，而且还挑起意识形态之战，不仅自己干，还到处做工作，拉别的国家站队，力图组成围堵中国、敌视中国的新联盟。美国政府甚至触动两国关系最为敏感、最具风险的台湾问题，几乎突破底线，从而使得中美关系陷入自建交以来的低谷。在此情况下，有关中美陷入"新冷战""中美必有一战"等言论充斥媒体。

美国大选，政府更迭。习近平主席在2020年11月25日给拜登的贺电中指出："推动中美关系健康稳定发展，不仅符合两国人民根本利益，而且是国际社会的共同期待，希望双方秉持不冲突不对抗、相互尊重、合作共赢的精神，聚焦合作，管控分歧。”①我们有理由相信，经过双方努力，中美关系可以避免再沿着大滑坡继续跌落下去。

中美的战略竞争是现实，拜登政府对中国的竞争可能看得更重，但可能会采取接触、协商、谈判的方式，而不是采取单边主义的方式蛮干，在地区事务、国际事务上，可能会愿意寻求共同合作的机会。只要可以谈，只要有合作的意愿，中美就可以管控分歧，让中美关系可以“坏也坏不到哪去”，即避免失控，发生意想不到的严重后果。中美关系偏离轨道的确有些远了，把中美关系拉回正轨，应该如何做呢？这当然需要双方做出努力，即都主动采取进取性的行动。

中美关系进入了一个战略竞争期，战略竞争具有综合性、长期性，不仅涉及双边，也涉及地区和全球。中美之间的战略竞争主要体现在三方面：一是力量与权势竞争，具有战略对手和对抗性的特征。二是科技领衔竞争，主要是竞争高科技的领先性和规则制定权。鉴于中国具备了在一些领域超越美国的潜力和能力，美国利用现实优势会极力阻止中国超越。三是政治竞争，亦可被称为制度之争，或者意识形态之争。美国从政治层面看中国，会随着中国发展与治理的成功而强化。在今后一段时期，不管美国谁当政，把中国作为战略竞争对手的定位不会变，尽管在操作方式上可能会有不同，但基本问题都在那里。

但是也应看到，中美利益交织不仅在经济领域，而且包括诸多方面，在当今世界的重要事务上，完全排除中国对美国不利也难以成行。因此，无论是在双边还是在地区和全球范围，在诸多重大问题上，中美都存在沟通、对话、协商与合作的需要和空间。特朗普政府的单边和任性行为已经证明，对中国搞单边贸易惩罚、高技术封堵，也会伤及美国的利益，美国公司特别是大公司，不愿与中国脱钩。其他国家愿意跟着美国与中国对抗的为数不多。因此，构建中美对话与合作的关系也不是一厢情愿，有着双边、地区和世界的支持基础。

美国把中国作为战略竞争对手看似是共和党和民主党的基本共识，不过，拜登当政，其做法应与特朗普政府不同。新人、新政府转个弯也在情理之中，且做起来并不太难，因为美国国内支持对话、协商与合作的力量也不

① 《习近平致电祝贺拜登当选美国总统》，2020年11月25日，https://www.gov.cn/xinwen/2020-11/25/content_5564620.htm。

弱。有人说，美国新政府的当务之急是内政，可能短时间内顾不上处理与中国的关系，不过，美中利益交织甚深，与诸多国内问题粘连，搁置起来难。

中美把握大局，创造性应对分歧，维护竞争与合作的平衡，避免大冲突特别是避免生战，既是历史的责任，也是历史的机会。中美在创造历史方面做好了，不仅有助于应对大变局的挑战，而且有助于共创一个更好的未来。

八、中国与东盟

中国与东盟国家比邻而居，山水相连，有着割舍不断的天然联系。东盟是东南亚国家的合作体，有了东盟，中国与东南亚邻国的关系就有了“双轨”：一是与各国的双边关系，二是与东盟整体的关系。二者相辅相成，既有区别，也有联系，定位和处理得好，对发展双方的关系至关重要。

二战后，中国与东南亚国家以及双方的关系都经历了转折性变化。所谓“转折性”，包括两方面：其一，抗战胜利、内战结束，新中国诞生；东南亚国家逐步摆脱殖民统治，实现了民族独立。因此，双方是新关系的构建。其二，国际大环境改变了双方关系正常发展的轨道。由于冷战，东南亚国家分裂为不同的集团；中国与苏联结盟，后中苏交恶；中国曾支持一些东南亚国家的共产党开展革命斗争。这使中国与东南亚国家的关系变得非常复杂。

在经历一些重大变化后，中国与东南亚国家的关系逐步走向正轨：一是中国实施改革开放政策，与美国建交，推动了中国与一些近美国家关系的正常化；二是冷战结束，消解了中国与一些国家间的政治鸿沟，关系恢复正常化；三是东南亚区域合作深入发展，所有国家纳入一个区域合作机制。这些变化改变了中国与东南亚国家（东盟）关系的综合环境，双方探索以“和解、合作、共利”为导向的新关系。

为了打造新关系，双方都做出了不懈的努力，主要包括：其一，定位为对话伙伴，逐步增进理解和信任。1991 年，中国与东盟开启对话，成为东盟的磋商伙伴。此后，建立了睦邻互信关系、战略伙伴关系。中国成为第一个加入《东南亚友好合作条约》、第一个与东盟构建自贸区、第一个向东盟派驻大使的域外国家。其二，协商解决分歧。其中，最为重要的是通过谈判与越南解决了陆地边界的划定，与东盟整体就稳定南海局势发表了《南海各方行为宣言》，并进一步谈判“南海行为准则”。这些努力带来了双方关系的深化，加固了合作共利的基础。

中国与东南亚国家的关系由对立、对抗走向协商、合作，结成战略伙伴，主要是基于新的相处之道：其一，基于共处、共生的认知，努力通过协商化解分歧和处理争端，不让分歧升级；其二，基于合作、共利的认知，构建共同参与的规则和机制，加固关系的基础。

在国家间关系中，出于复杂的原因，邻国之间往往是“近而不亲，近而积怨”，中国与东盟国家间的关系也具有这样的特征。对于中国来说，处理好、发展好与东盟国家的关系非常重要，但并非易事，特别是在中国综合实力快速提升的背景下。一方面，中国自身可能会在发生矛盾时表现出强势，让对方感到“以势压人”，从而产生不满和抵触。另一方面，作为中小规模的东盟国家也会对中国产生“自然的恐惧”，把不断做大做强的中国视作威胁，为此也会拉拢外部势力抗衡中国。

总的来看，中国坚守通过协商、谈判解决分歧和争端的原则，尊重东盟的中心地位和支持东盟在区域事务中发挥领导作用的做法，赢得了东盟的基本信任；东盟国家把中国视作合作伙伴，积极推进与中国的合作，对中国推动的“一带一路”、亚投行、澜湄合作等都给予了积极的支持，并且深度参与，得到了中国的高度赞许。

令人担忧的是南海问题。尽管中国与东盟国家都不愿让局势恶化，但是有关岛礁和海域的争端根深蒂固，有关“搁置争议，共同开发”的倡议难以真正落实。东盟相关国家对中国关于南海的立场并不认同，且采取多种措施进行反制，包括与一些域外国家特别是美国合作，对中国进行牵制。尽管中国与东盟国家在南海发生战争的可能性较小，但是争端会一直成为制约双方关系深度发展的一个障碍。

海上争端解决起来并不容易，需要智慧，也需要创新，特别是需要新理念。南海争端的复杂性决定了难有一个短期和有效的彻底解决办法，在此情况下，重要的是维护南海的和平，即不发生冲突和战事。如此，需要各方克制和约束，需要制定和遵守规则，这正是当前双方所努力做的。从长远看，还是需要新海洋观认知下的创新行动。新海洋观的要义是共享和共治，而不是占有与争夺。基于这样的认知，可以在不触动主权、专属权的情况下，创建共享片区、共享领域、共享资源、共享设施、共享空间等，包括建立共同参与和运营的法人实体。中国与东盟若能在这些方面做出努力，取得成效，则可以为海洋命运共同体的建设奠基。

九、中日韩三国

中日韩是近邻，三国平等地聚合在一起开展合作的时间并不长。二战后，三国都发生了巨变：中国诞生了共产党执政的新中国，日本被美国占领改造，朝鲜半岛分裂，韩国诞生。鉴于日韩同为美国的军事盟友，1965 年两国就建立了外交关系。但由于冷战，中日到 1972 年才在中美关系正常化后恢复邦交，中韩直到 1992 年冷战结束后才建立外交关系。双边关系的正常化奠定了三方发展交叉关系的基础，其中，市场导向下的三国经济联系得到一定发展，主要是中国作为链接中心，逐步发展起面向国际市场的产业链，使得三国的经济越来越密切地联系在一起，并且成为东亚地区经济链接的中心。

1997 年，东南亚发生金融危机，随之发展成经济危机，扩散到整个东亚地区。东盟倡议召开与中日韩对话合作会议，即东亚合作会议（“10＋3”），共同应对金融危机，这是在东亚合作框架下中日韩三国领导人第一次聚在一起，是具有历史性意义的聚会，这次聚会开启了三国合作的大门。1999 年，启动了“10＋3”框架下的三国领导人早餐会；2003 年，三国发表了《中日韩推进三方合作联合宣言》；2008 年，启动了三国领导人的单独聚会，发表了《三国伙伴关系联合声明》；2010 年决定成立三国合作秘书处，设在韩国首都首尔，2011 年开始运营。中日韩联合制定了诸多合作文件。一路走来，三国关系的发展并非一帆风顺，其间曾因双边关系出现问题而停止，但是出于合作的诚意，三国终究还是克服困难，坚持了下来。

中日韩合作的基础是双边关系，从发展的角度看，三方合作应有助于改善双边关系。但是，双边的一些问题具有特殊性和敏感性，三边合作机制很难帮上忙。比如韩日之间的问题，近代日本的侵略与统治给朝鲜半岛人民留下深深的伤痕，韩日之间既有历史认知问题，也有领土争端，触及公众情绪，更影响政治关系。再比如 2019 年因为日本对韩国进行贸易限制，引发两国关系紧张和民众对立。中日之间也有类似的问题，一旦发酵，就会使形势发生急转。解决这类问题难有“灵丹妙药”，只有靠克制、理智，政府出面降温，只能以时间与智慧慢慢化解。2019 年，恢复召开的三国领导人会议承诺，今后不因双边关系问题而中断合作，这是一大进步。三国领导人会议在成都召开，出席会议的安倍首相开玩笑似的说，如今，中日韩不是上演“三国志”。安倍显然是借古喻今，表达内心所想，即如今的中日韩三国非中国古代的“三国”，不是谁吃掉谁，而是合作共赢。这也的确是当今中日韩合作的基本特征。

当前，中日韩面临不少严峻的挑战，既有经济问题，也有安全问题。最紧迫的是如何通过合作尽快走出疫情危机，恢复常态，拉动经济增长。从未来发展看，三国需要重构经济链，因为原有的以互补型—外向型为特征的链接正在发生变化，需要构建新型的经济合作关系，这方面困难不少。朝鲜半岛仍处在安全高风险状态，三国需要在安全上加强合作，推动朝鲜半岛的和平构建。以往中日韩合作主要在经济领域，安全领域很少涉及。日韩是美国的盟友，在中美竞争加剧、美国对中国施加越来越多限制的情况下，中日韩三国需要在安全领域有所作为。非传统安全领域是可以大有作为的领域，比如，海上合作、环境合作、公共卫生合作等都可以做出突出的成就，应以三国的合作为引领，推动东北亚、东亚地区的合作。

在大变局时期，最需要做的是合作，而不是争斗。但是，现实中，传统的思维与战略盛行，东北亚仍被冷战、后冷战、“新冷战”的混合阴影所笼罩。如何走出阴影，创建新未来？创建新未来，需要有新理念、新思维，有关创建东北亚新未来的思想也有不少。比如，有的学者提出，基于共生的理念，推动东北亚地区各国的和谐共处；基于人类安全的理念，推动东北亚和平共同体的构建；基于区域身份认同的理念，推动东北亚各国和解与合作；关于朝核问题，基于共同安全的理念，推动构建朝鲜半岛和平机制与东北亚和平机制；等等。中国提出构建人类命运共同体倡议，推动东北亚命运共同体的构建。东北亚命运共同体的构建是基于和平相处、合作发展的理念，支持各种努力推动东北亚地区新关系与新秩序的建设。

为了共创未来，中日韩三国坚持合作至关重要：一则，可以起到榜样作用；二则，可以发挥引领作用。中日韩是搬不走的邻居，有割不断的联系，除了合作共进，没有更好的选择。孟子曰：“天时不如地利，地利不如人和。”新时代，中日韩和合为贵。

十、中国与上合

2001 年，中国、俄罗斯与中亚 4 国宣布成立上海合作组织，这是中国直接参与构建的首个地区合作组织，是中国周边关系中的一件大事，其重要性和意义非同一般。

从中国的角度看，上合组织的成立至少包含两层重要意义：一是处理好苏联解体后与邻国的关系，二是构建一种体现合作理念的新范式。中国与苏联的关系复杂多变，既有蜜月期，也有敌对期，好的时候苏联是老大哥，不好的时候是头号敌人。苏联解体，中国与俄罗斯实现了关系正常化，让原来对抗的中苏关系走向新生。原属苏联的中亚加盟共和国独立建国，由此，中国与其关系变为国家间关系，成了邻国。于是，包括边界的确立、新关系的定位都需要尽快解决。在此情况下，中国与这些国家立即开启了对话，就双边关系和地区问题进行商谈，在涉及双边关系基本问题得到解决的基础上，基于共同的关注，开启区域性对话。以此为基础，上海合作组织应运而生。

区域合作之所以有生命力，原因在于其参与者对合作目标有共识，即以合作的方式解决双边、多边不能解决的问题，共同寻求共处共利之道。欧洲合作是基于欧洲不再战的强烈共识，这个目标达到了。从西欧到欧洲，规模逐步扩大，实现了和平，并且通过合作构建了具有实体功能的区域管理模式。如今，几乎没有人相信欧盟内部会再成为战场。在亚洲，东盟成功了。东南亚国家基于通过合作构建新型关系和推动发展的基本共识，开启区域合作进程，从几个国家到地区全覆盖，逐步实现了地区的和平与发展，并且创建了独具特色的“东盟方式”。

作为冷战后、新千年成立的区域组织，上合组织肩负着多重使命：首先，通过区域合作解决共同关注的问题，为此，把合作安全作为首要议题，把遏制与打击分裂主义、恐怖主义势力作为重心，成效显著；其次，通过区域合作创建新型国家间关系，构建合作机制。上合组织不同于传统的结盟，也不同于具有管理职能的区域组织，需要从现实与可行角度出发，创建符合本地区特点且能行之有效的区域合作方式，既基于现实又面向未来，既聚焦本地区又面对世界大局。

经过近20年的发展，上合组织取得了三个重要的成就：一是实现了地区的稳定与和平，构建了安全合作机制，基本消除了分裂主义、恐怖主义扩张的基础；二是逐步完善了合作机制，实现了扩员，让相邻地区利益攸关方都加入合作平台，推动了新型国家、地区关系的构建，并且在世界上提升了影响力；三是推动发展与其他方面的合作。通过制定合作议程，构建合作链接，推动地区发展环境和条件的改善。重要的是，在世界处于大变化的时期，依托上合组织，这个地区可以保持基本稳定与安全，这无论是对于地区还是世界来说都具有非常重要的意义。

当然，上合组织的发展也面临诸多挑战，其中最为重要的是：其一，经过扩大的上合组织在一定程度上改变了创始成员国的共识基础，增加了内部的差异性与矛盾性，这包括目标共识、利益共识。因此，如何聚合利益、凝聚共识、提升组织内部的凝聚力，需要各国做出更为艰苦的努力。上合组织原来的基础是中俄发挥协调作用，如今有了其他大国加入，如何实现新的平衡和协调，特别是防止把对抗对立带入上合组织内部，是其面临的新的考验（如印巴对抗，对南亚联盟产生极大影响）。按理说，上合组织应该在调解成员国之间的矛盾方面发挥积极的作用，在成员国发生冲突时能够适度介入，进行调解，缓和矛盾，但是做起来难。如果不能在弥合成员之间的分歧与矛盾上有所作为，其公信力和影响力就会下降。特别是在中美竞争凸显的情况下，其聚合力也面临严峻考验。其二，上合组织必须能为参与者提供实实在在的公共产品和公共利益，不断进取、有作为，否则，吸引力和凝聚力就会下降。上合组织在推动建立区域性金融机构、开放的区域市场、互联互通等方面做出了努力，制定了不少发展合作的议程，也有推进合作的项目清单，但实施效果并不理想。在单边主义、保护主义、民粹主义蔓延，世界发展面临诸多挑战的情况下，上合组织能否通过加强合作，在推动区域发展方面做出成效，是一个现实性的考验。

上合组织的成立是推进新型国家关系和区域合作秩序构建的一个创新。上合组织一路走来，还算顺利，没有发生波折，而且实现了扩大，提升了国际影响力，为新时代国家间的相处之道书写了新篇章。

十一、中国与欧盟

欧洲有 40 多个国家，从中国与欧洲关系的角度看，可分为西欧国家（包括南欧、北欧）和中东欧国家。前者绝大多数加入了欧盟，后者原属苏联集团，苏联解体后，有些加入了欧盟。如今，欧盟有 27 个成员国，规模还会扩大。

中国与欧盟（以下简称“中欧”）的关系属于“双轨”：一是与成员国的关系，二是与欧盟整体的关系。“两轮车”要比“独轮车”更稳一些，总体来看，中欧关系发展平稳，尽管不时出现一些波折，但没掀起大浪。

新中国成立后，早在20世纪50年代初，北欧四国就与中国建交。1964年，法国不顾美国的反对与中国建交。1971年，中国在联合国的合法席位得到恢复，绝大多数西欧国家都先后与中国建立正式外交关系，使得中欧关系进入了一个全面发展的时期。1975年，中国与欧洲共同体建立外交关系，从而为中欧关系的发展铺设了新轨道。1985年，中国与欧洲经济共同体签署了贸易与经济合作协定。21世纪初，中国与欧盟建立了全面战略伙伴关系。

中欧能够确立并维持全面战略伙伴关系着实不易，主要还是双方利益使然。经贸关系居重要地位，彼此互为重要的市场，在构建自贸协定有难度的情况下，双方先从谈判投资协定开始。有了这个基础，再谈自贸协定可能会更容易一些。在大战略层面，双方是有不少共识且可以进行合作的。比如，在维护战后国际体系基本稳定方面，中欧有着共同的利益与可谈、可商、可协调的政策取向。在抵制美国单边制裁、维护世卫组织、世贸组织争端机制运行与伊核协议等方面，中欧立场接近并采取协调合作的行动。还有，欧盟对中国推动建立的亚投行和"一带一路"建设等给予了支持与认可。在美国特朗普政府"退群""闹群""乱群"的情况下，中欧在这些大战略问题上协调与合作，不仅对双方而且对世界来说都具有重要意义。

不过，欧盟毕竟是美国的盟友，安全上有北约，政治制度、价值观上与美国一致，因此与中国在政治安全上并非同心。欧盟与美国在高技术、武器等方面一直维持对中国的禁运，在人权等方面对中国多有批评，不时引起关系紧张、矛盾甚至冲突。尽管在诸多方面存在分歧，总的来看，中欧还是能保持对话与协商，没有像中美关系那样出现大的波折。

重要的是，要看到中欧关系正在发生一些新变化。中国变了，最大的变化是综合实力大幅度提升，成为经济总量第二的世界大国，有大的作为和大的影响力。尽管中国称自己仍为发展中国家，但欧盟国家却不这样认为。在此情况下，欧盟国家对中国的战略和政策定位变了。对欧盟国家来说，同情一个弱中国容易，与快速发展的中国扩大经贸关系感到高兴，但与一个强中国打交道就不同了。在它们看来，中国许多综合指标在世界名列前茅，已经是一个强国。在经济上，中国在越来越多的领域具有很强的竞争性，欧盟感到巨大的压力。在政治上，中国有实现中华民族伟大复兴、居世界舞台中央的宏大抱负，实行不同的政治体制和国家治理方式，着力提升制度的影响力。与这样的一个强中国打交道，要与前不同。

据报道，在王毅访问欧洲之时，法国外长勒德里昂明确表示中国既是它们的伙伴，也是竞争者及体制上的对手。这是欧盟成员的高级官员首次这么直白地指出对华关系新定位。伙伴、竞争者、体制对手，这三点可以说代表新时代欧盟对华关系的基本取向。伙伴，是要保持与中国发展关系的大方向，不为敌；竞争者，是基于现实的认知，要认真对待来自中国的竞争，并采取相应措施；体制对手，这个定位的含义就复杂了，说白了，就是表明“道不同”。欧盟明确把中国定位为体制对手，突出了意识形态的对立和对抗性，这会引发许多问题。尽管这个问题以往也存在，比如前述欧盟维持对中国的许多禁运与限制，而今含义有所不同，政治的非融性更为突出。在这方面，西方特别是美欧，在对华政治战略上的协同性更强了。

新形势下，中国对发展与欧盟的关系要有新认识。首先，政治认知的分歧会加大。在许多方面，政治因素的嵌入性增强。其次，经贸中的竞争对策力度加大，对中国要求对等、平衡、市场、规则等会更具体化，会与实际运行挂钩；战略上，制约中国的因素增多。

“知难而进”“开拓进取”，从以往关系发展的历史看，中欧双方都有此意愿和动力。中国要用深化改革开放、做新型大国的实际行动，逐步改变欧洲人对中国的看法和定位。而欧盟基于发展与中国关系的内在需要，也会务实地调整对华战略与行动。和而不同，也许中欧能在百年大变局中成为成功的践行者。

（本文为《世界知识》2020年专栏连载短文的合集，略有调整）

周边关系、周边合作与周边环境

2023 年 10 月 24 日，《新时代中国的周边外交政策展望》文件发表，明确提出“周边是中国安身立命之所，发展繁荣之基”①。周边被提到如此高的地位，表明中国对周边的高度重视和做好周边工作的决心。周边关系具有两层结构：一层是国家间关系，即中国与周邻国家之间的双边关系；另一层是区域关系，即中国同接邻与紧邻国家作为一个共处区域的关系。二者共同构成周边的整体环境。对中国来说，营造好周边环境对于中国的安全和发展具有特殊的重要性。

一、复杂的周边关系

中国周边邻国众多，基于历史、政治、经济、文化等多方面的原因，周边关系复杂。新中国成立后，经过很长时间的努力，我国才实现了与周邻国家关系的正常化。迄今，中国与 12 个陆地邻国通过谈判解决了历史遗留的边界问题，同周边 9 个国家签署了睦邻友好合作条约。以此为基础，中国与周邻国家的关系不断改善与深化。周边关系的一个重要转变是中国与周邻国家的经济联系加深，成为周邻国家最大或者最为重要的贸易与投资伙伴，为周邻国家提供了无可替代的现实利益，紧密的经济关系成为中国与周邻国家关系稳定的一个基本因素。不过，在现实发展中，由于存在争端和受其他因素的影响，中国与一些国家的关系也不时出现波折，甚至陷入冲突。

总的来看，影响中国与周邻国家关系的因素大体有三类：一是领土、海域争端，二是历史遗留问题，三是政治和其他矛盾。三者各有独立性，也有相互间的联系。领土、海域争端是最复杂、最敏感的，对相互间关系产生重

① 《新时代中国的周边外交政策展望》，2023 年 10 月 24 日，https://www.gov.cn/yaowen/liebiao/202310/content_6911402.htm。

要的影响。经过长期的努力，如今，除印度外，中国与其他国家的陆地领土争端都已经解决，划定了法定的边界线。中印领土争端是历史遗留下来的，尽管双方建立了对话、协商机制，就稳定边界大局达成基本共识，但是由于印度方面不时挑起矛盾，两国关系时有紧张，甚至发生对抗，对中印关系产生严重的影响。[①] 不过，中印之间有着广泛的利益基础，避免事态扩大、和平解决争端、稳定关系大局是双方的基本共识。因此，每当发生冲突时，双方还是能坐下来进行对话和协商，达成缓解局势的协议，并且尽可能减少对其他方面的影响。岛礁与海域争端涉及东海和南海地区。在东海地区，中日之间围绕钓鱼岛及海域的争端也是历史遗留问题，短期难有解。南海地区的争端，除了中国与东盟国家当事方之间，还涉及多方参与，成为热点。中国与东盟有着稳定大局的共识，发表了《南海各方行为宣言》，并就“南海行为准则”进行商谈。尽管东盟成员有义务遵守达成的协议，但东盟缺乏约束其成员国行为的能力。当前，主要是菲律宾在政权更替后改变政策，引发矛盾与对立，由于争端背后有外部力量介入的因素，问题变得非常复杂。在此情况下，中国一方面加强与东盟的协商合作，稳定南海局势，另一方面开展中菲对话，寻求避免对峙升级的途径，尽力维护双边关系稳定的大局。[②] 历史遗留问题涉及多个方面，比如领土、海域争端有着历史遗留的因素。但在中日关系上，主要体现为日本不时在淡化和修改侵略历史上做动作，引发中国不满，导致双方关系紧张。至于政治与其他矛盾对双边关系的影响，由于涉及诸多方面，有些具有突发性。比如中韩关系，因为韩国政权更替，政府政策发生大的转变，中韩在一些问题上产生分歧，进而影响双边关系。中国与缅甸的关系也受到缅甸国内政局的影响。当前，缅甸国内动荡，特别是接邻地区发生战事，对双边关系造成了不利影响。中国一向坚守不干涉内政的原则，面对邻国政局、政策的突变，坚持通过对话来增进共识，寻求改善关

① 中印边界冲突成为影响双方关系的重要因素，印度官员甚至提出，“边境地区的和平与安宁是其他领域关系发展的基础”。参见宋德星：《试论中印关系战略稳定问题》，2023 年 11 月 21 日，http://iis.jlu.edu.cn/info/1245/4205.htm。

② 就仁爱礁争端激化问题，王毅在与菲律宾外长马纳罗通话时指出，中菲是一衣带水的邻居，对存在的争议应该商量着办。菲律宾外长表示希望以双方均能接受的方式管控好分歧，推动紧张局势降温，防止冲突。参见《王毅同菲律宾外长马纳罗通电话》，2023 年 12 月 21 日，https://www.gov.cn/yaowen/liebiao/202312/content_6921556.htm；《中国和菲律宾举行南海问题双边磋商机制第八次会议》，2024 年 1 月 17 日，http://switzerlandemb.fmprc.gov.cn/wjbxw_new/202401/t20240117_11228188.shtml。

系的具体措施,防止双边关系出现大的滑坡。[①]

推动构建稳定与可持续的双边关系是中国周边外交的重点。如今,尽管中国与一些国家仍然存在矛盾、争端,但总体上处于稳定与可控的态势。世界上相邻国家间没有矛盾是鲜见的,关键是有了矛盾也可以通过对话、协商来缓解与解决,应该说,中国与周邻国家之间在对话、协商缓解和解决争端上基本上形成了大的共识。

二、周边合作机制构建

中国与周邻国家共同构成一个相互链接的共生区域,有着共享的利益。周边区域的构建建立在两个框架基础之上:一是周邻国家之间的区域合作机制构建,二是中国与周邻国家之间的合作机制构建。周邻国家之间合作机制的构建使中国与周邻国家关系有了新的合作平台,从而形成双边与区域合作的“双轨机制”。中国通过参与和共建周边区域合作机制,构建了合作导向的区域共处、共生与共享的区域空间。区域构建的主要形式是共建合作组织、自贸区以及多种形式的合作机制。

上海合作组织是中国与俄罗斯、中亚国家共建的区域合作组织,成员国从最初的5国扩大到如今的9国,合作领域最初主要是共同安全,如今扩大到安全、政治、经济、文化等综合领域,成员国地缘链接扩展到欧亚区域。

东盟是代表所有东南亚国家的区域合作组织。中国与东盟建立了多层合作机制,一是中国—东盟自贸区、中国—东盟对话合作机制;二是中国参与东盟牵头构建的区域合作机制,如“10+3”、东亚峰会、东盟地区论坛等。这些机制使中国与东南亚合作导向的区域构建不断得到扩大与深化。

《区域全面经济伙伴关系协定》(RCEP)是中国参与和推动的重要区域合作机制。RCEP包括15个成员国,是世界最大的自贸区。RCEP的构建,实现了东亚区域市场的开放、规则运行与合作发展。通过RCEP的构建,中

---

① 为了维护中韩关系的大局,中韩领导人在多种场合进行会晤。比如,2022年11月15日,习近平与尹锡悦在出席二十国集团领导人巴厘岛峰会期间举行会晤,一致认为中韩关系健康稳定发展符合两国人民根本利益,对地区和世界有重要意义,并就新形势下进一步发展中韩战略合作伙伴关系达成重要共识。参见《2022年中韩关系十件大事》,2022年12月30日,http://kr.china-embassy.gov.cn/sghd/202212/t20221230_10998780.htm。缅甸发生国内冲突,中国多次进行斡旋和解,促使冲突各方达成停火协议。参见《中方斡旋下,缅甸相关方在昆明达成正式停火协议》,2024年1月12日,http://www.xinhuanet.com/world/20240112/80df128852a84dc7b0c0f0f3df0b4b64/c.html。

国一方面获得了开放、合作的区域发展空间，另一方面可以在区域经济结构调整、发展动力机制构建等方面发挥重要作用。

东北亚中日韩三国以开放政策为支撑，以市场为依托，发展起以产业分工为基础的供应链，并且在此基础上建立了领导人和政府职能部门的对话合作机制。中日韩三国的合作具有区域性构建特征，建立了合作秘书处，开启了三国自贸区的谈判，成为推动东北亚区域合作的基础。不过，受到双边关系和其他因素的影响，自2020年三国领导人会晤陷入停滞以来，自贸区谈判处于搁置状态。目前，三国都希望能够克服困难，尽快恢复正常运行。[①]东北亚地区一方面是世界经济的重心，但另一方面也是关系复杂、多重矛盾交织的地区，建立包容各国的区域对话合作机制仍然存在诸多障碍。

南亚诸国在1985年建立了“南亚区域合作联盟”（简称“南盟”），成员包括所有南亚国家。中国与南亚山水相连，有着直接的利益关联，一直积极推动与南盟的合作，被接纳为观察员。不过，由于印度对中国的深度介入表示警惕，区域合作机制构建没有显著的进展。

周边区域多层次合作重要的是在周边地区，无论是周邻国家之间构建的，还是中国与周邻国家共建的，都是以合作为导向的新型区域合作，不树敌、不对抗、不封闭，旨在共创开放、合作与和平的区域环境。这是周边所发生的重要变化。

三、营造周边环境的举措

对于中国来说，周边具有整体性特征，因此，营造好整体的周边环境至关重要。为此，中国提出了一系列理念、原则和政策，从“和平共处五项原则”到“与邻为善、以邻为伴”，再到“安邻、睦邻、富邻”“亲、诚、惠、容”等。特别是近年来，又先后提出了新的理念和倡议，如“周边命运共同体”“一带一路”等。“周边命运共同体”既是理念，也是行动，是“人类命运共同体”倡议在周边地区的落实。“周边命运共同体”构建体现在各种合作导向的议程中，既体现在双边合作，也体现在区域合作，目的是创建中国与周邻国家和合共生、合作共赢的环境。

① 2023年11月26日，中日韩三国举行第十次中日韩外长会，就三国加强合作、推动自贸区谈判、稳定供应链，特别是尽早实现三国领导人会晤达成基本共识。参见《第十次中日韩外长会在韩国釜山举行》，2023年11月27日，https://www.gov.cn/yaowen/liebiao/202311/content_6917234.htm。

“一带一路”是由中国倡议和推动的，其特点是中国与周邻国家共建，通过共建实现相互间的政策沟通、设施联通、贸易畅通、资金融通、民心相通，从而创建合作发展、共同发展的良好环境。迄今，中国与周边24个国家签署了共建“一带一路”合作文件，同东盟、欧亚经济联盟等开展合作规划对接。同时，通过推动建立亚洲基础设施投资银行，设立丝路基金，为基础设施项目、经济社会发展项目建设提供支持，基本实现了周边主要陆港通道的互联互通架构，并且通过周边陆港通道的辐射，促使互联互通延伸到更大的区域。比如中欧班列，作为中国与欧洲以及“一带一路”共建国家的集装箱铁路国际联运列车得到快速发展，不仅成为链接中国国内与外部的大通道，而且也成为链接东北亚、东南亚、欧亚、欧洲地区的交通网络，创造了政府支持、市场驱动、规则对接的国际运输通道奇迹。[①]

中国以共同、综合、合作、可持续的新安全观和实际行动营造周边地区的安全环境，与周边国家合作共同管控热点问题，推动协商对话与和平构建。比如，面对朝鲜半岛紧张的局势，中国提出同时推进实现半岛无核化与建立半岛和平机制的“双轨并进”思路，以及通过朝鲜暂停核导活动、美韩暂停大规模军演的“双暂停”建议，坚持通过和谈缓和局势。在美军撤出阿富汗后，中国积极搭建阿富汗邻国协调合作机制，提出帮助阿富汗重建发展的《屯溪倡议》，主持召开阿富汗邻国外长会议以及阿富汗邻国与阿富汗临时政府外长对话会，启动中阿巴三方外长对话会，为阿富汗的稳定与发展提供援助。缅甸国内局势动荡，冲突蔓延，中国积极斡旋，促成缅甸军方和地方武装举行和谈，就临时停火和保持对话达成协议，在支持通过政治对话避免冲突进一步升级、实现缅北和平进程、恢复国家社会稳定上发挥建设性作用。

同时，中国充分利用各种合作机制，加强安全环境的营造。比如，为了维护南海地区的稳定，中国在与东盟发表《南海各方行为宣言》后，先后制定了落实宣言的指导方针，发表落实宣言的联合声明，以及推进“南海行为准则”磋商。中国利用上海合作组织平台共建安全共同体，先后制定了《打击

① 经中欧班列东通道通达俄罗斯、波兰、德国、比利时等13个国家，联通我国境内60余个城市，通行线路已达24条。中欧班列“长安”号已开通西安至亚欧国家的17条干线通道，实现亚欧地区主要货源地全覆盖。参见《中欧班列东通道通达13国》，2023年10月19日，https://www.mot.gov.cn/jiaotongyaowen/202310/t20231019_3928965.html；《繁荣快车行大道　同心携手向未来——中欧班列十年回眸》，2023年9月18日，https://www.gov.cn/yaowen/liebiao/202309/content_6904753.htm。

恐怖主义、分裂主义和极端主义上海公约》《上海合作组织成员国关于地区反恐怖机构的协定》《上海合作组织反恐怖主义公约》《上海合作组织反极端主义公约》《上合组织成员国保障国际信息安全合作协定》等法律文件，成立了由相关部门参与的多层级合作机制，包括安全会议秘书会议、公安内务部长会议、最高法院院长会议、总检察长会议、国防部长会议、总参谋长会议、禁毒部门领导人会议、边防部门领导人会议等，推出防务安全、执法安全、信息安全合作和加强能力建设等合作举措，举办上海合作组织防务安全论坛，进行“和平使命”年度反恐联合军事演习等，营造了合作安全与共同安全的区域环境。

营造周边环境，一是靠中国自身的努力和能力，二是靠与周邻国家的共识与共建。[①] 中国不仅提出了一系列倡议，而且为落实倡议付诸行动。当然，周边环境是中国与周邻国家共同拥有的，周边环境的营造需要中国与周邻国家的共同努力，通过对话协商凝聚共识，采取协同与合作的行动，只有这样才可以营造可持续的和平、发展、合作、共赢的周边环境。

四、百年大变局下的挑战

百年大变局下，周边关系和环境出现了一些新的变化，对营造周边环境形成了新的挑战。中国综合实力快速提升，是周边关系和环境中最凸显的变化。中国跃升为世界第二大经济体，成为第一大经济体的前景可期。中国为周边地区的发展提供动力，通过多种方式体现出来。与中国经济实力的提升相匹配，包括军力、科技创新力、政治影响力和运筹能力在内的综合实力也大幅度提升。中国表示做新型大国，永远走和平发展的道路，“是现行国际秩序的创建者、受益者、维护者，不寻求改变现行国际秩序，更不会另起炉灶，再搞一套所谓新秩序”，“将始终同各国一道，推动构建人类命运共同体，共创和平、安全、繁荣、进步的未来”。[②] 但是，一些国家仍然对中国综合实力的快速提升表示担心，对中国进行防备，对中国的倡议采取不参与或者进行竞争的政策，还有的甚至采取敌视的战略。这种情况也影响到他国

① 有的专家提出周边环境“再营造”的观点，认为营造是主动影响和改变周边环境，再营造是在出现不利环境时主动扭转环境，使之朝有利的方向发展。在实践中，需要把中国的努力与合作努力紧密结合起来。参见邢广程：《中国周边国际环境再营造》，《亚太安全与海洋研究》2023年第2期，第1—18页。

② 《刘建超在美国对外关系委员会发表演讲》，2024年1月10日，https://www.idcpc.org.cn/bzhd/wshd/202401/t20240110_163239.html。

社会公众对中国的认知，使得负面舆论上升，出现"近而不亲"的现象。变局期的最大风险是误解和误判。考虑到中国的经济规模和发展潜力，其综合实力还会继续提升。在此情况下，一方面，中国应充分理解周邻国家的关切，通过对话、协商、合作增信释疑，继续坚守"以邻为伴、与邻为善""亲诚惠容"的周边理念与政策，为营造开放、合作、发展、和平的周边环境做出不懈努力。另一方面，周邻国家也需要更好地理解中国综合实力与影响力的提升，在发展经贸关系的同时，从政治上增进互信，协同管控争端，合作共建互利与可持续的双边关系与区域环境。

美国把中国定位为"战略竞争对手"。近年来，不论是共和党执政还是民主党执政，都对中国实施遏制、封堵、制裁政策，并且通过多种方式在中国周边地区构建对付中国的机制。像印太战略下的军事安全、经济科技安排都是排除中国，把中国作为遏制、封堵的对象，参与"奥克斯""四边对话""三边合作""印太经济框架"机制的大多是中国的周邻国家。① 美国是中国与周邻国家共建周边环境的最大干扰因素。美国的战略竞争目的很明确，就是意图遏制中国综合实力和影响力的提升，维护其在双边关系和地区秩序中的有利地位和影响力。美国把中国定位为"战略竞争对手"主要具有三层含义：一是防止中国做大、排斥美国；二是制度竞争，维护美国的民主价值观，防止中国胜出；三是牵制周邻国家与中国走得过近、对中国过度依赖，特别是与中国同行。美国是世界最大的经济体、综合实力最强的国家，周邻许多国家与美国有着长期的关系和直接的利益，参与美国构建的机制有些是基于特殊的关系，有些是基于直接的利益。以往有个说法，"东亚国家政经分离，经济上靠中国，安全上靠美国"。事实并非如此，多选项交叉是一个显著的特征。

事实上，在实际运作中，多数周邻国家都采取"选项不选边"的策略，即在发展与美国关系、参与美国倡议和推动项目的同时，也保持和发展与中国的关系，参与中国倡议和推动的项目，即便是美国的军事同盟伙伴国，也避免陷入与中国"脱钩"和对抗的局面。东盟作为东南亚 10 国的合作组织，在对外关系中坚定地维护"以东盟为中心"。尽管有的成员参与了美国构建的

① 正如有的专家指出，美国的目的就是通过恶化中国发展的外部环境、影响和打断中国的发展进程、降低中国的发展速度，消除中国对其霸主地位的威胁。参见方长平等：《新时代中国周边外交的理论创新与实践成就》，《国际论坛》2023 年第 6 期，第 3—35、155—156 页。

机制，但是东盟作为一个整体不参与美国对华战略竞争，维护与中国的合作关系。在美国推出印太战略之后，东盟发布印太展望文件，指出要避免不信任、误判和以零和的举动行事，强调必须维护包容的区域合作框架，东盟在区域合作机制构建中发挥中心作用，要对话合作而不是竞争，等等。①

为营造开放、发展与和平的周边环境，中国的政策体现了包容与合作的取向：一则，把所有周邻国家作为伙伴，不因参与美国倡议和推动的机制而不与之开展对话与合作；二则，中国积极推出倡议与合作项目，诚邀周邻国家参加，不以排斥和与美国竞争为目标；三则，中国与美国尽力保持对话，维护可控的关系大局。这样，避免周邻国家被分裂成不同的阵营，从而冲淡美国对华全面战略竞争对周边地区造成的冲击。与此同时，为周邻国家提供多样性的选择空间，也为营造周边环境创建条件，避免让所谓中美竞争成为周边关系的主题。

对周边环境形成严峻挑战的热点问题主要是朝鲜半岛的局势。韩国和朝鲜政策的调整导致半岛局势发生急剧的变化。韩国政府调整对朝政策，以强硬的对抗政策应对朝鲜的威胁，加强与美国的军事合作，构建美日韩三边合作机制。而朝鲜则以更强硬的行动相对抗，把韩国定位为敌对国家，大幅度提升核导能力。双方在西部海域进行炮火对射，局势有失控爆发军事冲突的危险，而一旦爆发战争，有可能引发更大规模的冲突。中国与朝鲜半岛接邻，朝鲜半岛出事，直接影响我国的安全。面对复杂的局势，中国需要而且能够在防止朝鲜半岛出事，特别是阻止生乱、生战上发挥关键作用，以维护稳定与和平的周边环境。

总的来看，周边矛盾冲突热点多种矛盾交织，具有突变性的特点，极易失控，而一旦失控就会产生严重的影响。因此，中国应把防止热点升温、冲突升级置于周边战略和外交政策的突出位置，通过发挥自身影响力推进与相关方的合作，维护周边稳定与和平的大局。②

2024 年是“大选年”，政权更替，一些国家的内外政策会发生较大的调整和改变，特别是美国大选。国际社会普遍担心美国会发生大的政策转变，进

① “ASEAN Outlook on the Indo-Pacific”, 2019-6-22, https://asean.org/wp-content/uploads/2019/06/ASEAN-Outlook-on-the-Indo-Pacific_FINAL_22062019.pdf.

② 有学者认为，影响最大的是台海、朝鲜半岛、南海、中印边界与俄罗斯走向趋势，如果以上一个方面发生突变，就会对周边环境产生严重的影响。参见黄仁伟：《中国周边的三重国际环境及塑造路径》，《世界知识》2023 年第 16 期，第 26—27 页。

而对国家间关系、区域和全球产生影响，为营造良好周边环境增加变数和难度。面对新的变化和挑战，国家的态度正如《新时代中国的周边外交政策展望》文件所指出的："讲信修睦、亲仁善邻是中华文明一贯的处世之道。中国过去是、现在是、将来也永远是地区国家的好邻居、好朋友、好伙伴，将始终做维护和平稳定、促进发展繁荣的中流砥柱。"[①]

（本文原载于《当代世界》2024 年第 3 期，略有调整）

① 《新时代中国的周边外交政策展望》，2023 年 10 月 24 日，https://www.gov.cn/yaowen/liebiao/202310/content_6911402.htm。

亚太区域合作进程解析

2014年的亚太经合组织(APEC)年度会议由中国主办,会议取得了许多重要的成果,各成员提出了上百项推进合作的议题,其中最令人瞩目的是在中国的大力推动下,成员经济体就推动亚太自贸区(FTAAP)的建设达成基本共识。尽管如此,在《跨太平洋伙伴关系协定》(TPP)和《区域全面经济伙伴关系协定》(RCEP)主导亚太自贸区建设进程的情况下,如何凝聚合力,使统一的亚太自贸区进程步上正轨,各方还要做出不懈的努力。本文在对亚太经济链条形成和亚太经合组织发展进行系统分析的基础上,对推进亚太地区经济一体化深入发展的路径进行研究,并提出自己的一些见解。

一、亚太经济链的形成与转变

亚太作为一个经济区是逐步形成的。二战后,美国成为世界超级经济霸主,成为向外提供市场、资金、技术的主要来源。在东亚地区,先是日本,后是"四小龙"(韩国、新加坡、我国台湾和香港)靠美国的资金、技术和市场获得经济的快速发展,从而建立了北美—东亚跨太平洋经济链接。到20世纪80年代,日本和"四小龙"开始向实施开放发展政策的东盟国家投资,转移制造业,构建产业链,北美—东亚经济链加长。特别是自90年代初起,中国的经济改革与开放加速,吸引了大量来自美国、日本、"四小龙"的投资,由于具备后起国家的综合发展优势,中国逐步成为东亚地区的制造加工中心和出口基地。而随着美国制造业产业向外转移,其消费品越来越依赖外部市场主要是东亚地区供给。到90年代初,美国与东亚地区的贸易额超过了传统的贸易伙伴欧洲,这是区域经济关系的一个重大转折。尤为重要的是,亚太地区的经济链条性质和结构发生了重要的变化——从生产链的延伸到生产与消费链重构的转变。

二战后，世界经济发展的主导潮流是推动市场开放，越来越多的国家与地区实施开放发展的经济政策。在世界范围推动市场开放主要靠构建多边贸易体系，即关税与贸易总协定（GATT，WTO 的前身），直到 2001 年的 WTO 多哈回合，一轮轮多边贸易谈判最终都达成了旨在推动市场开放的协议。多边贸易组织框架下的市场开放的最突出特点是非歧视原则，即推动普遍的市场开放。[①] 这样，随着越来越多的多边谈判进程完成，世界市场的开放程度也就越深，而随着越来越多的国家和地区加入世界多边贸易组织，也就意味着越来越多的国家和地区利用开放的世界市场空间发展经济。

在亚太地区，美国从战略利益出发，对其盟友的发展提供特别的支持，并且利用市场准入优惠措施对那些实行市场经济的国家和地区给予支持。结果在东亚地区不仅出现了日本的经济快速恢复和发展，而且也出现了数个经济快速增长的新兴工业化国家和地区（Newly Industrialized Economies，NIEs），典型的代表是“四小龙”，它们都从很落后的基础开始，在比较短的时间内（20 年左右）实现了经济的快速起飞，生成了“经济奇迹”。1993 年，世界银行发表报告，题目为《东亚奇迹——经济增长与公共政策》，对其进行了系统性的总结。世界银行报告主要对东亚地区实现经济增长奇迹的原因进行总结，把其主要归结为政府实施了适宜的公共政策[②]，如果从区域经济关联的角度来分析，主要是因为形成了开放性的区域市场环境，形成了差别性国家和地区的市场要素条件，这为资本的流动和产业转移提供了方便条件和市场环境。

在开放的市场环境下，资本出现了由北美向东亚的流动，再由东亚先发展起来的经济体到后发展经济体的流动，产业转移则随着资本的流动而扩散，形成梯度链接，这种链接被称为“滚雪球效应”[③]或者“竹节式增长”[④]。从这个意义上说，亚太地区的经济链条是由开放发展政策—资本流动—产业转移促成的。当然，这样的经济链接就像是流动的河水，必须河道畅通，后

---

① GATT（WTO）为成员达成“自贸区协定”开了绿灯，允许达成的协议只对协议成员适用。

② 参见世界银行工作人员编：《东亚奇迹——经济增长与公共政策》，财政部世界银行业务司译，中国财政经济出版社 1995 年版。

③ 张璐、茆健：《从“东亚奇迹”到“东亚复兴”——对东亚经济增长区域产业循环模式的文献述评》，《现代管理科学》2011 年第 5 期，第 86 页。

④ David Roland-Holst，Iwan Azis，Ligang Liu，*Regionalism and Globalism：East and Southeast Asian Trade Relations in the Wake of China's WTO Accession*，ADB Institute Research Paper Series，No.XX，January 2003，p.16.

浪推前浪，才可以保证链条接续不断和转动不停。显然，产业链和生产—消费链是构建亚太地区经济区域空间的内在支撑要素。

在亚太地区经济区域空间形成的进程中，一个重要的发展是东亚地区形成了区域性开放市场环境。这个环境主要靠两个发展促成：一是东盟的市场开放进步。20 世纪 90 年代初，东盟推进区内自贸区建设（AFTA），进程逐步加快。由此，东盟内部逐步发展为一个有 10 个成员国、人口规模达数亿的开放市场空间。这样大的一个区域市场吸引资本向那里流动，把那里作为产业转移的重点，由此，东盟成为国际投资的热土，新加坡、马来西亚、泰国、菲律宾以及后来居上的越南，都成为新的制造业加工市场，与此有关的服务业，包括金融业，也都得到显著的发展。二是中国的改革开放进程加快，成为资本流动选择和加工制造业转移的中心。中国的后发优势显著——丰足和廉价的劳动力，巨大的市场空间，以及强有力的政府支持政策等，这是其他国家无法比拟的。基于这些优势，中国很快成为东亚地区的加工业制造中心和出口中心。中国的加入使得原来的地区经济链接方式发生了重大变化，即由线性链接转变为网络链接，发展起区域性的生产网络。[①]

东亚区域生产网络的形成推动了两个变化：一是东亚的生产分工进一步深化，更多的经济体参与分工，从而大大拓展了生产发展的空间，使生产的能力迅速扩张，东亚成为亚太地区与世界制造加工业的中心。东亚地区成为世界制造业产品最有竞争力的市场，这也使其成为世界出口的中心。二是美国成为东亚最大的出口市场，在自身产业（加工制造业）转移加速的情况下，美国的消费品越来越多地从东亚地区进口，这样就发展起了太平洋东西两岸的前所未有的紧密经济联系，形成一种需求—生产市场的相互依赖框架。[②]

亚太地区的这种新经济链接有突出的特点：建立在生产分工的细化基础上。尽管东亚地区形成了分工的网络型架构，但是从生产链的角度来分析，又是一种从高到低的结构，即发达经济体居分工的顶端，提供技术和核心零部件，中发达经济体居分工的中端，提供制造技术和重要零部件，而欠

---

① Zhang Yunling, *Designing East Asian FTA: Rationale and Feasibility*, Beijing: Social Sciences Academic Press, 2006, pp.4,20-21.

② 有学者认为，这样的关系构成了一个基本完整的亚太地区生产与消费的关系链条。参见周小斌主编：《亚太地区经济结构变迁研究（1950—2010）》，社会科学文献出版社 2012 年版，第 1 页。

发达的经济体则主要进行再加工和产品的低端装配。这种梯度分工结构基本上是由市场机制以技术能力和成本效益的比较优势来决定的。

从区域经济关系的构建来说,亚太地区呈现一种动态的优势转移和延伸。这种发展基于两个推动力:一是公司依据成本效益比较,进行产业转移,使生产的布局发生变化,使更多的经济体进入分工序列;二是本国公司加大研发投入,提升竞争能力,进入更高层次的分工序列,把低端分工传递给更具竞争优势的经济体。在市场开放的大环境下,亚太地区形成了一个巨大的产业分工调整与重构空间,同时也产生推动技术进步的内在竞争动力。

中国成为加工制造业中心和出口中心以及地区生产网络的枢纽,使原来的东亚产业链条关系发生重要的变化,日本、韩国以及中国台湾地区把大量的加工环节转向中国大陆,经过加工再出口,这样中国与美国之间形成最主要的生产—需求链条,形成“危险的平衡”关系。[①]

2008 年美国发生了“次贷危机”,此后演变成扩及全球的金融危机和经济危机。这是二战后发生的最为严重的危机,打破了以往维持的“危险的平衡”,即美国不能再靠信贷扩张支撑消费扩大,东亚地区生产的扩张不能主要靠美国市场的需求。在此情况下,美国力图缩减双赤字,大力推动出口,改变贸易不平衡的结构,增加就业,而东亚地区不得不进行调整,努力开拓内部市场和其他市场,大力调整生产结构和拉动内需,转变发展方式。

这场变化将意味着什么呢?是构建新的更为紧密的经济链接,还是使北美与东亚经济链断裂?是会促进亚太地区的合作深化,还是会使亚太地区的合作失去动力?未来的趋势关系到亚太地区各个国家和地区的利益。从危机后的调整趋势看,基础的经济链接并没有断裂,但是结构发生了变化,政策导向的重点发生了变化,从而使区域关系发生了重要的调整和重组。

二、亚太区域合作的驱动力

市场经济链接必然推动公共政策的变化。尽管亚太地区逐步发展起了紧密的经济链接,但是由于政治差别大,安全分隔,加上地缘的分散性特征,

① 中美之间出现极度的贸易不平衡,东亚地区的生产扩张越来越依赖中国的出口,也即美国需求持续扩大,这样的结构显然是失衡的。

就区域整体而言，没有像欧洲那样的区域主义基础。尽管如此，由于经济链接产生的区域性利益，推动区域经济开放与合作的思想和行为还是存在的，并且得到广泛的支持。

最早提出建立亚太自由贸易区的人士是日本的学者小岛清，他于1965年就提出太平洋地区的发达国家应该学习欧洲联合的经验，建设太平洋自由贸易区。1967年，日本、美国、加拿大、澳大利亚和新西兰五国企业家代表成立了“太平洋盆地经济理事会”(Pacific Basin Economic Council，PBEC)，就涉及地区的贸易、投资等问题进行讨论，提出建议，推动政府间的合作。这个论坛性的地区合作机制的成员最初只有5个国家的代表，后来发展到20多个国家的代表，吸纳了亚太地区大多数的国家。1968年，小岛清亲自组织成立了由日本、美国、加拿大、澳大利亚和新西兰学界代表参加的“太平洋贸易与发展会议”(Pacific Trade and Development Conference，PAFTAD)。[①] 这一轮思潮和推动成立区域合作机制的行动之所以主要来自日本，是因为日本在亚太地区最先发展起来，其主要的对外经济联系是太平洋地区，主要是美国。鉴于此，日本学界、企业界关于建立环太平洋地区合作机制的呼吁得到官方的支持。在这个地区，经济比较发达，并且与地区外部(主要是美国)联系比较紧密的只有少数几个国家，即靠近美国的加拿大，以及希望加强与美国联系的远在大洋洲的澳大利亚和新西兰。建立论坛机制的目的也很清晰，就是讨论扩大地区经济联系，推动地区市场的开放。尽管学界和企业界的倡议得到了政府的支持，但是在当时的情况下，成立由政府直接出面的区域组织显然条件不够成熟。

20世纪70年代，随着东亚地区更多经济体实施开放发展政策，大力吸引外来投资，发展加工贸易，融入国际市场，亚太地区的经济链条延伸，要求加强区域合作的呼声更高，这直接促使1980年太平洋经济合作委员会(Pacific Economic Cooperation Council，PECC)的成立。这还是一个论坛，但它是由官方和民间(企业、学界、市民等)共同组织的，参加的经济体有20多个。这是亚太地区第一次由政府直接参与的经济合作论坛组织，它设有秘书处，建立了支持活动的中央基金。该论坛每年召开会议，组织调研报告，向政府提出建议，成为推动地区市场开放与开展合作的重要平台，同时

① 这些组织一直坚持活动到如今，这很不容易。不过，由于成立了政府间的合作组织，其作用和影响力大大降低。尽管如此，由它们组织的一些会议和活动还是吸引了学界、企业界以及政府人士参加。

也成为推动政府间合作组织成立的重要力量。该论坛的宗旨是推动亚太地区的经济联系与合作,致力于“太平洋共同体”思想的落实,倡导“开放的区域主义”,强调区域合作与推动全球经济增长,支持区域合作与多边开放体系相一致。[①] PECC的宗旨和倡导的原则与欧洲的合作思想不同。欧洲的合作思想源自欧洲区域主义的认同,而亚太地区的合作思想则是开放环境下的市场联系与合作。“开放的区域主义”是一种指导思想,它实际上不是传统的“区域主义”,而是一种新的基于利益考量的合作理念。按照美国专家伯格斯滕(Fred Bergsten)的解释,开放的区域主义意味着地区合作机制的构建有助于而不是阻碍全球开放体系的发展。[②] 这里所倡导的“共同体”(community)追求的是利益聚合,而不是制度构造。这些都对以后亚太地区的经济合作进程产生重要的影响。

1989年,亚太经合组织(Asia-Pacific Economic Cooperation, APEC)的成立是亚太地区经济合作进程的一个重要里程碑。APEC是由亚太地区的国家和地区政府正式推动成立的,成员代表是政府,而不是企业或者个人。APEC设定的目标是实现亚太地区的市场开放和合作发展,为此,设定了市场开放目标和实施进程以及开展经济技术合作的机制。它的成立激起了亚太地区合作制度性构建的讨论,也引起了世界的高度关注。

从根本上说,亚太经合组织成立是这个地区经济利益链加强的结果,反映了各方通过开放与合作实现区域发展的诉求,但从时间上看,它也有应对来自欧洲统一大市场建设的挑战的背景。特别是美国,之所以积极推动APEC,是因为担心排除了美国的欧洲统一大市场会损害其利益,让欧洲占了上风。因此,当时美国的克林顿政府力推具有实质性功能的区域合作机制,力图把“亚太共同体”做实。这就产生了英文的共同体(community)第一个字母是大写还是小写之争,因为大写字母的共同体意味着实质性的制度化建设,而小写则意味着体现合作的精神。结果是主张小写的意见(其中主要是东盟坚持)占了上风。[③]

美国政府开始之所以坚持首字母大写的共同体有其特别考虑,主要是

---

① “The PECC Charter”, 2009-5-11, http://www.pecc.org/about/pecc-charter.

② Fred Bergsten, “Open Regionalism”, 2002-12-17, http://www.iie.com/publications/wp/wp.cfm? ResearchID=152.

③ 参见徐剑梅、涂颀:《一个字母写法之争　一个组织根基之变》,2009年11月9日,http://news.xinhuanet.com/world/2009-11/09/content_12420314.htm。

要通过 APEC 推动有约束力的协议，以此推动东亚市场的深度开放，其中，推动日本市场的开放是一个主要的目标。当然，美国也不希望把亚太地区取得的市场开放成果无条件地提供给欧洲，因为欧洲统一大市场的成果只适用于其成员内部。在当时的讨论中，不让欧洲搭便车是美国的一个战略性考虑。[①]

通过有约束力的谈判协议来推动开放，这在整个亚太地区缺乏现实性。尽管 APEC 设立了具有时间表“约束”的“茂物目标”，即到 2020 年实现亚太地区的贸易和投资自由化（发达经济成员应率先于 2010 年完成），但 APEC 并没有落实目标的功能。鉴于此，APEC 成员把真正推动市场开放的努力转向了各自选择的自贸区（FTA）协议。

美国实际上一直“脚踩多只船”，这源于其对 APEC 软约束机制的不信任。就在积极推动召开 APEC 成员经济体领导人会议、力主提升 APEC 合作水平的时候，美国还在继续推动《北美自由贸易协定》（NAFTA）的签署（该协定于 1992 年签署）。此后，美国又于 1994 年提出了推动美洲自贸区（FTAA）的计划，而这一年正是 APEC 确立“茂物目标”的时间。美洲自贸区谈判于 1998 年开始，包括了 34 个国家，本应于 2005 年结束，但因为分歧太大、拉美国家放弃而搁浅。在此情况下，面对东亚地区经济合作进程的进展，美国于 2006 年提出了在 APEC 框架内推动亚太自贸区（FTAAP）谈判的计划。FTAAP 的提出很突然，东亚国家忙于推动东亚自贸区（EAFTA），对美国牵头谈判亚太自贸区自然难以接受。FTAAP 因得不到绝大多数 APEC 成员的支持而被冷落。[②] 于是，美国下决心自己找“志同道合者”大干一场，于 2009 年宣布参与和领导《跨太平洋伙伴关系协定》（TPP）谈判[③]，此举为亚太地区的经济合作进程投下了一颗重磅炸弹。

当然，不只是美国，东亚国家也不遗余力地推动本地区的自贸区建设。东盟自 1992 年开始建设东盟自贸区，进程不断深化。从 2000 年开始，以与

---

① Fred Bergsten，“Open Regionalism”，2002-12-17，http://www.iie.com/publications/wp/wp.cfm? ResearchID=152.

② FTAAP 最早由加拿大于 2004 年提出，是年东亚“10+3”自贸区开启可行性研究。显然，加拿大担心没有其参加的东亚自贸区建设会损害自己的利益。

③ TPP 原为亚太四个小国——智利、新加坡、文莱和新西兰于 2002 年建立的《跨太平洋战略经济伙伴关系协定》（Trans-Pacific Strategic Economic Partnership Agreement），亦称“P4”，其特征是高度开放，四国均为 APEC 成员，旨在推动亚太地区的市场开放。

中国的“10＋1”自贸区谈判为开端，东盟先后构建了与日本、韩国、澳大利亚、新西兰和印度的自贸区。2004年，由中国牵头，东亚(10＋3)开展关于东亚自贸区(EAFTA，10＋3)的可行性研究。2006年，由日本牵头，开展关于“东亚全面经济伙伴关系”(CEPEA，10＋6)的可行性研究。在美国开启TPP谈判的情况下，2011年，由东盟牵头实质性推动了“区域全面经济伙伴关系”(RCEP)的谈判。

值得一提的是，2011年拉美四个国家成立了太平洋联盟(Pacific Alliance)，其中3个国家(秘鲁、智利和墨西哥)是APEC成员，在7个观察员中，有4个(澳大利亚、新西兰、加拿大、日本)是APEC成员。今后，其规模有扩大的趋势。

是什么原因导致亚太地区经济一体化与合作的这种离散趋向呢？首先，亚太地区的经济链接重心次区域化是主因。北美自贸区以美加墨三国的贸易和投资高度一体化为依托，东亚自贸区构建的内在动力是东亚地区形成的生产网络。其次，利益和与此有关的规则制定博弈是激励动机。在这方面，TPP和RCEP都是典型的例子。美国领导的TPP谈判以新规则制定为前提，推动全面、高水准的市场开放。新规则涵盖的领域很广，突破以往的市场开放方式，深入“边界内”的问题，即属于国内经济体制和经济政策的问题，如竞争政策、国有企业、政府采购、环境标准、劳工标准等。美国之所以推动这样的新规则，主要是为了重塑新环境下的优势，即通过提高后来者参与和竞争的门槛，实现新的“公平竞争”。[①] 其实，美国作为二战后的国际经济规则制定的主导者一直致力于推动新规则的制定，对像APEC这样的软区域机制的功能一直深表怀疑。作为最发达的经济体，它所推崇的是市场“完全开放”与交易规则的高度一致。

发展中经济体参与自贸区尽管也会接受规则，但规则要能够与能力相结合，市场开放水平的提升要循序渐进。由发展中国家组成的东盟参与了亚太地区的合作进程，但同时一直坚持渐进开放与合作相结合的方式。东盟推行自己的自贸区建设先从特惠关税计划开始，进一步的建设也采取分步走、分层推进(投资和服务单独进行)和区别对待(欠发达的新成员给予更多的落实时间)方式，在自贸区建设的基础上，又进一步推进共同体的建设。

---

① 在发展中经济体利用模仿、低劳动力成本、政府支持政策、较低环境标准等优势参与国际分工链条、获取竞争优势的情况下，美国的制造业不得不向外转移，通过提高对方的参与门槛吸引投资回流。

东盟体现的是两条腿走路，一是推动开放，二是开展合作（有别于传统意义上的援助，也不同于欧盟的共同地区发展基金）。东盟的方式当然不适合美国的口味，亚太地区其他一些发达的经济体对此也持保留态度。事实上，亚太地区的市场开放与合作进程是多角色、多动机和多方向并存，尽管统合的进程一直是目标，但是协调起来难度很大。

亚太地区多层次、多方位自贸区建设热的事实表明，任何泛区域的市场开放安排必须照顾到参与各方的不同利益关注、不同承受能力。亚太地区涵盖范围很广，国家和地区之间的差别很大，统一的一体化与合作进程只能渐进地推进，也要包容出于不同利益的多种安排努力。从整体来说，基于紧密联系的亚太各经济体在维护亚太市场开放、开展合作上有着共同的利益，这是地区凝聚力的内核。然而，巨大的差别、分散的努力，使得统一的区域一体化与合作聚合力减弱，特别是2008年发生的次贷危机与金融危机使得亚太地区的经济关系链条正在发生重要的转变。在此情况下，如何增强亚太地区一体化与合作的合力？

三、重启 FTAAP 的可行性

推进亚太地区市场开放的基础是经济链接，但是，由于有着不同的利益结构，动机出发点和努力的方向也不尽相同。

APEC之所以能成立，并且能够坚持下来，是因为它的灵活性和包容性。作为亚太地区唯一一个对话合作平台，尽管各方都对 APEC 有诸多的不满意，但迄今没有一方愿意舍弃。这就是它的生命力所在，也是它的价值所在。

什么是 APEC 的生命力呢？在笔者看来，就是其提供的共聚合作平台本身，让亚太地区的相关方都在其中，表达自己的意愿诉求，并且可以以共利为基础，推动有利于区域经济发展的议程。什么是它的价值呢？最主要的是把差别巨大的20多个国家和地区聚拢在一起，增进地区沟通、协商与合作，每年一次的领导人峰会成为共商的平台，尽管因为多种原因也会发生“不参加”“不交谈”的情况，但是“不吵架”“不对抗”成为各方自觉遵守的惯例。具体来说，APEC 的意义和作用大体有三个方面：其一是聚合(gathering)，也就是说，把亚太地区20多个经济体聚拢在一起，有领导人、部长和高官多层的会议，还有企业及其他各界人士的广泛参与。特别是领导人聚会具有很强的政治意义，不仅有利于地区的发展，也有利于地区的和平。其二是开放(opening),它通过提出"茂物目标",推动亚太地区市场的开放发展,拒止保护主义。APEC 成立以来,亚太地区的市场开放程度大大加深,关税率大幅度降低,贸易和投资的便利化程度大为改善,这是亚太地区经济活力的一个重要源泉。其三是共享(sharing),即通过开展合作,推动知识、技术和信息的共享。APEC 每年有数百个会议、培训班,通过共同参与,可以交流经验,编织联系与合作网络。因此,APEC 具有促进学习的功能,也就是能力建设。

推动亚太地区市场开放是 APEC 的主要功能。APEC 成立之初曾经雄心勃勃,制定了 25 年内实现亚太地区开放的宏伟目标,即"茂物目标"(Bogor Goals)。考虑到 APEC 成员之间在发展水平上的差别和开放的能力,"茂物目标"制定了两张时间表,即发达成员在 2010 年前、发展中成员在 2020 年前实现市场的开放目标;考虑到发展中成员需要提升参与的能力和缩小地区发展差距的需要,设立了开展经济技术合作的议程。显然,开放发展和缩小差距是推动 APEC 进程的两个基本出发点。[①]

亚太地区在 APEC 成立之后关税水平大幅度降低,非关税障碍也有很大的削减,成为领衔世界经济增长的引擎,这是 APEC 的功劳吗?APEC 本身不能像通常的区域组织那样通过"硬方式"(谈判)来推动市场开放,它是通过各种"软方式"发挥作用。首先是它所创造的推动市场开放与开放发展的区域环境,促进各个成员经济体维护开放大方向,反对保护主义。APEC 机制下的成员国的自评机制、专家评议机制,还有各个委员会、工作组等提出的推动亚太地区市场开放的报告等,都成为创造区域市场开放环境的重要因素。其次是 APEC 的年度会议议程,特别是部长会议议程、领导人会议程,成为推动市场开放、促进合作、讨论重要问题、凝聚共识的重要机制。由于举办者在成员间轮换,各方都努力使当年的议程成为最成功的议程,总是推出一系列具有新意的内容,推动区域合作进程往前走,即便是在困难的形势下,也尽最大可能避免后退,推动开放与合作,反对贸易保护主义。

APEC 框架下的经济技术合作不同于传统的发展援助,主要是通过各种安排提升欠发达成员的参与能力、治理能力,开展人力资源培训,从而使发展中经济体提高开放能力、应对能力和发展能力。对于 APEC 的这种"软

---

① K. Kesavapany, Hank Lim, *APEC at 20: Recall, Reflect, Remake*, Singapore: Institute of Southeast Asian Studies, 2011, pp.18-19.

支持机制"各方评价不一，从表面上看，似乎没有什么具体的成效，但从内在分析，其效能还是不难列举出来的。[①]

不过，在双边与次区域自贸区成为主导型潮流，特别是在TPP和RCEP两大自贸区协议谈判同时进行的情况下，如何使APEC继续富有生命力、活力和吸引力，的确面临挑战。APEC试图在统合亚太地区分散的FTA上发挥协调作用，提出谈判FTA的指导性原则，但是收效甚微。因为各个FTA情况很不相同，谈判的方式和签署的内容也大不相同。

美国领导TPP，试图把它作为主渠道，而包括15个国家的RCEP也不会轻易放弃转而接受TPP。未来亚太地区的市场开放结构与框架安排如何，取决于利益和影响力的博弈，更取决于实际发展的需要。[②]

从亚太地区的合作来看，APEC的使命是推动市场的开放，以开放促发展，成员经济体的参与是基于自愿原则。以此，它存在和发展的基础不是区域主义的共同认知，而是获利的选择，而一旦期盼的利益不能从中获得，成员经济体就可以在不放弃APEC的情况下进行其他选择。这就是为什么亚太地区有了APEC，还会出现这么多双边、三边或者多边的自贸区。

从长期的发展看，亚太地区要保持经济发展上的活力，需要构建统一的开放市场，需要加强发展合作。FTAAP无疑是亚太地区构建统一的开放市场基础框架的最佳方式。2014年的APEC非正式领导人会议决定启动FTAAP进程，从进行战略性研究开始，这是近年来APEC发展所取得的最重要进展。[③]

构建统一的亚太开放市场，需要考虑到各个成员的不同发展水平和受益能力。尽管美国希望TPP能够成为实现FTAAP的基础，但TPP的全开放和高标准显然难以包容所有的APEC成员。鉴于RCEP由东盟倡导和领导，会采取渐进与区别对待的实施方式，会把经济合作作为重要内容，因此，理想的FTAAP框架是充分考虑TPP和RCEP的共性与差别，在此基础上进行融合和提升。不过，出于复杂的原因，要在亚太地区谈成统一的大自贸

---

① K. Kesavapany, Hank Lim, *APEC at 20: Recall, Reflect, Remake*, Singapore: Institute of Southeast Asian Studies, 2011, p.62.

② 有的专家认为，尽管APEC不是谈判机构，但它是亚太自贸区(FTAAP)的孵化器。也就是说，在APEC框架下，各种安排逐步建立规则，进行融合，走向统一的机制构建。参见唐国强、王震宇：《亚太区域经济一体化的演变、路径及展望》，《国际问题研究》2014年第1期，第111页。

③ 这次APEC会议取得很多成果，最为突出的是提出落实互联互通建设的蓝图。

区协定绝非易事，如何设计 FTAAP 的具体进程，还要在实际的发展中不断摸索。这里，还需要考虑几个其他的重要因素：一是亚太地区的政治关系。新型大国关系的构建是关键，是保证亚太地区合作进程的基础。二是亚太地区经济力量的转变。其中，中国的因素大大提升，正在向最大经济体的方向行进。与此相联系，推动亚太地区开放合作的力量结构也会发生变化。三是世界多边合作进程。从功能上说，多边框架下的开放是最好的，因此，区域与多边需要互动和相互补充。

事实上，尽管 2014 年 APEC 成员就推进 FTAAP 进程达成基本共识，但这个共识只是表达了意愿，如何具体推动，使进程入轨，还有很多未定因素。比如，要由 APEC 推动 FTAAP，首先遇到的会是 APEC 身份定位的问题，即 APEC 作为一个没有决策机制的官方论坛，并没有组织自贸区谈判的功能；再则，如果启动谈判，是 APEC 所有成员集体参加，还是自愿参加？如果是集体参加，可能会遇到因为谈判方式和架构上的争议而使进程终止的结果。回顾一下美国推动的美洲自贸区，谈判多年，因拉美方面提出异议，而不得不宣布放弃。显然，若把建设 FTAAP 作为一个长期的战略目标来定位，至少不能太急。① 其实，亚太地区以往市场开放的成果主要还是靠世界多边体系以及各国（地区）实施的开放发展战略。因此，从这个意义上说，一则，在世界多边开放进程陷入停滞的情况下，APEC 应在推动多边进程方面集体发力，比如让 WTO 框架下的贸易便利化协议得到落实，推动 WTO 框架下的服务贸易谈判等；二则，通过 APEC 的集体作用，维护亚太地区各国（地区）的开放政策，反对保护主义。还有，更大的努力应该放在真正把 APEC 框架下的互联互通蓝图落到实处，这既能改善地区的发展环境，又能创造新的经济增长动力。至于 FTAAP，也只能好事多磨，伺机而动了。②

（本文原载于《外交评论》2015 年第 2 期，略有调整）

---

① 当年美国小布什政府推动 FTAAP，美国布鲁金斯学会网站发表了一篇评论，题为《亚太自贸区是个好主意，但可行吗？》。Myron Brilliant, "A Free Trade Area of the Asia-Pacific: An Idea with Merit, But Is It Feasible?", 2007-9-30, http://www.brookings.edu/research/opinions/2007/09/northeastasia-brilliant.

② 在 2014 年 APEC 会议后，有评论提醒注意，会议公报是说"最终走向 FTAAP"，将要做的是先进行"集体战略性研究"，而不是可行性研究。美国对于战略性研究注定要发挥重要作用。"TPP or FTAAP: What It Means for US and the Asia-Pacific Region?" 2014-11-25, http://www.chinausfocus.com/finance-economy/tpp-or-ftaap-what-it-means-for-us-and-the-asia-pacific-region/.

转变中的亚太区域关系

亚太地区的发展经历了从“亚＋太”到“亚—太”的发展，这个转变有着丰富的含义，生成了新的地区关系与秩序。[①] 如今，亚太地区正在发生新的转变，这场转变的含义是什么？将会生成什么样的关系与秩序？鉴于中国地处太平洋，且在新的转变中扮演着重要的角色，因此，是值得给予密切关注、加以深入研究的。

一、“亚—太”的历史性转变

亚太是亚洲—太平洋地区的简称，其地理含义广义上指环太平洋地区，主要有大洋洲（如澳大利亚、新西兰等）、东亚（如中国、日本、韩国等）、北美洲（如美国、加拿大、墨西哥等）和南美洲（如智利、巴西、秘鲁等）太平洋沿岸的国家。本来，这么一个大的地缘空间包含这么多国家和地区，且被大洋分割，难以统称为一个地区，但是，实际的发展把这个大地缘空间以多重链接构建成一个地缘区域。从历史发展的进程观察，环太平洋国家的链接尽管从帝国主义的殖民扩张时期就开始了，但真正的转变还是在第二次世界大战以后。

19世纪，美国崛起后就扩张到了亚洲，如与西班牙争夺菲律宾、打开日本的大门、推进中国的门户开放等等，而此时的亚洲国家还没有能力进入美洲。[②] 二战中，崛起的日本奉行帝国扩张政策，曾以战争的方式试图击败美国，但是并没有成功，反而被美国打败并占领，纳入美国的同盟体系。因此，笔者把这样的太平洋链接称为由美国推动的“＋”号链接。“＋”号链接代表

---

① 所谓“亚＋太”，即亚洲＋太平洋，“亚—太”，即亚洲—太平洋，只有“亚—太”才具有亚洲、太平洋简称“亚太”的真实含义。

② 这里主要是指以国家的力量，而非居民群体。据研究，亚洲人曾是最早移民美洲的人群。

着一个时代的特征。

二战后，美国作为超强国家，以胜利者的身份跨过太平洋，构建了军事安全同盟网，把一批国家纳入体系，形成了由美国主导的亚太安全同盟。由于冷战的对抗，亚太的这种联结是局部性的，或者说是分割的，包括中国在内的一些国家不仅没有加入，反而成为对抗的另一方。

"亚—太"结构的形成缘于经济的发展，日本、亚洲"四小龙"起飞，依托的主要是美国的资金、技术、市场，经济的联系让"亚—太"有了内在的互利基础，也促进了"新亚太意识"的萌生。[①] 鉴于日本率先实现经济的"起飞"，并且与美国有着密切的经济联系，自 20 世纪 60 年代，"新亚太意识"先从日本开始。日本专家小岛清最早提出构建环太平洋经济共同体的思想，并且得到了官方认同。[②] 从日本萌发的"新亚太意识"逐步得到更多国家和地区的认同，包括"四小龙"与澳大利亚、新西兰。在这种"新亚太意识"的激励下，一系列区域机制开始建立。1967 年，日本、美国、加拿大、澳大利亚和新西兰五国成立了太平洋盆地经济理事会(PBEC)，参与者主要是学者、专家还有企业家。1968 年，成立了太平洋贸易与发展会议(PAFTAD)。1980 年成立了第一次有官方参加的太平洋经济合作委员会(PECC)，之前都是学界、企业界的活动组织，设有秘书处。1989 年是一个大的转折，成立了官方的亚太经济合作组织(APEC)。[③]

这个时间点非常重要。1989 年欧洲单一市场(single market)决定建立，亚太地区特别是美国感到压力，因为单一的欧洲统一大市场是内向开放的区域市场，对外并不适用。因此，已经有着紧密联系的亚太国家和地区感到应该赶快行动起来，于是 APEC 应运而生。APEC 的成立有两个转变：一是第一次由成员政府出面构建，也就是说，APEC 具有了官方合作机制的性质；二是美国政府积极主动，特别是克林顿上台执政之后，启动了 APEC 的第一次非正式领导人会议。美国之所以主动拉拢东亚国家和地区构建亚太区域合作机制，其一是应对欧洲统一大市场的挑战，其二是与东亚地区的经

---

① 所谓"新亚太意识"是指既不同于帝国殖民扩张，也不同于美国领导的不平等同盟关系的亚太区域认知，即把亚太作为一个区域来看待。

② 当时也有学习欧洲联合的背景。二战后，欧洲实现区域联合，从煤钢联营开始，进一步发展起共同市场和经济共同体。

③ APEC 的中文翻译为亚太经济合作组织，但英文里没有"组织"的含义。最后一个单词为"合作"，因此，有的翻译为"会议"，有的翻译为"论坛"。

济建立紧密联系,拉动经济增长。当时美国打赢了"海湾战争",但经济增长速度下降,而东亚经济却蓬勃发展。为此,美国需要东亚推动本国经济增长。前一时期主要是东亚要求与美国紧密挂钩,而此时却是美国主动要与东亚挂钩。

美国力图建立一个由其主导的紧密型的亚太合作机制,但东亚特别是东盟、中国对美国的主导很担心,因此,不支持建立一个内向的亚太区域市场与区域组织。当时,代表美国主持"名人小组"的伯格斯滕提出,亚太地区不能让欧洲免费搭车,克林顿总统提出要构建亚太共同体。美国的提议遭到了东亚成员的反对,他们坚持奉行"开放的地区主义"(open regionalism),即不限制东亚成员参与其他的合作,不搞内向的亚太大市场,共同体建设也是基于合作精神协商合作。因此,英文"共同体"的首字母只能是小写"c"。①

在"开放的地区主义"的指导下,亚太地区的开放与合作呈现"多轮驱动"(multi-layers)、"竞争性开放"(competitive liberalization)特点。② 尽管APEC确立了到2020年实现亚太开放大市场的"茂物目标"③,但却缺乏具体落实的手段。结果,原定的在2010年"发达经济体率先完成"的目标没有达到,现在几乎没有人提落实"茂物目标"了。显然,如今构建一个紧密联系的亚太大市场的梦想已经变得不现实。

二、"亚—太"区域构建的裂缝

亚太原本要走向统合的区域一体化,建设自由与开放的区域大市场,但是在实际发展中却出现了"多轮驱动"(不同的机制)与"多向驱动"(不同的方向)的情况。总体来看,有两个重要的发展加剧了亚太地区的"双多"倾向:一是1997年的亚洲金融危机,东盟、日本、韩国的经济受到很大影响,特别是东盟,应对危机成为主要的努力方向,而此时APEC在应对危机方面没有发挥作用。在应对危机成为主导方向的情况下,APEC推动市场开放的共识和凝聚力下降。二是分散的FTA盛行,分解了APEC推动统合亚太开

① 这方面的论述参见张蕴岭:《在理想与现实之间——我对东亚合作的研究、参与和思考》,中国社会科学出版社2015年版。

② 亚太地区的自贸协定(FTA)复杂多样,存在"集团式竞合关系"。因为一方面不同的团体(如TPP、RCEP、多个"10+1")之间竞相谈判,另一方面成员交叉,相互考虑对方的框架与规则制定。参见盛斌、果婷:《亚太区域经济一体化博弈与中国的战略选择》,《世界经济与政治》2014年第10期,第8页。

③ 按照设计,"茂物目标"分两个阶段实现,2010年发达经济体成员率先实现,2020年全体成员实现。

放市场的努力。特别是美国，就在 APEC 推动“茂物目标”之时，其于 1994 年签署了《北美自由贸易协定》(NAFTA)；2009 年另起炉灶，宣布领衔构建“跨太平洋伙伴关系”(TPP)。2012 年，东亚地区开启《区域全面经济伙伴关系协定》(RCEP)谈判。尽管 2010 年 APEC 推出亚太自贸区(FTAAP)计划，2014 年开始了有关 FTAAP 的战略性研究，但是实际的推进进程并没有开启。

2017 年，特朗普就任美国总统，推行“美国第一”政策，宣布退出 TPP，大搞单边贸易制裁。一时间，贸易战烽火燃起。日本推动了没有美国参加的《全面与进步跨太平洋伙伴关系协定》(CPTPP)，RCEP 仍在谈判中，而 FTAAP 的推动看似有些熄火。显然，亚太经济一体化机制化构建出了问题。①

当然，亚太地区市场联系还在，贸易、投资、资本的交易渠道仍然通达，其中，最重要的是生产网络与交换网络，参与构建的主体是企业。环太平洋国家和地区特别是东亚与北美经过几十年的发展已经构建了不可逆的经济网络，它们基于企业的利益进行定位与分工。尽管美国特朗普政府采取诸多措施鼓励企业回归美国生产，但是，已经走出来的企业能回去的毕竟有限。企业走出去自有它的道理和实际需求，主要是为了降低成本，开拓当地市场，构建互联互通的经营网络。

其实，区域经济一体化机制构建(开放的市场制度建设)的主要功能是通过政府的努力，达成有制度规范、法律保证的市场运行体系。也就是说，为相互间的经济交往提供制度支持与保障，而从经济运行的角度来分析，主要是通过降低或者消除关税与非关税障碍，降低经营成本，从区域角度来说，由此可以增加内部交易。但是在实际的发展中，相互间的经济联系(贸易、投资、技术、资本)主要遵循的是经济规律，在没有制度化安排的情况下，只要有开放的市场环境，贸易和投资亦可以得到很大的发展。②

此外，“亚—太”的区域性整体构建主要在经济领域，政治与安全领域的区域构建一直没有提上日程。作为泛亚太区域机制的 APEC，一直避谈安

---

① 自 2000 年以来，出于多方面原因，亚太地区的经济合作进入“分化”与“再整合”阶段，FTAAP 被认为是一种再整合的希望。参见唐国强、王震宇：《亚太区域经济一体化的演变、路径及展望》，《国际问题研究》2014 年第 1 期，第 99 页。

② 比如，中日韩之间并没有签署自贸协定，相互间的投资和贸易规模巨大，而有着区内自贸区建设的东盟，其内部贸易和投资比例并不高。

全问题。只是2000年因为美国遭遇恐怖袭击，在上海召开的APEC非正式领导人会议才谈及了安全问题，推动反对恐怖主义合作。事实上，就政治安全而言，亚太地区是分割的。美国一直希望把同盟体系作为亚太的安全主导机制，并且为之做了各种各样的努力。在现实中，亚太地区安全具有很强的对抗性，以对话、协商、共同安全为理念的新安全观难以得到普遍的接受。究其原因，主要有两个方面：其一，安全问题不像经济。经济问题有基本的市场机制，企业家都在那里，即便政府不谈还有企业做。但安全不一样，传统安全是政府的事，政府谈不来就不可行。亚太地区尚难克服原有的安全结构与利益分割，形成新的区域共识。其二，新的安全矛盾凸显。其中，中国综合力量快速提升引起了新的战略竞争，在此情况下，亚太地区的区域安全共识难以形成。显然，亚—太的区域连接号并不完整，很多领域都是虚的和断开的。从这个角度观察，亚太的区域链接是多线条的，有些领域还是虚线。

亚太作为一个区域的形成有一个渐进的过程。同时，与欧洲不同，亚太区域链接存在裂缝，区域整体机制化构建没有形成，也可以说，区域认同性并不强。在亚太地区，只有东盟有了强烈的次区域认同，由松散的区域合作逐步发展到具有法律框架的共同体，其他如“10＋1”“10＋3”“东亚峰会”均为对话合作机制，并无强烈的区域认同。[①]

其实，就经济而言，尽管市场基础的链接为构建区域统合机制提供了基础，但经济的竞争性也有着内在的离散性。“竞争性构建”可能会基于多样的驱动力，生成多重的结构，而这正是当前亚太地区的现实。就政治而言，制度上的差别特别是安全利益的不同，使区域缺乏统合的凝聚力，甚至产生对抗，这是亚太区域裂缝存在的内在因素。

三、亚太的未来趋势

亚太作为一个区域未来会如何发展？从总的视角来观察，在可预见的未来，亚太整体区域性经济一体化机制构建将可能陷于停滞，走向一种“离散型”的结构。也就是说，一个开放的统一亚太大市场（基于APEC框架）可

---

① 有的学者认为，中国推动的经济合作构建是基于地缘整合，即以地缘区域为平台，形式多样，而美国推动的经济机制构建是规则整合，即以构建规则标准为目标。参见马学礼：《重塑规则还是整合地缘：亚太经济深度一体化的模式之争》，《东南亚研究》2015年第5期，第55页。

能难以建成。2014 年，APEC 领导人会议决定对 FTAAP 进行战略性研究，如今在领导人会议上却几乎不太谈及了，甚至列不上议事议程。特朗普的“美国第一”终止了前几任美国领导人推动的亚太区域构建[①]，而日本推动的 CPTPP 若没有美国参加，也难以成为泛亚太自贸区，对其他成员的吸引力也不会太大。由东盟引领的 RCEP 也难以把美国吸引进来，向更多的亚太成员（美洲成员）拓展。

中国综合力量的迅速崛起改变了亚太地区原有的力量结构，也对原有的关系结构造成冲击，出现了新的调整与力量组合。特朗普政府大力推动“印＋太”框架，主要是出于战略的考量。这里使用加号意在表明，这个框架还是一个战略性设计，尚缺乏实质性的链接内容。其实，印度加入太平洋并不是一个全新的现象。出于发展经济的需要，印度实施了“东向战略”，即与东亚拉近，发展与东亚地区的经济关系。先是构建了基于“东盟＋1”框架的印度—东盟自贸区，后加入“东亚峰会”（美国亦是成员）和“东盟＋6”（中、日、韩、澳、新、印）框架的 RCEP 谈判。中印经济关系得到迅速发展，中国成为印度的最大出口市场。但是，这些发展都是基于现实的利益需要，并没有很清晰的区域主义意识。事实上，美国、日本所推动的“印＋太”框架，一是基于政治安全战略考虑，二是基于战略竞争的需要。“印＋太”之所以成为一个热门话题，笔者认为，主要还是因为美国的战略意图转变。

其实，从发展的角度来认识，印度的崛起是一个现实，其在未来有着很大的发展潜力，重视与印度的关系、在区域战略上拉住印度、构建由印度参加的区域链接并非没有必要，是有好处的。[②] 从这个角度来看，把印度洋与太平洋连接起来是一件好事。“东亚峰会”已经超越东亚、亚太，把包括美国、俄罗斯在内的 18 个国家组合到一个大的区域机制。如果“印＋太”是出于这样的考虑，而不是一种带有对抗性的战略设计，那么中国也没有必要反对，是可以因势利导的。当然，“印”并非印度一国，应该包括印度洋其他国家，逐步吸纳它们参与。

从合作的角度看，有机制总比没有好。有个框架机制，各方可以聚在一

① 包括奥巴马推动的 TPP，也是希望以 TPP 作为主渠道，吸纳多数亚太成员参与，最终设想成为以 TPP 为框架的亚太自贸区。

② 印度自身的政策也是从“向东看”（东盟）扩展到与亚太地区建立联系。莫迪执政后，提出不仅要向东看，更要采取积极的行动，把构建与亚太地区的合作特别是与美国的关系作为重点。参见孙现朴：《印度东向政策视阈中的亚太多边机制》，《亚太安全与海洋研究》2016 年第 5 期，第 101 页。

起，有些争吵也没关系，至少可以见面，可以讨论；没有这样的机制就只有隔空喊话，直至针锋相对。就像中日韩，没有三方合作机制，双边问题有时难以解套。2018 年，停滞数年的中日韩三边领导人会议终于在日本召开，无论是中日关系还是韩日关系都可以借此缓和，三方坐在一起商谈和规划合作。从这个角度看，“印＋太”在很大程度上也可以孕育未来新的大区域关系与机制——“亚＋太＋印”，即太平洋的亚洲地区（东亚＋南亚）与太平洋的另一边（北美＋中美＋拉美）链接。这样，一则，印度东向政策有了延伸；二则，“亚—太”与印度的新发展接轨，构建拓展的新区域发展链，由此也可以实现“一带一路”与“印＋太”的接轨。在这个大框架下，未来的世界三大经济体即中国、美国、印度实现链接，这不仅对这个地区，而且对世界都有好处。如此看来，好像没有什么理由拒绝“印＋太”倡议，也没有必要把它视为对抗性小集团。

从政治安全领域来看，未来相当长时间内亚太地区的分割还会持续。最令人关注的是，会不会因为力量对比结构变化加剧战略竞争甚至对抗？尽管中国一再强调走和平发展的道路，不争霸，推进新型大国关系与合作伙伴关系的发展，但是作为霸权国家的美国仍然不放心。为此，美国把制约甚至遏制中国力量与影响力提升作为重要选项。在此情况下，要美中共建一个亚太安全合作机制是有难度的。美国的战略意图还是要维护其主导地位，加强其主导的安全同盟机制，像日本这样的国家，也会支持美国这样做。

不过，这并不是说美中必有一战，要以战决胜负。如今包括未来，各国特别是大国之间的利益相互交织性很强，尽管难以避免竞争，但是也需要“竞争性合作”[①]，特别是在一些存在共同利益的领域，合作是需要的，也是可行的。比如，在朝鲜半岛，由于朝鲜拥有核武器危及了各方的安全利益，就形成了中、美、俄、日、韩、朝共同参与的六方会谈，有了联合国的严厉制裁，有了出于共同目的且得到其他方支持的双边、三边、四边沟通与谈判。未来的朝鲜半岛和东北亚和平发展机制构建也需要各方合作，这是以往所没有

① 在经济上，有“竞争性合作”（competitive cooperation），在市场机制构建上，有“竞争性开放”（competitive liberalization），这是因为有经济利益上的相互依赖、市场上的一体化链接。在安全上，由于利益的相互粘连，特别是在拥有核武器和可以“相互摧毁”的致命武器的情况下，也可以有“竞争性合作”，或者竞争与合作并存。

的。也许，这样的合作会孕育更大范围合作的萌芽，推动基于共同利益的大区域安全合作机制建设。[①]

四、中国的角色与作用

中国地处亚太，这个地区对中国而言有着直接和重大的利益。但是中国对亚太地区有着复杂的认知。一方面，新中国成立后，这里是冷战对抗的前沿，中国被以美国为首的西方制裁。如今，美国的主导地位仍然牢固，中美之间存在既竞争又合作的复杂关系，还有敏感的台湾问题……另一方面，亚太也是中国对外开放的前沿，是中国引进外资、开展对外贸易的重点方向，是中国参与的第一个区域经济合作机制（APEC）之所在……鉴于如此复杂的关系，总体来看，中国对亚太的区域制度化构建还是持谨慎态度的，特别是安全领域的机制构建，即便把其列入区域议程讨论都会保持高度警惕。以参与 APEC 为例，总体来说，在经济体一体化方式和进程上，中国所支持的是“开放的地区主义”与自主、自愿的渐进方式。由于中国台湾地区以经济体的地位参与，因此，中国对提升制度化建设就持保留态度，对把安全问题列入 APEC 议程一向表示反对。中国之所以力推亚太自贸区（FTAAP）建设，积极参与 RCEP 谈判，与美国推进中国不参加的 TPP 有关。[②]

从区域认知与构建的角度来分析，一种是“区域主义”（regionalism），基于高度的区域认同，发展超国家的区域性治理机制，像欧盟的发展、东盟共同体的建设，都有着“区域主义”的特征；另一种是“区域合作”（regional cooperation），基于利益的区域认同，构建多样的合作机制。一般情况下，经济合作要比安全合作更为容易。显然，亚太地区的区域运动主要是基于利益的区域合作认同，而不是区域理念认同的区域制度构建。中国的亚太认知主要是基于利益的认同。中国提出的“一带一路”倡议，尽管具有鲜明的区域含义，但主要还是基于对共同利益的认同，以及以新理念和方式推动区域合作的动机。

就区域定位而言，一个是地缘区域，有清晰的地理范畴；另一个是利益

---

① 有的学者认为，亚太地区是一种“多元复合结构”，既有分力，也有合力，既有竞争，也有合作。参见吴心伯：《论亚太大变局》，《世界经济与政治》2017 年第 6 期，第 33—34 页。

② FTAAP 在很大程度上是为对抗美国 TPP 而提出的，2010 年由日本推动，当时日本并没有决定参加 TPP。后来日本参加了 TPP，而中国并没有参加 TPP。2014 年，中国成为 FTAAP 的积极推动者。鉴于部分东盟成员参与了 TPP，作为一种反制，东盟于 2011 年推出 RCEP。

区域，没有特别清晰的地理限制，在很大程度上是超地缘的。尽管“一带一路”可能两者都有，但地理界线并不严格，主要的驱动是共同利益与新机制构建，因此，其合作的范围可以扩展到全世界。从这个角度，笔者认为，这种方式的合作就不仅是“一带一路”，可以是“多带多路”、多方倡议，让它们实现相互对接。

如今，中国正在走向世界舞台的中央，从这个角度来说，中国的视野、利益定位和责任是世界的。但是，中国有着特殊的区域认知。笔者曾经写过一篇很长的文章，分析中国的区域观回归问题。① 所谓区域观回归，是说原本中国有着很强的以周边地区为基础的区域认知和秩序构建，但是，近代中国衰落，周边关系与秩序发生转变，中国失去了区域关系与秩序构建的能力，周边区域（包括海洋）甚至成为中国安全和利益的负资产。改革开放加快了中国作为一个大国力量和能力的回归（复兴），在此基础上，中国重新开始认识区域特别是周边地区，推动新区域关系与秩序的构建。这就是 2013 年中央召开新中国首次周边外交工作座谈会的一个重要背景。当然，中国的区域观回归，并不是要恢复古时的旧秩序，时代不同了，需要有新思维、新理念和新方式。中国变了，周边变了，新时代需要新的国际关系与秩序。

如今，世界正处于重要的大转变期，由西方主导的国际秩序包括经济秩序、国际关系秩序正在发生重大的转变。经济秩序主要是西方工业化以来逐步构建的工业化模式，出了问题，不可持续，需要调整，需要创新发展理念和发展方式。国际关系秩序主要是指西方主导的国际关系结构与秩序，其使得世界分裂，无法包容现行特别是未来的世界，需要调整和重构。显然，无论是经济关系还是政治关系，调整也好，重构也罢，都不是推倒旧的重来。事实上，设想用一种全新的结构与秩序替代原有的，不仅不现实，也不可行，需要在维护基本关系与秩序框架的情况下逐步推进调整与创新。

中国提出了构建人类命运共同体的倡议。如何认识人类命运共同体构建呢？十九大报告的英文翻译可以很好地体现其本义。以往，“人类命运共同体”被译为“community of human destiny”，十九大报告英文版翻译为

① 参见张蕴岭：《中国的周边区域观回归与新秩序构建》，《世界经济与政治》2015 年第 1 期，第 5—25 页。

"a community with a shared future for mankind"[①]，直译过来就是"共享未来的共同体"。"共享未来"首先体现的是一种理念，一种哲理，与中国传统思想文化相通。按笔者的理解，它不是一个制度设计，而是一种思想理念指导下的发展，实现这样的"共享未来"需要各方面的努力和多方面的机制构建。

回到本文的主题，从亚太区域关系与秩序构建的角度来分析，"共享未来"显然不同于原有的关系与秩序结构。在亚太地区，新关系与秩序的构建可能不是通过建设单一的亚太区域机制来实现，而是在共利合作与合作共赢基础上逐步推动新关系与新机制的发展。

迈向新进程的努力是艰难的，创新也需要从"一点一滴"做起，从领域做起。比如，中国—东盟自贸区的建设，就是在学习原有自贸区(FTA)方式的基础上加以创新。针对中国与东盟大都是发展中经济体的现实，FTA 构建必须体现中国—东盟特色，例如，推出了"早期收获"(early harvest)计划，即在进行整体谈判之前，先挑选一些产品(主要是农产品，400 项)先行开放，采取"分步谈判"(先货物贸易，再服务贸易，后投资领域)和"区别对待"(为不发达国家提供更大的落实空间)的原则，把开展经济合作列入 FTA 框架，以及采取逐步升级的策略(后续升级版)等。[②] 再比如，中国提出新安全观，提倡通过协商合作打造开放与合作的伙伴关系，构建合作安全、共同安全合作机制，而不是建立军事集团，以他方为敌手。

事实上，中国先后提出了一系列处理国际关系与推动新秩序构建的新原则。比如，早在 20 世纪 50 年代就与印度等共同提出"和平共处五项原则"，先后提出了"睦邻友好""睦邻、安邻、富邻""亲、诚、惠、容"等处理与邻国关系的原则，而构建命运共同体则是这些思想的集成。中国立誓要做新型大国，把推动新关系与新秩序的构建作为己任，但是，这种努力也是以新的方式进行的：一是做加法，即在现有体系的基础上增加新内容；二是搞合作，即与其他国家一道共同建设。党的十九大报告对此有清晰的表述：中国

---

① Xi Jinping, "Secure a Decisive Victory in Building a Moderately Prosperous Society in All Respects and Strive for the Great Success of Socialism with Chinese Characteristics for a New Era", 2017-10-18, http://www.chinadaily.com.cn/interface/flipboard/1142846/2017-11-06/cd_34188086.html.

② 详细的分析参见张蕴岭：《在理想与现实之间——我对东亚合作的研究、参与和思考》，中国社会科学出版社 2015 年版。

"始终做世界和平的建设者、全球发展的贡献者、国际秩序的维护者……中国将继续发挥负责任大国作用,积极参与全球治理体系改革和建设,不断贡献中国智慧和力量"[①]。据此观察,中国是把区域合作关系与秩序构建置于世界新关系与新秩序的大视野下来定位的。

(本文原载于《外交评论》2018年第3期,略有调整)

① 习近平:《决胜全面建成小康社会　夺取新时代中国特色社会主义伟大胜利——在中国共产党第十九次全国代表大会上的报告》,《人民日报》2017年10月28日。

东亚问题研究

新形势下的东亚区域合作

东亚地区各经济体实施开放发展战略实现了经济的快速发展，生成了"东亚奇迹"。在东亚，最先发达起来的是日本，接着是"四小龙"，再往后是东南亚以及中国，形成了经济发展上的"雁行模式"，即由先发达的往下传递，后边的国家跟进，形成了东亚的区域性经济链条与网络。中国改革开放也加入了这个体系，延长了"雁行模式"的梯队。20 世纪 90 年代，世界银行出了一本《东亚奇迹》，就是总结概括东亚区域发展的经验。

东亚为何出现发展的奇迹，成为世界经济增长中心之一？其中一个重要的原因是市场开放，即政府实行了开放的发展战略。实施开放发展战略是非常重要的，因为只有开放，才可以利用外部资源，才可以相互联系，才可以参与国际分工，才可以突破经济起飞时的资金、技术、市场瓶颈。开放发展取得成功的第一个范例就是"四小龙"（韩国、新加坡、中国香港、中国台湾）。它们没有资源，除了人，几乎什么资源都缺，靠开放引进、加工，利用世界市场发展起来。

一、东亚区域合作的发展

开放发展形成区域性经济链接和网络，于是就需要政府参与的区域性合作。政府不仅要推行单边开放，还要推动构建开放与合作的区域机制。市场与企业之间是联系机制，企业之间是竞争关系，企业也可以合作，那是基于市场的竞争需要，而政府推动的区域合作是为了打造区域开放的政策和法律环境。因此，所谓区域合作，主要是官方参与的基于法规基础上的制度性构建。在这方面，欧洲起步最早，从 20 世纪 50 年代的煤钢联营，到后来的欧洲共同市场、欧洲经济共同体，再到后来的欧洲大市场，逐步建立起以欧盟为核心的区域性制度体系。东亚走了与欧盟不同的道路。在区域构建上，东盟是先行者。东盟成立于20世纪60年代，从90年代初开始构建区域开放市场，一步一步走向深化，建设经济、安全、社会文化共同体。

整个东亚的区域合作起步较晚。1997年，由于发生了金融危机，东盟先是向国际货币基金组织(IMF)"伸手"，得不到满足，向美国"伸手"，得不到支持，转而要求中日韩三国与东盟对话，开展合作，应对危机，由此生成了"10+3"合作机制。1999年，由金大中提议，在"10+3"合作框架下成立东亚展望小组。这个提议得到各国领导人的支持，每个国家派两个专家，由韩国牵头，开展研究。笔者是代表中国的成员。东亚展望小组工作了两年，完成了向领导人提交的报告。这份报告的题目就是"建设东亚共同体"，这是东亚历史上第一次提出来要建设区域共同体。在设计上，东亚共同体建设考虑到东亚特色，不走欧盟的道路，主要建设三个框架：第一个是领导人会议，由"10+3"框架逐步过渡到东亚一体化框架；第二个是东亚自贸区(EAFTA)，构建以"10+3"为基础的东亚自贸区；第三个是金融合作，建立区域性的金融合作框架。

2004年，东亚各国领导人讨论落实东亚展望小组报告的建议，成立东亚自贸区研究队伍，由13个成员的代表参加，笔者是专家组组长。专家组工作了两年，提出了关于建立东亚自贸区的建议报告。尽管日本代表参加了报告的讨论，但是政府另有打算，力主推动包括澳大利亚、新西兰和印度在内的大自贸区("10+6"，EPA)；在实现领导人峰会由"10+3"向东亚区域架构过渡上，日本坚持"10+6"。后者导致另建立了一个新的东亚峰会，而前者直到2011年才有进展，由东盟牵头启动了以"10+6"为基础的区域全面经济伙伴关系(RCEP)的谈判。

2004年，中国领导人提议牵头组成地区专家组，对东亚自贸区的可行性进行研究。这个提议很有意义，因为在区域构建上，作为上升的大国，中国开始发挥引领作用。现在来看，日本人是很难接受中国的引领作用的，所以另起炉灶，自己牵头组织了一支以"10+6"为基础的"东亚全面经济伙伴关系"(CEPEA)研究队伍，并向东亚峰会提交了单独的报告。

在东亚合作的制度建设上，中日的分歧是很明显的。中国坚持以"10+3""地缘东亚"为基础。日本则坚持以"战略东亚"为框架，一则以此来守住日本的影响力，二则对中国不断上升的影响力进行制约。对于东盟来说，主要的关切是保住东盟的中心地位，一方面避免被中日大国排挤，但另一方面也要顾及中日的立场和利益。比如,中日之间在东亚自贸区的定位和目标上存在分歧,东盟只有等待。2010 年,中日发表共同声明,支持东盟牵头设立东亚自贸区,应对《跨太平洋伙伴关系协定》(TPP)带来的挑战。于是,东盟很快推出 RCEP。在金融合作上,日本在 1997 年金融危机期间提出了建立亚洲货币基金的倡议,中国没有支持,该提议也遭到美国的强烈反对。后来,以"10+3"为基础构建了以"清迈倡议"为框架的金融互助合作机制(货币互换)。显然,东亚区域合作的机制构建经历了复杂的博弈,但总的来说,还是取得进展的。

事实上,中国的快速崛起改变了东亚的力量格局,改变了我们原先构想的东亚区域合作的模式。由于中国快速崛起,成了地区最大的经济体,因此,其他国家对中国的担心增大,对原来构想的东亚共同体建设也产生了影响。回想一下当初提出东亚共同体建设的情景,大家都很激动,很积极,搞了很多机制。马来西亚每年开一次"东亚大会"(East Asia Congress),韩国也举办了一个东亚合作会议,如今都不见了踪影。在各方的官方文件里,似乎见不到"东亚共同体"(East Asian Community)这个词语,这是一个大的变化。其实,中国官方文件对东亚共同体提及并不多。在笔者看来,作为一个大国,尽管中国对发展区域合作给予支持,但可能更愿意发挥独立的作用。一些国家可能也担心,如果有一个区域组织,中国会在机制里"一家独大"。就像东盟,宁可把问题放在"10+1"框架下,也不情愿放在一个更大的区域框架中,因为那样会降低其中心地位的作用。就像东亚峰会,邀请了美国和俄罗斯参加,就是一个开放的论坛了。本来,建立东亚峰会是要求其支持东亚合作进程,实际上该峰会成了争论的平台,特别是美国,是来谈分歧而不是谈合作的,这就改变了东亚合作的共识基础。

在推动区域合作上,中国加大了自己的引领努力。比如,建立"10+1"的自贸区就是中国率先提出和推动的,引导其他国家跟进。中国提出"一带一路"倡议,也是首先基于区域合作机制构建的考虑。后来又推动了澜湄合作(澜沧江—湄公河地区)机制,推动建立亚投行(AIIB)等。这一系列的倡议和举措,就与原先设想构建一个统一的东亚合作框架和机制大不一样。当然,中国还是希望基于地缘利益推动东亚的区域合作机制建设。比如,中国一直积极推动以"10+3"为基础的东亚经济共同体建设,希望能在"10+3"框架下达成共识,并且制定行动议程。东亚经济共同体是什么样子呢？是东盟经济共同体的扩展，还是另搞一个版本？如果是东盟经济共同体的扩展（不是扩大），即其他国家与东盟经济共同体对接，向东盟经济共同体的机制靠拢，这样东盟可以接受，但其他国家不一定接受，操作起来也不容易。如果是另搞一个版本，建立13个国家的经济共同体，把东盟消解掉，那么东盟不会接受，因为东盟最大的担心是被消解，这是东盟国家奋斗得来的成果，为此一再强调以东盟为中心。再说，中日韩之间分歧很大，难以在机制上达成共识。还有，如果中日韩真的达成共识，协力推动，那东盟也担心“大权旁落”，把自己边缘化。针对新的形势，我们需要对东亚的合作方式与目标进行重新思考。依笔者看，主要的努力应该放在合作的“功能性机制”构建上，即把可行的领域合作坐实，出成效、出影响，对东亚整体区域合作的机制构建进行继续观察和研究。

二、认识变化的新形势

东亚区域合作面临新的环境。其一，外部大环境改变。时任美国总统特朗普推行“美国第一”的单边主义、保护主义，导致世界经济增长形势恶化，贸易和投资争端加剧。特别是作为东亚区域经济网络中心的中国受到美国的打压，中美贸易摩擦不仅影响中国经济，而且对区域产业链造成严重的影响，使原来的东亚—北美经济循环链条断裂，东亚地区面临经济关系的重组与重构。其二，美国领导的TPP对东亚的区域合作造成严重影响，分裂了东亚的区域性整体构建。美国退出TPP，转而实行单边主义，反对区域性构建。但日本承接美国留下的摊子，完成了《全面与进步跨太平洋伙伴关系协定》（CPTPP）的构建。在CPTPP生效后，日本的主要兴趣将是推动CPTPP扩建，吸纳更多的东亚成员参加。由此，东亚的区域合作机制构建可能会被放在次要的地位，日本甚至有让CPTPP替代RCEP的意图。本来日本的东亚区域认知就不强，这样一来，缺乏日本积极参与的东亚区域合作将失去重要的动力。其三，东亚传统生产链以外部需求为目标与支撑，外部市场的变动对东亚地区的经济链条基础造成巨大影响，一旦东亚区域内的经济链条不能正常运转，东亚内向的合作动力就会减弱，也许内部会产生争端。特别是在世界与区域经济不好的形势下，各方主要关注国内治理，外部的合作驱动力减弱。在一些情况下，国内政治会被引向民粹主义、保护主义，对外来的投资和贸易产生歧视甚至阻挡。

市场开放是区域合作的支撑平台，但是，在一个开放的大市场空间，会出现强者更强、弱者更弱的现象，导致社会排斥外来的投资、商品。特朗普上台以后“退群”、重构，他认为美国因开放而吃了亏，因此不相信区域安排，对原来的安排也不接受。他认为，普遍性开放有利于后起的发展中国家，特别是像中国这样的国家。他要重构的核心是什么呢？就是改变市场竞争规则。按原来的规则，多边机制也好，区域机制也好，构建一个大的市场开放环境，把大家拉进来，对后进经济体提供转型优惠。比如亚太经济合作组织（APEC），其设定目标是缩小成员间的发展差距。其实，区域合作既然是合作，共利就是前提。在当前的环境下，坚持区域合作的共同发展、均衡发展，特别是通过区域合作机制来实现目标，遇到很多困难。东亚奇迹是靠经济的快速增长支撑的，如果失去了支持经济增长的区域引擎，那么区域合作的内动力也就减弱了。

事实上，东亚地区还是靠与外部特别是北美的紧密联系保持发展的。亚太区域合作以 APEC 为主轴，是链接太平洋两岸，即北美与东亚的主要机制。20 世纪 90 年代初，以不断增强的北美—东亚经济链接为基础，构建了由政府主导的 APEC，从领导人会议到部长会议，从专门委员会到专家组，铺开了全面合作的平台，在此基础上，提出了被称为“茂物目标”的亚太开放合作蓝图，计划到 2020 年建成开放与合作的亚太大市场。但是后来的发展并不顺利，先是受到 1997 年亚洲金融危机的影响，后受到美国 TPP 的影响，落实目标的进程停滞。尽管 2014 年中国借主办 APEC 会议的契机，推动亚太自贸区（FTAAP）的建设，但是，此后 FTAAP 被搁置。如今，特朗普当政下的美国肯定不参与，那么其他成员也没有了积极性。中国其实当时也是把它作为一项“战略性”倡议。现在，一是大家忙于应对美国的单边主义，二是日本建成了没有美国的 CPTPP，其主要兴趣是扩大 CPTPP，力图以此为蓝本推动亚太更多国家参与，并且不受 APEC 框架的限制。

美国推出了印太战略，日本积极响应，把它称为“印太愿景”，这得到澳大利亚、新西兰以及部分东盟国家的支持，不属于 APEC 的印度更是乐见其成。开始，美国把它作为一种战略性设计，想干吗呢？大家也看不清楚。亚太自贸区没了，又搞出一个印太，在美国官方文件中，以后可能很少见到“亚太”，将来就是“印太”。笔者曾写过一篇文章，发表在《外交评论》上，主要观点是，从经济发展来说，印太是一个自然延伸过程。亚太是北美到东亚经济链延伸，把太平洋两边链接起来。亚太的链接开始主要是由发达起来的日本提出来的，目的是“挂上”美国，在此驱动下，有了一批合作机制，比较有代表性的是 PECC。到了克林顿上台，经济不景气的美国发现还有一个生机勃勃的东亚，于是要拉近美国和东亚的关系。那时，美国和东亚的贸易总额已经超过了和欧洲的贸易总额。所以克林顿主持召开了 APEC 峰会，一下子把 APEC 的档次提高了。因而，经济的印太也应该是亚太的延伸，背景就是印度崛起、印度参与。因此，中国不必反对“印太”概念，应该顺其自然，在大区域框架下发展中印关系。区域合作拉入印度，这就像当年亚太拉入中国一样，为什么要拒绝呢？我们反对的是把“印太”战略化、敌对化，应当推动区域开放与合作；同时，要强调“印太”的“印”是印度洋，不只是印度，也应该欢迎印度洋地区的其他国家加入。

三、创新合作方式

面对新的形势，我们也需要对东亚的区域合作进行反思，提出新的思路，推动创新合作方式。如前所述，东亚区域合作起于合作，即合作应对金融危机，合作开放发展。共同体是载体，不是目的，共同体的形式是多样的，欧洲有欧洲的方式，非洲有非洲的方式，东亚有东亚的方式。方式的创建与实践是一个过程，在过程中需要根据变化的形势对方式与目标进行调整。东亚展望小组当年提出构建东亚共同体，得到了“10＋3”领导人的认同，得到了各国社会的支持，现在与当年相比情况发生了重要的变化。现在我们要重新思考一些重要的问题，比如：在中国综合实力大幅度提升的情况下，如何推动共同体的建设？中国提出了构建命运共同体，命运共同体与共同体有何异同？东盟已经在深化共同体的建设，如何构建以东盟为中心的东亚区域机制？

面对新的形势，我们应该怎么办？笔者认为，第一，东亚共同体的合作精神不能放弃。因为东亚需要合作，需要共处，需要共同繁荣，需要和平等，所以应把它作为一个区域精神继续往前推动。第二，创新方式，务实推进。目前甚至是今后一个时期，继续多干实事，干成一件实事，那就是一个进步。实事靠做，有国家层面的，有区域层面的，有一家干的，有几家协同干的，有大家共同来做的。为了给经济发展创建更好的环境，应该把推动区域层面的互联互通作为重中之重。互联互通不只是基础设施建设，就像东盟的是

“三个通”，包括物理的（基础设施）、法律的（规制）和人员的（便利人员流动），这三个层次搞好了，开放才可深入。只有自贸区不行，因为即便市场开放了，但“三个不通”，经济联系不能畅通，当地经济也难以发展起来。

说到自贸区的作用，尽管理论上讲可以产生贸易转向，即更多的贸易转到自贸区范围内进行，但实际上贸易转移的效应并不明显。自贸区的真正意义是降低交易成本，巩固区域性经济链接，改善经济发展环境。降低交易成本，而不是增加贸易，这应该是自贸区谈判的初衷。比如，中国—东盟自贸区建立了，真很难说增加了多少贸易。笔者做过调研，自贸区的利用率并不高，但中国与东盟间的贸易发展却很快。中日韩之间没有自贸区，中美之间也没有自贸区，贸易照样发展，且规模很大，但是交易成本比较高，如果有了自贸区，交易成本会降低。

鉴于中日韩之间谈成自贸区的难度很大，三国领导人提出了“3＋X”合作思路。我们需要研究“X”是什么。比如，中日韩三国在东南亚要搞合作，共建基础网络，那么能不能和东盟一起制定东南亚基础设施网络统一的标准？实际情况是：中日韩在东盟的基础设施投入很大，竞争也很激烈，各自强调自己的优点，推行自己的标准，这很不利。中日韩与东盟能不能合作制定“东盟基础设施标准”？按照这样的标准建设，大家都有利。事实上，要创新方式，要干和能干的事情很多，这就需要务实，需要合作精神，这就是共同体精神。

在新形势下，我们需要重新思考区域合作。区域合作到底要干什么？特别是对东亚地区来说，区域的合作目标是什么？区域合作运动都受了欧洲的影响，因为它提供了一个成功的范例。在笔者看来，区域合作有两个成功的案例，一个是欧盟，一个是东盟。两个不同的模式，欧盟的成功在于以区域性法律为基础实现联合，实行区域治理，而东盟的成功在于以政治共识为基础推进区域合作，不推行区域治理，而是进行区域整合，进程不中断，一直一点一点地往前走。东盟在东亚创建了一种新的模式，即东盟方式（ASEAN Way）。东盟方式为东亚推进合作提供了经验。当然，东盟不同于东亚，简单地把东盟方式扩展到东亚也行不通。东盟的发展目标是不断提升共同体建设的内涵，提升区域整合的水平，而东亚如何整合呢？这里有像中国和日本这样的大国，扩大一点，还有新兴大国印度，再扩大一点，还有澳大利亚、新西兰。这样大的区域取得共识难，整合起来就更难了。所以从这个角度来说，在东亚，区域合作的东盟模式也不是范例，这个问题值得我们进一步研究。

东亚合作要走什么路？以东盟为中心，这是东盟自身强调和坚持的，但其他国家可以尊重，不一定遵从。有人说是“小马拉大车”，但东盟不这样认为，10个国家加起来怎么还是“小马”呢？没有东盟，谁来牵头呢？在东亚区域合作上，东盟的特殊作用至关重要。东盟就像一个区域网络中心，把其他各方链接汇集在一起。东亚难以像欧洲那样，通过实现法德和解与合作引领区域合作：一是中日难以结成像法德那样的联盟，相向而行；二是其他各方也难以接受大国主导的方式。中国作为一个区域大国，综合实力最强，理应在推动区域合作上发挥重要的作用。但是，出于复杂的原因，一些国家担心的就是中国主导，东盟也不会接受中国主导。中国曾经在历史上发挥过主导作用，但已是历史。

其实，如前所说，中国的未来目标也不是建立一个由中国主导的地区关系和秩序，而是倡导人类命运共同体建设。命运共同体怎么来构建，需要说清楚、说透，让人家理解，让人家接受，让大家共同参与建设。根据笔者的理解，命运共同体不同于共同体，共同体可以是命运共同体的一种组织形式，而命运共同体是建立在多种合作共处的机制基础上的。党的十九大报告英文版把“命运共同体”译为“a community with a shared future for mankind”，再直译过来就是“共享未来的共同体”。共享的未来可以以多种方式构成，世界之大，地区之广，单一的机制难以包容下来。欧洲原想通过扩张建成单一欧洲，丘吉尔梦想实现“欧洲合众国”，实际很难。

事物的发展具有周期性特征，“三十年河东，三十年河西”，总是会有反复。区域合作发展了很长一个时期，现在是调整期、反思期。面对新的复杂形势，各国首要考虑的是自身的发展与治理。发展中出现的问题也会引起社会的强烈反弹，激起民粹主义，助长政治家的极端行为，而大国之间的权势(power)斗争也会使局势更为复杂。尽管东亚地区没有出现像欧洲那样的民粹主义、美洲那样的动荡、中东那样的冲突，但是，东亚面临许多新的挑战，其中最为严峻的是区域经济转型和与此相关的经济关系调整。这不仅需要各国把自己的事情做好，也需要凝聚新的区域合作共识，生成新形势下区域合作的新动能。对于东亚来说，特别重要的是维护合作的大局，以合作应对挑战。目前，东亚合作已经建立了多重机制，都在运行，重要的是务实行动，其中包括加快 RCEP 的谈判、制定和实施互联互通计划、提出新经济增长倡议等。

中国经济发展的外部环境发生了重大变化。在此情况下，中国坚持开放发展的大战略，深化自身改革开放，维护全球化大趋势，并且积极推动“一带一路”建设。中国作为东亚最大的经济体，对东亚地区的经济发展有着重要的影响力，是大多数国家的最大或者最重要的贸易伙伴，也是其越来越重要的投资来源。中国地处东亚的陆海地缘中心，与各国有着天然的链接，在“一带一路”建设的推动下，与外部链接的水平将会大大提升，包括基础设施网络、产业园建设等。随着中国经济规模扩大、经济结构转型，中国一方面成为地区经济的重心，带动地区经济发展；另一方面成为创新中心，推动构建新结构下的区域网络。如果通过区域合作机制把包括印度在内的大经济体连接起来，就可以形成区域内的强大动力机制。美国特朗普政府扬言要与中国经济“脱钩”，事实上，美国对东亚的依赖难以摆脱，政府想脱钩，企业也不干。

中国的快速崛起引起一系列复杂的反应。就东亚地区而言，有一个如何“接纳”中国的问题。这里所说的“接纳”，是指认可与支持中国在地区中发挥重要的作用。就经济发展而言，以往推动经济增长的中心是欧美特别是美国，美国也成为推动多边体系与亚太区域机制构建的领导者。如今美国“退群”，推行“美国第一”，对地区合作的兴趣不高，但东亚还在观察中国的作用，缺乏信赖。

中国是“非西方大国崛起”，这是西方崛起以后的一个新变化。中国探索具有自己特色的国家治理方式，这与美国专家预想的“历史终结”趋势不同，为此，美国对中国的崛起格外警惕，东亚地区一些国家也带着观察的眼光看待中国。特别是二战以后，出于复杂的原因，中国与东亚国家的关系经历了艰难的发展进程，直到 20 世纪 90 年代才基本回归正常，然而还有许多历史遗留的问题，比如与日本的历史争端，与东盟一些国家的海上争端，与印度尚未解决的边界纠葛，与美国的战略竞争等，那些与中国有争端、有分歧的国家难以完全认可与接受中国不断增强的影响力，这无疑影响中国在这个地区发挥引领作用。

最近，部分西方发达国家联合起来应对中国的崛起，认定非市场经济的东方中国崛起对它们是一个威胁。就像欧美日三方关于改革多边贸易体系的联合声明，主要就是针对中国，要抬高中国参与和利用开放多边体系的门槛，利用双边谈判施压中国改变经济管理体制与政策。这种形势给亚太、东亚合作都带来巨大的不确定性，让大家的关注力可能也包括政策选项发生转变。中国是一个复合体，就经济总量而言，包括工业产值，都排名世界前列，似乎是“发达国家”；就人均 GDP 而言，已经进入中高收入国家行列，但排名还在世界中位以下；就出口额而言，是世界第一大国，但是中国的制造业严重依赖外来投入；科技水平个别领域先进，总体水平并不高。特别是，尽管经过了几十年的改革开放，但中国的管理体制仍然问题很多，市场经济体系仍不完善。这样的情况势必与中国作为一个位居前列的世界大国身份不符，因此，在深化市场开放包括新规则制定上，中国往往处在低位，无法起到引领作用。中国的改革开放还在路上。

总之，我们面临新的形势，需要有新的认识，需要有新的应对战略、政策与行动。与时俱进，这个法则也适用于区域合作。

（本文原载于《云大地区研究》2019 年第 1 期，略有调整）

推动构建 RCEP 的路径

自 20 世纪 80 年代起，在日本产业转移的带动下，形成了东亚经济发展的“雁行模式”，即通过日本企业的对外投资和东南亚后起发展中经济体的承接，构建了接续性的经济链条。随着“四小龙”经济的成熟和对外产业转移，这种链条进一步得到延伸。中国的改革开放造就了新的产业转移环境，大量外来资本流向中国，形成新的产业链，并且与原有的产业链条相链接，形成新的区域生产网络，而正是这种区域的生产网络把越来越多的经济体紧密链接在一起。

区域生产网络主要建立在三个机制基础上：一是多边贸易体制下的市场开放和各国自主实施的开放政策；二是企业在市场开放的条件下进行的产业转移；三是与外部市场联系紧密的出口型生产结构。这被称为市场主导型的区域经济一体化，其优势有两点：其一，形成竞争性开放机制，不断推动各国优化开放的经济政策，以增强对外来投资的吸引力；其二，提升市场产业选择的比较优势和效率。

但是，这种市场导向的区域经济融合也有缺陷：一是市场开放的结构不均衡，有选择的开放使一些领域的政策性限制严重；二是区域链接的“公共制度”和“公共产品”缺失，从而导致发展的不平衡和链接机制的脆弱性。弥补市场机制主导的区域经济一体化缺陷的有效方法是推动由政府主导的区域性制度化建设，其中最通行的是通过谈判签署自贸区（FTA）协议。

FTA 不同于关税同盟、经济共同体，它的突出特点是：其一，利用共同的政策协议而不是共同的制度管理来推动市场开放；其二，涵盖内容比较灵活。FTA 一般不仅包括市场开放，也包括发展援助（不同于 ODA），新一代 FTA 包括的内容更宽泛，甚至涉及国内经济政策与体制方面的内容。FTA 的这种特点赋予了它扩展上的活力。如今，FTA 的发展方兴未艾，尤其是在多边贸易谈判(多哈回合)停滞不前的情况下,各国都对参与和推动 FTA 采取更加积极的政策,同时,参与和推动区域性的诸边 FTA 也成为参与全球多边贸易体制(WTO)之外的最重要选择。同时,新时期的 FTA 并不仅仅局限于推动市场开放,同时也推动经济合作。

鉴于东亚地区的经济运行主要建立在市场主导型的生产网络之上,且在相当长一个时期里,生产网络运行良好,因此,无论是 FTA 还是区域范围的制度化构建都没有提上议事日程,较之其他地区,区域经济一体化的制度建设滞后。

一、东亚经济合作发展的进程

东亚作为一个地区,机制化合作是从 1997 年亚洲金融危机正式开始的,推动合作的动因是金融危机,推动者是受危机打击最严重的东盟国家。东盟通过邀请中日韩对话,寻求合作,共同应对危机,尽快恢复经济,这开启了"10+3"合作的进程,推动了东亚合作的发展。

东南亚国家是东亚地区发展区域合作的先锋。20 世纪 60 年代,东南亚的 6 个国家就开始合作,后来范围逐渐扩大,发展起了包括东南亚 10 个国家的东南亚国家联盟(简称"东盟",ASEAN)。东盟成立起始于政治动机,是出于对抗共产主义的扩张,受到了美国的纵容和支持。不过,在很长一段时间里,该组织并没有得到多大的发展。

随着地区形势的变化,尤其是中国和东南亚国家关系的改善,原来的反共基础已经坍塌,东盟及时调整了发展方向,把重点转向推动区域经济合作与发展以及区域内部关系的整合,即从经济发展的角度,通过对话合作,改善发展环境,创建一体化区域市场;从政治的角度,通过协商合作化解地区内部的冲突和动乱。这样的转型使东盟获得了发展的新基础,特别是到了 90 年代初,东盟经济合作的步伐加快,着手建立了东盟自贸区(AFTA)。东盟自贸区显然是受到欧洲统一大市场建设的启发,但其构建采取了符合自身特点的"东盟方式",即突出协商、渐进、差别对待(老新成员)的原则,主要目标不是开发区内市场,而是改善本地区的综合发展环境,提高对外来投资的吸引力,创建经济发展的活力。"东盟方式"的好处是可以让所有的成员都能参与,为欠发达的经济体(东盟新成员)提供参与的灵活空间,代价是软约束,在推动市场开放、实现区域经济一体化方面进展比较慢。

东盟推动与中日韩对话原本主要是为了应对发生于东盟的金融危机。但“10＋3”这个机制一出现，就孕育着新的区域合作能动力，催生了超越东南亚区域范畴的新东亚区域合作机制。1999年，“10＋3”领导人发表了具有历史意义的《东亚合作联合声明》，该声明提出了推进东亚区域合作的战略性构想。根据“10＋3”领导人动议成立的“东亚展望小组”提出的研究报告把有关推动东亚区域合作的战略构想具体化了，明确提出建立东亚共同体的长期合作目标。

按照研究报告的勾画，东亚共同体的建设以三个机制为支撑点，即东亚自贸区（EAFTA）、东亚金融合作机制和东亚峰会。东亚展望小组的报告得到“10＋3”领导人的首肯，责成成立官方牵头的研究小组，就落实报告提出具体政策性措施，研究小组提出了17条行动建议。应该说，在最初的几年里，东亚区域合作发展很快，进展情况鼓舞人心。

然而，此后东亚区域合作的发展并没有按上述设计的路径进行。事实的发展发生了以下几个偏离。

其一，“10＋1”FTA成为先行者。以中国—东盟构建自贸区为先导，带动了多个“10＋1”FTA（日本、韩国、澳大利亚、新西兰、印度）的构建。尽管东亚地区的“10＋1”FTA推动了东盟与相关国家之间的市场开放与合作，但是多重FTA使地区的生产网络链接出现障碍性结点，导致了“面条碗效应”。

其二，在出现多重FTA的情况下，“10＋3”合作机制做出努力，推动地区一体化市场的整合。2004年，在“10＋3”合作机制支持下，中国牵头成立了由13个国家专家参加的“东亚自贸区可行性研究专家组”。专家组于2006年提交研究报告，提出尽早开展有关东亚自贸区（EAFTA）的谈判，以东盟与中日韩构建的三个“10＋1”FTA为基础，进行经济一体化整合。尽管日本专家参加了专家组的研究，但日本政府却对建立以“10＋3”为基础的东亚自贸区提出了异议，提议要以“东亚峰会”16个成员国家为基础，建立“东亚全面经济伙伴关系”（CEPEA）机制，并且为此成立了专家组，提出了关于推动CEPEA进程的研究报告。在这种形势面前，东盟（亦出于自身内部的原因）畏缩不前，起不到领导者的作用，因此，建立东亚自贸区的进程出现停滞。在东亚自贸区建设进程停滞不前的情况下，中日韩三边合作取得进展（单独召开峰会、建立合作秘书处），三边自贸区的建设也被提到了议事日程，出现了内在驱动力。

其三,“10+1”对话机制成为区域合作的基础,得到了巩固,而提升东亚政治对话机制的努力出现异变,结出新的成果,即在“10+3”对话合作机制之外又建立了一个新的“东亚峰会”机制,邀请了不属于地缘东亚的澳新、印度参加。后来,这个机制进一步扩大,吸纳了美国和俄罗斯参加,成为扩大的东亚对话合作论坛。

其四,金融合作走出“亚洲货币基金”的阴影,创建了以“清迈倡议”(CMI)为原则的灵活的双边货币互换机制。以此为基础,建立了以双边互换机制为基础的多边链接网络(CMIM)。再进一步,构建了地区货币储备基金库,建立了具有研究和协调功能的宏观经济办公室(AMRO)。

过去十几年,尽管东亚区域合作的各种机制得以维持和发展,但区域整体的一体化进程却充满曲折,上述发展表明:

其一,统一的东亚共同体建设已经不复存在,东亚区域合作沿着分散的功能性合作路径发展。

其二,以“10+3”地缘为基础的东亚合作不再是唯一的选择,其主渠道作用受到冲击,东亚合作的路径更具有地缘开放性。

其三,经济一体化的进程受制于多种因素的影响,尽管东盟在推动东亚自贸区进程上的能力受到本身发展(东盟共同体建设)的限制,但其参与和推动的意愿仍然是非常关键的因素。

东亚区域合作的大潮不会消退,但是,未来东亚区域合作与一体化的努力必须充分考虑到上述新的变化,必须针对新的发展采取新的对策和进行新的努力。中国作为东亚区域合作和一体化的中坚力量,也必须调整参与和推动的战略,适应新的变化,以获得参与和推动上的主动权,并且可以发挥积极的和导向性的作用。

二、推动东亚自贸区建设的路径选择

东亚自贸区的建设仍然是推动东亚区域合作进程的重中之重。不过,尽管深化东亚经济一体化有着内在的需求,但是,如要使其具备推进的动力,还需要必要的甚至是特殊的环境和因素。

亚洲金融危机催生了东盟倡导下的东亚合作机制。如今,促使东盟在推动东亚自贸区上由消极变得积极的压力再现。一是美国领导 TPP 的扩容谈判,东盟成员中有四个国家(原来的新加坡、文莱,加上越南和马来西亚)加入,未来还可能有新的成员(如菲律宾、泰国)参加,这样东盟就被分裂了。这与东盟"捆在一起"构建区外市场环境的努力背道而驰,而且也会对东盟经济共同体的建设造成很大的冲击。二是东北亚的合作伙伴中日韩开始启动自贸区谈判,此举打破了以东盟为轴心的区域经济一体化构造架构。在此情况下,东盟无法在推动东亚自贸区进程上"按兵不动",于是,便推出亚洲版的经济伙伴方案,即"区域全面经济伙伴关系"(RCEP)。出于构建东亚区域经济一体化的共同诉求,各国都对RCEP给予了积极的支持,这是东亚自贸区构建进程启动以来形成的一个难得的共识。

RCEP方案有三个突出的特点:一是由东盟主导进程,以便维护东盟在区域经济一体化中的"中心位置"(centrality);二是提供一个宽泛的内容框架,把开放与合作尽可能融合在一起,以符合东亚发展差别大的特点;三是以5个"10+1"FTA为载体,尽可能加以整合。RCEP的推出意味着,东亚经济一体化的框架不再以"10+3"为基础,而是以"10+6"为基础,以CEPEA为蓝本。这样的框架自有它的道理:一是因为东盟已经与6个国家签署了"10+1"FTA,难以割舍部分伙伴;二是因为日本(还有新加坡等)不接受以"10+3"为基础的方案,而中国对"10+3"或者"10+6"表现出了灵活性(参与了CEPEA的研究,与日本共同提出倡议)。因此,推动"10+6"要比"10+3"更容易被广泛接受。

事实上,RCEP以"10+6"为基础符合中国的利益。因为创建一个大的区域开放框架要比一个小的开放框架更有利,尤其是中国与澳大利亚的FTA谈判陷于停滞,与印度双边谈判FTA几无可能,通过RCEP的谈判让中国进入这样一个大的区域经济一体化市场,这是求之不得的。

RCEP的进程受到来自TPP进程的压力,这也是个好事情。一是形成谈判的外部压力,促使RCEP必须取得成功;二是可以学习借鉴,比如,学习TPP谈判的方法,提出领域清单,进行集体协商谈判,逐个突破,分步化解难点等。尽管如此,RCEP不能简单地沿袭TPP的模式和路径,否则RCEP将失去意义。

TPP的吸引力来自美国的开放大市场,加入TPP意味着取得了进入美国大市场的入场券,例如越南、马来西亚都紧盯美国市场准入这块"大蛋糕"。还有,TPP是以推动高度市场开放为基准的,而RCEP则不同,其功能主要是体现在推动东亚生产网络的调整、升级和扩容(印度加入)上,是以改善东亚地区的经济发展环境为基准的。因此,RCEP 在市场开放安排上应该比 TPP 更灵活,更能体现改善地区综合发展环境、加强发展合作的能力(比如互联互通建设的扩展和落实),这是 TPP 所不具备的。TPP 和 RCEP 是两个动力、两种模式,相互不可替代。只有这样,RCEP 才不会被 TPP 压倒,才可以有凝聚力和影响力。

RCEP 如果能够体现上述特点,就能够具有吸引力,进程也就具备内在能动力。在 RCEP 进程正式启动后,要在方案模式和内容上达成共识,把"高方案"意见(澳大利亚、新西兰)和"低方案"意见(东盟新成员、印度)融合在一起,形成务实的"中方案"共识。

RCEP 成为东亚实现经济一体化路径的实践选择需要两个力量共同发力。一是东盟的规划和领导力。通过与其他参与伙伴协商,提出并不断调整谈判议题和议程,使进程不中断。二是中日韩作为中坚力量推动进程。一方面使中日韩自贸区进程取得进展,形成对 RCEP 的压力和冲击力;另一方面进行有效协调,取得共识,提出进取性的方案,特别是中日要能够协调才行(目前中日围绕钓鱼岛主权的争端升级,无疑不利于中日进行协调)。

不像 TPP 有美国的强力领导,RCEP 是由东盟来进行推动和协调的,参与成员不是抱着接受准入条件的前提加入,而是抱着讨价还价的准备参加,因此,其进程会比 TPP 更充满变数。为此,要靠中日韩作为中坚力量推动,支持东盟进行协调与推进。印度的参与是一个变数,东盟—印度伙伴关系协议开放程度低,印度对市场开放的承受力低。为不让印度成为"破坏性因素",一方面需要施加集体的谈判压力,制定"排除规则"(可以中途退出),另一方面也需要给予其必要的开放灵活安排(不过要制定清晰的过渡时间表和严格的评估机制),对东盟欠发达国家要加强能力建设支持。

中国在 RCEP 中要发挥积极参与者和推动者的作用,因为构建这样一个大的区域开放市场对于我国来说具有非凡的意义,也是应对 TPP 对我国不利影响的战略性步骤。但是,鉴于我国经济发展的水平和市场开放的能力,要起到一个推动者的作用困难不小,因此,必须从战略和长远发展的利益着眼,在谈判进程中做推动者而不是拖后者,即对开放的承诺要多些而不是少些,谈判开放和规制的领域多些而不是少些。只有这样,中国才可以取信于他国,才可以有主动性的发言权,要借 RCEP 谈判的压力来推动国内市场的深度开放,在区域一体化的规则制定中发挥重要作用。

三、推动 RCEP 构建的主要建议

东亚区域合作的发展出现了新的特征:(1)统一的东亚共同体建设已经不复存在,东亚区域合作沿着分散的功能性合作路径发展;(2)以“10+3”地缘为基础的东亚合作不再是唯一的选择,主渠道作用弱化,东亚合作的路径更具有地缘开放性。在新的形势下,东盟推出 RCEP,既是对新变化的反应,也是旨在维护其在区域合作中的中心地位、取得导向和规则制定上的主动与主导权的战略性举措。RCEP 得到东亚各国的支持,是一个难得的共识,有利于东亚经济一体化的发展。

RCEP 有着应对 TPP 挑战的因素。美国积极推进 TPP 有着深刻的政治经济背景,是其多年以来谋求建立以美国为核心的亚太合作机制战略构想的一步棋,是奥巴马政府针对当前地区格局演变和其国内政治经济诉求而采取的一项战略性举措。TPP 会对 RCEP 造成冲击,因为美国为了最大限度地打开亚洲市场,有可能会进一步加快 TPP 成员的扩容速度。再则,TPP 最大的吸引力来自美国巨大的国内市场,参与了 TPP 谈判就等于取得了进入美国市场的入场券,这成为诸多国家下决心加入 TPP 谈判的一个主要原因。因此,化解 TPP 的冲击对 RCEP 进程至关重要。

RCEP 的功能主要体现在推动东亚生产网络的调整、升级和扩容上,是以改善东亚地区的经济发展环境为目标的。因此,RCEP 在市场开放安排上更能体现改善地区综合发展环境、加强发展合作的能力,这是 TPP 所不具备的。TPP 和 RCEP 是两个动力、两种模式,相互不可替代。RCEP 要体现东亚的特色,要具备参与上的吸引力和推进上的可行性。实际上,RCEP 不是对现有 FTA 的简单整合,而是根据地区特点,着眼于长远的可持续发展进行再造,是以现有的诸多 FTA 为基础,构建一个新的区域经济一体化与合作的体系。

RCEP 的真正价值在于可以创建一个符合东亚经济区域一体化现实基础的新模式。但是面对 TPP 的挑战,RCEP 面临着如何既考虑未来又面对现实,在各参与者中达成共识,形成自己的标准和理念的挑战。RCEP 要成功,必须在模式、内容和功能上有创新,也就是说,要找到符合东亚地区经济保持增长活力和可持续的新路径。其中,尤为重要的是,要能够把推动开放与加强合作有机结合起来,体现东亚发展的整体性和包容性。

中日韩 FTA 与 RCEP 进程并行，看来是一个需要面对的现实。因此，如何处理好两个进程之间的关系，尤其是利用中日韩的主体经济地位，发挥主导性作用，是至关重要的。在很大程度上说，中日韩 FTA 进程应该对 RCEP 起到导向作用。如果中日韩 FTA 能够先于 RCEP 完成谈判，将大大降低 RCEP 谈判的难度。

中国的产业要形成新的竞争优势，需要从深度融入经济全球化和区域经济一体化的战略高度予以考虑和谋划。出于多方面原因，目前我国在东亚地区和亚太地区的自贸区构建中陷入被动，参与和积极推动 RCEP 将有助于我国取得区域一体化进程中的主动权。中国的产业升级要走开放的道路，因为现行的产业链已经融入地区和全球网络，未来的竞争力必须以区域和全球市场为舞台。开放式产业升级是基于地区和全球资源、要素及生产链条的综合考虑。RCEP 将为我国提供一个巨大的市场空间，也为我国产业升级提供一个竞争性发展环境，是进一步提升我国在世界市场竞争力的一个桥梁。因此，参与和推动 RCEP 与我国转变发展方式的国家战略是接轨的。

为了在 RCEP 进程中发挥积极的作用，我国要做好多方面的工作，为此建议：

(1)把积极参与 RCEP 作为我国参与和推动区域合作的主导性战略，把参与 RCEP 谈判的开放与合作承诺同我国的扩大开放、走出去以及转变发展方式有机结合起来，进行整体规划和布局。

(2)加强与东盟的沟通和协调，就谈判中涉及的重要议题达成共识，减少与东盟的分歧所造成的负面影响。

(3)为了充分发挥中韩、中日韩 FTA 构建对推动 RCEP 的影响力，应以更加积极的姿态，加快中韩 FTA 的谈判。同时，积极创建环境，使中日韩 FTA 能够突破目前的政治关系僵局，争取在 2012 年底，或者至少在 2013 年的三国领导人峰会期间正式启动。

(4)在今年的东亚系列峰会期间，我国领导人对 RCEP 给予积极的评价，表明中国积极参与的态度，最好提出几个概括性的基本原则，突出强调 RCEP 在保持东亚经济发展活力，创建区域经济发展新规则和新方式上的重要作用。

(5)由商务部牵头，尽快建立研究机制，成立部门分工和协调的专家组，提供参与谈判的分类调研报告。考虑到RCEP的重要性，有必要扩充谈判队伍，组建由商务部领导、各部门专业人士参加的RCEP谈判专家团队，并就我国参与谈判的敏感和困难问题进行专项研究，对有关问题进行评估，提出参与谈判的方案。

（本文为作者2012年撰写的委托项目报告，略有调整）

如何认识和理解东盟

——包容性原则与东盟成功的经验

东盟是亚洲最有成就的区域合作组织。按照规划，到2015年年底“东盟共同体”将成为现实。由东盟到东盟共同体，是很大的一步跨越。为何东南亚地区能够成功发展起区域合作组织？究竟如何认识和理解东盟方式？这不仅是现实性的问题，也是理论性的问题。所谓现实性，就是如何对待东盟和如何发展与东盟的关系；所谓理论性，是要从东盟的发展中探求区域合作发展的内在逻辑。本文拟从“东盟方式”“以东盟为中心”和东盟共同体建设三个方面进行系统分析，力求提出一些有深度的观点。

一、如何认识“东盟方式”

1961年，泰国、马来西亚（当时叫“马来亚”，尚未与新加坡分治）和菲律宾作为发起国成立了“东南亚联盟”（Association of Southeast Asia，ASA），这被认为是东南亚开展区域合作的开始。不过，后来因为马来西亚与菲律宾发生领土争端，以及马来西亚与新加坡分治，该联盟陷于瘫痪。[①] 1967年，东南亚推动区域合作的动力再现，泰国、马来西亚、新加坡、菲律宾和印尼五国外长签署了《曼谷宣言》，成立了“东南亚国家联盟”（Association of Southeast Asian Nations，ASEAN）[②]，简称“东盟”，取代原来的“东南亚联盟”。此后，东盟逐步实现扩大，先后有文莱、越南、老挝、缅甸和柬埔寨加

---

① 1966年，韩国发起成立了亚洲及太平洋理事会（Asian and Pacific Council，ASPAC），共9个成员（其中有包括南越在内的4个东南亚成员）：澳大利亚、日本、马来西亚、新西兰、菲律宾、泰国、韩国、南越以及中国台湾，目的是把“自由世界”的国家（地区）组织起来反共。

② 华语界也有的按字义翻译成“东南亚国家协会”，简称“东协”，因为英语“association”原意为“协会”，不是“联盟”，“联盟”的英文是“union”；也有的翻译为“亚细安组织”，简称“亚细安”，是“东盟”的英文缩写“ASEAN”的音译。

入。到20世纪末，东盟成员包括了10个国家，实现了整个东南亚地区的联合。目前，还有其他国家要求加入。[①]

东盟的发展是一个奇迹，在一个分裂、战乱、动荡与落后的地区，通过开展区域合作，实现了地区的稳定、和平、合作与发展，这在东亚地区是史无前例的。[②] 而且，东盟作为一个区域合作组织，在聚拢东亚其他国家参与区域合作上起到特殊的作用。[③]

东盟学习欧洲联合的经验，但没有照抄欧洲的做法和模式，而是根据自身的特点和需要，创建了独特的"东盟方式"(ASEAN Way)。东盟成立依据的是一份宣言(《曼谷宣言》)，文字只有一页纸长，它不是宪章，也不是条约，只是共识，是共同的承诺。[④] "东盟方式"的内涵被称为"不写下来的规范(norms)，非正式的理解(understanding)"；所依托的是"六大原则"，即尊重主权和相互依存，不干涉内政，不使用武力，避免使双边问题在地区层面对抗，协商一致的决策过程和谨慎处理敏感问题。[⑤] 归纳来看，"东盟方式"的内涵主要包括三方面。

---

① 2006年，独立后的东帝汶提出加入东盟，巴布亚新几内亚被吸纳为东盟的观察员。

② 东盟制定的《东南亚友好合作条约》对各国间共处的原则做了清晰的规定，主要包括：尊重独立、主权、平等和领土完整与国家认同，不干涉国内事务，和平解决争端，不以武力相威胁，开展合作；并承诺要理性、有效、灵活地解决国家间的矛盾和争端，避免发生冲突。

③ 随着冷战的结束，东盟的一些人士提出了"大东盟"构想，即吸纳所有东南亚国家入盟，实现东南亚地区不同宗教、不同社会制度国家间的和平、合作与发展。于是先后吸收越南、老挝、缅甸和柬埔寨加入东盟，到20世纪末，实现了东盟10国联合。有关分析参见文深：《大东盟未来走向探析》，《东南亚纵横》2000年增刊，第69—73页。

④ 《曼谷宣言》确立的东盟的目标和宗旨是：(1)本着平等的伙伴关系的精神，通过共同努力促进本地区的经济增长、社会进步和文化发展，以便为将东南亚国家建设成为一个繁荣、和平的社会加强基础；(2)通过维护正义和法律的准则以及遵循《联合国宪章》所规定的各项原则，促进本地区国家间的和平与稳定；(3)在经济、社会、文化、技术、科学和管理等领域促进对共同利益事业的积极合作和互助；(4)相互提供有关教育、职业、技术和管理等方面的培训和研究设施的援助；(5)为了更充分地利用它们的农业和工业，扩大贸易往来，包括对国际贸易问题的研究以及改善交通和运输设施，为提高人民的生活水平进行更加有效的合作；(6)促进东南亚研究；(7)为与现有的具有类似目标和目的的国际和地区组织保持更密切、更有益的合作，探索使这些合作更加紧密的一切途径。为了实现上述目标和宗旨，有必要建立如下机构：(1)外交部长年度会议；(2)常务委员会，由外长会议东道国外交部长或其代表为主席，成员包括其他成员国驻东道国的全权大使，在外长会议休会期间执行本联盟的工作；(3)由专家和专务官员组成的特别委员会和常设委员会；(4)各成员国的秘书处，代表各自国家执行本联盟的工作，并为外长会议和外长特别会议、常务委员会和今后可能设立的其他委员会服务。宣言明确宣布，东盟对赞同该目标、原则和宗旨的所有东南亚国家开放，欢迎参加。参见《曼谷宣言》，1967年8月8日，http://www.caexpo.org/gb/news/special/cafta/ziliao/t20051222_55473.html。

⑤ "The 'ASEAN Way'—An Analysis of Principles, Procedures and Practices", 2009-6-18, http://www.writework.com/essay/asean-way-analysis-principles-procedures-and-practices.

其一，渐进推动东盟的扩大与提升，坚持东盟事务放在东盟框架之下解决，以便增强本地区内部的集聚力。[①] 东盟的价值不在于实现地区的高度一体性（或者单一性），而在于在保持多样性的前提下，推进协商与合作。“东盟方式”的贡献在于，以合作为出发点，创建“协商与一致的文化”；通过每年组织上千次各种各样的会议，构建广泛和多层次的“沟通渠道与网络”；通过坚守不干涉的原则，创建“安静外交与冲突管理机制”。东南亚地区曾被称为“亚洲的巴尔干”。冷战结束后，欧洲的巴尔干地区经历了战乱，而东南亚地区却实现了和平转变，靠的就是这些创造性。[②] 东南亚是世界上差别最大的地区之一，政治体制、发展水平、种族、宗教多样。东盟的作用不是要把它们统一，而是在合作框架下实现和谐共处。维护多样性是东盟开展合作的基础，而通过开展合作实现共同发展则是各成员国一致的追求。因此，东盟的发展进程被认为是亚洲包容性文化的具体体现。[③]

其二，坚持以经济发展为基础，通过东盟机制逐步推进区域内的市场开放，改善发展的综合环境。自 20 世纪 70 年代中期起，东盟开始把推动内部市场开放、优化内部发展环境作为合作的重点。1977 年，东盟开始启动特惠贸易安排（PTA），在进程中不断对特惠贸易安排的内容进行修改，以提高东盟内部市场的开放程度。1992 年，东盟开始实施东盟自由贸易区（AFTA），设计用 15 年的时间建成自贸区，把区域内部的关税降到 0—5%。东盟自贸区的建设从执行共同有效普惠关税方案（简称“普惠关税方案”，CEPT）开始，而普惠关税方案根据成员发展的水平，实行了快速减让（又分为 10 年和 7 年）与常速减让（又分为 10 年和 15 年）的分步走办法。东盟根据发展的需

---

① 关于“东盟方式”，有多种解释。例如，新加坡外长贾古玛（Jayakumar）将其归结为非正式、组织最小化、广泛性、协调与一致、和平解决争端等特点。转引自［加］阿米塔·阿查亚：《建构安全共同体：东盟与地区秩序》，王正毅、冯怀信译，上海人民出版社 2004 年版，第 87 页。再如，马来西亚的诺丁·索皮（Nordin Soppiee）将其归纳为：寻求和谐与共识原则，敏感性原则，不对抗原则，一致性同意原则，安静、私下与精英外交原则，等等。东盟解决矛盾不设定目标，但是坚持在东盟框架下解决，这就避免了各方的自行其是。Hadi Seoesastro, *ASEAN in a Changed Regional and International Political Economy*, CSIS, Jakarta, 1995, pp. iii-ix; Gillian Goh, “The ASEAN Way: Non-Intervention and ASEAN's Role in Conflict Management”, *Stanford Journal of East Asian Affairs*, Vol.3, No.1, 2003, pp.114-115.

② Kishore Mahbuhani and Rhoda Serovino, “ASEAN: The Way Forward”, 2014-5-1, http://www.mckinsey.com/insights/public_sector/asean_the_way_forward.

③ 曾担任过泰国外长的他纳·科曼（Thanat Khoman）认为，东南亚地区的合作基于文化的共享性（shared value of culture），基于亚洲的文化与传统。Gillian Goh, “The ASEAN Way: Non-Intervention and ASEAN's Role in Conflict Management”, *Stanford Journal of East Asian Affairs*, Vol.3, No.1, 2003, p.114.

要和可行性，不断加快市场开放的速度。1994年，东盟决定把建成自贸区的时间由15年缩短为10年。1997年发生金融危机之后，东盟的经济发展遇到极大的困难。在此情况下，东盟各成员国没有退回保护主义，而是提出了加速开放的战略，老成员国承诺到2000年完成降税目标，对新成员国（越、老、柬、缅）给予缓冲期（3—8年）。1999年，东盟又决定6个老成员国到2015年，新成员国到2018年完全实现零关税。[①] 东盟这种"蛙跳式"的推动方式，也不失为一种进取型的推进战略。这是因为，一是东盟内部差别大，有些成员经济欠发达，必须走一步看一步，根据情况和需要制定加速计划；二是内部和外部情况变化迅速，必须根据形势的变化及时进行调整，"趁热打铁"，不断以新进程推动开放进程深化。[②]

东盟开展经济合作的方式不是靠动员内部资源开展集体项目建设，而是采取推动市场开放、改善区内市场环境、增加区内对外部资源投入的吸引力的方法。事实上，东盟作为发展中国家的联合体，内部可动员的资源有限，其最大的资源是市场潜力，因此，市场开放本身可以创造资源。特别是在发生金融危机之后，东盟是靠加速开放来增强吸引力和创建活力的。事实证明，这样的做法促进了资本向东盟的回流，加快了其经济恢复和增长的步伐，对东盟国家走出危机发挥了重要作用。

东盟改善发展环境，不仅仅依靠推动市场开放（包括货物贸易、服务和投资），还通过大力推动经济合作。东盟开展经济合作，一靠成员国内部，二靠拓展外部。东盟提出了互联互通计划，并为此制定落实了行动计划（Master Plan）。互联互通计划不仅包括建设相互连接的基础设施，而且也包括互联互通相关的法规和人员流动。但是，东盟本身资源有限，只是为此设立了一个10亿美元的基金，用于推动项目，而建设项目还要依靠成员自身和吸收外部资源，特别是推进与外部的合作。[③]

经过上述努力，东盟由一个经济落后的地区组织发展成为一个具有活

---

① 具体分析参见张蕴岭、周小兵主编：《东亚合作的进程与前景》，世界知识出版社2003年版，第76—80页。

② 批评者认为，东盟制定的计划很宏伟，落实性差，成员国往往不认真落实。在笔者看来，其实，东盟也许就是靠这种推进式方法，叠加目标的落实度。参见宋宝雯、方长平：《"东盟方式"与东盟对区域合作的主导作用》，《中国青年政治学院学报》2013年第5期，第118页。

③ 互联互通计划被纳入"10＋1""10＋3"和东亚峰会框架下的合作，以实现东盟内部的互联互通和东盟与外部的互联互通。

力和吸引力的地区组织。尤其是一些新成员国,经济实现了持续的高增长,有的已较快走出了低收入国家行列,跨入中等收入国家行列。

其三,构建具有东盟特色的共同体。东盟共同体的建设确立了符合本区实际的定位,不照抄已有的模式。2003 年 10 月,东盟正式宣布将于 2020 年建成东盟共同体。东盟共同体不像欧洲那样建立一个单一的组织,而是由"经济共同体""安全共同体""社会文化共同体"三个框架组成。"共同体"(community)这个词本来是指"和合共处"的一种形式,并没有组织上的定式。欧洲是一种模式,东盟则是另一种模式。在东亚展望小组关于建立东亚共同体的报告里,东亚共同体的架构是由几个支柱(政治、经济、金融)来支撑的,并不是由一个单一的区域组织来统领。事实上,尽管东盟把建设共同体的时间定在 2015 年,但 2015 年只是要达到一些基本目标,完成框架的构建。至于共同体建设本身,它是一个长期进程,是一个没有终点的进程。在这个进程中,各个方面都会深化,对结构和组织形式也会适时调整。东盟共同体的建设强调舒适度,即各方的接受度,也即可行性。这非常重要,因为超出接受能力的进程,要么会造成成员国之间的分裂,要么会导致半途而废。

东盟共同体的建设是一个"自然的发展进程",是建立在 40 年建设经验基础上的。东盟于 2007 年制定了《东盟宪章》,制定宪章对东盟合作进程来说是一个重要的转折,因为东盟的成立是以"志同道合"为基础,而有了宪章则不同,它是用法律的形式确立了东盟这个组织的地位、目标和原则。《东盟宪章》规定,东盟是一个具有法律地位的区域组织,成员国应当严格认真地遵守宪章的规定,在本国法规与宪章有任何冲突时要以宪章为准绳,从而保障成员国都在相同或相似的法律框架下推进一体化进程;东盟可以作为一个整体对外交往,并与其他国家和组织签署重要协议;东盟拥有行之有效的运作机构,具有集体决策权力。《东盟宪章》的制定表明,东盟已由一个松散的合作平台发展为具有法律地位和决策效力的区域合作组织。这是东盟由开展功能性合作走向共同体建设的一个基础。①

东盟的发展经验表明,发展区域合作是实现地区稳定、和平与发展的有

① 东盟专家认为,《东盟宪章》的意义在于为东盟提供了法律地位,明确了建设共同体的目标和机制,提升了决策效率,推动了由国家导向的区域合作向人民导向的合作转变。Rizal Sukima, *ASEAN Beyond 2015: The Imperatives for Further Institutional Changes*, ERIA Discussion Paper, Jan. 2014.

效途径。东南亚本没有开展区域合作的历史。通过渐进的合作进程，成员国逐步培养了合作精神，构建了“共享文化”(shared culture)和“共享利益”(shared interests)的基础，提升了区域的作用和影响力。在发展进程中，怀疑、批评的声音一直相伴而生。批评者认为，东盟提出的项目太多、计划太多，但缺乏行之有效的落实机制。[①] 这在很多情况下是事实，特别是东盟缺乏集体资源，对区内的公共产品没有构建能力，主要依靠外来资源。[②]东盟的成功靠的是战略设计和“韧性决心”。战略设计的意义是制定推进目标，把目标作为行进动力。特别是这后一个方面，是东盟推动合作进程的一种方式。所谓“韧性决心”，就是坚持不懈，面对复杂和困难的情况，既具有忍耐性，又具有决断性，不后退，继续推进合作进程。以推进东盟共同体战略为例，起先是在1997年12月的东盟峰会上提出的，当时整个东盟陷入空前的危机之中。面对巨大的困难，东盟推出了面向未来的《东盟2020年愿景》(*ASEAN Vision 2020*)规划，以此提升信心；对外则邀请中日韩对话，构建东亚“10+3”对话合作框架，以合作应对危机。此后，构建东盟共同体成为东盟行进的主方向。东盟于2000年提出“东盟一体化”倡议，于2003年签署《东盟协调一致第二宣言》(亦称《巴厘第二协约》)，正式宣布2020年建成东盟三个共同体。2007年，东盟各国决定把建成共同体的时间提前到2015年。这些举措体现了东盟成员推进区域合作的决心和勇气。

对于东盟发展本身的研究，可以有不同的角度。比如，其“软机制”特性对落实达成的共识或者提出的计划缺乏约束性。这使落实的实际效果大打折扣，导致“说得多，做得少”。但是，也可以从另一种角度来理解，那就是如果是“硬机制”，差别很大的10国在制定计划上要取得共识就会很困难，甚至连共识也达不成，进而使整个发展的进程陷入僵局。以接纳缅甸为例，东盟的“安静外交”对缅甸的政治稳定转型起到了积极作用，避免了压力过大

---

① 有人认为：主要问题是缺乏协调一致的决策机制，一致性涉及所有的问题，例如轮流坐庄举办会议，过度强调成员国的国家利益以及制度化建设太弱。Muthiah Alagappa, “Insititutional Framework”, in *The Second ASEAN Reader*, Singapore: ISEAS, 2003, p.4.

② 马凯硕等认为，东盟做出了三大贡献，即实现了和平、繁荣和地区稳定。Kishore Mahbuhani and Rhoda Serovino, “ASEAN: The Way Forward”, 2014-5-1, http://www.mckinsey.com/insights/public_sector/asean_the_way_forward.

产生的“政策逆反”,或者激起缅甸内乱。[1] 当然,东盟本身是有缺陷的。比如,尽管它的不干涉内政原则保证了成员国的自主性,但是一些成员自行其是,对他国和东盟的利益造成损害,对此,东盟几乎无能为力。它的“舒适性”原则为成员国提供了灵活的空间,但也使东盟落实行动议程的成效往往大打折扣。

二、如何认识“以东盟为中心”

“以东盟为中心”是东盟发展对外关系与开展对外合作的一个基本原则。“中心”(centrality)原则大体有两个基本含义:一是维护东盟的核心地位;二是坚持东盟的主导性作用。这两个方面不可分割,目的是维护东盟的核心利益,保证其在对外合作中不被分化和瓦解。[2]

东盟作为一个区域组织,在拓展对外关系中坚持两个战略基线:一是构建由自身打造的地区力量(power)平衡网。通过对外部力量的平衡和制约,来防止任何一种力量尤其是大国力量垄断地区事务,防止因力量失衡而在本地区发生殃及自己、损害自身利益的冲突或者战争。二是在推进区域的合作机制建设中,始终保持由东盟出面推动、东盟与各方进行协商的架构。这样做有两个重要含义。其一,东盟作为一种集体力量,为本地区创建安全环境。在这种创建中,东盟不是用自己的硬实力与大国抗衡,而是用自己的“软实力”即区域组织的力量与大国周旋,利用大国力量平衡,争取自己的主动性。其二,东盟发挥导向作用,但并不固执己见,而是作为协调中心,吸纳各方的意见,形成基本共识。这样的共识有一个基本的前提,就是东盟自身同意,对自己有利。

---

① 有学者认为,在缅甸问题上,东盟谨慎地对缅甸进行了“柔性干预”,如多次发表声明敦促缅甸采取措施,释放昂山素季,改善人权等,并且通过其他多种方式进行沟通和表达关注。这方面的分析参见程晓勇:《东盟超越不干涉主义? ——基于缅甸问题的考察与分析》,《太平洋学报》2012 年第 11 期,第 27—28 页。

② 在东亚合作进程开始的几年,在诸多场合,大家谈得比较多的是“东盟的领导作用”,认为东盟坐在东亚合作行驶列车的“驾驶员位置”(driver's seat),是“驭手”,或者说是“驾驶员”(driver)。但后来,东盟人士几乎在所有场合均强调“以东盟为中心”。显然,面对像中国和日本这样的大国,东盟还是要保住中心地位。东盟人士似乎不愿意让人说东盟坐在“驾驶员”这个位置上,更愿意让人接受和支持东盟的中心地位。“中心地位”既包含东盟为一体的含义,也包括尊重东盟意愿的含义。笔者曾经问一位东盟的朋友,为何不喜欢“driver's seat”这个说法,他回答说,他们不当这个被别人指挥的“驾驶员”。言下之意,显然是担心像中国、日本这样的大国会在事实上主导事务。他说,维护东盟中心地位是为了防止东盟被大国边缘化。应该说,他把问题说得很清楚了。

东盟的这种以我为中心的操作，看似有些过度自私和霸道，事实上，这不过是一种务实和技巧的选择。其实，坚持以东盟为中心对于东亚地区的合作来说也有特殊的意义，那就是在其他国家不能合力推动的情况下，东盟就成了真正的“驭手”。当然，有时候这也对东亚地区的合作进程产生另外的影响，即东盟在重要的问题上可能会犹豫不决，缺乏推动落实共识的实际手段，在一些情况下甚至拖后腿。不过，尽管如此，其他国家还是认可和接受东盟，甚至是等待东盟发挥作用。在这方面，“区域全面经济伙伴关系”(RCEP)的推出是一个很好的例子。中日在推进东亚自贸区进程上出现分歧，一个力推以“10＋3”为基础，一个坚持以“10＋6”为基础，在此情况下，只有等东盟发挥作用提出推进方案。但是，从2006年到2011年，东盟迟迟不做决断。只是在美国推进“跨太平洋伙伴关系”(TPP)取得了进展，4个东盟成员参加TPP，东盟和东亚合作面临巨大挑战的情况下，它才在2011年提出构建“区域全面经济伙伴关系”计划。该计划一提出，立即得到中日韩和印度、澳大利亚、新西兰的支持。东盟为“区域全面经济伙伴关系”提出了指导原则，出面组织谈判议程。这样，东盟的“中心地位”得以确立。[①]

坚持和确保以东盟为中心的最好体现是其推动的“10＋”框架。这个框架既包括东盟推动的对话伙伴国机制(dialogue partnership)，又包括东盟与多个国家构建自贸区以及“10＋3”“10＋6”(现在是RCEP)自贸区框架。各个层次的“10＋”对话框架、自贸区框架，都让东盟成为设计者，形成东盟优先(自己先开会)、东盟为基(在东盟开会)和东盟主导(东盟设计议程)的结构。在国际关系和区域秩序的构建上，像东盟这样能在区域合作中发挥主动性和建设性的尚无他例。[②]

对话伙伴国机制的建立体现了以东盟为中心的战略。东盟确立了10个对话伙伴：澳大利亚、加拿大、中国、欧盟、印度、日本、新西兰、俄罗斯、韩国和美国。应该说，建立对话伙伴国机制是东盟发展对外关系的一个创新。它有别于传统的结盟关系，也不同于不结盟关系，是其施行平衡外交的一个

---

① 有的学者认为，东盟不是权力中心，它要确立的是“功能性中心”的地位，通过发挥其“功能性中心”作用，维护其地位和利益；而且，由于东亚地区各国复杂的关系，其他国家也接受东盟的这种作用。参见王玉主：《RCEP倡议与东盟“中心地位”》，《国际问题研究》2013年第5期，第53页。

② 有的学者认为，东盟的中心地位是建立在自身作为“规范的供给者”和“进程的设计者”角色上的，前者是基于东盟本身的发展成功(“东盟方式”)，后者基于东盟作为一个整体的力量(主导进程)。参见顾静：《东盟“中心地位”面临的变局及其重构》，《当代世界》2014年第3期，第64—66页。

手段。不仅如此,东盟还利用这个机制与对话伙伴国发展起了多样性的合作,而对话伙伴国也利用这个机制拓展与东盟的合作关系。

构建“10+1”自贸区让东盟的中心地位得到了进一步巩固。本来,与东盟构建自贸区是中国的提议,但是东盟坚持以“东盟+”框架来构建,把它作为“10+1”对话机制下的合作内容。在自贸区构建中,中国把东盟作为一个整体,这对东盟意义非凡。事实上,在此之前,东盟整体与外部并没有达成实质性的自贸区协议。当然,把东盟作为一个整体来对待,中国也是乐意的。此举可以使谈判变得“简单”,因为与一个整体谈判,显然要比与10个差别很大的成员国分别谈判容易得多。事实上,东盟与中国构建自贸区的成功,增强了东盟拓展“10+1”自贸区框架范围的信心,助其积极推动与日本、韩国、印度、澳大利亚和新西兰以及欧盟(正在谈判)构建自贸区。把推动市场开放与开展经济合作融为一体的自贸区建设,大大丰富了东盟与对话伙伴国对话的内容,深化了与对话伙伴国的关系。这也为东盟发挥“进程设计者”的作用,维护东盟的中心地位积累了经验。

其实,在这些构建过程中,东盟并不具备居高临下、掌控方向的能力。在很多情况下,都是对方推着东盟往前走。比如,在中国与东盟的自贸区构建中,中国提出了许多创意,都得到了东盟方面的理解和支持。因此,以东盟为中心并不是一切都由东盟说了算,而是让东盟更有参与合作的自信。与东盟开展合作,获取东盟的理解和支持非常重要,而要得到其理解和支持,则必须充分考虑其特殊的利益关注和接受能力。比如,中国提出的“早期收获”就考虑到了东盟欠发达国家出口农产品的比较优势;提出谈判内容先易后难,分步推进(先货物贸易,再服务和投资领域),对欠发达成员给予照顾等,充分考虑了东盟的利益关注和新成员参与的能力;提议与东盟共同建设博览会平台,旨在为双方特别是东盟国家提供商品展示平台、扩大交流渠道等。当然,中国也有自己的利益考虑。这里所要强调的是,理解和认可东盟的中心地位,对于合作方来说,重要的就是充分考虑东盟方面的特殊利益关注;而从东盟方面来说,则是要把握住进程的主动权,让合作伙伴考虑和照顾自身的利益关注。东盟这样做非常必要,因为东盟内部发展水平差别大,利益差别也大,如果东盟不能体现东盟的整体与差别利益的均衡,它自身就失去了内聚力。

东盟地区论坛(ARF)是东盟构建以己为中心的大国平衡战略的重要依托。[①] 东南亚地处海陆要冲,是各种力量博弈的重点地区。冷战结束、两极格局解体后,国际局势和国际关系发生重大转变。面对新的形势,东盟于1992年决定启动地区政治与安全对话。次年的第26届东盟外长会议安排了东盟6个成员国、7个对话伙伴国、3个观察员国和2个来宾国外长就开展安全对话进行协商,各国外长同意在1994年启动ARF机制,就地区政治安全问题进行对话与协商。此后,东盟地区论坛每年在东盟国家召开,成为地区最有影响的安全对话合作机制,目前的成员有23个,不仅包括亚太地区的国家,也包括欧盟。[②]东盟地区论坛是官方合作机制,按照它的设计,该机制的功能将逐步提升,合作内容逐步深化。其发展进程被分为三个阶段:“建立信任措施”“开展预防性外交”“探讨解决冲突的方式”。截至2011年,东盟地区论坛实施了100多个建立信任措施的项目。2011年的第18届东盟地区论坛外长全体会议通过了《ARF预防性外交工作计划》,表明它准备进入第二个阶段,即开展预防性外交阶段。为了维护东盟在东盟地区论坛中的中心地位,一直以来,东盟地区论坛作为东盟外长会议的后续议程,由东盟当年的主席国主持,主要的议题和规划设计均由东盟秘书处负责。

当今世界和地区的安全问题复杂多变,安全力量格局发生重要的调整和转换,新的矛盾和战略竞争加剧。东盟一直把握住两个要点:一是就危及安全的重要问题展开官方对话与讨论;二是使论坛成为加强交流、缩小分歧、凝聚共识的平台,避免成为争斗的场所。做到这些很不容易,因为地区安全问题不像经济关系那样有市场机制的内在联系,其往往是国家利益和力量的博弈、争斗,寻求共同的利益基础和构建合作机制都涉及复杂的因素。因此,尽管东盟地区论坛一直坚持开展活动,但并没有按照原定的构想使合作的机制和功能得到显著提升。从特征上讲,东盟地区论坛是一个由中小国家集团主导的国际安全对话合作机制,尽管东盟基本上掌控了其发

---

① 在以东盟为中心的同心圆结构中,东盟地区论坛作为最大的框架,具有特殊的定位,主要集中于安全对话与合作,着重增进各方在安全领域的信任,与其他以经济政治对话合作为主的框架机制相配合。参见周士新:《浅析东盟地区论坛的信任建立措施》,《东南亚南亚研究》2011年第3期,第4页。

② 据学者阿米塔夫·阿查亚(Amitav Acharya)的研究,冷战结束后,有人提出亚洲应学习欧洲建立欧安会的经验,建立以“共同安全”(common security)为基础的地区安全合作机制。但东盟并没有接受这样的提议,而是提出了以“合作安全”(cooperative security)为理念、以对话合作为宗旨的东盟地区论坛倡议。Amitav Acharya, “How Ideas Spread: Whose Norms Better? Norms Localization and Institutional Change in Asia Regionalism”, *International Organization*, Vol.58, No.2, 2004, pp.250-275.

展方式和节奏,使大国参与而不是主导,对大国力量进行"软制衡"[①],但是一些大国还是可以突然推出自己的议程,有时候还会与东盟的个别成员联手提出本不是设定议题的问题。

事实上,维护东盟中心地位的最大挑战是其自身内部的向心力和凝聚力。鉴于东盟本身的限制,东盟并不能完全掌控成员国的自我行动,也不能限制成员国发言的自由。比如,2010年越南利用主席国的便利,把南海问题作为主要议题,美国前国务卿希拉里·克林顿就南海问题挑动是非,攻击中国。2012年,菲律宾坚持把本国的立场塞进地区会议公报,损害了东盟地区论坛对话、协商与合作的基本精神。如何让东盟地区论坛的进程转入具有效力的预防性外交阶段,对东盟来说是一个考验。[②] 在构建以东盟为中心的经济开放合作框架中也是这样。一些成员国尽管参与和支持东盟的整体构建,但是在很多情况下,并不受东盟整体议程的限制。比如,新加坡就单独与许多国家签订自贸区协议,步子迈得很大;又如,美国领导跨太平洋伙伴关系(TPP)谈判,新加坡、文莱是发起国,马来西亚、越南参加,这对东盟的中心地位是一个很大的冲击,也是对东盟共同体特别是经济共同体建设的一个巨大冲击。

东盟的大国平衡战略也受到美国"重返亚洲"战略的冲击。美国是超级大国,在亚太和东亚有巨大的利益和影响力。本来,东盟一些国家要利用拉美国介入来平衡中国,但是美国的重返战略使得力量平衡向美国倾斜,东盟一些国家如菲律宾、越南借机拉美国与中国对抗,把东盟的整体平衡战略肢解了。[③] 事实上,美国的过度介入和重树其主导权的行为对东盟的整体团结和发展来说是一个威胁,使一些进程难以按东盟的核心设计发展。在世界与地区力量格局发生重大转变的新形势下,东盟如何找到自己的新位置,如何运用自己的集体力量维护力量平衡,如何维护地区合作的大框架与利益

① 参见陈寒溪:《东盟地区论坛的效力评估——一种理性主义的视角》,《外交评论(外交学院学报)》2008年第5期,第89页。

② 2010年7月在越南河内召开的东盟地区论坛会议上,美国时任国务卿希拉里·克林顿突然提出南海问题,大谈南海国际航行自由问题。此后,南海问题一直成为东盟地区论坛上的一个热门话题。参见《"公关"东盟:中美在地区论坛上合纵连横寻支持》,2012年7月11日,http://www.dfdaily.com/html/51/2012/7/11/822928.shtml。

③ 东盟对南海问题的立场由支持成员国保持克制到试图以美国来制衡中国,反而会削弱自身的整体协调力,威胁东盟的中心地位。参见张洁、朱滨:《中国—东盟关系中的南海因素》,《当代世界》2013年第8期,第52页。

均衡，使自己处在“四两拨千斤”的中心位置，对它来说是一个新的考验。按照预定计划，2015 年东盟就要建成三个东盟共同体了。在复杂多变的东亚和亚太地区，东盟如何维护和进一步巩固其中心地位，还有很多未知数。

当然，值得思考的是，从东亚区域合作的角度来看，“以东盟为中心”也提出了一个东亚区域合作的目标和架构问题。从目标来分析，如果东亚合作的最终目标是建立单一的区域合作机制，那么其路径就可能只有两个选择：一种选择是实现东盟的扩大，吸收其他国家参加东盟，从而扩展成一个以东亚地区为基础的大东盟。这样东盟也就只剩一个名称，内涵和结构都变化了，东盟恐怕不愿意让像中国这样的大国加入。另一种选择是东盟解体，东南亚国家融入更大的区域合作组织之中。那样，“以东盟为中心”也就无从谈起了，也许这正是东盟所担心和尽可能避免的。如果这两个选择都不现实，那么就要思考和设计一个包容的东亚区域合作大框架，既可以保持东盟的存在，又可以让东亚区域合作机制得到发展。

其实，东盟坚持以己为中心所构建的也是一个具有很强包容性的框架。以“区域全面经济伙伴关系”(RCEP)为例，它建设的是 16 个国家大市场，推动的是一个包容的大框架，东盟以一个区域组织的定位参与并发挥领导作用。尽管东盟在 RCEP 的设计和谈判中保持了中心地位和发挥了主导性作用，但是 RCEP 所创建的是一个参与者平等且共享的开放大市场，也就是说，东盟市场被融入一个更大的市场框架之中。东亚的金融合作基本上也是如此，由 13 个国家组成的东亚货币储备基金也没有设立单独的东盟机制。显然，对于功能性大区域机制构建，东盟并不反对，也许东盟所拒绝的是那种能稀释掉东盟的统和的东亚地区制度性构建。这为构建未来东亚区域合作的目标和框架提供了一种视角，比如，把东亚共同体作为一种宽松的包容性地区合作目标和框架，其中仍然可以容许东盟存在，并使其保持“中心地位”，发挥积极的作用，也许东盟会对它给予更大的支持。[①]

三、如何认识东盟共同体

按照规划，到 2015 年年底东盟共同体就要建成了。实际上，东盟共同

---

① 笔者在《中国与亚洲区域主义》(Zhang Yunling, *China and Asian Regionalism*, Hackensack: World Scientific, 2009)一书中，对东亚以利益为基础构建功能性的合作机制进行了深入论述，倡导构建以“开放的区域主义”为原则的东亚区域合作框架。这方面的评论参见王荣艳：《亚洲区域合作的演化、发展与未来——评〈中国与亚洲区域主义〉》，《当代亚太》2011 年第 2 期，第 147—157 页。

体是一个“大厦”，由三根支柱支撑：经济共同体、社会文化共同体与安全共同体。这样的设计是独一无二的，是区域合作制度建设的一个创新，也是东盟包容性原则的一个很好的体现。

建立经济共同体不是要建立超国家的区域管理机制，而是建立单一市场和单一生产基地（single production base）。这也就是说，在自贸区的基础上进一步提高市场开放程度，进一步改善经济发展的环境，加强区域生产网络的链接，降低产业链运营的成本，以促进区内经济的全面发展。东盟经济共同体的基本特征是一个单一的市场和生产基地、一个极具竞争力的经济区、一个经济平衡发展的经济区以及一个与全球经济接轨的经济域，而一个单一的市场和生产基地主要体现在商品自由流动、服务自由流动、投资自由流动、资本自由流动、技术工人自由流动。经济共同体的建设不是走传统的“关税同盟”（成员国对外一致的关税）—共同市场—经济共同体的路子，而是根据东盟的具体情况另辟蹊径。东盟经济共同体是在东盟自贸区（包括东盟投资区、经济合作、各种形式协调）的基础上发展的，实际上是一个升级版的自贸区。2015年是建设经济共同体的时限目标，必须完成一系列必要的指标，但它不是最后的期限，这与欧洲方式很不相同，在此之后还会不断地深化。[①] 事实上，东盟内部有着巨大的差别，而东盟作为一个组织并没有为欠发达成员提供援助的资源，这在很大程度上使东盟内部缺乏很强的“共享认同（shared identity）感”。特别是共同体建设自上而下的认同和推动方式，使得民众对共同体的认知比较弱，许多国家的人民并不知道经济共同体会给他们带来什么好处。[②] 对比一下当年欧盟建立单一市场（single market）的努力，它除了进行完备的立法准备外，还花了很大的气力进行社会宣传和公民教育，以让公民有充分的了解和理解，获得公民最大限度的支持。迄今，东盟在普及有关东盟共同体的宣传和教育方面所做甚少。

根据《东盟社会文化共同体行动计划》，社会文化共同体的目标主要是：共建社会关爱，共同应对贫困、平等和发展问题；提高人力资源的竞争力，推动建立社会保障体系，以应对经济一体化带来的社会影响；推动可持续发展

---

① 有学者认为，东盟经济共同体实质上是一个“超自贸区”。参见刘鸣：《2015年东盟经济共同体：发展进程、机遇与存在的问题》，《世界经济研究》2012年第10期，第84—85页。

② David Lozada, “ASEAN Economic Community: Are We Ready for 2015?”, 2013-4-26, http://www.rappler.com/move-ph/27543-asean-economic-community-readiness-2015.

和良好的环境治理;提升社会凝聚力的基础等。社会共同体的基础是相互理解、睦邻友好和共同的责任,保护人权及社会正义。而文化共同体的基础是尊重多样性发展,加强相互交流、借鉴和学习。东盟社会文化共同体不是推行共同的社会政策和共同的文化与价值观,而是发展互助合作、相互尊重与学习的精神,建立一个和睦共处、相互支持、共享安康的地区。[①]东盟社会文化共同体的一个突出特征是,其内容不仅涉及社会公平问题、文化认同问题,而且还涉及环境、生态保护等问题,强调把东盟所在地区建成一个可持续发展的地区。[②]

安全共同体的目标是维护地区的共同安全。但它不是通过加强东盟组织的集体维护能力来实现的,而是靠加强内部协调、降低发生冲突的风险、消除或者削减危及安全的因素来达到。东盟安全共同体的建设坚守尊重国家主权、互不干涉内政和不使用武力的原则,致力于创建内部的和平环境,具体举措包括非核化、避免军备竞赛、不使用武力和不以武力相威胁、和平解决争端、培养和平意识与责任等。显然,东盟安全共同体所创建的地区安全,并不是以集体的安全力量解决对安全的威胁,或者通过成员国让渡国家的安全管理权提升集体的管理权来解决,而是通过集体达成共识,对危及和平的行为进行规范来实现。[③]

东盟的安全涉及对外关系,因此,处理好与外部国家的关系特别是与大国的关系十分重要。东盟采取对话合作、力量平衡的战略,即与外部国家进行政治与安全对话,开展协商与合作,构建以东盟为中心的大国力量平衡机制,消除外部力量在本地区发生对抗与战争的可能。东盟制定了《东南亚友好合作条约》和《东南亚无核武器区条约》。作为东盟的对话与合作伙伴,各国都需要签署这两个条约,承诺遵守条约的原则。

① "The ASEAN Socio-Cultural Community Plan of Action", 2012-6-14, http://www.asean.org/16832.htm.

② 韦红认为,东盟的社会文化共同体设计超出以往东盟社会文化合作的范畴。参见韦红:《东盟社会—文化共同体的建设及其对中国的意义》,《当代亚太》2006年第5期,第54页。

③ 尊重国家主权、不干涉内政,构成了东盟安全共同体的独有特征。参见韦红:《东盟安全共同体的特征及中国在其建设中的作用》,《国际问题研究》2007年第2期,第61页。不过,也有观点认为,东盟不是绝对不干涉,而是在可能的范围内进行调整,对涉及东盟重要利益的问题"进行公开的和开诚布公的讨论",以施加压力。Hiro Katsumata, "Why Is ASEAN Diplomacy Changing from Non-interference to Open and Frank Discussion", *Asian Security Survey*, Vol.44, No.2, 2004, pp.237-238.

由“盟”(association)到“共同体”(community),这是一个历史性的转折。[①] 这是因为,一则,共同体的建设有了经成员国签署的法律文件——《东盟宪章》。《东盟宪章》从起草(2004 年)到通过(2007 年),历经三年,先是成立名人小组就宪章的框架与原则提出建议,后由高官提出宪章草案交由首脑会议讨论通过,最后再由各成员国签署。鉴于宪章经过各国的议会(国会)批准,落实宪章就是每个成员国必须承担的法律义务。二则,东盟由此具备了法人身份,成为代表成员国的国际组织。这样,其他国家就可以向东盟派驻大使,发展与东盟的关系,从而使东南亚地区“有一个稳定的地区秩序”。三则,构建支持东盟共同体发展的管理制度,使其有一个“内聚性的制度框架来管理”,变成一个“更有效率的组织”。[②]

东盟共同体建设按照“东盟方式”进行。它不像欧洲统一大市场建设那样,需要制定几百项的法律,把每一个方面的问题都用法律的形式加以固定,什么都要“依法办事”。东盟共同体建设是靠落实成员国达成共识的建设指标,各成员国都为完成这些指标做出具体的努力。当然,一个具有挑战性的问题是,到 2015 年年底,当东盟宣布建设共同体的指标基本达到时,人们会看到一个与之前不同的东盟吗?[③]

结 语

其实,真正了解和理解东盟不易,因为东盟的发展并没有一个明晰的定式,“东盟方式”也是存在于发展的进程之中,具有“足够的灵活性”。东盟基于本地区的特点,必须找到聚合点,为各方所接受,这正是东盟方式的内核。欧盟是法德共同推动,实际上是大国领导;欧盟采取加权投票的决策方式,实际上是按规模和实力来决定重大事务;欧盟靠法律来夯实合作,实际上是靠超国家的区域法律来进行治理。而东盟却实行“大小国家一律平等”,靠协商来形成“集体共识”,靠政治承诺来落实计划,靠“道德与责任”来进行治

① 参见张锡镇:《东盟的历史转折:走向共同体》,《国际政治研究》2007 年第 2 期,第 130 页。

② Lee Hsien Loong, “Plenary Remarks at the ASEAN Summit”, 2007-11-21, http://www.asean.org/21063.htm.

③ 有人认为,东盟不是要建立一个高度一体化的共同体,而是要建立一种成员国政府和行政部门相互配合、采取有限协调行动的框架。David Martin Jones, Michael L. R. Smith, “Making Progress, Not Progress: ASEAN and the Evolving East Asia Regional Order”, *International Security*, Vol.32, Issu.1, 2007, pp.148-184.

理。正如新加坡外交部巡回大使许通美曾说，欧洲联合走的是非民主的道路，而东盟合作走的才是民主的道路。因为在东盟，大国不能领导，东盟干什么都需要充分考虑各成员国的利益和意愿。[①] 在东盟成员中，中小国家多，发展差别大，它的吸引力所在是“灵活”与“包容”。人们经常说，信赖是合作之基。其实，信赖也不是与生俱来的，而是克服不信赖的结果。在东盟发展的进程中，信赖与不信赖并存。但是，东盟为何能够吸引所有的东南亚国家参加，那是因为各国对东盟合作进程比较信赖，因为大家都有一个共识，那就是只有东盟能使东南亚走向和平与发展，各方能够从参与中得到好处。因此，尽管东盟发展本身存在诸多问题，但成员国都有一个基本共识，那就是尽可能合力维护东盟的存在，并且不断取得进步。也许，在外人眼里东盟所取得的许多进步有些“令人失望”，但是对于东盟成员来说，任何小的进步都是难得的。

东盟缺乏强有力的落实机制和惩罚机制，因为它主要的定位就是一个推动合作的组织，而不是一个超国家的管理组织。即便是建成了共同体，东盟的这个特性也是会继续存在的。东盟实行“舒适性原则”，也就是说，推进合作的进程要使成员国感到“舒适”(comfortable)。“舒适性原则”的本质是考虑成员国的差别，是能把所有成员聚拢起来的一个方式，是让那些欠发达的成员能够不掉队的办法，这也就是“包容性原则”。但“舒适性原则”会导致一些成员国对落实计划缺乏诚意，从而使实际落实的成果大打折扣。从未来发展看，按东盟方式建设的共同体也会面临“令行”和“规守”的问题。特别是面对新的发展形势和对外关系格局，东盟需要发挥更强的作用，让地区获得新的发展活力，让地区保持稳定和团结。不过，这些问题只能在发展中逐步找到适宜的解决方式。

（本文原载于《当代亚太》2015 年第 1 期，略有调整）

---

① 许通美大使于 2013 年 10 月 23 日在第 8 届中新论坛上的发言。笔者参加了会议，这里根据记忆直接引用。

东盟50年

——在行进中探索和进步

2017年是东盟建立50周年。东盟50年是一个不断探索和取得进步的过程，它所创建的“东盟方式”有别于欧美的思维方式和制度设计，体现了亚洲的思想、文化精神，具有深刻的现实意义。东盟在维护成员国主体地位和坚守不干涉原则的基础上，通过协商合作凝聚共识，使战乱、贫穷的东南亚地区走向和平、稳定与发展。“东盟方式”既是东盟发展的导向仪，也是其可持续发展的保障，对东亚合作也具有现实的意义。

一、东盟发展的成效

东盟50年，最为重要的是进程没有中断，创建了符合东南亚区情的“东盟方式”。“东盟方式”基于共识原则，更体现为责任精神，孕育在东盟的发展进程之中。中国与东盟打交道让“中国方式”与“东盟方式”寻求对接，尽管双方存在诸多矛盾，但总的来说维护了稳定与合作的大势。

从东盟的规模看，东盟从最初的5国逐步实现扩大，先后吸纳了文莱（1984年）、越南（1995年）、老挝和缅甸（1997年）、柬埔寨（1999年），使成员国扩大到10个，实现了东南亚地区的全覆盖，即把所有的东南亚国家都纳入一个区域合作组织的框架之中。

从东盟取得的成绩看，最重要的是实现了东南亚地区的和平与发展。和平来之不易，因为东南亚地区曾是一个矛盾多、战乱不止的地区，通过地区组织的协调与推动，如今成为大局稳定与和平的地区。东盟以推进经济合作为重心，逐步由优惠关税区到自由贸易区，再到共同体，实现了具有法律地位的区域组织构建。

从外部关系看，东盟利用自己的区域组织地位，构建起与其他国家的对话、协商与合作机制，逐步构建起多个"以东盟为中心"的平台，就双边、地区以及世界的重要问题开展对话、发展合作，大大提升了东盟在地区事务中的地位和影响力。[①]

50年来，东盟一直遵从平等参与、协商对话、发展合作的原则，抓住和平与发展这个最大的公约数，求同化异，以包容和耐心集聚合力，其所创建的"东盟方式"独具特色。"东盟方式"借鉴了欧洲合作的经验，以区域合作创建区域和平与发展，但是没有沿袭欧洲的路子，以区域合作（cooperation）而不是区域治理（governance）来实现区域的利益聚合，以共识而非法治来推进合作进程。[②]

在笔者看来，"东盟方式"的内核是亚洲文明中的宽容与包容性精神，即尊重多样性、照顾差别性和进程渐进性。[③] 当然，在推进区域合作进程中，这些既是优点，也是缺点。前者使进程可持续地行进，并取得不断的进步，后者则有时会成为进程的障碍，使共识难以达成，或者使一些共识得不到落实。这就是为何人们对东盟的评价会出现很大的分歧。当审视东南亚因为有了东盟而成为一个稳定、和平与发展的地区时，东盟的存在和发展功不可没；而当研判其作为地区组织在推进合作进程上往往软弱无力时，东盟不像是一个成功的区域组织。

如今研究东盟，特别是审视东盟50年的历程，需要一些新的视角，特别需要有亚洲的视角，即基于亚洲的历史、政治、文化来进行思考，因为以往的区域理论和实践大都以欧洲的合作为模板，成功与否基本上以是否逐步提升区域治理的水平为标准。欧盟的危机包括欧债危机、英国退欧等表明，现实的"欧盟模式"并非一个完美的模式，也并非一个固化的结构。所谓模式，无非指方式与结构，它们实际上是变量，是在发展中不断调整的。

世界其他地区构建的区域合作机制不少，东盟算是成功或者说是比较成功的一个。其突出的特征是进程不间断，一直往前走，不断取得进步，对

---

① 在地区事务特别是地区经济合作构建中，东盟被认为由一个被动追随者转成一个积极参与者和议程设计者，发生了地位的转变，确立了东盟的中心地位。参见张伯伟、温祁平：《东盟地位的历史变迁——区域经济一体化视角的考察》，《亚太经济》2010年第5期，第9页。

② 有人认为，东盟的议程整合是通过协商一致来实现的，其基本方式不是强求成员国牺牲自己的利益符合地区进程，而是让地区进程尽可能有利于成员国议程。参见周士新：《东盟整合的议程选择》，《世界经济与政治论坛》2011年第4期，第114—115页。

③ 这方面的详细分析参见张蕴岭：《如何认识和理解东盟——包容性原则与东盟成功的经验》，《当代亚太》2015年第1期，第4—20页。

本地区和相关地区的和平与发展发挥着建设性的作用。东盟的发展没有出现大的危机[①],原因可能在于其灵活性特征所提供的内在生命力。在当今世界和地区处于一个大转变时期、多重矛盾交织之时,也许"东盟方式"所提供的经验和启示有着非同寻常的意义。

二、独具特色的发展进程

从东盟发展的进程来分析,可以大体分为两个大的阶段:整合与机制构建阶段、深化与制度化建设阶段。

(一)整合与机制构建

这个阶段大体从东盟成立到20世纪90年代末。在此阶段,最重要的文件当然首推宣告东盟成立的《曼谷宣言》。该宣言最重要的意义是确立了东南亚区域合作的新目标,即遵循平等与伙伴精神,推动东南亚的区域合作,以促进本地区的和平、进步与繁荣,通过共同的努力为一个繁荣与和平的东南亚国家共同体奠定基础,明确东盟向所有认同该组织目的和原则的东南亚国家开放,确立东盟代表东南亚国家的集体意志,基于友谊与合作联合在一起。《曼谷宣言》只有一页纸的文字,不是法律文件,只是5个国家外长们的一纸声明,它所宣布成立的也只是一个国家间的协作机制。尽管如此,它对于东南亚地区来说是一个新的起点,是一个新的里程碑。

东南亚国家走到这一步并不容易。近代,东南亚地区被西方殖民主义占领,大多数国家成为英国、法国、荷兰的殖民地,受到日本的侵略,直到二战以后,各国才先后获得独立。1955年,美国纠集英国、澳大利亚、新西兰、巴基斯坦以及泰国和菲律宾成立了东南亚条约组织[②](Southeast Asia Treaty Organization, SEATO),该组织虽然冠以"东南亚",但却只有两个东南亚国家参加。1961年,泰国、马来亚和菲律宾作为发起国成立了东南亚联盟(Association of Southeast Asia, ASA)。不过,次年因为马来亚与菲律宾发生领土争端以及马来西亚与新加坡分治,该机构陷于瘫痪。1967年成立的东南亚国家联盟(简称"东盟", Association of Southeast Asian Nations,

---

① 1997年的金融危机发生在东盟,但并不是东盟本身的发展造成的。当时,东盟在应对危机上缺少手段且实力不足,但是做了两件大事:一是对内做出了加大市场开放力度的决定;二是邀请中日韩对话合作,共同应对危机,开启了东亚合作的进程。具体内容见本文之后的分析。

② 该组织直到1975年才宣布正式解散。

ASEAN)取代了原来的“东南亚联盟”,不过,这不是简单的取代,而是区域合作运动的一个新生。“东南亚联盟”成立的初始动机是政治与安全,主要是捍卫民族独立和防止共产主义势力扩张[①],而东盟则明确了通过平等合作构建东南亚国家共同体的目标,特别是在组织名称中增加了“国家”(nations),显然意在突出其独立国家联合体的特性。

东盟发展中的一个重要进展是1976年通过了《东南亚友好合作条约》(Treaty of Amity and Cooperation in Southeast Asia, TAC)。这是经东盟成员国批准生效的一份具有法律效力的文件,它为东盟成员间国家关系和构建地区合作机制制定了基本的原则,同时,由于它向所有遵守条约的域外国家开放,因此也具有规范地区关系和秩序的功能。该条约所确立的基本原则包括:相互尊重独立、主权、平等、领土完整和国家主体(identity);不受外来干涉、颠覆和迫胁;不干涉内政;和平解决争端与开展有效合作。正如该条约的名称所标明的,其宗旨是友好(amity)与合作(cooperation),因此,条约在总则里特别规定,应理性(rational)、有效(effective)和通过足够灵活的过程(sufficiently flexible procedures)解决争端。这一点突出体现了东盟的包容性特色。[②]

尽管这个时期东南亚地区仍为战乱、冲突所困,比如美国在越南扩大战争和退出、越南侵略柬埔寨、一些国家出现共产主义运动等,但东盟已经开始在推动地区和平上发挥作用,比如出面调解马来西亚和菲律宾的领土争端、马来西亚与印尼的海域争端,特别是在结束印支战争和柬埔寨的政治解决等方面发挥了积极的作用。在经济领域,东盟开始推动成员国间的贸易特惠制,开展金融合作,成立用于支持地区发展的东盟金融公司等。[③]

其后,东盟最突出的一个进步是实现了其对东南亚地区的全覆盖。冷战结束为东南亚地区的和解与和平创建了新的环境,越南、老挝、缅甸和柬埔寨先后加入东盟。这样,所有东南亚地区的国家被纳入一个统一的区域

---

① Sharon Siddi and Sree Kumar, eds., *The Second ASEAN Reader*, Singapore: ISEAS, 2003, p.3. 有人把它具体总结为三个考虑:反对共产主义运动扩张、吸引美国等西方国家援助以及促进地区合作。Yoshiyuki Hagiwara, “The Formation of ASEAN”, in Sharon Siddi and Sree Kumar, eds., *The Second ASEAN Reader*, Singapore: ISEAS, 2003, p.4.

② “Treaty of Amity and Cooperation in Southeast Asia”, 1976-2-24, http://www.mofa.go.jp/region/asia-paci/asean/treaty.html.

③ 1976年召开的第一次东盟首脑会议是一个重要的进展,开启了东盟自主设定合作议程的进程,这是最为突出的政治成就。参见张锡镇:《当代东南亚政治》,广西人民出版社1994年版,第443—445页。

合作机制之内，这是具有历史意义的发展，是东南亚地区发展史上的一个重要转折，不仅对东南亚地区，而且对东亚和亚太地区的发展都具有重要的影响。

1992年，东盟通过了《新加坡宣言》，它为冷战结束后东盟推进新的进程提出了新的愿景，即提升东盟的政治和经济合作水平，对外发挥更为积极的作用。具体来说，最重要的决定是制定《加强经济合作框架协议》，构建东盟自贸区，在15年内把内部关税降到0—5%。在制度化建设方面，决定每三年召开一次首脑会议，将东盟秘书处秘书长改称为东盟秘书长，这标志着东盟的决策走上程序化和工作机制常规化的正轨。①

东盟还开始在对外关系构建上采取积极措施。1994年，东盟创建了东盟地区论坛(ARF)。该论坛的宗旨是就亚太地区政治安全问题与其他国家开展建设性对话，针对实施信任措施、核不扩散、维和、军事情报交换、海上安全和预防性外交领域开展合作。论坛以对话为基础，力图逐步提升合作的水平，制定了三阶段合作议程，即促进建立信任措施、推进预防性外交和探讨解决冲突的方式。自创建以来，该论坛一直没有间断，尽管在深化方面进展缓慢②，但它成为亚太地区最重要的集一、二轨(官方与非官方)为一体的政治安全对话平台，发展到包括美国、欧盟在内的27个成员。1996年，东盟还倡导成立了亚欧会议，就东亚与欧盟之间的合作开展对话，推进合作。

1997年发生的金融危机让东盟经历了发展进程中最严峻的考验。金融危机起于泰国，迅速扩展到整个东盟，让东盟所有的成员陷入了前所未有的经济危机。东盟本身并没有资源可以用来解决危机，只有尽可能发挥区域组织的“动员功能”来积极应对危机，为此采取了两条重要的举措：一是邀请中日韩三国对话，开展合作，由此开启了东亚合作的进程；二是阻止保护主义蔓延，以加快市场开放进程为市场增添信心。③ 事实证明，这两条措施是有效的。可以设想，如果没有东盟作为区域组织存在，东南亚就可能陷入“各自为政”和“以邻为壑”的保护主义灾难，势必加重危机。

---

① “Singapore Declaration”, 1992-1-28, http://cil. nus. edu. sg/rp/pdf/1992%20Singapore%20Declaration-pdf.pdf.

② 按照设计，东盟地区论坛的合作应该逐步提升，由通过对话建立信任措施到采取实际措施开展预防性外交，再到实施干预冲突的具体行动。但目前尚未进入第二阶段。

③ Koichi Hamada, Mitsuo Matsushita, Chikara Komura, eds., *Dreams and Dilemmas: Economic Friction and Dispute Resolution in the Asia-Pacific*, Singapore: ISEAS, 2000, pp.24-25.

1999 年，柬埔寨在实现国内政治稳定的基础上加入了东盟。这样，东盟就完成了其整合与机制构建的阶段：一则所有东南亚国家均加入了一个统一的区域组织；二则东盟的基本合作原则与框架得以确立。这看起来是一个缓慢的过程，但从历史发展的角度看，是一个具有深远意义的转变。

（二）深化与制度化建设

迈进新千年的东盟，其发展进入一个新的时期，主要取向是以制度化构建为基础，深化合作进程。

对于东盟的发展来说，最为重要的进步是 2003 年通过《东盟协调一致第二宣言》，即《巴厘第二协约宣言》，提出到 2020 年建成经济、安全与社会文化共同体；2005 年决定制定《东盟宪章》，以法律为指导开展共同体建设。2007 年，东盟成员国通过《东盟宪章》；2008 年，《东盟宪章》生效。这是东盟发展的一个新里程碑，表明东盟由一个松散的国家合作机制转向一个具有法律地位的区域共同体实体。[①]

后来，原计划 2020 年建成的共同体进程被提前到 2015 年，东盟按时宣布了三个共同体成立。事实上，东盟共同体的建设是一个不断深化的进程，2015 年应是共同体的成立之年，而不是建成之年，其后深化建设的历程还会持续下去。[②]

从东盟的对外关系来说，鉴于东盟共同体具有独立的法律地位，代表成员国的集合利益开展工作，各国开始向东盟派驻大使。这样，各国与东盟国家的关系也就形成了“双轨”：一轨是与各个成员国，另一轨是与东盟区域组织。

进入 21 世纪，东盟取得的另一个大的进步是构建自贸区网络。2000 年，中国向东盟提议构建中国—东盟自贸区，东盟立即同意，由此开启了以“10＋1”为框架的自贸区建设。[③] 此后，东盟先后与韩国、日本、澳大利亚、新

---

① 值得注意的是，共同体的称谓是东盟（经济、安全、社会文化）共同体，不是东南亚共同体，因此，共同体是东盟合作机制的提升，不是以一个全新的组织替代原来的东盟。本文用的是“宣布三个共同体成立”，而没有用大家通常说的“建成”，意在表明 2015 年实际上是东盟三个共同体建设的开始。

② 2015 年年底，就在宣布建成之时，东盟通过了《2025 年吉隆坡宣言：携手行动》《东盟迈向 2025 年愿景》《2025 年经济共同体蓝图》等一系列文件，确立了到 2025 年的建设目标。具体分析参见王勤：《东盟经济共同体的形成与发展——兼论东盟经济共同体与“一带一路”倡议》，《学术前沿》2016 年第 19 期，第 30—32 页。

③ 尽管它是由中国提出的倡议，但在结构上是以东盟为中心，由东盟主导谈判进程，这与东盟坚持以东盟为中心所构建的“10＋1”对话机制和其他地区对话机制框架结构一致。

西兰以及印度谈判建设自贸区。2011 年,东盟决定启动区域全面经济伙伴关系(RCEP)的构建进程。2012 年,东盟与中国、日本、韩国、澳大利亚、新西兰和印度 6 国达成共识,开启 RCEP 谈判。目前,谈判尚在进行之中,计划在 2017 年年底完成基础谈判。RCEP 不同于以往的多个"10+1"自贸区框架,而是东盟与其他 6 国统合在一个自贸区框架之内,这有助于实现东盟经济共同体与其他成员国经济的链接,为构建更大区域范围的经济共同体奠定基础。[①]

东盟 50 年,一路走来并非一帆风顺。在其发展进程中,经历了两次严峻的考验:一是印支战争,东南亚地区陷入严重分裂和对抗,东盟通过加强自身的团结,积极推进和平进程,最终把所有的国家纳入一个统一的地区合作框架,让东南亚走上联合与合作之路;二是金融危机,整个东盟陷入空前的灾难,货币贬值、经济衰退、资本外逃,一些国家的经济一下子后退数年。东盟启动了东亚合作(东盟+中日韩)进程,无论是对于获得外部支持,救助陷入困境的金融机构,还是对于稳定地区经济形势,提振市场信心,都起到了积极的作用。同时,2008 年世界性金融危机之后,面对增强的保护主义和失信的市场,东盟决定推动更大区域的 RCEP 建设进程,这对维护以开放发展为基础的全球化,对整合东亚地区市场、挖掘新的发展动力具有积极的意义。

通过东盟,东南亚地区实现了和平与发展,这是很了不起的。东盟一步步往前走,得益于成员国坚持不懈地推进合作进程。二战后的东南亚无论是内部环境还是外部环境都很不好,欧洲走联合创建和平的先行经验的确为东南亚提供了重要的启示,但东南亚地区与欧洲的形势不同,必须寻求符合东南亚情况的联合方式。其中,最重要的是创建一种基于维护国家主权、独立自主的合作方式和一种让参与国家感到"舒适"(comfortable)的环境,这就是具有东南亚特色的"东盟方式"。

三、"东盟方式"的特点与内涵

关于"东盟方式",东盟的官方文件并没有给予清晰的规定,实际上是对东盟在发展进程中所认定并且实施的一系列原则、方法的总结,它所体现的

① 东盟+中日韩机制提出构建东亚经济共同体的目标,既然有了 RCEP,未来的经济共同体理应以此为基础。不过,从自贸区走向经济共同体并非直通车。

是东盟成员国坚守的共识性价值观，也是在实践中探索的经验。简单地说，“东盟方式”的核心是两条：一是一致性（consensus），即东盟所采取的任何行动都需要得到各个成员的一致同意，也就是取得共识；二是不干涉（non-interference），这既包括不干涉成员国的内政，也包括不用干涉的手段（包括军事和非军事的）解决争端。[①] 其实，“东盟方式”的基本原则很好地反映在指导东盟成立的《曼谷宣言》和规范成员国关系的《东南亚友好合作条约》里，在《东盟宪章》里也有清晰的规定。鉴于原则是通过具体的行动进程来体现的，“东盟方式”也被称为成员国间交往与合作的进程，而这个进程体现为成员国间的一种非正式的一致性构建与非冲突性的讨价还价过程。[②] 把“东盟方式”归结为一种进程（process）是非常贴切的，因为东盟推动的议程大都是要经过一个反复协商、不断修订和逐步增进的过程，共识是在过程中逐步形成的。[③] 如果把“东盟方式”称为一种进程，就笔者的理解，其 50 年的进程体现出了显著的特点与丰富的内涵。

（一）机制构建的要旨是探索新的相处之道

在笔者看来，东盟的区域对话合作机制构建的初衷是寻求新形势下东南亚国家如何相处，而新相处之道的理念是走出旧秩序的阴影，构建基于和解、和睦与合作的新型国家间关系与区域秩序。因此，从这个角度来说，“东盟方式”的基本功能设计是引导各国在新的理念下相处，而不是构建对区域事务进行管理的制度。[④] 这与欧洲合作理念不同，因为欧洲联合的出发点是设立一整套法律规则和构建一系列超国家区域性职能机构，对地区事务包

---

① Taku Tamaki，“Making Sense of ‘ASEAN Way’：A Constructivist Approach”，2006-7-13，http://paperroom.ipsa.org/papers/paper_5293.pdf.

② Amitav Acharya，*Constructing a Security Community in Southeast Asia：ASEAN and the Problem of Regional Order*，London：Routledge，2001，pp.206-210.

③ “东盟方式”下的过程也被称为一种非正式、广泛、深入和细致的协调过程。Amitav Acharya，*Constructing a Security Community in Southeast Asia：ASEAN and the Problem of Regional Order*，London：Routledge，2001，pp.206-210. 也有学者把它称为一个“互动进程”，通过互动实现协调和规范。Alastair Ian Johnston，“The Myth of ASEAN Way? Explaining Evolution of the ASEAN Regional Forum”，in Helga Haftendorn and Robert O. Keohane，eds.，*Imperfect Unions：Security Institutions over Time and Space*，Oxford：Oxford University Press，1999，pp.321-325.

④ 笔者在一篇文章中提出，东盟追求的目标不是实现地区的统一性，而是在区域合作框架内实现成员国间以及东盟国家与外部国家的和谐共处，维护东盟的多样性是东盟合作的基础。参见张蕴岭：《如何认识和理解东盟——包容性原则与东盟成功的经验》，《当代亚太》2015 年第 1 期，第 4—20 页。

括国家间关系进行管理。[①]

《曼谷宣言》和《东南亚友好合作条约》都强调东盟尊重国家主权、坚持不干涉内政与和平解决争端原则,这被认为是"东盟方式"的核心。其实,这些原则并非东盟独有,它们都载入了《联合国宪章》、和平共处五项原则等文件。关键的问题是如何坚守和落实,在这方面,"东盟方式"显示出了独特的效力。[②] 东盟成立之初,印度尼西亚与马来西亚、菲律宾与马来西亚之间存在海域和领土争端,后来柬埔寨与泰国、泰国与缅甸之间也发生了领土争端。面对这些争端,东盟并没有袖手旁观,但也没有直接干预,而是发挥"软实力",创建适度环境,力求让争端方平静下来,缓解气氛,寻求退路,要么先搁置,要么一方或双方让步,或者支持它们诉诸国际法院。[③] 事实证明,这样的方式是有效的,让成员国在"舒适的"气氛中学会友好与和平相处。[④]

在应对地区冲突和成员国国内政治方面,对东盟最严峻的考验有两个。一是如何应对柬越战争。东盟没有采取组织力量"以暴制暴"的办法,而是充分利用国际组织,利用与中国的合作,积极参与国际和平构建进程。在此之后,吸收越南和柬埔寨先后加入东盟,通过和平共处化解积怨,让它们成为合作的伙伴,融入区域合作发展进程。[⑤] 二是如何处理与缅甸军政府的关系。西方大国均对缅甸采取了严厉的制裁措施,并向东盟施加压力使其对军政府实施制裁,而东盟采取了"积极与建设性接触"(positive and constructive

---

① 东盟采取这样的方式,主要还是因为东盟成员的主体意识居主导地位,东盟意识弱。参见宋宝雯、方长平:《"东盟方式"与东盟对区域合作的主导作用》,《中国青年政治学院学报》2013年第5期,第119页。

② 原则的落实要与自身的"社会文化精神"相联系,符合"亚洲价值观"。尽管东南亚国家有多样的宗教文化,如儒教、伊斯兰教、天主教等,但也存在普遍接受和认可的"亚洲价值观",比如强调集体主义、重视社会原则和秩序等,这些都体现在"东盟方式"的内涵精神之中。Kim Hyung Jong, "ASEAN Way and Its Implications and Challenges for Regional Integration in Southeast Asia", 2007-12-27, http://e-journal.um.edu.my/filebank/published_article/454/Kim%20Hyung%20Jong-ASEAN%20Way.pdf.

③ 在泰国与柬埔寨关于柏威夏古寺附近土地的争端和印度尼西亚与马来西亚关于苏拉威西海海域的争端中,东盟都没有直接介入,但是东盟的存在以及各方的区域合作意识还是对和平解决争端发挥了重要的作用。参见姜美玲:《从案例看东盟国家领土争端的和平解决方法》,《中国地质大学学报》(社会科学版)2013年增刊,第186—189页。

④ 《东盟宪章》对于没有遵守宪章的成员国并未设立专门的惩罚条款,而是把问题交由首脑会议,这被认为是反映了东方文化的一种特征,为纠正行为提供了空间,避免产生严重对立。参见赵少群:《从〈东盟宪章〉看东盟的决策机制》,《法学论坛》2012年第5期,第153页。

⑤ 东盟利用区域组织的影响力,对柬埔寨问题进行建设性介入,实现了政治解决,这被认为是东盟作为区域组织发挥积极作用的一个成功案例。参见卢军:《东盟安全机制的有效性与局限性》,《东南亚纵横》2011年第9期,第10页。

engagement)方式，支持缅甸军政府制定有时间表的和平过渡方案。[①] 事实证明，这样的方式维护了缅甸自身的稳定与和平转型，避免了可能发生的暴力性动乱。此外，在对待泰国的军事政变上，东盟也采取了包容性的方式，支持其进行和平与稳定的政治转型。

当然，“不干预”本身既是优势，也是劣势，因为在很多情况下，“放任”不仅会拖累合作进程，增加内部不满情绪，也会影响到与外部的关系。这也是东盟招致批评甚至是责难的主要原因。不过，如果考虑到东南亚地区关系和秩序的复杂性，在推进合作进程上往往会“欲速则不达”，特别是在整合与机制构建阶段，耐心往往是成功的前提。

东盟共同体的建设坚持走“东盟方式”之路。比如社会文化共同体的建设，其目标主要是共建社会关爱，共同应对贫困，实现公平发展，构建社会保障体系，提升社会凝聚力。社会共同体重在培育相互理解、睦邻友好和共同责任，保护人权及社会正义，而文化共同体则强调尊重多样性发展，加强相互交流、借鉴和学习。东盟社会文化共同体不是推行共同的社会政策或共同的文化与价值观，而是增强互助合作、相互尊重与学习，建立一个和睦共处、相互支持、共享安康的地区。[②]东盟安全共同体的建设也不是通过加强东盟组织的集体维护能力来实现的，而是靠加强内部协调，降低发生冲突的风险，消除或者削减危及安全的因素来实现。[③] 为此，东盟安全共同体的建设坚守尊重国家主权、互不干涉内政和不使用武力的原则，致力于创建内部的和平环境，培养和平意识与责任等。这样，创建地区安全不是以动员集体军事力量对付安全威胁，而是通过集体达成共识，对危及和平的行为进

① 在东盟内部，也存在一定的分歧，一部分人主张采取积极的干预主义方式。在对待缅甸军政府问题上，曾经出现过是采取介入、积极干预、排斥还是建设性接触等争论。曾任东盟秘书长的素林就提出带有干预含义的“灵活接触”主张，印度尼西亚外长提出“三驾马车”介入方式，但东盟还是坚持了“积极与建设性接触”方式。参见范宏伟：《东盟对缅甸“建设性接触”政策评析》，《国际问题研究》2012 年第 2 期，第 31—33 页。针对东盟共同体的功能，有人提出东盟应对地区事务采取更为积极的干预方式，参见 Rizal Sukma，“ASEAN Beyond 2015：The Imperatives for Further Institutional Changes”，ERIA Discussion Paper Series，Jan. 2014。

② “The ASEAN Socio-Cultural Community Plan of Action”，2012-6-14，http://www.asean.org/16832.htm.

③ 东盟的安全治理被认为是一种国家中心治理模式，主权国家是安全治理的主体。参见金新、黄凤志：《东盟区域安全治理：模式、历程与前景》，《世界经济与政治论坛》2013 年第 4 期，第 2—3 页。

行规范来实现。[①]

对外，东盟采取对话合作、力量平衡的战略，即与外部国家进行政治与安全对话，开展协商与合作，构建以东盟为中心的大国力量平衡机制，消除或者降低外部力量在本地区发生对抗与战争的因素或风险。东盟对话与合作伙伴都签署东盟制定的《东南亚友好合作条约》和《东南亚无核武器区条约》，承诺遵守条约的原则。由此，“东盟方式”所创建的相处原则延伸到其他国家，包括中国、美国、日本、俄罗斯、印度各大国，这也许正是东盟提升其软实力的方式。[②]

（二）走开放与合作发展之路

东南亚国家经济落后，东盟本身缺乏可用于支持区域合作和各国发展的资源。在此情况下，东盟选择了推动成员国间的市场开放，创建区域开放环境，吸引外部资源，推动区内外合作，加快发展的方式。1977 年，东盟开始启动特惠贸易安排（PTA），旨在减少内部贸易和投资障碍，改善区域市场环境。1992 年，东盟开始建设东盟自由贸易区（AFTA），从执行共同有效普惠关税方案（简称“普惠关税方案”，CEPT）开始，采取了逐步加快开放的积极有作为策略。[③]

东盟构建自贸区的首要目标不是大幅度增加内部贸易和投资，而是通过推动市场开放，改善区内市场环境，增强对外部资源投入的吸引力。东盟

---

① 韦红认为，尊重国家主权和不干涉内政构成了东盟安全共同体的独有特征。参见韦红：《东盟安全共同体的特征及中国在其建设中的作用》，《国际问题研究》2007 年第 2 期，第 61 页。不过，也有学者认为，东盟不是绝对不干涉，而是在可能的范围进行调整，对涉及东盟重要利益的问题“进行公开的和开诚布公的讨论”，施加压力。Hiro Katsumata，“Why Is ASEAN Diplomacy Changing from Non-Interference to Open and Frank Discussion”, *Asian Security Survey*, Vol.44, No.2, 2004, pp.237-238.

② 对于“东盟外交共同体”的质疑一直存在，一个重要的问题是，以西方的安全构建理论和范式对应，总是难以说明“东盟方式”的独特性质，只能从东盟发展的历史、实践中寻找。参见季玲：《历史、实践与东盟安全合作进程》，《外交评论（外交学院学报）》2014 年第 5 期，第 87—89 页。也有人认为，在自身与地区安全上，东盟扮演一种“平衡手”的角色，与大国共舞。参见李松韩、王森：《与大国共舞——东盟的大国平衡战略》，《东南亚纵横》2012 年第 9 期，第 3 页。

③ 普惠关税方案根据成员发展的水平，实行了快速减让（分为 10 年和 7 年）与常速减让（分为 10 年和 15 年）的分步走办法。东盟根据发展的需要和可行性，不断加快市场开放的速度。1994 年，东盟决定把建成自贸区的时间由 15 年缩短为 10 年。1997 年发生金融危机之后，东盟的经济发展遇到极大的困难，在此情况下，东盟成员没有退回到保护主义，而是提出了加速开放的战略，老成员承诺到 2000 年完成自贸区建设，对新成员（越、老、柬、缅）给予缓冲期（3—8 年）。1999 年，东盟又决定 6 个老成员到 2015 年、新成员到 2018 年完全实现零关税。具体分析参见张蕴岭、周小兵主编：《东亚合作的进程与前景》，世界知识出版社 2003 年版，第 76—80 页。

成员大多是发展中国家，有些还很落后，内部可动员的资源有限，其最大的资源是市场潜力，因此，市场开放本身可以创造动力资源。特别是在发生金融危机之后，东盟靠加速开放和推动合作来增强吸引力，这样促进了资本的回流，加快了经济恢复增长的步伐。①

东盟经济共同体也是别具特色的，目标定位是建设"一个统一的市场和生产基地，一个极具竞争力的经济区，一个经济平衡发展的经济区，以及一个与全球经济接轨的经济域"。经济共同体不是要建立超国家的区域管理机制，而是建立单一市场和单一生产基地，即在自贸区的基础上进一步提高市场开放程度，进一步改善经济发展的环境，加强区域生产网络的链接，降低产业运营的成本，推进互联互通建设，使商品自由流动、服务自由流动、投资自由流动、资本自由流动、技术工人自由流动。建设经济共同体，东盟没走传统的"关税同盟"(成员国对外一致的关税)—共同市场—经济共同体的路子，而是另辟蹊径。② 不过，由于东盟内部有着巨大的差别，而东盟不能为欠发达成员提供援助的资源，这使得东盟内部的"共享认同(shared identity)感"弱。③ 这也许是东盟自贸区和经济共同体都不限制成员国对外谈判签署自贸协定的原因。④

东盟以区内稳定、安全为基础，通过大力推动内部市场开放，吸引外部资源，逐步改善了发展的环境，提升了发展的内在动能，让东南亚由一个经济落后的地区，发展成为一个具有活力的地区，尤其那些落后的国家，实现了持续的经济增长，走出了低收入国家行列。值得总结的是，在推进市场开放中，东盟特别注意成员国参与上的"舒适度"，对后进国家采取照顾性差别待遇，让"多速东盟"成为"东盟方式"的一个突出特征。⑤

---

① 包括加快自贸区构建步伐，制定东盟投资区协定(1998年)。

② 有人认为，东盟的经济共同体实质上是一个"超自贸区"。参见刘鸣：《2015年东盟经济共同体：发展进程、机遇与存在的问题》，《世界经济研究》2012年第10期，第84—85页。

③ David Lozada, "ASEAN Economic Community: Are We Ready for 2015?", 2013-4-26, http://www.rappler.com/move-ph/27543-asean-economic-community-readiness-2015.

④ 东盟作为一个区域组织，要建立共同体，就要提升内聚力和认同度，必须能够为成员提供更多的公共产品，在这方面，东盟的"最小制度化"设计被认为是一个制约。参见范磊：《东盟地区公共产品供给模式与困境分析》，《南洋问题研究》2013年第2期，第20—24页。

⑤ 《东盟宪章》也对成员国的参与规定了可以暂时不参与的原则，即东盟可以在"10-X"的情况下推进议程。这表现了东盟共同体建设上的灵活性。东盟共同体的建设进程还体现出一种过程导向特征。参见周玉渊：《从东盟自由贸易区到东盟经济共同体：东盟经济一体化再认识》，《当代亚太》2015年第3期，第108页。

(三)以东盟为中心构建广泛的对话与合作网络

东盟国家与外部有着复杂的关系,东盟不可能实施统一的对外政策。在此情况下,东盟利用自身作为区域组织的地位,构建与外部的对话与合作框架,而在构建过程中,始终坚持"以东盟为中心"(ASEAN centrality)的原则。"以东盟为中心"既可以维护东盟的主导性作用,又可以让"东盟方式"发挥影响力。

东盟构建多层对外关系对话与合作框架旨在打造地区力量(power)平衡网,通过构建外部力量的平衡和制约来防止任何一种力量,尤其是大国力量主导地区事务。同时,通过由东盟推动、设计议程,可以有效保证东盟的利益,而其他国家之所以参与东盟构建的框架,主要是基于与东盟发展关系的需要,同时也对东盟作为地区组织发挥作用给予高度重视。东盟作为一种区域合作力量,为本地区创建安全环境,不是动员自身硬实力与大国抗衡,而是用自己的"软实力"即区域组织的力量与大国周旋,利用大国力量平衡,争取主动性。东盟发挥导向作用,但并不固执己见,而是作为协调中心,吸纳各方的意见,尽可能推进共识。

"10+"对话合作框架体现了"以东盟为中心"的原则,既包括东盟推动的对话伙伴国机制(dialogue partnership),又包括东盟与多个国家构建自贸区("10+1""RCEP")。在各个层次的"10+"框架构建中,东盟既是议程设计者,也是平等参与者。

对话伙伴国机制的建立体现了"以东盟为中心"的战略,也是东盟发展对外关系的一个创造。它有别于传统的结盟关系,也不同于不结盟关系,东盟利用这个机制与对话伙伴国发展起了多样性的合作,而对话伙伴国也利用这个机制拓展与东盟的关系,实现良性互动。

设立东盟地区论坛是构建以东盟为中心的大国平衡战略的重要举措。[①]东南亚地处海陆要冲,是各种力量博弈的重点地区。冷战结束、两极格局解体后,国际局势和国际关系发生重大转变。面对新的形势,东盟于1994年启动东盟地区论坛(ARF)机制,就地区政治安全问题进行对话与协商。此

---

① 在以东盟为中心的同心圆结构中,东盟地区论坛作为最大的框架,具有特殊的定位,主要致力于安全对话与合作,着重增进各方在安全领域的信任,与其他经济政治对话合作框架机制相配合。参见周士新:《浅析东盟地区论坛的信任建立措施》,《东南亚南亚研究》2011年第3期,第4页。

后，东盟地区论坛每年在东盟国家召开，成为地区最有影响的安全对话合作机制。①

当今世界和地区的安全问题复杂多变，安全力量格局发生重要的调整和转换，新的矛盾和战略竞争加剧。东盟一直把握住两个要点：一是就危及安全的重要问题展开官方对话与讨论；二是使各个框架论坛成为加强交流、缩小分歧、凝聚共识的平台，避免成为争斗的场所。做到这些很不容易，因为地区安全问题不像经济关系那样有市场机制的内在联系，而往往是利益和力量的博弈、争斗，寻求共同的利益基础和构建合作机制都涉及复杂的因素。因此，东盟的多框架对话合作机制构建对缓解冲突和创建和平具有重要且不可替代的作用。

构建“10＋1”自贸区既扩大了东盟的对外经济网络，又使东盟把握了市场开放的结构与进程。比如，第一个“10＋1”自贸区是中国提议的，但是东盟坚持以“东盟＋”框架来构建，中国也乐意接受，因为与东盟整体谈判自贸区符合中国的利益。在此之后，东盟先后构建了与日本、韩国、印度、澳大利亚与新西兰的自贸区。在此基础上，东盟又领衔谈判东亚地区的区域全面经济伙伴关系（RCEP），也坚持了由东盟负责框架设计和组织谈判。

其实，尽管坚持维护东盟中心地位，但在实际构建过程中，并不是一切都由它说了算。东盟对于伙伴国的建议与动议大多采取开放的态度，经过讨论达成共识，这样东盟在参与中便可以逐步增强自信。事实上，维护东盟中心地位的最大挑战是其自身内部的向心力、凝聚力。鉴于东盟坚持成员国主体的原则，它并不掌控或干预成员国的行动，共识靠各成员国的协商与契合来达成。

总的来看，东盟50年探索出一条适合东南亚特点的道路，集中体现在把原则与灵活适度嵌合在“东盟方式”之中，而“东盟方式”本身又孕育在不断行进的进程之中。因此，尽管对“东盟方式”难以给出一个清晰、规范的定义，但似乎谁都不否认它的存在。也许是因为东盟进程让参与者感到“舒

---

① 截至2024年1月，东盟地区论坛的成员有27个，不仅包括亚太地区的国家，也包括欧盟。学者阿米塔·阿查亚（Amitav Acharya）曾在冷战结束后建议亚洲学习欧洲设立欧安会的经验，建立以“共同安全”（common security）为基础的地区安全合作机制。东盟并没有接受这样的提议，而是根据东盟的理念提出了以“合作安全”（cooperative security）为理念、以对话合作为宗旨的东盟地区论坛倡议。Amitav Acharya, “How Ideas Spread: Whose Norms Better? Norms Localization and Institutional Change in Asia Regionalism”, *International Organization*, Vol.58, No.2, 2004, pp.250-275.

适”,东盟没有发生像英国退欧那样的事件,东盟的真正生命力也许就在于它总是能绕过障碍,让区域合作的进程不间断地行进并取得进展。[①]

四、中国与东盟打交道

由于有了东盟,外部国家与东盟国家的关系就有了双轨:一轨是与各个成员国,这是基础关系;另一轨是与东盟,这是区域关系。这二者既有内在联系,又有所区别,特别是《东盟宪章》赋予东盟法律定位之后,东盟的区域性意义提升。

中国与东南亚国家的关系源远流长,但是近代经历了复杂的转变。基于复杂的原因,直到20世纪90年代初,中国才实现了与所有东南亚国家的关系正常化。由于关系正常化,加上所有东南亚国家加入了东盟,中国开始推动与东盟的正式对话。1991年7月,中国外长应邀参加东盟外长会议;次年,东盟把中国认定为“磋商伙伴”;1996年,东盟把中国升格为“全面对话伙伴国”;1997年中国—东盟领导人首次对话,确立了“中国与东盟面向21世纪的睦邻互信伙伴关系”新定位。

进入21世纪,中国与东盟的关系得到提升,其中最为突出的是,双方加强了合作的制度建设。2000年,中国提议与东盟构建自贸区,得到东盟国家的积极响应;2002年双方签署《全面经济合作框架协议》,并就建立自贸区开展谈判;同年,中国与东盟国家签署《南海各方行为宣言》,就和平解决争议、共同维护地区稳定、开展南海合作达成共识;次年,中国加入《东南亚友好合作条约》,与东盟建立了面向和平与繁荣的战略伙伴关系,一年上一个新台阶。

2009年,《东盟宪章》生效,赋予了东盟法律地位。是年,中国派驻东盟大使,这标志着中国正式把东盟作为一个区域组织实体对待,在东盟区域整体框架下深化全面合作关系。2010年1月,中国—东盟自贸区的货物贸易、服务贸易和投资三个领域的谈判全部完成,进入全面落实的阶段。2013年10月,新一届中国领导人访问东南亚国家,提出一系列新的理念和倡议,包

---

① 马凯硕认为,东盟为地区带来的是长久和平与可见的繁荣。人们对东盟的评价低、有怀疑,因为东盟往往看起来是进两步、退一步,还有一步是步履缓慢,但10年后,人们会发现,它最终到达了目标。Kishore Mahbuhani, “ASEAN Deserves a Nobel Peace Prize”, 2017-4-20, http://www.straitstimes.com/asia/se-asia/asean-deserves-a-nobel-peace-prize-says-kishore-mahbubani.

括携手建设中国—东盟命运共同体，商签“中国—东盟国家睦邻友好合作条约”，建设“21世纪海上丝绸之路”，以及深化中国—东盟关系的“2+7合作框架”(深化战略互信和聚焦经济发展两点政治共识，与政治、经贸、互联互通、金融、海上、安全、人文七个重点合作领域)等。面对南海问题升温，中国提出解决南海问题的“双轨思路”，即以落实《南海各方行为宣言》为出发点，坚持当事国双边谈判和发挥东盟在稳定合作大局上的重要作用并行，坚持和平解决争端，坚持对话、协商与合作的大方向，与东盟抓紧谈判“南海行为准则”。2017年5月，中国与东盟就“南海行为准则”框架文件达成共识，为正式签署文件奠定了基础。

中国与东盟国家间的关系具有复杂、摇摆、多变的特征，尽管东盟进入共同体建设阶段，但并没有改变成员国本位的基本特征。因此，中国与东盟打交道重视处理好“双轨”之间的关系。总结起来，中国与东盟的关系之所以能够“任凭风浪起，稳坐钓鱼船”，大方向没有偏离，是因为力求把“中国方式”与“东盟方式”实现对接，而不是把自己的主张强加于人。[①] 东盟作为东南亚的区域组织，在整合本地区整体利益、构建东亚区域合作框架方面起着重要的作用，中国在发展与东盟国家的关系、参与和推动东亚区域合作中，尊重和支持东盟发挥领导作用，积极参与东盟构建的各种区域机制，力求与东盟在各个重要的领域保持协调，让双方的意图和行动尽可能相向而行。对于双方关系中出现的分歧和争端，基于维护双方关系稳定与合作利益的考虑，努力稳妥与创造性地处理争端，把主要的注意力和努力引向共谋和平与发展上，不让争端成为干扰甚至阻碍双方关系发展的主流因素，这些都是探索对接的具体实践。

构建中国—东盟自贸区是双方关系发展的一个重要转折点，开启了合作的制度建设。中国与东盟谈判构建自贸区是一个创举，在谈判中，创造了“中国—东盟自贸区方式”，如“早期收获”计划，采取“先易后难”的谈判方式，先谈货物贸易市场开放，然后再谈服务贸易和投资开放，从而使得谈判变得顺通。鉴于东盟作为一个整体参与自贸区谈判，考虑到成员国的差别，在开放进程中充分考虑到欠发达国家的参与能力，在市场开放安排上对“新成员”给予宽限期，并且就提高它们的能力开展合作，提供培训，不让他们

① 对“中国方式”做一个清晰的概括很难，但是，一些基本的信条、原则，如相互尊重、和而不同、包容互建、合作共赢等，与“东盟方式”所体现的基本精神有着很强的链接性。

“掉队”。分步谈判、边谈判边实施的方式符合中国—东盟的实际情况，在三个领域的谈判结束后，便立即启动了各个领域的新谈判进程，打造升级版。由此，把自贸区建设作为一个动态提升的进程，这与东盟的渐进方式相契合。2015年，中国与东盟完成了自贸区的升级谈判，升级后的自贸区基本实现了货物贸易零关税的“全覆盖”（达到95%），原来开放度不高的服务领域和投资领域都取得了新的进展，经济技术合作的水平进一步提高，合作的领域扩大。同时，中国与东盟把经济合作作为自贸区建设的重要组成部分，为此，签署了农业合作协议，共建南宁博览会，设立经济合作基金等。像南宁博览会，由中国出资，双方共建，已经成为双方商品展示、开展多领域合作的重要平台。

在政治与安全领域，麻烦比较多，其中，最为棘手的是如何处理南海争端。早在20世纪80年代，中国领导人就提出关于“主权属我，搁置争议，联合开发”的主张，得到东盟相关国家的认同。2002年，中国与东盟发表《南海各方行为宣言》，宣示共同维护南海地区的和平与稳定，承诺“由直接有关的主权国家通过友好磋商和谈判，以和平方式解决它们的领土和管辖权争议，而不诉诸武力或以武力相威胁”，“各方承诺保持自我克制，不采取使争议复杂化、扩大化和影响和平与稳定的行动”。[①] 南海问题复杂，涉及历史权益、国际法、国家间关系以及区域形势大局，该宣言为维护中国东盟关系大局、通过友好谈判解决争端创造了一个环境，提供了具有法规意义的政治文件。此后，尽管在宣言的落实方面存在一些问题，一个时段内出现过险情，但总的来看，南海的稳定大局是得到了维护的。[②]

2003年，也就是中国与东盟签署《全面经济合作框架协议》的第二年，中国加入《东南亚友好合作条约》，双方签署了《面向和平与繁荣的战略伙伴关系联合宣言》，走在了其他非东盟成员国的前面。中国与东盟从对话伙伴发展到战略伙伴关系，是一个大的转变。从定位上说，战略伙伴关系的核心是互为伙伴而不是对手，开展合作而不是进行对抗。应该说，战略伙伴关系的

---

① 《南海各方行为宣言》，中华人民共和国外交部亚洲司编：《中国—东盟文件集（1991—2005）》，世界知识出版社2006年版，第102—103页。

② 2013年，菲律宾向国际法院提交关于南海问题的仲裁案，就在所谓“南海仲裁结果”出来后，中国与东盟外长于2016年6月27日发表联合声明，承诺维护南海的和平稳定，承诺推进“南海行为准则”的制定。参见《中国与东盟外长就全面有效落实〈南海各方行为宣言〉发表联合声明》，2016年7月25日，http://www.chinanews.com/gn/2016/07-25/7950945.shtml。

确立有助于双方减少误解、误判，减少分歧，避免对抗，增加合作，也有助于为双方在区域和诸多国际问题上发挥积极的作用奠定基础。[①]

正如东盟本身50年的历程，中国与东盟打交道的25年也是在行进中探索和进步。中国—东盟关系之所以能够“披荆斩棘”，保持前进和取得进步，进一步说，一个重要的原因可能是“中国方式”与“东盟方式”比较容易对接。因为，作为亚洲国家和生于斯、长于斯的邻居，彼此更容易进行沟通和相互理解。[②] 从更大的视角和更深的意义来看，中国与东盟是在为探求构建新型国家关系和地区秩序而努力。

（本文原载于《世界经济与政治》2017年第7期，略有调整）

① 战略伙伴的关键是战略信任。出于诸多原因，比如中国综合力量的快速提升，特别是南海争端升温，加上外部势力搅局，战略信任尤其是东盟对中国的战略信任受到影响。尽管如此，在危情面前，中国与东盟仍然保持了对话与协商。

② 20世纪末，曾经有过有关“亚洲价值观”的辩论。不管承认与否，基于历史传承的价值观相通性事实上是存在的。当然，为“亚洲价值观”问题在这里多费笔墨，显然超出本文的需要。

百年大变局下的东北亚

我们正在经历百年大变局。在诸多变局中，东北亚地区的变局是非常引人注目的，也是影响巨大的。按照地缘定义，东北亚是亚洲的东北部地区，包括中国、朝鲜半岛南北两国、日本、蒙古国和俄罗斯东部地区。按照地缘政治(geopolitics)的定义，则可包括美国以及其他利益相关参与者在内。本文的分析基于地缘政治的定义，重点研究东北亚关系与秩序的历史沿革、现实与未来的转变。

研究东北亚地区的变局，需要基于三个大的视角：一是历史的东北亚，二是现实的东北亚，三是未来的东北亚。在东北亚，历史并没有完全终结，其中主要是近代历史，它不仅仍然存留，而且还有影响。因此，东北亚有着如何走出历史、构建新关系的问题。现实中，东北亚仍然存在分割，这里既有像朝鲜半岛的南北分割，也有安全关系上的分割以及对立。因此，东北亚作为一个地缘政治区域，仍然有着如何结束分割、实现“合”与“和”的问题。东北亚的未来取决于现在正在发生的重大转变和为这种转变所付出的努力。东北亚地区关系与秩序重构的序幕已经拉开，需要一个有别于现在的、比现在要好的未来。

东北亚是一个“二元体”。一方面，该地区是经济的重心，这里汇集了世界前三大经济体。长时间以来，中日韩经济谱写了经济增长的“神话”，创造了发展的奇迹；另一方面，该地区又是政治安全高风险区，半岛分裂，险象丛生。在这里，历史与现实、区内与区外、双边与诸边等利益和矛盾相互粘连、相互交叉，有些非常敏感，也很脆弱。可以说，世界上没有一个地区像东北亚这样，如此充满生机，又如此充满风险，“合”与“斗”、“和”与“战”的选择如此“命悬一念”，如此事关重大。

把握大局，引导方向，使东北亚地区的转变沿着合作、和平与发展的方向行进是至关重要的。东北亚是世界力量(power)最集中的地方,大国集聚。如果形成合力,向好的方向发展,地区的前景会很光明;如果陷入争斗,向坏的方向转变,则会悲剧重演。东北亚待解的问题不少,有些很敏感,也很脆弱,处理不好,就会爆发危机,甚至可能发生战争。特别是东北亚核大国集聚,是世界上核武器规模最大、烈度最强的地区,加上朝核问题的出现,东北亚处在核恐怖的阴影之下,一旦失控,后果不堪设想。

中国提出构建人类命运共同体的主张,要"建设持久和平、普遍安全、共同繁荣、开放包容、清洁美丽的世界",这既是理想目标,也是为之奋斗的现实。当然,建设这样的世界,不是靠中国一家之力,需要"各国人民同心协力"。[①] 显然,推进命运共同体建设在东北亚落地,是中国东北亚外交的中心任务,构建基于持久和平的东北亚是中国发挥新型大国引领作用的重要实践。

中国地处东北亚,与地区各国有着非同一般的关系。作为早期历史上最强大的国家,中国对该地区的政治、经济、文化产生过引领性影响力,形成了"汉字文化圈""儒学文化圈""天朝礼制体系"等独具特色的地区关系和秩序。近代,西方崛起,中国势衰,日本通过明治维新成为亚洲强国。崛起的日本走上了军国主义道路,与西方列强争霸,大举对外扩张,先后与俄罗斯打仗,霸占朝鲜半岛,进而侵略中国,推动建立由其掌控的"大东亚共荣圈",从而改变了东北亚地区的传统关系与秩序结构。

二战后,东北亚地区的关系与秩序重构发生了重大转变。美国进入东北亚,战败的日本被美国占领,被改造成其盟国;朝鲜半岛分裂,南北分别成立主权国家,南方成为美国的盟国,北方加入社会主义阵营;独立的蒙古国成为苏联的盟友;中国内战结束后成立了中华人民共和国,与苏联结盟,国民党败退台湾,依附美国。一时间,东北亚变得四分五裂,陷入严重的对立、对抗。1950年,朝鲜战争爆发,历时三年,对东北亚的关系与秩序结构产生了重大的影响,使得对抗加剧。

东北亚地区是一个充满动能的地区,即便在冷战大格局下,关系结构还是不断发生变化。20世纪60年代,日本和韩国恢复邦交,中苏陷入了对抗;70年代,中美建交,中日恢复邦交。这些调整与变化为东北亚地区的关系和秩序增添了新的因素,提供了新的运作空间。特别是中国实施改革开放政

---

① 《习近平提出,坚持和平发展道路,推动构建人类命运共同体》,2017年10月18日,http://cpc.people.com.cn/19th/n1/2017/1018/c414305-29594530.html。

策，推动了中日关系的新发展，使两国的经济关系密切起来。

冷战结束后，除了朝鲜与韩国、美国、日本没有建交，其他国家之间均实现了关系正常化。尤其是中韩建交使中韩经济关系和中日韩经济网络快速发展，中国的市场，日、韩的技术，三者成为经济增长的发动机，使东北亚成为东亚、亚太乃至世界的经济增长中心。

但是，东北亚地区并没有真正摆脱分裂与对立的局面，特别是朝鲜发展核武器，使地区关系复杂化，围绕朝核问题的博弈增加了发生不测的风险。尽管自2018年初朝美、朝鲜半岛南北互动牵动了一些新变化，但是不确定因素很多，高风险期并未过去。尤其是涉及东北亚地区关系与秩序的重构，建设东北亚的新未来，看似还要走很长的路。

一、走出历史的阴影

东北亚仍然笼罩在历史的阴影之下，也就是说，历史遗留的问题仍然是当代地区关系发展的羁绊。因此，构建东北亚新关系和秩序，推动命运共同体建设，需要克服历史的障碍，走出历史的阴影。

历史是过去，是不能回转的，但历史具有延续性，作为过去的叙事和记忆，它会以不同的形态体现在现实中。不同的国家、民族有各自不同的历史叙事与记忆，在涉及对外的历史上，基于各自的立场、利益和认知，会有对同一事件的不同认知，这就必然产生国家间的矛盾甚至冲突，进而影响国家间的关系。国家间的历史关系会因各种原因遗留下许多未解问题，特别是那些涉及存在争端的问题，在一些情况下，可能会成为引起现代关系矛盾与冲突的激发点，形成笼罩在现实关系之上挥之不去的阴影。

历史上，以中国、朝鲜半岛和日本为中心的东北亚联系紧密，构建了具有鲜明地区特征的地区关系和秩序。但是，东北亚区域关系和秩序经历过重大的转变，古代历史与近代历史有着截然不同的结构和特性。近代的东北亚历史开始于19世纪中期，之前称为古代历史，两者之间的结构和性质有很大的不同。[①]

---

① 关于东北亚近代史，笔者认为有两个标志性的重要事件：一是1840年的鸦片战争，开启了西方入侵中国的大门，加速了清朝的衰落；二是1853年的“黑船事件”，美国将军马修·佩里率舰队进入日本，推动了日本对外开放和明治维新，使日本走上学习西方的道路。参见[美]徐中约：《中国近代史：1600—2000，中国的奋斗》，世界图书出版公司2013年版，第3—4页。

就东北亚的古代历史而言，总的来看具有以下两个突出特征。其一，中国一直是最发达与力量最强大的国家。因此，中国成为被学习的楷模，政治、思想、文化向外传播。朝鲜、日本引入了中国的汉字[①]，学习了中国的思想及治国理政方式。由此，以中国为中心确立了地区关系结构与地区秩序准则。其二，东北亚地区的关系与秩序基本上是建立在国家自立、自主基础上的，中国并不直接掌控，各国作为主体发展了自己的特色政治与文化，且具有很强的独立性，其朝代变换、力量重组主要是在各自的内部进行。

因此，东北亚古代历史时期的关系与秩序大格局比较稳定。就古代历史对现代关系的影响而言，也有些矛盾，主要体现在两个方面。一是历史叙事的矛盾。各自出于不同的记忆和认知，对历史有着不同的记录和解释。二是"历史归属"的矛盾。比如，由于陆地连接，历史上中国东北部与朝鲜半岛民族构成和统治有着交互性和交融性，以现代立场定位历史就会产生矛盾。[②] 尽管如此，古代历史对东北亚国家间的关系并不构成真正的冲突激发点。从这个角度说，东北亚国家都有着对古代历史的良好记忆，历史交往特别是文化交往是作为一种具有共识的历史价值发挥作用的。

东北亚的近代史就比较复杂了。近代，东北亚地区的关系与秩序发生了重大的转变，其中，主要是力量（power）对比发生重大转变和由此带来的一系列重大变化。力量转变的主要标志是日本实力上升，中国实力下降，日本成为军国主义强权。日本崛起后，先后与中国（清朝）开战，攫取台湾，发动日俄战争，占领朝鲜半岛，对朝鲜实施殖民统治，发动侵华战争。日本成为东北亚的霸权国家，对东北亚关系和秩序进行了颠覆性的改造。[③]

第二次世界大战期间，日本与德国法西斯为伍，中国与苏联、美国等结成反法西斯联盟，二战以德国、日本战败结束。就东北亚地区而言，虽然日本战败为东北亚各国共同参与重构地区关系和秩序提供了历史机遇，但是由于冷战开启，东北亚产生新的分裂，一些本该解决的大历史问题被掩盖起

---

① 比如，朝鲜历史上曾长期使用汉字标记，但1443年在保留基本汉字使用的基础上，创建了自己的韩语字母；日本在引入汉字的同时创造了基于汉字的日语表音符号与语法规则。参见张秀娟：《日本文字历史及变迁》，《当代教育科学研究》2013年第3期。

② 研究证明，世界民族的历史形成大都有着交叉。这方面的论述参见都永浩、王禹浪：《对东北亚民族与历史问题研究的理论思考》，《中国边疆史地研究》2003年第3期，第39—42页。

③ 俄国（及十月革命后的苏联）作为一个崛起的强国对东北亚也有着重要影响，包括对中国的领土扩张、与日本的争夺和战争、支持蒙古独立等。但是，日本显然占据主导地位。

来。东北亚的分裂主要体现在两方面。其一,朝鲜半岛南北分治。南北分别在美国和苏联支持下成立了独立政府,陷入以冷战为背景的对抗,发生了大规模战争,这种分裂与对抗延续至今。其二,政治与安全分裂。中、苏、朝结盟,美、韩、日结盟,形成东北亚冷战对抗大格局。后来,这个大格局随着中苏分裂发生转变,而中美建交和冷战结束使这个格局进一步发生重大调整。

东北亚的分裂并没有因为冷战结束而终止,尽管中韩、俄韩实现建交,但朝鲜半岛的问题没有得到解决。至今,政治安全上的分裂非但没有弥合,反而以新的形式得到加强。朝鲜半岛的分裂继续,地区安全架构分裂仍然存在。事实上,东北亚的分裂既是客观的现实,又有历史延续的特征,这使一些历史问题遗留下来,成为现代地区关系与秩序的组成要素。[①]

历史遗留的问题大体可归结为三类:其一,双边历史问题,主要涉及中日历史问题、朝韩与日本的历史问题。由于受害方没有参与终结历史的工作,致使日本没有彻底对侵略中国、殖民朝鲜的历史做出深刻认识,尽管表示“反省”,但没有得到日本政治家、国民的不可逆共识,因此不断出现不承认侵略、否定南京大屠杀、政治家参拜供有甲级战犯的靖国神社、编写不正视历史的教科书等问题。[②] 其二,领土争端问题,主要涉及韩日之间、中日之间、日俄之间岛屿争端。韩日之间就独岛(日本称“竹岛”)归属严重对立,尽管该岛由韩国占守,但日本并不承认,在政府文件、教科书中均坚持该岛属于日本,两国为此不时发生对抗。中日关于钓鱼岛的争端不时引发危机。中国向来坚持钓鱼岛的主权,但为了中日关系发展提议搁置争议,而日本否认钓鱼岛存在争端,以所谓“国有化”的方式强化所有权,在此情况下中国加强了主权宣示,包括公布领海基线、定期巡航等。苏(俄)日围绕南千岛群岛(日本称“北方四岛”)问题的斗争也一直没有停止,成为阻碍签署和平条约的羁绊。其三,日本作为侵略者的责任清算问题。它之所以成为遗留问题,是因为东北亚的近代关系主要与日本奉行强权争夺、实行侵略与殖民政策

---

① 王秋彬认为,历史问题具有广泛性,几乎所有的东北亚国家都卷入了历史问题;具有复杂性,领土争端、历史遗留问题与国内政治、社会问题联系在一起;具有长期性,根源在于日本缺乏对历史的正确认识,而日本又很难改变。参见王秋彬:《历史问题争端与东北亚安全》,《理论视野》2014年第5期,第66页。

② 朝鲜与日本尚未建交,历史问题没有得到解决。韩国与日本的历史问题尽管在建交时得到政治解决,日本对韩国进行了一定的补偿,但是解决得并不彻底,韩国公众不满意,也不时出现反复,教科书、慰安妇、历史事件等诸多历史问题不时引发矛盾。

有关。二战后，美国占领日本，出于冷战的需要，把日本改造为其军事盟友，对其侵略历史没有进行清算，保留了天皇制，让犯有战争罪行的政治家、高级军官复位。由此，日本军国主义和“皇国史观”没有被钉在历史的耻辱柱上。更重要的是，美国通过占领以及把日本变成盟友，解决了美日的“历史积怨”（日本轰炸夏威夷），但其他东北亚国家并没有这样的情况。除日本外，没有一个其他东北亚国家参与关于战后处理日本侵略问题的旧金山会议，当然也就没有签署《旧金山对日和平条约》，因此留下了祸根。①

不仅如此，冷战导致的东北亚地区对抗格局没有给东北亚国家解决历史问题留下空间。即便在此后的发展中，出于政治需要实现了国家关系正常化，如韩日、中日之间恢复了外交关系，但历史问题没有得到很好的清算，一些敏感的问题要么被搁置，要么被简单处理。因此，被掩盖的问题在后来的发展中不时冒出来，甚至生成新的问题。② 在此情况下，我们需要一些新思路。实际上，东北亚走出历史的阴影，需要实现当代关系对历史的超越，实现对历史的认知和解。③ 如何实现对历史的认知和解？按照字义，“和解”就是敌对双方归于和好，不经过诉诸法律程序，达成相互让步与和好的共识。当然，历史的认知和解不同于一般的纠纷和解，所涉及的是历史大事件，被加害方曾遭受巨大的损失，涉及国家、社会等诸多方面的问题。因此，历史的认知和解既需要当事方之间的复杂交涉与安排，也需要综合的大环境，更需要加害方的诚意与责任担当。④

欧洲是两次世界大战的发源地和主战场，德国是两次世界大战的发动

---

① 1951年9月8日，在美国的主持下，48个参与反法西斯同盟的国家签署对日条约，中国、苏联、朝鲜均没有参加，中华人民共和国从未承认《旧金山对日和平条约》的合法性。1972年，美国自行决定把钓鱼岛、琉球群岛的“施政权”交给日本，更激化了矛盾。正如韩国学者李熙玉所认为的，与欧洲不同，东北亚还遗留着二战的伤痕，仍未摆脱二战的后遗症。参见［韩］李熙玉：《东北亚历史问题与和平合作的议题》，《当代韩国》2006年第3期，第7页。

② 中日建交时，钓鱼岛问题被搁置，但并没有被封存。此后，钓鱼岛问题不断发酵。韩日建交时，日本对韩国进行了一定赔偿，但没有得到韩国国民的认可，其他问题被搁置，后来成了争端的导火索。同时，历史和解包含国家层面的和解和社会层面的和解，前者可以通过建立外交关系得以实现，而后者需要更为复杂的过程，前者的和解并不能完全带来后者的和解。这方面的分析参见郑毅：《中韩日“战争记忆”的差异与历史认识重构》，《日本学刊》2016年第3期，第154—155页。

③ 这里所说的“认知和解”的主要含义是基于当事方共同的意愿与原则达成面向未来的共识。认知和解是一种对历史的理解与超越。

④ 正如郑毅指出的，实现东北亚的历史和解是一项长期的宏大工程，和解之路还处在摸索之中，不能奢望某项政治性文件或某个政治人物的谈话就可以达成真正的和解。参见郑毅：《中韩日“战争记忆”的差异与历史认识重构》，《日本学刊》2016年第3期，第155页。

者，承担着历史的罪责。第一次世界大战后，欧洲并没有实现真正的和解，是导致第二次世界大战爆发的一个重要原因。① 第二次世界大战后，欧洲通过两个重要的安排实现了历史的认知和解②：一是共识，即推动欧洲联合，在合作中消除历史的分裂，加固欧洲区域管理的制度基础；二是决断，即把德国（联邦德国）纳入联合的欧洲进程，实现两个历史宿敌法德的和解，两国共同引领欧洲合作。历史认知和解引领了欧洲的联合运动，为欧洲创建了稳定的秩序，实现了基于和解的长久和平与发展。③

二战后，东北亚并没有像欧洲那样实现基于地区联合的历史和解。美国主持签订的《旧金山对日和平条约》主要是把日本纳入以美国为首的集团，且参与冷战对抗。因此，东北亚没有机会开启像欧洲那样的历史和解进程。二战已经过去 70 多年，地区关系与秩序发生了巨大的变化。因此，如今谈历史的认知和解，需要研究如何在新的形势下走出历史问题的阴影。

东北亚在现代情况下实现历史的认知和解，需要大思想、大智慧，特别需要政治勇气。大思想就是大局观，着眼于整体利益，面向未来；大智慧就是设法从现实的羁绊中解脱出来；政治勇气则体现为政治家基于大局利益的决断。④ 鉴于东北亚历史遗留的问题不时发作，实现认知和解的关键是能够在出问题时做到“急流勇退”，即在矛盾出现时，当事方特别是政治家要能够把温度降下来，而不是让矛盾激化。政治家需要考虑到国内的民众情绪和政治压力，做到这一点并不容易，但是只有“退一步”，才可以创造解决问题的空间，才可以开展对话与协商。不然，一旦矛盾激化，就容易引发更大的问题，让本来沉寂的历史又热起来，调动社会情绪，这样并无助于问题的解决。

---

① 基辛格认为，《凡尔赛和约》不仅没有实现和解，反而让德国积累仇恨，力图改变现状。参见［美］亨利・基辛格：《世界秩序》，胡利平等译，中信出版社 2015 年版，第 98 页。

② 由于欧洲分裂，所谓欧洲历史的认知和解主要是在西欧。不过，冷战结束后，东欧国家加入欧盟，历史的认知和解自然得到延伸。

③ 推动欧洲联合的理念是，要避免欧洲悲剧的重演，必须消除欧洲历史上的分裂。基于这样的认知，法德超越历史的恩怨，推动建立煤钢联营。这方面的分析参见［美］亨利・基辛格：《世界秩序》，胡利平等译，中信出版社 2015 年版，第 102—103 页。

④ 法德和解既得益于智慧的政治家，也基于战争的历史教训。如果欧洲联合没有让・莫内，德国融入欧洲没有阿登纳，二战后的欧洲也许会完全不同，而法德之所以能够实现历史的认知和解，也是基于它们付出了足够大的教训。正如安德鲁・玛尔所指出的，法德经历了四场战争，其中包括两次世界大战，它们对国家的含义有了新的理解，推动建立了超越民族国家的欧洲煤钢联营。参见［英］安德鲁・玛尔：《世界史》，邢科、汪辉译，天津人民出版社 2016 年版，第 494—495 页。

一般而言，历史遗留问题的解决，要么搁置起来，要么开展谈判。搁置需要双方的共识，这特别需要政治勇气，需要信守承诺，任何一方不挑动事端。搁置是一种智慧，是当事方共同的政治承诺和责任。比如，考虑到钓鱼岛问题的复杂性，在中日恢复邦交时，中国就提出搁置的建议，日本对此也是接受的。这样就搬开了历史遗留问题的一大障碍，使两国恢复外交关系的谈判变得比较容易。[①] 只是后来日本政府放弃信守，转而公开否认存在争端，且对钓鱼岛实行所谓"国有化"，从而逼迫中国政府采取反制措施，包括坚定宣示主权[②]，这种改变对中日关系造成了严重的影响。如今，面对新形势，中日两国还是需要智慧，给看似无解的问题提供超越的空间，让无解变成"求解"。[③] 又如，韩日之间历史遗留的问题很多，尽管有些在建交中看似解决，但是随着后来形势的变化，即便已经签订协议的问题也会再冒出来，先后有慰安妇问题、二战劳工赔偿问题等矛盾激化，对两国关系产生很大的影响。[④] 历史问题在韩日关系中是最敏感的问题，涉及很多方面。重要的是，一旦问题爆发，是需要双方当局出面加以缓和的，尽力通过外交渠道对话与交涉，避免采取对抗性的报复措施引发社会激进情绪，不然，可能会引发更大的冲突。也许，俄罗斯（苏联）与日本之间就南千岛群岛（北方四岛）争端的相对"冷处理"是一个不令人满意但有助于避免发生两国对抗的一个案例。迄今，因为历史遗留的争端，两国没有签署和平条约，但是对话的大

① 在中日恢复邦交时，中方提议搁置钓鱼岛问题，留待以后解决，日本方面对此没有异议，这是中日达成建交协议的重要共识。后来日本方面否认曾有共识。因此，搁置也需要双方信守承诺。

② 有观点认为，日本政府之所以对钓鱼岛进行"国有化"，旨在为其在钓鱼岛采取后续措施提供便利和法律支持。对此，中国也以法律（公布领海基线）和实际措施（定期巡航）进行回应。这方面的分析参见疏震娅：《关键日期视角下的钓鱼岛领土主权争端分析》，《日本学刊》2019 年第 2 期，第 133 页。

③ 求解是一种智慧，因为求解不仅创造空间，而且提供进程。求解重在过程，不是预先设定一种必然达到的目标或结果。就像钓鱼岛问题，如果为求解提供空间，最需要的可能是回到有争议的起点，日本回到承认存在争端的立场。不然，只要求中国方面减少作为主权诉求体现的巡航，以此作为改善关系的前提，就堵死了求解的渠道。

④ 慰安妇问题争端再起，本来，2015 年朴槿惠当政时期与安倍政府就慰安妇问题达成协议，2018 年文在寅政府宣布解散基于该协议建立的"和解与治愈基金"，由此引发争端。关于二战征用韩国劳工问题，日本方面认为，该问题已在两国建交时得到解决，韩方则认为涉及个人的赔偿并没有解决。2018 年韩国最高法院做出终审判决，维持 2013 年首尔高等法院关于日本企业向韩国被强征劳工进行赔偿的判决，从而导致两国关系恶化。

门并没有关闭，求解的机会没有消失，可供考虑的不同方案还在不断推出。①

历史本来是客观的存在，但是出于复杂的原因，各方对历史的认知会存在巨大的差异，特别是后人对历史的认知又会带上时代的印记。东北亚国家走出历史的阴影，有一个如何处理“历史存在”与“现实认知”的对接问题，也有如何实现历史认知重构的问题。历史的存在本应是客观的事实，但对历史的认知各自不同。在现实中，很难让一国接受他国的历史观，由此就会产生历史存在与现实认知之间的差异。② 特别是对于处在不同地位的国家来说，差异性往往是很大的，有时会是相悖的。东北亚能否走出历史遗留问题的阴影，既关系到现在，也维系着未来。不走出历史的阴影，就难以合力应对诸多严峻挑战，难以构建更加美好的未来。东北亚要想走出历史阴影、实现新形势下的历史和解，需要一种超越历史与历史遗留问题的新认知。③ 这方面的问题需要列入双边和区域合作机制议程（如中日韩领导人会晤机制），达成认知共识，并推动国家与社会的和解进程。

二、把握大变局进程的方向

二战是东北亚现代地区关系和秩序的一个转折点，战后东北亚构建了新的地区关系和秩序。本来，日本被打败，应该构建一种终结历史、面向未来的东北亚地区关系和秩序，但是由于美苏同盟关系分裂，形成了基于美苏

---

① 日本国内关于北方四岛（南千岛群岛）如何解决是有争议的。政治家也分为激进派与温和派，前者主张一揽子返还，后者主张阶段性解决。学界对此认识也很不一致。日俄双方的基本认知是需要通过谈判找出一种折中方案，但是真正谈判起来并不容易。这方面的分析参见陈梦莉、张强：《日本国内关于“北方四岛”问题的争论、原因及影响》，《俄罗斯研究》2017 年第 5 期，第 137—155 页。西原春夫认为，在北方领土问题上，俄罗斯承认存在争端，为双方交涉谈判提供了余地。同时，他也提出，超越胜负的想法和做法是 21 世纪和平思想的表现。参见[日]西原春夫：《领土问题需要大局观点——共同体构想的共同历史视角》，[马来西亚]林华生编著：《亚洲共同体：构想与课题》，宋均营等编译，世界知识出版社 2019 年版，第 87、97—98 页。

② 随着韩国的发展和国力增强，民族意识不断增强，国内要求“去日本殖民化”的意识也将增强，会涉及各个方面。对此，需要韩国政治家把握好大局，避免增加青年一代的反日情绪。日本也应该冷静对待，理解韩国公众的民族意识。其实，如果处理妥善，将有助于构建面向未来的新关系。比如，韩国民众要求更换国歌、货币上韩国“亲日派”艺术家的作词、作画。参见刘媛、金惠真：《国歌及货币有亲日烙印，韩国人急了：尽快换掉！》，《环球时报》2019 年 8 月 21 日。

③ 参见姜克实：《历史认识问题的现状和未来》，《开放时代》2011 年第 5 期；郑毅：《中韩日“战争记忆”的差异与历史认识重构》，《日本学刊》2016 年第 3 期，第 157—158 页；[日]西原春夫：《领土问题需要大局观点——共同体构想的共同历史视角》，[马来西亚]林华生编著：《亚洲共同体：构想与课题》，宋均营等编译，世界知识出版社 2019 年版，第 98 页。

对抗的地区关系和秩序结构，即一方是以美国为首、日本和韩国参加的军事同盟，另一方是以苏联为首、中国和朝鲜参加的集团。这种大对抗导致了朝鲜战争的爆发。战争结束后，朝鲜半岛长久分裂，大对抗格局进一步加固。在东北亚地区历史上，第一次由域外大国美国在构建地区关系和秩序中发挥主导作用。①

20 世纪 60 年代，中苏分裂，东北亚两极对抗的格局出现变化。此后，美国与中国走近，两国建立了外交关系，并肩反对苏联霸权；中日恢复邦交，签署了《中日和平友好条约》，这是二战后东北亚地区关系的一次大调整。特别是中国实施改革开放，使得地区关系的调整突破狭窄的两极框架，开拓了综合关系发展的空间。中国与美国、日本及其他西方国家的贸易和投资关系快速增长，而且政治、教育、文化等关系也得到了很大的发展。由此，东北亚地区基于冷战框架的对抗格局出现了大的转变。

冷战结束，苏联解体，中俄、中蒙关系正常化，中韩、俄韩建交，东北亚地区的关系经历了二战后的第三次大调整。其中，一个重要的发展是中日韩经济关系快速发展，构建了互补型的区域性产业链和经济网络，三国成为东北亚地区、东亚地区的经济重心。

从地区关系与秩序结构上看，东北亚地区出现了一定程度的"政经分离"，即安全与经济的关系不同向、不同步。就像中日韩三国，一方面日、韩是美国的盟国，另一方面，它们又与中国构建合作机制（中日韩领导人对话机制）。② 与此同时，以美国为中心的军事结盟旧格局并没有发生转变，朝鲜半岛分裂与美朝对抗的格局没有改变，朝鲜与日本、韩国没有建立外交关系。由此，东北亚地区关系生成一种复合多层结构。不过，由于内外形势的变化，东北亚地区关系的这种多层结构并不稳定：一是双边关系，主要是中日关系、日韩关系因为历史遗留问题的作用不时发生矛盾；二是半岛局势，在美朝对抗性加剧的情况下，朝鲜选择了拥核，这使朝鲜半岛与东北亚的关

---

① 特别是由美国主持的旧金山会议签署对日和约，确立了美国对日本的主导权，并且以联合国的名义，把战后东北亚地区诸多事务置于其掌控之下，如对冲绳（包括钓鱼岛）的托管和此后"还政"于日本，都是由美国主导的。美国通过把韩国纳入军事同盟体系，获得了对韩国安全的主导权，构建了以美日韩军事同盟为基础的东北亚安全框架。

② 中日韩领导人对话合作机制开始于 1999 年，先是在东盟＋中日韩（"10＋3"）框架下进行；2008 年，三国开启独立的对话合作进程；2010 年，在韩国首都首尔建立了三国合作秘书处，负责协调三国合作事宜。

系变得更为复杂。①

从发展的角度观察，东北亚地区关系格局最重要的变化是实力对比的变化。2010 年，中国国内生产总值（GDP）超过日本，这是一个有历史意义的力量格局转变。历史上，中国曾是东北亚地区最强大的国家，20 世纪初日本 GDP 超过中国，如今中国又超过日本，且力量对比的差距越来越大。这样的变化必定对东北亚地区的关系和秩序格局产生重大影响。

不过，如今的东北亚与以往不同，由于美国的直接介入，日本被置于美国领导的同盟体系之下。因此，中国力量的赶超形成了对美国的直接挑战，中美之间的力量博弈成为影响东北亚地区关系和秩序构建的主要因素。在此情况下，出于战略的考虑，一种大力量组合有时显现出来，即美、日、韩同盟体系与中、俄、朝战略协调。尽管这与冷战时期的对抗组合不同，但是毕竟有着一定的战略利益博弈含义。从 2018 年开始，随着美朝领导人会晤、半岛南北会晤，围绕朝核问题、朝鲜半岛问题的博弈可能使地区关系变得更为复杂。②

经济是东北亚地区利益链接的基础，中日韩建立起互补型的产业链，如今关系也在发生变化：一是外部大环境的变化。美国不再担当东亚出口市场的角色，大力推行单边主义、贸易保护主义，大幅度提高中国输美产品的关税，对企业实施制裁，从而使得基于加工出口的产业链断裂。二是经济关系结构发生变化。随着中国经济的发展，在诸多领域，互补结构发生转变，相互间竞争性增强，产业链和经济网络结构需要重构。从这些方面来看，原来的中日韩紧密经济链基础发生变化，能否以及如何重构新的紧密经济链还需要政治推力和市场聚合力。如果没有强烈的政治共识，东北亚经济的聚合力可能难以较快地形成。日本通过牵领 CPTPP 和与欧盟签署高水平

---

① 朝鲜拥核曾一度促使各方结成“统一阵线”，通过举行六方会谈来共同处理朝鲜弃核与构建东北亚地区新的安全机制。但是，由于分歧太大，这种“统一阵线”昙花一现。围绕核问题、关系构建和地区秩序问题所进行的复杂博弈又开始凸显。有学者认为，六方会谈之所以失败，是因为其本身约束性机制的缺失，参加会谈的除朝鲜外的五方尽管有着共同的实现朝鲜半岛非核化的目标，但在具体方法上难以形成合力。参见成晓河：《六方会谈再议：议程调整与机制建设》，《外交评论（外交学院学报）》2016 年第 4 期，第 65 页。

② 值得研究的是，朝核问题的走向是否会在这种战略利益博弈加剧的情况下发生转变。尽管联合国对朝鲜拥核的制裁不会在朝鲜拥核的情况下被取消，但是原来各方一致支持朝鲜完全弃核的共识立场与行动会受到影响。美国也可能会以朝鲜拥核与中国进行战略博弈。显然，朝核问题从来不是一个简单的朝鲜的核问题，它牵涉地缘政治、地缘安全、大国关系和国际核不扩散体系。参见樊吉社：《朝核问题重估：僵局的根源与影响》，《外交评论（外交学院学报）》2016 年第 4 期，第 58 页。

的自贸区，力图在区外拓展经济利益空间。日韩相互间实施经济限制损害产业链基础，中国通过“一带一路”构建更大的网络平台。在此情况下，东北亚经济的聚合力无从谈起。

从综合的新变化看，东北亚地区关系与秩序转变呈现一种复杂和不确定的形态。其一，随着力量对比的变化，关系格局发生转变。其中，中美竞争博弈的力度加强。中美竞争是一个大格局，具有全面性的特征，主要是美国力图制约中国力量和影响力的提升。中美在东北亚的战略博弈主要是在安全与地区秩序，触及美国在东北亚的战略利益和地位，也涉及其他各方的利益。因此，战略博弈导致地区力量的复杂组合。这种组合与冷战时期的大对抗架构下的力量组合不同，基于利益博弈的各种组合并不是完全封闭与对抗的，在许多方面有交叉性的联系，甚至是合作。① 其二，朝核问题成为一个大变数。中国引领进行的六方会谈曾构建了一个共同参与平台，因朝鲜退出而终止。朝鲜经过多次核试验，自行宣布为拥核国家，如何解决朝鲜弃核、半岛无核化与和平机制构建变得异常困难。2018 年年底开启的朝美领导人会晤、半岛南北对话、中朝对话、俄朝对话等虽然使紧张的形势“平静下来”，但是在关键问题上并没有取得实质性进展。令人担心的是，各方力量的博弈也许使共识难以达成，从而埋下爆发新危机的种子。其三，中国综合实力上升引起复杂的反应。一方面，中国作为大经济体对东北亚地区的经济具有越来越强的拉动作用，从而受到欢迎；另一方面，各方对中国不断增强的综合实力表示担心，既担心中国主导，也担心中美之争。在此情况下，各方都采取了不同程度的“对冲(hedging)外交”，即便是属于美国盟国的日本和韩国也是如此。

东北亚地区的大变局尚处在一个长进程的初始阶段，就像厚厚的冻土层，刚开始有些松动。大变局时期各种矛盾交织，相互碰撞，极易发生冲突甚至是战争。因此，当今东北亚地区的第一要务是维护和平。自朝鲜战争以后，东北亚地区没有发生过战争，这是东北亚地区创造经济发展奇迹的重要基础。

---

① 一方面，在大战略上显现出一定程度的前述美日韩与中俄朝的战略利益排列组合；另一方面，在应对中国方面，美日韩既有一致，也有分歧。日本会支持美国在东北亚的主导地位，但出于本身利益的考虑，也不会完全站在中国的对立面，而是需要发展与中国的关系。这方面的分析参见刘鸣：《二战后东北亚秩序：延续、遵从、权力转移与挑战》，《国际关系研究》2016 年第 3 期，第 20—24 页；凌胜利、方寅旖：《共识下的游离：美日在对华安全政策上的分歧》，《日本学刊》2019 年第 2 期，第 54—57 页。

不过,朝鲜战争后,东北亚地区几度处在发生战争的边缘,所幸通过多方努力,战争得以避免。20 世纪 60 年代,中苏曾发生边界小规模冲突,发生大规模战争的可能性并非不存在。在此情况下,中美实现了互动,形成"中美苏大三角"制衡架构,缓解了中苏之间的对抗压力。[①] 冷战结束后,美朝对抗升级,朝鲜开发核武器,使朝鲜半岛充满火药味。在此情况下,中国牵头六方会谈,设定了朝鲜弃核与半岛和平目标,把各方拉到同一个对话平台。尽管六方会谈最终没有解决朝核问题,但开启了通过谈判解决朝核问题的进程。如今,包括美国在内的各方都充分认识到,只有通过对话谈判才可以最终解决和平与安全的问题。[②]

总的来看,东北亚地区的和平威胁主要来自三个方面。一是大国角逐对抗,引发战争。这是传统变局的方式,以战争决定秩序。如今,尽管美俄也存在矛盾,但主要的矛盾体现在中美之间。二战后,美国直接介入东北亚事务,通过建立军事同盟成为地区安全的核心力量,特别是冷战结束以后,其主导地位进一步提升。中国综合实力的大幅度提升对美国的这种主导地位形成挑战。中国倡导合作构建东北亚地区新安全秩序和机制,在这种新秩序中,中国要有相应的地位,能够发挥更大的作用。[③] 但是,也应该认识到,新形势下大国角逐与秩序构建并非要通过战争,一个重要的原因在于当今大国战争无胜者,有难以承担的代价。[④] 同时,重要的是,中国坚持和平发展,不走传统大国争霸的老路,是一种"新型挑战者",是要通过基于中国传统文化的"竞合方式"推动现有关系与秩序的改变。这与当年日本崛起同列

---

① 中国"联美反苏",旨在利用与美国发展关系的因素减少苏联的压力,也以此对苏联进行战略压制。但是,中国为了保持自主性,也注意尽量与美国保持战略距离。这样就可以形成战略制衡。这方面的分析参见樊超:《对抗性外交、战略框架转换与中美苏大三角关系的形成——以〈八一七公报〉谈判为中心》,《外交评论(外交学院学报)》2016 年第 5 期,第 59—60 页。

② 特朗普执政后,一改过去美国领导人不与朝鲜领导人接触的惯例,三次主动与金正恩会晤。尽管没有就朝核问题、美朝关系问题等达成具体协议,但双方谈判的大门始终是敞开的。这表明,只要不发生极端的情况,谈判可能会继续下去。不过,在美国也有不少对此持怀疑的人,他们主要是担心朝鲜会利用谈判的机会加强自己,获得拥核国家的合法性,而不在弃核上采取实际行动。Evan J. R. Revere, "US Policy and Pyongyang's Game Plan: Will We Accept a Nuclear Armed North Korea", 2019-7-5, https://www.brookings.edu/research/u-s-policy-and-pyongyangs-game-plan-will-we-accept-a-nuclear-ar med-north-korea/.

③ 参见张蕴岭:《东北亚和平构建:中国如何发挥引领作用》,《东北亚学刊》2018 年第 2 期,第 6—8 页。

④ 核毁灭论是一种解释,被认为是阻止美苏由冷战走向热战的一个主要原因。基辛格认为,美苏双方的战略家在"确保相互摧毁"概念上至少达成了心照不宣的共识,让双方放弃使用核武器的尝试。参见[美]亨利·基辛格:《世界秩序》,胡利平等译,中信出版社 2015 年版,第 437 页。

强争雄、用武力构建势力范围圈的方式是截然不同的。[①] 在东北亚，大国的博弈如中日之间、俄日之间、美俄之间，都出于各种不同的原因，难以构成引发大危机的因素。特别是中俄之间，双方结成紧密的战略协作伙伴，已经走出历史，构建了新关系，对东北亚和平起到了一种平衡器的作用。[②] 二是朝核问题引爆危机。自 2019 年开启的新一轮对话，包括朝鲜半岛南北双方、美朝、中朝、俄朝对话，使朝核问题重新走上通过对话谈判解决的轨道，但是在如何制定可行方案和启动实质性行动上还没有定数。如果久拖无果，形势发生逆转的可能性存在，而一旦发生逆转，形势就可能会急转直下，发生大危机。这里，最大的不确定性还在于美国对朝政策和朝鲜的拥/弃核政策。[③] 有利的因素是，中俄与包括美国在内的相关各方均有正常的外交关系，主张政治解决朝核问题，特别是在危急时刻，不仅可以进行斡旋，而且可以发挥干预和平衡作用，阻止形势恶化失控。三是热点升温，发生突发事件，这包括海上、空中发生意外的或者有意的冲突事故。这种突发性的事故如果不能通过应急外交进行有效处理，也可能会升级。不过，从以往的经验看，这类事件还是能够得到应急处理的，当事方大都能够从大局出发，不让小事件酿成大祸。如前所述，东北亚有诸多历史遗留问题与现实矛盾，矛盾激化甚至发生冲突，在所难免。重要的是能掌控局势，防止升级。事实上，做到这一点并不太难。

相比较而言，在世界各地区中，没有比东北亚变局更大、更复杂的了。以中国崛起为背景的东北亚大变局包含着新的含义：其一，地区力量对比和秩序结构之变的特征和影响不同。近代，日本超越中国成为东北亚地区综合实力最强的国家。如今，中国超越日本成为东北亚地区综合实力最强的国家。日本崛起后加入西方列强争夺，力图靠军事扩张称霸亚洲，主导地区关系和秩序。二战日本战败，美国直接介入东北亚，从而改变了该地区中日两极化的传统框架，后来的发展进一步推动了地区“多极”力量格局的形

① 重要的是，在东北亚，构建新秩序要避免让大国争夺的传统范式回归，应走向“竞合”（竞争/合作）或者“和合”（和谐/合作）的新范式。这方面将在本文第三部分进行更详细的分析。

② 中国与沙俄关系有着痛苦的历史记忆，与苏联曾有过对抗，但中俄以面向未来的认知完成了边界谈判，妥善处理了珍宝岛争端。应该说，双方走出了历史的阴影，构建了新关系。

③ 参见张蕴岭、毕颖达主编：《东北亚地区关系概览》，世界知识出版社 2019 年版，第 11 页。

成。[①] 因此，东北亚地区关系与秩序的构建不再沿袭传统的中日对决的结构。二战后，东北亚地区关系和秩序先后经历了美苏两极格局和美国单极格局。随着力量结构的变化，地区关系和秩序的变局正在发生，将会进一步深化。就力量对比和作用而言，改变最大的应该是美国，它不再是可以发挥主导作用的霸权国家，中国的作用会上升，不再仅仅是一般的参与者。[②] 其二，引领性思想与行动发生转变，东方思想传统影响力增强。近代，国际关系和秩序被大国争夺、殖民占领的“丛林法则”所主导。尽管先进的科学技术、现代化的发展范式推进了世界和地区的发展，但也把东北亚拖入列强争夺与战争陷阱，如今这个地区的诸多矛盾都与此有关。继续沿袭这样的法则，东北亚的现实问题似乎无解。因此，这促使新的理念滋长，也就是说，不再是通过战争定输赢，不再是“胜者为王”，或者由大国共治，而是寻求基于开放发展、共同安全、合作安全的新范式。因此，东北亚大变局的深刻含义，也许不是体现在短时就能看得见的全新结果，而是体现在一种迈向国际关系与秩序新范式的相对稳定的进程。从这个意义上说，百年之变，结果孕育在进程之中。

三、协力共创未来

东北亚正在进入一个新的时期，这个时期的突出特征是关系与格局发生重大转变。在这样的大变局中，东北亚如何共创未来？东北亚国家都希望有一个更好的未来，一个和平发展、和谐相处的未来，但现实离这个理想看似尚远。为此，我们需要研究通向美好未来的路径。

如前所述，东北亚的首要问题是创建地区长久和平。一般地说，实现一个地区的和平主要有三种驱动：力量制衡、制度构建和认知引领。

力量制衡，即创建各方力量特别是大国之间力量的均衡机制，以限制一方采取破坏性行动的可能性。均势理论认为，基于公认的规则和相互制衡

① 这里所言“多极”包括两个含义：一是多个大国力量，即中国、日本、俄罗斯、美国。二是多种力量，其中，朝鲜半岛历史上长期处于弱势，如今，韩国综合实力大幅度提升，朝鲜通过拥有核武器增加了影响力；蒙古国也力图通过引入“第三国”而不被边缘化。

② 随着格局的变化，美国的主导性会减弱，这要么是其他因素的变化所致，要么是自身因素所致，比如特朗普力图减少美国承担的责任和义务。有观点认为，在东北亚出现了对美国主导合法性的认同危机，这既来自美国，也来自外部。这方面的论述参见王俊生：《东北亚安全秩序的悖论与中美双领导体制的未来》，《当代亚太》2019 年第 2 期，第 136—137 页。

的力量,可以防止对秩序的挑战。[①] 事实上,在世界和地区发展中,长久的均势是难以保持的,出于多种原因,均势往往会被打破,引发战争,而重构均势则需要通过战争的方式。依照这种理论,由于中国综合实力快速上升,在东北亚应该建立平衡中国的机制,这样,就只有通过美国加大投入,加强美日同盟或美日韩同盟,但这种做法的结果将适得其反。

制度构建理论认为,地区相关国家通过建立地区合作的制度,创建地区共同利益,形成各方遵守的法规,可以创建地区的和平。[②] 欧洲区域合作——从煤钢联营到欧盟的发展——被认为是通过制度构建实现地区和平的成功范例。从东北亚的情况看,尽管已经发展起中日韩对话合作机制,但是它并非建立在具有约束力的地区制度构建基础上,即便如此,中日韩对话合作框架向其他东北亚国家的扩展也存在很大的困难。从未来发展看,东北亚地区建立像欧盟或者东盟那样的区域合作组织的可能性很小。[③]

认知引领是相关国家基于对区域共同利益的认知,支持和推动区域合作。建构主义理论相信,认知的演化可以增加共同意识、共有理解(shared understanding),由此产生认知的共同体。[④] 有的学者提议,应该推动东北亚认知共同体的构建,增强区域意识基础上的"我是谁"。[⑤] 在东北亚,各方对区域的认同并不强烈,这可能与近代以来这个地区分裂的历史有关。[⑥] 因此,从现实的情况分析,东北亚依靠认知共识来引领构建东北亚地区的长久和平也难以实现。

---

① 基辛格是均势理论的推崇者。他认为,均势本身并不能确保和平,但均势可以限制根本性挑战的规模和频率,并在出现根本性挑战时加以抑制。参见[美]亨利·基辛格:《世界秩序》,胡利平等译,中信出版社 2015 年版,第 XVIII 页。

② 地区制度构建,即以地区主义为基础的地区组织建设,不同于一般的区域合作,是基于对地区的认同,基于对国家权力的一定让渡。因此,制度构建需要以地区组织为载体。参见耿协峰:《亚洲想象力——新地区主义研究的中国视角》,研究出版社 2018 年版,第 107 页。

③ 比较有代表性的提议是日本综合研究开发机构(NIRA)关于建立东北亚共同体的构想,提出用 20 年时间实现东北亚共同体的构建。这个构想没有得到官方支持。后来,有关东北亚共同体的提议不太多见。参见张蕴岭:《在理想与现实之间——我对东亚合作的研究、参与和思考》,中国社会科学出版社 2015 年版,第 185—186 页。

④ 认知共同体(epistemic communities)被定义为对某一特定事物拥有共同观念的精英群体,他们为实现目标制定战略,并在其中起着重要的创新作用。参见[美]詹姆斯·多尔蒂、[美]小罗伯特·普法尔茨格拉夫:《争论中的国际关系理论》,阎学通、陈寒溪等译,世界知识出版社 2013 年版,第 175—176 页。

⑤ 参见[韩]李熙玉:《东北亚历史问题与和平合作的议题》,《当代韩国》2006 年第 3 期,第 10 页。

⑥ 这方面的分析参见于海洋:《权力结构与协商规范:东北亚区域体系的历史变迁及其启示》,《东北亚论坛》2018 年第 4 期,第 62—63 页。

因此,我们需要为东北亚寻求符合该地区实际情况的路径与方式。东北亚地区大国力量集聚,冲突风险系数高,地区关系与秩序正经历大历史性的大转变,因此,需要把握好大局的方向,需要战略定力,止乱避战,协力共创未来。

(一)增进"共有意识"(sharing sense)建设

"共有历史"(shared history)是东北亚国家的宝贵资源,值得下气力发掘,包括民族、文化、传统领域的共有性等。为了发掘东北亚历史的共有资源,增进民众的了解和理解,中日韩三国组织了历史编纂委员会,启动了对共有历史的研究,合作编写了历史课本,已经取得了一定成果。[①] 在中日韩三国合作秘书处的直接组织下,还编写了《中日韩共用汉字词典》,把共用汉字作为共有的历史财富。[②] 当然,不仅仅是历史,提升当代共有意识也有很多工作可做。比如,在海洋、自然资源、气候等领域,应该组织合作专家委员会,推动区域共有基础的研究,提出共同拥有、共同开发和共同保护的方案。增进共有意识,可以增进各国间的合作意识,珍惜共有,维护共有价值与利益。[③] 区域不仅是地缘关系,更是共生关系,山水相连,资源共享,族群相亲。区域是主权国家的第一层外部联系,长期的相处形成"割不断,理也乱"的相互交往关系。历史上,东北亚地区各国间的关系复杂、交织、多变,在很多方面难以用近代主权国家的定义来认识。因此,增进历史共有意识是为了培育新的共生观,从历史的冲突争斗中走出来。[④] 百年变局,其中包括认识论的转变,东北亚需要从东方思想中寻求构建面向未来的新共生文明观。其实,本属于东方文明的东北亚国家有着深厚的共生传统价值观,需要以新的

---

① 2002年,三国成立得到政府支持的共同历史纂写委员会,先后出版了《东亚三国的近现代史》《超越国境的东亚近现代史》,第三本正在编写中。尽管在许多重大历史事件上三国专家存在分歧,但能够以求同存异的原则为指导,增进对历史的共有理解,尽可能还原历史事实。

② 2016年,根据中日韩文化部长的意见,中日韩合作秘书处成立编撰委员会和专家团队,先后召开多次会议,于2018年6月出版《中日韩共用汉字词典》。

③ 研究表明,相邻国家为领土和利益最容易发生冲突,而且冲突最容易扩散,发生大规模的战争。因此,增进共有意识,提出共有基础上的利用与保护方案,有利于改善相关国家间的关系,也可以减少历史遗留问题的发作。这方面的理论参见[美]詹姆斯·多尔蒂、[美]小罗伯特·普法尔茨格拉夫:《争论中的国际关系理论》,阎学通、陈寒溪等译,世界知识出版社2013年版,第182—183页。

④ 有学者提出,人类政治文明需要超越对立冲突的秩序观,需要从"非此即彼"的思维过渡到"既此又彼"的思维。参见苏长和:《对立冲突的秩序观深深影响人类政治文明》,2018年7月2日,http://www.aisixiang.com/data/110781.html。

视野创建传统与现代、现代与未来相契合的新文明。[①]

(二)推动“新发展范式”建设

自工业化以来,日本率先学习欧洲,步入现代化。二战后,日本经济快速恢复,韩国经济腾飞。此后,中国实施改革开放政策,经济实现迅速增长。如今,单是中日韩经济总量就占了东亚经济的80%,几乎与美国相当,俄罗斯、蒙古国也都实施市场经济,与中日韩建立了越来越密切的联系。只有朝鲜仍然实行自主自立的计划经济,未加入地区经济联系网络。

从未来发展看,东北亚地区的经济面临诸多挑战,其中最为严峻的是如何重聚活力,构建可持续发展的新范式。世界发展表明,西方开启的工业化范式面临严重的危机,东北亚集聚了世界第二和第三大经济体,考虑到未来中国可望成为第一大经济体,在向新的可持续发展范式转变中肩负重任。新的可持续发展范式要体现两个突出的特征:一是绿色,即纠正传统工业化的高污染、高能耗方式;二是包容,即纠正财富积累极化、分配不合理的失衡结构。特别是中国,正处在向发达经济体迈进的阶段,实现向新发展范式成功转变的意义重大。

扩大与深化区域经济合作是东北亚地区迈向新发展范式的必要之举。考虑到东北亚地区的实际情况,区域合作不能走欧洲区域联合的道路,也难以照搬东盟方式,需要创建东北亚特色的区域合作方式。东北亚的区域合作以经济为中心,以功能性合作为取向,以创建共有利益(shared interests)为宗旨,以共利为纽带,以中日韩合作为重点,逐步向整个东北亚延伸,可做的先行,不断深化。

中日韩三国建立了以市场导向为特征的紧密经济关系,自贸区谈判已经进行了多年,进展不快,其主要原因是结构性差别大,统一的高标准市场开放与规则制定难度大。如今,内外经济形势都发生了很大变化,需要增强区内合作的驱动力,加快基于开放与合作的新型自贸区建设。[②] 考虑到三国

---

① 东北亚历史文化的同质性主要体现在汉字文化、儒家思想和中国化的佛教思想。以传统文化为基础构建当代“文化共同体”,既要体现同质性传统基础,又能包容各自不同的发展,通过相互学习和吸收,形成共有性与多样性的共生文化。参见孙英春:《东北亚文化传统的同质性与“文化共同体”远景》,《浙江学刊》2009年第4期,第30—33页。

② 2019年8月21日中日韩外长会在北京召开,三国达成重要的共识之一是加快中日韩自贸区谈判,取得阶段性成果。参见《第九次中日韩外长会在京举行》,2019年8月21日,http://www.gov.cn/guowuyuan/2019-08/21/content_5423149.htm。

发展、市场结构的差别以及政治因素的影响等，在构建上也需要从实际出发，增加灵活性。日韩国内市场拓展度有限，重点是规则制定，使经济交往有法可依、有规可循，制止单边行为，发挥市场规则对要素流动的导向，推动三国优势资源特别是新技术资源的合作共建。中日韩合作机制以经济为重心，应该拓展领域，利用秘书处合作机制，推动社会、文化领域的合作，增强民众对合作的认同。[①]

出于多种原因，东北亚的区域主义认同基础并不强，开展合作以共利认知为驱动力，因此，功能性合作是主要的选择，体现在次区域、科技、教育、能源、大气治理等领域的合作进展。[②] 目前，东北亚区域合作主要集中在中日韩三国，需要构建其他东北亚国家参与的合作平台。比如，构建东北亚发展合作机制，邀请俄罗斯、朝鲜、蒙古国参加，在东北亚合作机制下构建东北亚交通、电信、大数据、教育网络等，通过现代化网络把东北亚连接起来，不仅能够增加区域利益，也可以增加区域认同感与区域意识。[③]

东北亚地区经济大变局的深刻变化是中国因素：其一，中国成为最大的地区经济体。从未来发展看，中国将不仅为东北亚提供最大的商品市场，而且也是资金、技术的主要提供者。因此，中国将是东北亚地区经济的辐射中心与网络构建中心。其二，中国经济由传统发展范式向新发展范式转变，将引导地区走向新经济结构与网络构建。这与以往的传统经济结构传递和扩大不同，从而也就可以在很大程度上避免传统范式下的诸多弊端，如资源、

① 三国合作机制因双边关系问题多次阻断，但三国并没有试图利用这个机制解决复杂、敏感的双边关系中存在的问题，而是尽力以维护三国共同利益为基础，为双边关系改善提供有利的共处环境。这也许是东北亚合作的一个突出特点。

② 在次区域合作方面，启动较早的是大图们江合作机制，由联合国开发计划署于20世纪90年代初推动，各国政府参与，发展起了多层次的合作。不过，朝鲜后来退出，日本没有参加。在其他方面，如东北亚沙尘监测网、东北亚环境合作会议、东北亚远程大气污染联合研究、东北亚次区域环境合作项目等都取得了一定成效。这方面的分析参见周璇、温丽琴、宫贻斌：《东北亚各国大气跨界污染治理的博弈与合作》，《国际经济合作》2018年第12期，第37—41页。

③ 构建区域网络面临的问题是，东北亚作为一个区域定位，存在整体国家框架与地缘区域框架之间的差别，后者受到相邻地缘链接区域的限制，比如缺乏活力的中国东北部、边缘的俄罗斯西伯利亚和封闭的朝鲜导致大图们江合作进展缓慢。在2019年8月21日召开的中日韩外长会议上，三国承诺积极推进“中日韩＋X”合作进程。“中日韩＋X”合作倡议是李克强总理于2018年5月在第七次中日韩领导人会议上提出的。参见《第九次中日韩外长会在京举行》，2019年8月21日，http://www.gov.cn/guowuyuan/2019-08/21/content_5423149.htm；《打造“中日韩＋X”合作模式》，2018年5月10日，http://www.ce.cn/xwzx/gnsz/szyw/201805/10/t20180510_29082397.shtml。

环境方面的问题。因此，新发展观引领下的东北亚区域合作也会具有新的内容。[①]

（三）构建新的安全关系和秩序

东北亚地区需要走出传统安全结构下的“安全困境”，推进共同安全、合作安全机制建设。目前，东北亚地区的安全存在四重矛盾：一是以朝鲜南北分裂为框架的对立双方。尽管南北双方进行过多次和解的努力，但是都没有真正走出分裂与对立的困境。因为南北分裂与对立的根子在美朝对立，美韩军事同盟为一方，朝鲜为一方，仍然没有走出朝鲜战争后确立的秩序。二是美国在日韩有大量驻军，进行前沿军事部署，力图通过美日韩军事同盟主导东北亚安全事务，划定势力范围，把其他国家排斥在外。三是美国把朝鲜作为敌人，把中国、俄罗斯作为战略对手，形成美国与中俄的战略对抗。四是中国作为本地区综合实力最强的国家，在构建地区安全上作用受到限制，且被美国定位为“安全挑战者”。因此，东北亚地区的安全呈现一种矛盾交错的“无序”状态。

朝鲜拥核曾一度催生了一种利益协同，即所有的国家都反对朝鲜拥核。但是，在如何弃核特别是如何构建“后朝核”安全秩序上缺乏共识。至今，朝核及相关问题仍寄期望于朝美会谈取得突破，而朝美双方显然各有自己的打算。可以设想，即便朝美达成一定的协议，没有其他方的参与，也不能完善解决朝鲜半岛与东北亚新和平机制构建的问题。如今，中国综合实力的快速提升，加剧了美国与中国之间的战略和安全竞争，由此，东北亚地区的安全出现了新的不安定因素。[②]

东北亚地区的安全关系与秩序构建既要基于现实，更要着眼于长远。东北亚地区安全的现实是，没有从二战后的对抗关系与秩序框架中走出来，

---

① 关于中国引领东北亚新经济发展的分析，参见刘爽主编：《东北亚发展报告（2017—2018）：区域合作与发展》，社会科学文献出版社 2018 年版，第 213—217 页。

② 朝鲜半岛问题涉及三个相互交叉与矛盾的问题：一是美国牵制中国的战略，对其他方关系产生影响；二是朝鲜本身的稳定，朝鲜会为此加强军事包括核能力建设；三是对地区安全与相关国家安全产生不同的影响。各方只有在这些问题上形成共识，采取相向而行的政策，才可以走出困境。参见韩献栋：《朝鲜半岛地区的双重困境及其出路》，《东北亚学刊》2018 年第 2 期，第 20—21 页。

需要解套[1]，而着眼于长远的安全构建，必须以新安全观，即合作安全、共同安全为引领，凝聚共识，协力共建。

中国在推动构建东北亚新安全关系与秩序中不仅要发挥重要的作用，而且要发挥重要的引领作用。近代，中国退出东北亚地区关系与秩序构建的舞台。二战后，东北亚陷入冷战对抗，美国深度介入东北亚事务，在地区安全关系和秩序构建中起着重要作用。如果政治与安全的分裂继续，沿袭这样的路径，东北亚难以从“安全困境”中摆脱出来。

在此情况下，中国需要更为积极地参与东北亚地区政治安全关系与秩序的构建，主要体现在三个方面：其一，大力推动以共同安全、合作安全为核心的新安全观理念在东北亚落地生根，多做各方面的工作，逐步增进理解和达成共识，形成话语权导向；其二，加强对风险因素的管控，提升止乱、止战的防御和干预能力，特别是在朝鲜半岛，把无核化与新安全观指导下的安全机制构建联系起来，使朝鲜成为东北亚地区的正常国家；其三，在不冲突、不对抗的原则下处理中美关系，把美国纳入东北亚新安全体系之内。[2]

中国共产党第十九次全国代表大会提出：“各国人民同心协力，构建人类命运共同体，建设持久和平、普遍安全、共同繁荣、开放包容、清洁美丽的世界。要相互尊重、平等协商，坚决摒弃冷战思维和强权政治，走对话而不对抗、结伴而不结盟的国与国交往新路。”[3]并庄严承诺，中国“始终不渝走和平发展道路、奉行互利共赢的开放战略，坚持正确义利观，树立共同、综合、合作、可持续的新安全观，谋求开放创新、包容互惠的发展前景，促进和而不同、兼收并蓄的文明交流，构筑尊崇自然、绿色发展的生态体系，始终做世界和平的建设者、全球发展的贡献者、国际秩序的维护者”[4]。这是崛起的中国贡献给世界的智慧和方案，也应该是中国推动东北亚构建面向未来的地区

---

① 正如有学者所指出的，朝鲜半岛问题的实质还是原有安全框架演变与转型问题，即如何从以朝鲜停战协定为基调所确立并延续至今的安全框架向更具包容性、可持续性的安全框架转变的问题。这个转变过程很复杂，存在现实的和潜在的巨大风险，也可能会发生军事冲突。参见唐永胜：《浅谈构建更具包容性、可持续性的东北亚安全框架》，《东北亚学刊》2018 年第 2 期，第 14 页。

② 韩国提出南北和解，建立包括俄罗斯在内的和平共同体，这是以实现和平为首要目标，突破目前安全分裂对抗的战略思考。这方面的分析参见周永生：《从东北亚“和平共同体”到“命运共同体”》，《区域与全球发展》2019 年第 2 期，第 64 页。

③ 习近平：《决胜全面建成小康社会　夺取新时代中国特色社会主义伟大胜利——在中国共产党第十九次全国代表大会上的报告》，人民出版社 2017 年版，第 58—59 页。

④ 习近平：《决胜全面建成小康社会　夺取新时代中国特色社会主义伟大胜利——在中国共产党第十九次全国代表大会上的报告》，人民出版社 2017 年版，第 25 页。

关系和秩序的引领思想。因此，正如笔者所指出的："东北亚未来区域关系与秩序构建应该走出以冲突为导向的西方国际关系信条，寻求以和解与合作为指导的东方道路。"[①]

（本文原载于《世界经济与政治》2019年第9期，略有调整）

① 张蕴岭：《东北亚和平构建：中国如何发挥引领作用》，《东北亚学刊》2018年第2期，第8页。

东北亚区域合作与新秩序构建

东北亚地区正在经历重大的转变，这种转变正在改变近代特别是二战以后形成的关系、格局与秩序。但是，基于复杂的原因，这种转变也带来了不稳定和新的矛盾。如何认识转变的特点和大趋势，如何把控大局避免发生大的对抗、冲突特别是战争，如何凝聚共识推动转变向好的方向发展，这些都是值得分析研究的问题。

一、东北亚区域关系与秩序的演变

东北亚地区的国家有着紧密的地缘链接，也有着独特的历史情结。近代东北亚史是一部充满血腥的历史，以中国的衰落和日本的崛起为转折，该地区曾陷入长期战乱。日本消灭了清朝海军，强迫泱泱大国签订了屈辱性条约，出兵占领了朝鲜半岛，对朝鲜实行了殖民统治，接着又大举进犯中国，战火燃遍整个中华大地。二战日本战败，新中国成立，本该步入正常的东北亚地区又陷入两大阵营对抗的旋涡之中。朝鲜战争把新生的中国拖入了其中，进一步加剧了东北亚地区的矛盾与分裂。朝鲜战争结束，朝鲜半岛一分为二，长久分裂，冷战持续，东北亚地区成为冲突与对抗的前沿。20 世纪 60 年代中苏分裂，中国与蒙古国关系紧张。70 年代中日关系正常化，中国实施改革开放政策后双方经济关系发展迅速。苏联解体，冷战结束，中国与俄罗斯关系正常化，与韩国建立正常外交关系。不过，朝鲜半岛南北关系仍然为对抗阴影所笼罩，这使得东北亚地区的关系仍然不能完全转入正常化。

作为一个人口大国和发展中大国，中国的开放政策与经济潜力形成了独特的优势，吸引了大批日韩企业进入中国市场。于是，中日韩之间发展起了紧密的经济关系，成为东亚生产网络的中心。中日韩之间这种以经济为纽带构成的密切利益关系架构是历史上从来没有的，它为三国构建新的关系提供了利益基础。

进入21世纪，东北亚地区的合作出现了新的进展。其中之一是“六方会谈”（中、俄、朝、美、韩、日）机制的诞生。2003年由中国倡议，召开了由中国、朝鲜、韩国、美国、俄罗斯和日本参加的“六方会谈”。“六方会谈”的主要目的是以解决朝核问题为依托，构建东北亚的新关系，其中主要是实现朝美关系、朝鲜半岛南北方关系、朝日关系正常化，在此基础上构建新的地区合作机制和安全框架。“六方会谈”开局比较顺利，取得了一些进展，但是由于受到大关系结构的制约，其中主要是美朝缺乏信任，结果达成的共识得不到落实，到2007年这个机制就不得不停止运转了。尽管各方还在为此努力，但是，朝鲜内部政治的变化、南北双方严重对立以及中日关系的转变等，使这个机制的有效性大为降低。不过，尽管如此，“六方会谈”机制仍然有其存在和被激活的意义，因为它为创建东北亚新秩序提供了平台。

另一个新发展是中日韩合作机制的启动（2003年）。中日韩紧密的经济关系主要建立在市场机制之上，政府间的对话合作机制开始于1999年，但只是在“10＋3”对话合作机制框架之内，以领导人早餐聚会的形式开始的。此后，中日韩领导人的对话不再仅仅是早餐聚会，也不再主要谈论如何在“10＋3”机制中进行合作，而是变成讨论如何加强三方合作。2003年10月7日，中国、日本和韩国三国领导人在印度尼西亚巴厘岛举行会议，签署并发表了《中日韩推进三方合作联合宣言》。这是一个重要的进展，因为它开始规划三国之间的合作。在此宣言中，三国领导人同意推进经贸、文化、人员交流、政治与安全等14个领域的合作，成立由三国外长牵头的三方委员会，研究、规划、协调和监督三国具体合作。经过几年努力，中日韩三国的合作又向前迈出了新的一大步。2008年，三国单独召开领导人会议，确立了三国正式的合作机制，并建立了合作秘书处。由此，中日韩合作显露出新的发展势头。

但是，好景不长。2010年，中日发生了钓鱼岛“渔船事件”，日本抓捕到钓鱼岛海域捕鱼的中国渔船船长，声言要以日本国内法对船长判刑。这立即引发中日关系的紧张。接着日本对钓鱼岛实施“国有化”，进而引起中日关系的巨大倒退。而安倍上台执政后，实行新保守主义的对外政策，否认日本的侵略历史，参拜靖国神社，把中国作为战略对手，使中日关系出现严重倒退。日本领导人参拜靖国神社，否认侵略历史，也引起韩日关系的紧张，致使例行的三国领导人会议被迫取消。这样，中日韩合作机制面临夭折的危险。尽管中日韩官方合作机制停滞尚没有影响市场联系机制的运作，也没有使启动的中日韩三国自贸区的谈判进程终止，但气氛却变了，变得不利于推进合作。显然，政治关系的冷却必然会对经济关系的深化产生负面影响。进一步看，中日韩关系的冷却也会对东亚地区的合作产生消极影响，使本来就模糊的东亚共同体愿景变得更为渺茫。

东北亚区域合作进程的复杂性和曲折反复的特征为人们留下许多值得深思的问题。首先是区域的定位与合作目标，其次是区域合作的制度化建设依托的战略与利益机制。东北亚仍是一个被政治和安全不同框架分割的地缘区域，朝核问题使区域的关系和安全形势变得更为复杂了。本来，由经济链接托起的中日韩合作为东北亚地区的合作打开了一扇大门，但是三国关系的新变局又似乎把这扇门给掩上了。大门何时再打开，何时重启峰会机制，还要看政治关系的发展。

中国的崛起对东北亚地区的关系结构产生了重大的影响，推动了传统关系与地区秩序的重组。在此情况下，如何定位和推动以区域为支撑点的合作，也可能需要进行更多的思考和务实设计。

二、推动东北亚合作的努力

东北亚缺乏区域合作的历史，更没有基于共同利益的区域合作制度构造。第二次世界大战结束以后，由于东北亚各国关系复杂，相互敌对和冲突，在很长时间里，区域意识几乎不存在。

最早提出带有区域概念的理论的是日本的一些学者，20 世纪 60 年代末他们先后提出了“日本海经济圈”“环日本海经济圈”。后来随着韩国经济、中国经济的发展，一些韩国和中国的专家提出了“环黄渤海经济圈”，目的主要是构建近邻地区、城市的经济联系网络，推动贸易和投资的流动。日本、韩国、中国以及俄罗斯的沿海城市也积极推动实施开放发展政策，推动各种形式的联系，开展合作，签署合作协议。

1991 年，由联合国开发署牵头，启动了图们江区域发展规划，推动中国、朝鲜、蒙古国、俄罗斯和朝鲜开展合作，共同推动图们江流域的经济发展。1995 年，中、朝、俄三国政府代表签署了《关于建立图们江地区开发协调委员会的协定》，中、俄、朝、韩、蒙五国政府代表签署了《关于建立图们江经济开发区及东北亚开发协调委员会的协定》和《图们江经济开发区及东北亚环境准则谅解备忘录》,使图们江区域发展合作走上正轨。此后,相关国家采取了许多措施加强合作,推进次区域的开发,比如开放沿边口岸和港口、签订开放口岸和港口合作协议、改善基础设施等。在国家层面,有关图们江次区域开发的会议一直没有中断。

但是,从总体看,这个地区的合作发展仍然滞后。联合国开发署曾经计划用20年的时间把这个地区建成"东北亚的香港、新加坡",这个宏伟蓝图远没有实现。究其原因,一是朝鲜作为主要合作方难有作为,使区域合作与发展受到制约;二是俄罗斯远东的发展长期不被视为俄罗斯开放发展的重点,使俄罗斯的参与度降低;三是这个地区本身的发展条件受到多种因素的制约。从性质上来说,这个由联合国开发署推动的图们江地区开发项目与亚洲开发银行在中国与东盟国家间推动的大湄公河次区域合作项目类似,属于次区域发展的功能性合作,尽管具有区域合作的特征,但是与以区域整体来构建的区域合作机制还是有区别的。

相比之下,大湄公河次区域合作几乎没有复杂的政治羁绊,上升到了国家合作的层次,因此,总体的合作发展取得很大的成绩,对促进该地区的贸易、投资和人员流动以及改善当地的发展环境和条件起到积极的作用。当初把图们江次区域合作的目标设定得那么高,显然是受到了冷战结束地区关系将出现大改观、欧洲推动大市场建设、区域合作盛兴等气氛的影响。后来的实践表明,像图们江这样的地区,无论是从经济发展基础、地缘优势条件,还是从合作的政治意愿来看,都不具备发展成"东北亚的香港、新加坡"的条件,其基本的设计还是应该通过开放合作,逐步改善当地经济发展的环境和条件。①

由日本综合研究开发机构(NIRA)的盐谷隆英提议的"东北亚大构想——建立东北亚共同体"的倡议倒是有整体区域合作设计的特征。他认为,日本、中国和韩国之间在经济上的互相依赖性一直在不断增强,各国正逐渐成为相互不可缺少的合作伙伴。这种在经济上不断增强的相互依赖将会削弱国界形成的阻碍,加快国际化的进程,并使东北亚地区的人民形成对

① 图们江地区的开发受到多重因素的制约,如关系、安全、利益、资金等,因此,专家建议,图们江次区域合作重点应放在近期目标的可操作性上,应该把便利化作为重点,签署合作协议。参见大图们江区域合作开发战略研究课题组:《大图们江区域合作开发战略的思考》,《社会科学战线》2006年第3期,第81、82页;毛健、刘晓辉、张玉智:《图们江区域多边合作开发研究》,《中国软科学》2012年第5期,第84、85页。

东北亚的归属感，由此，将会推动建立东北亚共同体的地区合作体制。日本综合研究开发机构对此进行了深入研究，提出了构建东北亚共同体宏伟构想的蓝图。按照该构想，用二十年的时间来实现建立东北亚共同体这一目标。东北亚共同体以俄罗斯、蒙古国、中国、朝鲜、韩国和日本为中心，区域合作实行开放政策，邀请美国、欧盟参加。但是，这个构想并没有得到官方的有力支持，被束之高阁。①

韩国对构建东北亚区域合作给予高度重视，专家学者们提出很多倡议，特别是关于构建东北亚经济共同体的倡议。韩国人的东北亚经济共同体包括两个含义：一是以韩中日经济合作为中心，建立三国自贸区；二是经济共同体成为吸纳朝鲜、改变朝鲜的途径。比如，2005 年与中国专家一起提出“构建东北亚地区经济共同体合作方案”。韩国专家认为，只有建立固定的地区组织才能有效推动东北亚经济共同体的建设。② 韩国学者李承律的专著《走向大同：东北亚共同体建设新思维》③从理念、思想、文化、经济等诸多方面对东北亚共同体的构想给予了现实主义且带有理想主义的描绘。他提出，东北亚具有构建共同体的基础，如果从大处设想，从点滴做起，则会形成一个和平、合作和繁荣的地区。

还有一些带有区域合作含义的努力和倡议属于民间机制或者官民对话机制，比如设在美国夏威夷的东北亚经济论坛（NEAEF），成立于 1991 年，每年召开研讨会议，先后在中国、朝鲜、韩国、日本、蒙古国、俄罗斯、美国召开研讨会，研讨内容涉及东北亚地区的能源、交通、发展等议题，为推动区域经济合作提供智力支持。还有设在美国加州大学圣地亚哥分校的东北亚合作对话论坛（NEACD），成立于 1993 年，每年召开会议，参加者有外交部官员和专家学者，主要议题是东北亚地区的安全与合作。会议也是在东北亚国家和美国召开，目的是讨论东北亚地区的安全问题，为推动东北亚地区的安全合作提供智力支持，并且意在推动官方的对话合作。

最具有实质性内容的合作当属中韩自贸区的建设。中日韩三国以市场为基础的经济联系不断加深，产生了构建更紧密联系的内在动力，加之受到

---

① 参见[日]盐谷隆英：《构建东北亚共同体》，2006 年 10 月 26 日，http://www.people.com.cn/GB/shizheng/1026/2808425.html。

② 参见《中韩专家提出构筑东北亚经济共同体的合作方案》，2005 年 5 月 12 日，http://news.xinhuanet.com/newscenter/2005-05/12/content_2951176.htm。

③ 参见[韩]李承律：《走向大同：东北亚共同体建设新思维》，金学泉译，世界知识出版社 2010 年版。

中国—东盟自贸区建设、日本—东盟自贸区和韩国—东盟自贸区建设的启发和激励，2002 年有关构建中日韩自贸区的设想浮出水面，并且得到了三国政府的支持。由此，得到政府支持的三国学界联合研究开启，这项研究进行了 7 年，可谓做足了功课。在此基础上，才推动了官方参加的“官产学联合研究”。政府的参与表明官方有了推动的意愿，达成的共识和形成的建议也就可以推动谈判议程。这样经过 10 多年的准备，三国于 2013 年 3 月开始正式的谈判进程。

从地缘利益角度来分析，东北亚各国陆海相接，有着天然的区域一体性特征。但是，无论是历史还是现实，这个地区都存在复杂的经济、政治和安全因素。这些复杂的因素使得区域合作的思想甚至是有官方推动的进程受到制约或者干扰。

总的来看，东北亚作为一个区域进行的合作可以大体分为两类。其一，发展区域功能性合作项目与合作机制。这方面可以进行的领域很多，有些可以以单独项目的形式进行安排，有些可以建立长期的合作机制，比如近邻边境开放、小区域发展合作、能源合作、环境合作、基础设施发展合作、金融合作、科技研发和利用等。目前，已经发展起了一些合作，如图们江开发项目、环渤海经济发展合作对话等；在环境方面，有中日韩环境合作项目与对话机制；在能源方面，有中韩俄天然气合作项目；在科技方面，有中日韩通信和新一代因特网合作项目等。考虑到未来发展的重要性，东北亚地区在能源、基础设施建设等方面发展合作还是很有潜力的。这些方面的合作可以由中央政府间推动，也可以由地方政府推动、中央政府支持，有些则是在公司企业之间进行，政府给予支持或优惠政策。其二，推动东北亚区域层次的官方对话与合作机制建设。中日韩之间的官方合作机制已经建立，从领导人会议到多级政府高官会议，内容不仅涉及经济发展，而且涉及政治、安全和社会诸多方面的问题。从未来发展看，也应该建立包含所有东北亚国家，即除中日韩外，还有俄罗斯、蒙古国和朝鲜参加的官方对话合作机制。考虑到东北亚地区关系的复杂性，区域官方对话合作机制的主要宗旨还是推进对话、理解、信任和合作，维护该地区的和平发展大环境。

以市场为导向的经济交往有时可以绕开政治和安全的羁绊，但是深度交往特别是设定目标的国家间合作需要适宜的政治关系和安全环境支持。在一定条件下，经济利益可以超越政治障碍，但是要构建共同发展的合作机制，需要政治共识和稳定、和平的环境。东北亚政治和解的路还很长，引发动荡的风险依然存在。理想主义的东北亚共同体构想固然值得称道，但是从现实出发，从务实合作做起，一步步积累和铺垫，使和平发展之路顺通，是最为重要的。

三、以中日韩合作为主渠道

中国、日本、韩国是当今东北亚地区最具影响力的三个国家，但是三国关系错综复杂，二战以后，仅实现三方国家关系正常化就费了很大周折。最早实现关系正常化的是日本和韩国，双方于 1965 年建立正式外交关系。中国与日本在中美关系解冻以后才于 20 世纪 70 年代初"恢复邦交"，分别于 1972 年和 1978 年签署《中日联合声明》和《中日和平友好条约》，实现关系正常化。由于朝鲜半岛分裂，加上朝鲜战争的阴影，中国只与朝鲜保持密切的关系，与韩国的关系既特殊又敏感，只是在冷战结束后才出现转机，于 1992 年实现了关系正常化。中日韩三国实现关系正常化，这个结果来之不易，打开了东北亚近代史上新的一页。

不过，三国政治制度不同，日本和韩国还都是美国的军事盟国，在这样的政治和安全架构下发展三国合作关系、构建合作机制还是不容易的。以市场开放为基础构建起来的联系成了"利益共域"，创建了超越政治和安全的联合机制。中国实施改革开放政策，吸引了日本、韩国的投资，推动了以市场为基础的共享生产网络，不仅使三国之间发展起了密切的经济联系，而且使三国之间的联系和运作机制具有区域性①特征。尽管如此，直到 1997 年东南亚发生金融危机，东盟邀请中日韩进行对话合作，中日韩三国才真正走到一起，但起初三国之间并没有聚在一起共商合作。

金融危机对东盟的经济造成了巨大的影响，这凸显了中日韩三国在帮助东南亚缓解危机、恢复经济中的"集体作用"。② 正是这样的架构，催生了中日韩三国开展合作的意识。1999 年 11 月 28 日，三国领导人在参加"10＋3"

---

① 之所以称之为"区域性"有两个方面原因：一是三国的投资、贸易、服务链接超越国家范畴；二是它们与东亚地区和亚太地区的网络相链接。这样，以中日韩三国为主体的东北亚区域性构建有着特殊的意义。

② 1996 年 3 月亚欧会议召开，亚洲方面是东盟十国和中日韩三国。不过，尽管东盟加中日韩的架构(10＋3)已经出现，但中日韩作为带有"区域性"的一方的含义还不明显。1997 年的东盟与中日韩对话与合作，让中日韩三国有了代表"东北亚"的区域性含义。

对话时破天荒地实现了“非正式早餐”聚会。[①] 这是东北亚地区关系历史上的一个重要里程碑。

2000 年，三国决定把领导人会晤机制化。2002 年，把早餐会改为正式会晤。2003 年，三国领导人共同签署并发表了《中日韩推进三方合作联合宣言》，这是三国领导人首次就三国合作发表共同文件，初步明确了三国合作的原则和领域，并决定成立三方委员会总体协调三国合作，标志着三国合作进入新阶段。2004 年，三国领导人会晤通过《中日韩三国合作行动战略》，为全面推进各领域合作做出了具体规划。在三国的共同推动下，合作的机制和领域有了显著的发展，主要体现在三方面。

其一，建立了各种对话合作机制。从部长会议到司局长会议，领域涉及经贸、投资、海关、质量监督、检验检疫、知识产权保护、环境保护、海洋生态、旅游、文化、教育等。在经贸合作方面，建立了三国对话协商机制，比如三方委员会、三国经贸部长会议、三国经济司局长磋商、中国—日本经济伙伴磋商、日本—韩国高层经济磋商、中国—韩国联合经济委员会等机制，促进相互理解与合作，营造具有吸引力的贸易和投资环境。

其二，推进合作，既有政府间的合作会议，也有公司间的合作项目。比如在金融领域，三国建立了财政部长会议。这个会议是三国探讨促进地区金融合作、进行经济政策对话的论坛，三国合作通过签订双边互换协议，通过审议清迈倡议和亚洲债券市场倡议等方式，加强地区金融合作。

其三，在“10＋3”、东亚峰会框架下三国采取协调行动，如落实清迈倡议、签订双边互换协议等，同时积极推进三国之间在各领域的合作，比如电信、沙尘暴防治、青少年交流、中日韩自贸区可行性研究等。合作的领域不仅在经贸，也扩及政治安全、打击跨国犯罪、反恐等方面，甚至在“六方会谈”机制下，三国外长也进行协商。

不过，出于多种原因，三国合作的实际效果有限，对话、协商和规划多，实际合作行动少。2008 年，中日韩合作迈出了一大步，12 月 13 日三国峰会在日本福冈举行，这是三国领导人首次单独在东盟“10＋3”的框架外、在非东盟国家举行的正式性会议。三国同意使这种会议机制化。这次会议确立

---

① 据当时的中国媒体报道，中日韩领导人“以共同出席早餐会的形式讨论有关问题”，“首开先例”。参见《中日韩领导人共同出席早餐会》，1999 年 11 月 29 日，http://www.chinanews.com/1999-11-29/26/9304.html。

了旨在实现"实现和平与可持续发展"的伙伴关系，强调"公开、透明、互信、共利、尊重彼此文化差异的原则"，"在政府和非政府框架内，开展政治、经济、社会和文化等领域的全方位合作"。[①] 峰会期间，三国签署了《国际金融和经济问题的联合声明》《三国伙伴关系联合声明》《三国灾害管理联合声明》《中日韩合作行动计划》。《中日韩合作行动计划》列出了具体合作领域：在经济领域，支持三国自贸区联合研究，推动有关促进三国投资便利化和投资保护的谈判；在科技环保方面，启动东亚气候伙伴计划，共同研究沙尘暴的监控、早期预警和防控，开展候鸟联合保护和监控等；在社会文化方面，启动外交、安全合作论坛，召开"韩中日青年领导者论坛"等；在国际领域，三国承诺就联合国气候变化大会、非洲事务、六方会谈、联合国改革、东亚合作等进行密切协商。[②]《三国灾害管理联合声明》提出制定全面灾害管理框架，增强防灾抗灾能力，最大限度地减少灾害破坏，三国将轮流举办救灾部门负责人会议和专家级会议。[③] 会议期间，中韩、日韩之间还签署了货币互换协议，数额分别达到280亿美元和300亿美元。中日韩第一次按照清迈倡议框架对受到金融危机严重冲击的韩国进行资本援助。福冈中日韩峰会传递的信息是明确的，即中日韩三国开始了制度化的合作进程，这为东北亚的区域合作翻开了新的一页。

此后，2009—2012年，三国领导人会议分别在北京、济州岛、东京、北京召开，先后发表了《中日韩合作十周年联合声明》《中日韩可持续发展联合声明》《第四次中日韩领导人会议宣言》《关于提升全方位合作伙伴关系的联合宣言》等。其间，三国合作的确取得一系列令人瞩目的成果，如建立了三国合作秘书处(2011)，签署了中日韩关于促进、便利和保护投资的协定(2012)。在三国合作机制下，已建立18个部长级会议和50多个工作层交流合作平台。看起来，中日韩三国的合作已经走上了正轨。

然而，尽管中日韩三国有着特殊的地缘关系，无论是历史上还是现在都是一个共生的区域，但三国之间有着太多的令人无法忘怀的痛苦记忆。三

① 《三国伙伴关系联合声明》，2008年12月13日，http://news.xinhuanet.com/world/2008-12/13/content_10499706.htm。

② 《中日韩合作行动计划》，2008年12月13日，http://news.xinhuanet.com/world/2008-12/13/content_10499709.htm。

③ 《三国灾害管理联合声明》，2008年12月14日，http://news.xinhuanet.com/newscenter/2008-12/14/content_10500563.htm。

国之间不仅差别大、分歧多，也存在很多未解的问题。三国选择了不同的发展道路，发展水平不同，政治制度、对外关系结构等方面存在巨大差别。历史的阴影、现实领土的争端、安全架构上的"困境"[①]，让三国开展诚意的合作不那么容易，很容易被各种干扰因素羁绊，甚至使合作进程出现停滞和反复。有时候，一点小事也可能会引起轩然大波，民众之间不信任的程度很高，有着很深的鸿沟。

中日关系一直走走停停，反复多变。民主党执政的野田政府要用国内法审判在钓鱼岛地区捕鱼发生冲突的中国船长，对钓鱼岛实行"国有化"。安倍上台后实行保守的民族主义政策，参拜靖国神社，以中国为战略对手，使中日关系严重恶化。历史问题、领土问题也使韩日关系陷入紧张。由此，原定 2013 年在韩国首尔召开的三国领导人会议不得不取消。目前，中日韩自贸区的谈判进程仍在进行，一些部门的合作机制如中日韩环保部长会议等还在运作，但为数众多的领域的合作都受到了很大的影响，三国领导人会晤机制的恢复取决于大政治环境的改善。如果安倍政府坚持否认侵略的历史观，恢复会晤对话就很难。

中日韩合作这条大船启动起来很不容易，并且像逆水行舟，有时会被漩涡搞得团团转，有时也会退步。不过，鉴于历史的教训和现实的利益，若是翻船，三方都会付出巨大的代价。

四、构建大区域合作平台

东北亚地区的合作就是在复杂多变的情况下寻求可行之路，有时候像走钢丝，摇摇晃晃。尽管建立在市场开放基础上的经济联系使中日韩三国构筑了紧密的发展利益基础，但是美国主导的同盟国政治与安全把中国隔离开来，使得诸多政治安全问题无法形成共识。

事实证明，开展区域合作特别是构建合作的制度，需要政治共识，需要安全共识，需要区域认同，而复杂的地区关系和架构使得东北亚国家包括中日韩三国的共识和认同度很低。三国之间存在的政治与安全隔阂使合作进程注定充满荆棘。日本现代政治变化无常，右翼势力上升且当政，领导人否

① 中日韩之间安全架构上的"困境"主要成因是：二战以后美国构建的军事同盟体系，不仅不包括中国，而且有防范中国的内涵，这使得三国难以建立自己的安全合作架构；再则，中国的迅速崛起改变了力量对比，特别是中日之间，角色转换带来战略性竞争。

认侵略历史，并以中国为战略对手，使得中日和韩日关系后退，让三国合作的政治气氛恶化。本来，日韩都是美国的盟友，本应有着政治与安全共识基础，但是历史问题、领土争端一走上前台，纷争就占据了上风，使两国关系急剧恶化。对韩国人来说，日本的残酷殖民统治是永生难忘的，领土争端也与历史紧紧地捆绑在一起。中韩关系取得很好的发展，但是朝鲜问题是遮在中韩关系上面的一片阴影，有时候云层很厚，韩国人往往把中国作为责难的对象，对两国关系产生不利的影响。如今，面对中国综合实力的快速上升，日本产生很强的抵触性，这使得其与中国开展合作心存疑虑，不仅是政界，连企业界也如此。与此同时，中国和韩国都对日本右翼势力的上升深表担心，对日本领导人否认侵略历史感到愤怒。因此，尽管中日韩三国合作的框架机制继续存在，但是达成的共识也只好搁置，推动合作的聚合力减弱。

中日韩三国的关系离不开美国因素。美国在日韩都有驻军，是现实存在，美国对日韩事务拥有很大的主导权。因此，美国对日韩与中国建立合作机制必然抱有疑虑和警惕。道理也很简单，日韩是美国的盟友，中日韩若靠近，特别是进行深度合作，必然会削弱美国的主导性和影响力。鉴于这种情况，一个很大的问号是，没有美国参加的中日韩合作究竟能走多远？①

中日韩需要历史的和解，没有和解，推进合作就很难。当然，合作的过程会促进和解，但是基于三国间的复杂关系特征，实现和解的关键需要综合的环境和政治决断性，特别是日本不在历史问题上惹麻烦。鉴于日本国内的政治气候，要做到这一点比过去还难。中日韩共享的现实利益基础是经济联系，因此，三国开展合作主要是在经济领域，建立自贸区是三国难得的共识。尽管谈判的进程不会太顺利，也会受到政治气氛的影响，但只是时间的问题，是进程把握、架构设计和政治决心的问题。②

---

① 有的学者认为，东北亚地区合作的根本矛盾还是地区关系的结构矛盾，关键是如何处理美国的霸权与中国力量的上升。因此，应该保持东北亚合作的开放性、包容性，而包容性的核心是让美国利益得到保证。这样的看法实际上把问题归结为中美之间的问题，看似有些简单化。这方面的观点参见王巍巍：《结构冲突：安全博弈中的一体化困境——以东北亚地区为例》，《延边大学学报》（社会科学版）2014年第2期，第26—27页。

② 有的专家提出，中日韩合作的关键在于三国FTA的签署，它是东北亚地区乃至东亚地区实现经济整合的必要条件。参见［韩］沈义燮：《论东北亚时代的中、日、韩合作》，《东北亚研究》2008年第3期，第11页。有的从结构差别的角度分析，认为“中日韩难以在短期内建立FTA”。参见王胜今、朱显平：《东北亚地区合作的现状与趋势》，辽宁大学亚洲研究中心编：《亚洲问题研究论丛》第5卷，辽宁大学出版社2008年版，第250页。

从区域合作的目标设计和功能来说，机制化的建设具有改善参与者关系的效能，可以通过区域性机制构建缓和双边的矛盾，构建共利基础。欧洲合作从煤钢联营、关税同盟、共同市场、经济共同体、统一大市场到欧洲联盟逐步深化，从经济合作开始，逐步拓展到政治和安全领域，创建了欧洲地区的和平，改善了成员国特别是"世仇"的法德之间的关系，从制度上结束了欧洲历史冲突的"恶性循环率"。东南亚地区本是一个充满矛盾、战乱不断的地区，通过建立区域合作组织——东盟实现了区域整合，把所有东南亚地区的国家都吸纳到一个合作框架，并且通过渐进方式逐步深化区域市场开放，推动区域的经济发展。在建立互信和取得合作共识的基础上，东盟制定了建立共同体的目标，如今具有东盟特色的共同体已经成为现实。然而，东北亚地区的现实表明，中日韩深化合作需要以双边关系的改善为基础，区域合作机制难以具备推进双边关系改善的内在功力。欧洲和东盟合作的经验都表明，合作由几个核心国家合力推动，而在东北亚，中日韩难以起到这样的作用。[①]

次区域合作可以走得更快些。基于地缘链接，东北亚国家之间有着发展次区域合作的需求和现实性。次区域合作包括陆地接壤地区，也包括陆海经济圈。在陆地接壤地区，可以发展边境开发区、沿边合作开发区，可以是两个国家之间，也可以是几个国家之间。在陆海经济圈方面，可以构建沿海、沿边城市、海港及相近地区链接的合作圈。

尽管在东北亚地区合作中，中日韩是核心力量，但应该包括更大的范围。从地缘角度来考虑，至少还包括蒙古国、俄罗斯、朝鲜。从合作的方式来看，它应该包括多种方式，包括次区域和功能性的领域合作。特别是在中日韩合作因政治关系冷却的情况下，应该考虑大力推动"泛东北亚"合作的发展，同时，也可以推动构建东北亚大区合作的框架，规划东北亚的互联互通网络，建立"3(中日韩)+3(俄蒙朝)"对话或者"3+2"(俄蒙)对话，先从部长级对话开始，待条件成熟也可以考虑召开"3+3"峰会。[②] 如果中日韩的"3+"机制难以成为引领，也可以推动"新3国机制"，即中俄蒙对话与合作，

---

① 主要的原因是日韩受制于美国的利益和政策。比如，中国倡导建立亚洲基础设施投资银行，20多个亚洲国家予以支持和参与。在美国的压力下，韩国不参与，日本也不参与。

② 笔者在2011年的东北亚智库论坛上提出建立"3+3"经济部长对话合作机制。参见《专家呼吁东北亚自贸区应尽早建立》，2011年6月16日，http://www.chinanews.com/df/2011/06-16/3116626.shtml。

与中日韩对话合作机制并行发展。

在各种形式的合作中，政府的作用是支持和推动：推动开放市场，支持企业参与。市场是东北亚经济链接的主渠道，企业是经济活动的主体。就像中日韩三国，尽管政治关系波折不断，但是以市场为基础的经济联系没有减弱。中日韩三国经济构成结构性互补——日本的技术优势、韩国的投资活力、中国的市场潜力，这样的互补结构推动建立了三国之间的投资—贸易—服务链接网络。特别是中国巨大的市场潜力，为三国提供了巨大的经济交往空间。

不过结构在发生变化，原来是中国的出口严重依赖日本市场，目前是日本严重依赖中国市场。中国是日本和韩国的最大贸易市场，是韩国的最大投资市场，也是日本的主要投资市场。中日韩三国的经济结构和关系调整重组主要是市场机制的作用。三国的经济链接是基于市场的推动力，是企业的主动行为，企业界是推动三国构建制度化安排的重要力量。

说起东北亚，无论到世界的哪个地方，人们都钦佩中日韩经济取得的巨大成绩。这个区域，竟造就出世界第二、第三大经济体，足以令人羡慕。然而，谈起东北亚的地区局势和国家间关系，尤其是中日韩之间的关系、朝鲜半岛的危局，人们也多有不解，既然欧洲打了两次世界大战都能实现和解与合作，为何东北亚就不能呢？东北亚需要和平与合作，需要从大局出发，以智慧化解矛盾和冲突，以协商、合作的精神和方式解决争端。东北亚除了和解与合作，没有其他更好的选择。

五、区域构建中的美国因素

美国不是东北亚国家，但却是东北亚地区的力量存在。因此，在所有的关系变化中特别是构建新秩序的努力中，都难以推开美国因素的影响。

美国是旧秩序的维持者，因此，它不想做大改变，甚至会阻止发生大的变化，尽量维持现在的局面。只要不出大事，不危及美国的地位、作用和利益，它就不去干预。比如朝美关系，朝鲜希望美国改变对朝政策，实现关系正常化。但对美国来说，实现正常化就涉及取消长期以来制定的对朝的诸多法律，这样的改变就需要确立美国对朝的新关系以及在朝鲜半岛的地位。如果是正常的朝美关系，美国就失去了对朝的压制影响力；如果是控制关系，不仅朝鲜不干，而且还会涉及别国的利益，特别是中国的利益。因此，仅从双边这条路出发，改变难以行得通，美国国内的政治因素也难以逾越，即使总统想改，国会也会阻止。①

然而，东北亚的力量对比确实在发生变化。最大的变化首先在经济方面。过去东北亚各国的经济联系很少，彼此分裂。在市场机制下，中日韩三国经济紧密联系在一起，成了世界经济增长的中心之一，世界第二、第三大经济体都在这里。中日韩三国开展合作，没有美国参加，尽管合作进程不顺利，但是也不会发生逆转。其实，最令美国担心的是三国的合作机制本身，其中两国是美国的盟国，三国每走一步，美国都紧盯不舍，在一定情况下施加压力，规劝日韩与中国保持距离。比如，中国倡导和推动建立亚洲基础设施投资银行（AIIB），美国就施加了巨大的背后压力，果然奏效，日韩都没有表示支持。②

六方会谈的宗旨是以解决朝核问题为起点，推动朝鲜与美日关系正常化，重新构建共同参与的东北亚长久安全机制。六方会谈要构建的新机制是要真正摆脱二战后东北亚分裂的关系和秩序。但是，这个努力没有成功，遇到的障碍表面上是朝鲜，真正的却是美国，也就是说美国没有准备好放弃它在东北亚的主导权，中国做推动者可以，但是要做新秩序的主导者还不行。在六方会谈过程中，事前和事后美国都是领着它的两个盟友——日本和韩国进行协商，形成一致的意见。③

近代以来，东北亚发生了三次重大改变。第一次就是100多年前的中国衰落、日本崛起，这使东北亚的地区关系发生了根本性的颠覆。第二次就是二战以后，东北亚地区第一次由外部力量即苏美两国主导重构地区秩序。尽管新中国成立后中国开始了复兴进程，但是中国基本上没有参与地区国际关系和秩序的重构。东北亚以朝鲜半岛分裂为标志，重新建立一种新的关系框架，不仅在政治上，而且在经济上都陷于分裂。冷战后，苏联不复存

① 在实现无核上，中美策略也不同。中国主张无核与朝鲜半岛局势稳定并行不轨，而美国主要关心无核，期望无核带来朝鲜和朝鲜半岛局势的根本性转变，即朝鲜改弦易辙。参见李庆四、张腾军：《亚太再平衡下的美国朝鲜政策与中美博弈》，《东北亚学刊》2013年第4期，第33页。

② 美国反对成立亚投行，有复杂的因素。首要的是担心资金流走，影响其发债筹资，填补资金缺口，担心在国际金融领域丧失主导权。参见金柏松：《外媒揭美国为何反对亚投行：我们忽视了这些常识》，2014年10月30日，http://finance.ifeng.com/a/20141030/13232811_0.shtml。

③ 美国在东北亚的主要战略是维护其主导地位，因此，最担心的是地位受到威胁。但是现在难以维持力量平衡，尽管如此，大结构的变化还是一个长历史进程。参见张千慧：《浅析冷战后东北亚地区安全困境中的美国霸权战略因素》，《改革与开放》2014年第5期，第29页。

在，美国成了东北亚关系和秩序的主导力量，这也是过去从来没有过的。

目前，东北亚正在发生第三次大的改变，改变的核心是中国重新成为东北亚的力量中心。有日本学者认为，历史上，中国主导的秩序有两个支撑点：一是中国有强大的经济，二是中国能为其他国家提供安全保证。如果这个观点成立，当前中国已经成为东北亚经济增长的中心之一，但第二条还没有发生大的变化。显然，关键是第二条如何改变。这就牵扯到二战以后秩序的重构。冷战结束了，但美国的主导地位并没有取消，虽然也在发生着变化，但是大结构没有变。

在东北亚，中国要能够重新起到历史上的那两个作用，实现第二条，恐怕需要相当长的时间。当然，重要的是，东北亚不可能回到历史的原点，也就是说，新的东北亚秩序需要重构，但是需要有别于历史上的秩序架构和模式。人们最关心的是，东北亚将要构建一种什么样的秩序？中国会替代美国成为这个地区秩序的主导性力量吗？更进一步的疑问是，秩序的改变会通过物理的方式来实现吗？

其实，中国推动的以六方会谈为框架构建东北亚新的合作秩序就是代表新的秩序改造，并不是要把美国排除在外，把日本压下去。六方会谈框架下的新安全机制构建是由多方利益相关者参与、彼此合作的东北亚秩序的基础。就是这样，那也意味着美国不再是老大，美国对这种变化并不甘心。

最近两年，中国在对外关系上做了很多大的举动。例如，推动建立金砖国家新开发银行、上合组织开发银行、亚洲基础设施投资银行，提出“一带一路”倡议等。这本身就是一个崛起国家的秩序和力量重构。具体到东北亚，这些举动都还没有完全渗透进去。事实表明，凡是没有美国参加的新机制构建都可以行得通，如果有美国介入，就难了。[①] 原因很简单，任何不是由美国主导的新机制，都会被认为意在削弱美国的主导性。然而，变是大趋势，美国可以干扰，但是大势是挡不住的，发生巨变只是时间的问题。这里，“时间”的含义有两个：一是时间序列，即变化进程；二是时间考验，即不懈地推进变化的进程。[②] 其实，中国对东北亚区域合作的推动和地区秩序构建的努

---

① 美国重返亚太战略，东北亚是其战略的支点。参见侯典芹：《美国的战略东移与东北亚》，《世界经济与政治论坛》2013 年第 4 期，第 64 页。

② 当然，美国在东北亚的盟国体系也不是铁板一块，其盟国也有自己的利益，在可能的情况下也会两边下注，同时中国也会采取措施扩大空间。参见曹升生、夏玉清：《“全球公域”成为新式的美国霸权主义理论——评新美国安全中心及其东北亚战略设计》，《太平洋学报》2011 年第 9 期，第 32 页。

力并没有刻意要排除美国，只是推动变化的努力势必会涉及美国的利益，最终注定要破解美国在东北亚地区的主导地位和作用。为避免冲突，从中国方面来说，需要考虑美国的关注和可能的参与。从美国方面来说，有必要放弃主导地位，采取一种合作性参与的战略，这也可能是构建中美新型大国关系的一个重要磨合领域。

结　论

东北亚地区的力量对比正在并且将进一步发生重要的转变。在诸多变化中，最重要的变化是中国综合实力的上升，中国努力推动区域合作。无论是六方会谈还是中日韩合作机制以及其他合作机制，中国的努力都有着清晰的战略目标——改变二战后形成的旧东北亚区域关系和秩序。

新关系和新秩序的构建有三个突出的特征：其一，以推动各种形式的区域性合作机制为支撑，中国并不追求主导，更不以建立中国霸权为目标；其二，中日韩三国形成密切的经济利益，本应在构建东北亚新区域关系与合作机制中起核心作用，但是以经济为纽带的“中日韩核心”受到政治与安全关系的制约，新区域关系构建进展缓慢，停停走走；其三，美国是影响东北亚区域关系和区域秩序构建的重要因素。中国的努力并不以排斥美国为目标，尽管如此，美国仍然担心新关系与新秩序的构建会损害其主导地位。

尽管冷战终结了，但是东北亚还没有摆脱冷战阴影；尽管我们处在全球化开放的时代，但是经济、政治和安全的隔离还依然存在于东北亚；尽管和平发展成为时代的最主要特征，但是对抗、制裁和封闭仍然是东北亚难以铲除的痼疾。由此，构建东北亚地区新关系和新秩序的努力阻力重重，困难重重，最令人担心的是，地区局势发展极具不稳定性、不确定性和不可测性。

从综合因素看，东北亚地区新关系和新区域秩序的构建需要时间，毕竟它是一个不可逆转的历史进程。中国努力推动地区新关系和新秩序的构建，未来的东北亚地区应是一个开放、合作、基于共享利益的和平地区。不管怎么说，在东北亚地区新关系和新秩序构建的进程中，中国作为域内最大、最强的国家，注定要发挥核心的作用。

（本文原载于《社会科学战线》2015 年第 3 期，略有调整）

处在历史转变的新起点

——基于东北亚命运共同体的思考

百年大变局下的东北亚正处在一个历史性转变的新起点。历史性转变是一个长期的演变进程，作为新起点，具有不同于以往的新内涵。历史性转变的核心是变，而变的关键是导向与方式，目标是让东北亚走向长久和平与合作发展的新时代。

近代，东北亚经历了两次具有历史意义的转变。第一次大转变是19世纪后期，以日本的崛起为转折点，改变了原有的地区关系和秩序格局及性质。日本通过明治维新，实行“脱亚入欧”方略，实现了发展上的快速崛起。日本崛起所处的是帝国争夺与殖民时代，靠其迅速提升的力量，日本积极参与势力范围争夺与殖民占领，以武力的方式推动建立“大东亚共荣圈”。日本打败俄国、占领朝鲜半岛、从亚洲赶走欧洲列强、侵占中国，从根本上改变了东北亚长期形成的关系格局和秩序基础。[①] 第二次大转变是二战后，美国和苏联两个大国作为胜利方重构东北亚关系和秩序，朝鲜半岛被一分为二，南部由美国主导，北部由苏联把控；美国把日本、韩国变成军事盟国，苏联与朝鲜、中国结盟，形成了冷战对抗格局。后来，这个格局发生了一些演变，包括中苏分裂、中日复交、中美建交等。苏联解体，冷战结束，中俄实现关系正常化。中韩建交，但朝鲜半岛依旧分裂，至今日朝、韩朝都没有建立外交关系。美国作为域外介入者，冷战后在东北亚的影响力大幅度提升，美朝对抗加剧，朝鲜走向拥核之路，导致朝鲜半岛局势紧张。

后冷战时期，东北亚地区关系与格局发生了许多重要的演变，出现了一些新的特征：其一，中国的综合力量大幅度提升，影响力不断增强；其二，中

---

① 正如日本学者所指出的，日本发动战争的目的就是建立以日本为中心的东亚新秩序。参见[日]若槻泰雄：《日本的战争责任》，赵自瑞等译，社会科学文献出版社1999年版，第187页。

日韩经济构建了紧密的联系，生成了具有相互依赖特征的利益基础，并且构建了三国合作机制；其三，朝鲜拥核，东北亚安全出新变数；其四，尽管美日韩同盟基础仍然稳固，但在地区安全上的主导力下降；其五，美国推动对华战略竞争，中美两国在推进东北亚地区和平机制上共识性降低。这些新变化使东北亚地区关系和秩序的演进路径和方向变得有些模糊，既加大了良性转变的难度，也增加了转变中的风险。

历史地看，新地区关系和秩序的确立主要靠两个主导性因素：一是战争，胜者在战后引领制定由其主导的关系和秩序；二是国家实力，拥有超强的权势(power)推动由其主导的关系和秩序构建。以往在大多数情况下，二者是并用的。二战后，东北亚的关系和秩序构建出现了异变，美苏中三大战胜国没有团结一致，美苏各自领衔建立了由其主导的关系和秩序圈，中国因为解放战争没有参与，新生的政权受到美国的遏制，加入了苏联领导的集团，后来发生的调整和演变只是大格局下的“微调”。冷战结束本来是重建地区关系和秩序的一个历史性机会，但是冷战以非战方式终结，主要是苏联自行解体，俄罗斯成为继承者，中俄、美俄、日俄等关系顺势确立，而美国取得了霸权地位。一则，这使得原来的一些关系和格局留存下来，特别是在朝鲜半岛；二则，美国成为唯一的超级大国，在东北亚地区巩固了主导性地位。

然而，东北亚地区发生的最重要变化是，中国通过实施改革开放政策加入现行国际经济体系，以和平的方式实现了综合力量的快速提升，超越日本，成为世界第二经济大国，且逐步增强了对地区事务的影响力。中国综合实力的提升，以及提出的基于新理念的倡议和推动行动，加上中日韩发展起来的紧密经济联系与合作机制，改变了冷战结束后美国主导东北亚关系与秩序事务、美国领导的同盟作为地区安全主导框架的结构，催生了地区新关系与秩序。

东北亚地区的关系和格局演变提出了一些值得深入研究和探求答案的问题：其一，在中国综合实力大幅上升、美国持续推动对华战略竞争的情况下，东北亚向新关系和秩序的转变能逃过所谓的“修昔底德陷阱”，即不经过战争，而是以和平的方式实现，从而改变“历史规律”吗？其二，什么是面向未来的东北亚新关系和秩序？新时代的命运共同体构建能成为新的范式，从而改变强者主导和掌控的传统范式吗？

东北亚地区大国集聚，力量对比转变力度大，矛盾与对抗突出，敏感与争端问题多，出于现行关系和秩序的惯性，也同时受到传统理论、价值、战略的影响，人们似乎难以相信东北亚会平滑地过渡到一个更好的未来。许多政治家、战略家仍信守原来的战略思维与方式，传统的战略竞争仍激烈上演。毕竟，如今人类生活在一个相互联系与依赖越来越强的世界，命运相连，东北亚地区更是如此；传统的权势结构分散化，一个或几个大国难以主导世界，靠战争难有胜者，东北亚地区权势结构已经并且继续发生重要变化，这些都成为生成新理念、推动新行动的孵化器。重要的是，中国作为综合力量提升最大的国家，把走和平发展道路作为国策，倡导构建基于和平发展、开放包容、合作共赢的人类命运共同体，而不是要推动构建由其主导的关系和秩序，这与以往大国崛起必争、必战、必霸的历史不同。实现中华民族复兴是中国之梦，目标是办好自己的事情，实现既定的现代化目标，同时，作为文明大国，推动更加公正合理的世界和地区关系与秩序构建。

然而，也要看到，中国毕竟是一个快速崛起的大国，近代东北亚曾有过受屈辱、受压制的历史。为此，其他一些国家对中国的崛起持一种警惕、怀疑的态度。然而，东北亚在变，处在历史转变的新起点，关键是以新思维、新方式导向转变进程，为此做出不懈的努力，让命运共同体理念成为公共价值观，让实现东北亚的持久和平、共同发展成为共同行动的目标。

一、可资借鉴的范例

综观世界，二战后以新思维、新方式推动构建区域新关系和新秩序的成功范例有两个：一是欧盟，二是东盟。欧盟建设进程的最大成功是让欧洲走出战争阴影，实现了长久和平。欧洲是两次世界大战的策源地，在此之前，战争连年不断。在经历了惨烈的“三十年战争”(1618—1648)后，欧洲签订了《威斯特伐利亚和约》，确立了民族国家准则，试图以此制止战争。但是，战争并没有远离欧洲，还是发生了第一次世界大战。一战后，胜者主导下的欧洲关系和秩序为败者后来的复仇埋下祸根，结果第二次世界大战爆发。

二战后，欧洲政治家改变了思维理念、战略设计与构建方式，主要国家就以和平为导向重建欧洲达成了高度共识，推动了包括战败者在内的欧洲联合运动。欧洲联合以区域性制度构建为基础，从建立煤钢联营计划开始，先后建立了欧洲煤钢共同体、欧洲经济共同体、欧洲原子能共同体、欧洲共同体、统一大市场(单一市场)和欧洲联盟(简称“欧盟”)。参加欧洲联合运动的国家逐步增多，从最初的6个国家发展到如今的27个国家。[①] 欧洲联合的基本特征是通过区域制度和法律的建设，实现重大事务上的区域治理，通过制度和法律来保障和平不可逆，通过开放与合作实现参与者共同受益。如今，几乎没有人相信欧盟成员国内部会再发生战争，尽管面临诸多挑战，欧盟也不会解体而退回到分裂的欧洲。[②] 欧洲联合的成功对世界产生了巨大的影响，几乎所有其他地区的合作都参考、借鉴欧洲的经验。

欧洲之所以能够联合成功，首先是抓住了战后整合与治理的机遇。在战争硝烟未尽之时，欧洲政治家们就开始规划未来，就走联合道路达成共识，避免了战后的无序。[③] 其次，很好地处理了与美国的关系，构建了大西洋联盟。当然，法德和解并协力参与和推动联合进程也是至关重要的。[④]

东盟学习欧洲联合的经验，创建了适合东南亚的"东盟方式"（ASEAN Way），其主要特征是：其一，以维护国家主权、不干涉内政为基本原则，通过协商与合作创建共同利益；其二，以政治共识为动力，通过各自承担责任，推动合作进程，落实行动计划；其三，开放包容，向所有地区成员开放，逐步深化和扩大。东南亚地区情况复杂，多种势力介入，长时间陷入战乱。最初几个国家联合起来是为了"阻止共产主义扩张"，后来调整方向，转向合作改善发展环境，推动经济发展。在合作过程中，通过制定国家间关系准则，逐步化解冲突，把所有的东南亚国家吸纳到区域组织之内。在取得合作成效的基础上，制定《东盟宪章》，进一步推进经济、安全和社会文化共同体建设。东盟方式的核心是以成员国为主体，坚持协商与合作，不搞超国家区域管理。东南亚通过区域合作实现了三个目标：一是把所有地区成员纳入一个区域组织；二是实现了地区的和平与发展；三是提升了影响力，加强了东盟的中心地位。[⑤]

---

① 2020年英国退出后，欧盟成员国为27个。

② 对欧洲联合的质疑一直存在，特别是在英国脱欧之后。质疑之一是面对不断出现的危机和挑战，欧盟是否能长久存续下去，提出"有必要认真思考欧洲一体化是否是一个不可逆转的过程"。参见张亚宁：《欧盟的危机政治：多重约束下的政治突围》，《欧洲研究》2019年第2期，第22页。

③ 二战后，欧洲联合成为基本共识，但是，在如何联合、走什么样的联合道路问题上存在诸多看法，也建立了不少机制，最终选择以功能性制度构建为起点，即从建立旨在限制一个国家发动战争能力的煤钢联营计划开始，逐步深化和扩大，最后建立欧盟。参见张建雄编著：《欧洲联盟》，社会科学文献出版社2006年版，第3页。

④ 欧洲联合主要是指西欧，因为东欧国家加入以苏联为首的集团，东西欧陷入了对抗格局，泛欧洲联合的进程在苏联解体后才开始。

⑤ 参见张蕴岭：《东盟50年：在行进中探索和进步》，《世界经济与政治》2017年第7期，第21—37页。

东北亚能从欧盟和东盟学习和借鉴什么呢？就欧盟建设的经验而言，至关重要的一条是，抓住了二战后的历史机遇，推进了欧洲联合。而东北亚，可以说丧失了战后调整与治理的历史性机会。战后的东北亚很快形成了冷战的对抗格局，鉴于此，本应在战后整合与治理中解决的一些重要问题没有得到解决。[①] 就在战后不久，规模巨大的朝鲜战争爆发，使朝鲜半岛和东北亚地区的分裂和对抗加剧。

后来，东北亚地区的关系发生了许多重要的调整和变化，特别是冷战结束，使东北亚多数国家的关系走向了正常化，形成了以中日韩为重心的经济链接和快速发展，且以此为基础发展了对话与合作机制。但是，东北亚作为一个区域，并没有真正走出历史，朝鲜半岛的对抗并没有终结，没有建立起一个各国共同参与的区域安全机制。新时代的东北亚无法通过翻转历史解决现存的问题，只能在面向未来的调整、变革中寻求答案。

欧洲联合的模式是不可复制的，但其开展区域合作的经验是可以学习与借鉴的。其一，以创建持久和平为导向，走区域联合的道路；其二，坚持和解与包容，吸收所有的国家参加合作进程；其三，以新理念共识为引领，推动地区的和解与联合。[②] 如今，东北亚最大的挑战是能否保障和平。因此，面向未来的关系与秩序调整及构建应以和平构建为导向，以共同参与为基础，以命运共同体构建为理念，凝聚共识，引领行动。

东南亚区域合作的经验也许能给东北亚更多的启迪。其一，采取区域协商与合作的方式，即“东盟方式”。鉴于东南亚各国差别很大，“东盟方式”为各方提供了参与的机会，对后来者给予更多的调整空间。[③] 其二，把发展放在首位，通过合作推动地区开放与发展。比如东盟自贸区的建设，主要是旨在通过制定开放规则，改善区内发展环境，吸引外部资源进入，东盟经济

---

① 1951年9月8日，在美国旧金山召开对日和约会议，有包括日本在内的49个国家参加，但受日本发动战争损害最甚的中国和朝鲜被排除在会议之外，主要战胜国苏联拒绝在《旧金山对日和平条约》上签字。该条约在涉及领土、战争责任的一些相关重要问题上没有界定清晰的条款，因此留下了后患。中国当时就明确表示不承认该条约。当时，冷战已经开启，朝鲜战争已经爆发，美国借此条约拉日本加入军事同盟，获得在日本长期驻军权。

② 像英国的丘吉尔、法国的让·莫内和罗贝尔·舒曼、德国的阿登纳等是有理想、有战略、有魄力的政治家、思想家，特别是被称为“欧洲之父”的让·莫内，不仅提供思想，而且全力投入规划与实施。此外，欧洲联合是一场运动，需要前仆后继，只有这样，和解与合作的进程才能够可持续。

③ 缅甸的参与是一个很好的例子。对于缅甸军政府，东盟没有采取强制或者开除的方式干预，而是通过为其提供参与机会，让其自我变革。东盟在这方面顶住了美国等西方国家制裁的巨大压力。

共同体的目标也是创建开放的区域生产基地，为各国的发展创建区域环境。其三，以和平为导向，通过制定条约规范成员国对外关系行为，和平解决争端，合作应对威胁。[①] 尽管东北亚与东南亚有很大的不同，但是，基于协商与合作的方式，通过制定共同遵守的法规（条约）维护地区的稳定与和平，通过创建共同参与的区域开放发展环境，实现经济的共同发展等，都对东北亚构建面向未来的新区域关系和秩序有着直接的借鉴意义。

东北亚的地区新关系和秩序是在现有基础上进行的。尽管现行的关系与秩序需要改变，但任何快速的突变都不现实，且没有一方能够单独改变现状。因此，东北亚既需要学习与借鉴其他地区成功的经验，更需要寻求符合本地区情况、符合新时代大趋势的变革之路。

二、为东北亚寻求良方

朝鲜战争停战至今，东北亚地区保持了几十年的和平。尽管其间发生过一些小规模的冲突，比如，中苏珍宝岛冲突、朝鲜半岛南北多次发生小规模冲突，但都很快平息，没有扩大；中苏曾发生大对抗，大军压境，“危在旦夕”，最终走向了和解；美国曾声称要对朝鲜的核设施进行武力摧毁，最后也没有动手。正是因为有了基本的和平大局，东北亚才有了进行调整与变化的空间，构建了开放发展的大环境。

在地区关系上，重要的调整发生在中日、中韩、中苏/俄之间。20 世纪 70 年代以中美关系正常化为带动，中日恢复邦交；80 年代末中苏恢复正常关系，苏联解体后，中俄很快确立了正常关系；90 年代初，中韩建立外交关系。尚没有得到调整的主要是朝鲜与韩国、日本的关系，这自然是受到朝美关系的影响。

在地区经济上，重要的变化是日本、韩国实现了经济上的快速发展，日本成为世界第二大经济体，韩国成为“亚洲四小龙”之一，加入发达国家俱乐部经济合作与发展组织（OECD）。中国实施改革开放政策，实现快速发展，超越日本成为世界第二大经济体。中日韩建立起了紧密的经济产业链和相

---

① 尊重国家主权、不干涉内政、和平解决争端等国家间的基本相处原则是通过条约的方式确立的（《东南亚友好合作条约》），具有法律性质。并且，为了保障地区的和平，该条约向区外国家开放，作为其他国家与东盟合作必须遵守的原则。参见《东南亚友好合作条约》，1976 年 2 月 24 日，http://www.law-lib.com/law/law_view.asp? id=96958。

互依赖网络，东北亚成为东亚和世界的经济重心。

但是，东北亚的和平是脆弱的，局势是不稳定的，面临严峻的挑战，处理不好会使和平局面发生逆转。总的来看，东北亚地区没有一个包容所有国家的合作安全机制。美国强调军事同盟的作用，日本、韩国也离不开同盟，中俄通过新时代全面战略协作伙伴关系维护安全环境，而朝鲜力图通过“主体思想”与拥核维护自己的安全。在此情况下，基于地区框架的安全协商与合作就变得非常困难。“六方会谈”曾规划推动东北亚的合作安全机制建设，但因进程终止，好不容易出现的一缕曙光也随之一闪而过。

中日韩三国的经济链接与对话合作机制主要聚焦经济，对于敏感的安全问题几乎很少涉及，且中日、韩日、中韩之间因历史留下的“后遗症”不时发作，双边关系紧张，进而对三边合作产生影响。因此，要把中日韩对话合作机制作为东北亚合作的主渠道，推动构建东北亚地区的新关系与秩序构建，看来也存在困难。

朝鲜拥核改变了地区安全关注的导向。具体而言，一则，朝鲜成为核国家会引起连锁反应，可能会促使日本、韩国考虑走拥核道路。这对东北亚来说是一场灾难，因为基于对抗的“核普及”难以完全避免发生核灾难。二则，朝核成为地区安全关注的核心，而仅仅针对朝核，不仅难以有解，反而会加剧对抗，甚至走向无解，让局势变得更为复杂多变。因此，需要把朝核问题纳入东北亚地区整体安全框架来考虑。东北亚地区安全机制的构建，不能仅依靠美朝互动，需要各方共同参与。朝鲜需要改变认知与战略，靠核武器是保护不了国家综合安全的，需要参与地区安全机制构建的进程。同时，朝核问题不只是东北亚地区的问题，联合国安理会通过了多项制裁，使之成为具有全球安全含义的问题。因此，解决朝核问题需要联合国的参与。

东北亚是中美竞争的重点地区。美国有针对性的军事部署、长臂管辖的技术限制等都对东北亚的地区关系、经济链接、安全合作产生了显著的影响，增强了地区的离散取向。本来，在解决朝核问题上，中美曾有过比较一致的战略认知，但是，美国对中国采取的战略敌视性政策，让两国的合作共识减少，战略博弈加强。美国是东北亚的域外介入者，构建了基于同盟体系的战略基础，排斥美国的区域关系与秩序构建必然引起冲突，但是美国主导的地区关系与秩序也不会被所有域内国家接受。因此，东北亚地区的新关系与秩序构建需要找到战略、利益与作用的平衡点。[①]

东北亚的区域性构建还有许多缺失。其一，身份认同缺失，即“我是谁”“我与区域”“区域与我”，这三者构成区域认同的一个整体。“我是谁”是基于地缘的基本身份认同，比如欧盟、东盟的联合与合作是基于各成员对区域的认同基础，而东北亚就不同；“我与区域”是基于对区域利益的认同，即区域利益是可期的，对于这一点，各国的感受和认识也差别很大；“区域与我”是前一个问题的另一面，即从区域的角度思考问题，既有区域可以为我带来什么，也有我对区域负有什么责任。还有美国的身份认同问题。美国不是地缘意义上的东北亚国家，但其在这个区域有着深度的直接参与和巨大的利益。美国对区域的这三个问题的认识有很大的不同，对基于区域的机制构建不仅不热心，还会反对和阻挠。[②] 其二，共同利益认同缺失。即东北亚各国对区域性共同利益的定位和认知有着很大的差别，因而难以形成共同的行动议程。[③] 朝核问题出现后，东北亚各国曾有过共同威胁的认同，这是“六方会谈”可以把各方聚拢在一起的基础。但是，解决威胁方法上的分歧，使得合作的行动议程难以启动，从而使“六方会谈”作为解决问题平台的基础遭到破坏。安全是东北亚各国的共同关注，而当今安全的范畴已经远远超出传统的定义，安全威胁并不都是与战争相联系。比如，核泄漏产生的扩散可能出于非人为因素，危及各方的安全；再如，疫情扩散会危及各方的安全，且影响涉及多个方面。但是，由于认知和定位不同，要建立有效的合作机制的难度还是很大的。[④] 其三，引领国家或者共同认同的思想缺失。东北亚新关系与秩序构建需要引领者。传统上，引领者往往是一个强国，但欧洲、东盟开展区域合作的经验表明，需要基于共识的“核心集体”引领，也就

① 正如专家所指出的，东北亚的问题在于统合的地区格局尚未形成主导力量，战略多头博弈，合作与对抗的趋势都在增强。参见杨伯江：《东北亚地区如何实现与历史的“共生”——从“大历史”维度思考中日韩和解合作之道》，《东北亚论坛》2016 年第 4 期，第 10 页。

② 正如专家所指出的，尽管美国不是地缘意义上的东北亚国家，但对东北亚地区有着重大的影响与作用，有着直接和重要的影响力。参见倪峰：《美国与东北亚关系概览》，张蕴岭、毕颖达主编：《东北亚地区关系概览》，世界知识出版社 2019 年版，第 70—71 页。

③ 基辛格在谈到世界新秩序构建时指出，各国内部结构不同，对现有趋势意义的评估也会不同，更重要的是，处理这些差异的标准也会相互冲突，这就是我们这个时代的困境。参见[美]亨利·基辛格：《世界秩序》，胡利平等译，中信出版社 2015 年版，第 487 页。

④ 其实，共同利益认同还有一个共同信任的问题，即各方都相信可以从中获益。如果信任缺失，即便存在客观的利益基础，各方仍然会放弃对利益的追求。

是说，由几个“志同道合”的国家先行。[①] 东北亚缺少这样的“核心集体”。如前所述，现有的中日韩合作机制难以形成这样的“核心集体”，中俄新时代全面战略协作伙伴关系也难以起到这样的作用，美日韩同盟更难以发挥这样的作用。在如此复杂的情况下，如何让东北亚的历史性转变向好？这既是一个值得深入研究的问题，也是一个需要提出可操作方案的问题。在诸多研究探索中，以下几个方面的观点值得重视。

（一）以“共同性”“共生观”推动东北亚共同体构建

“共同性”是东北亚区域认知的基础，因此，有人提出需要培养东北亚的“共同性理念”，需要“重构各国的身份认同”，走出现实主义认知的模式。东北亚存在战略与利益的博弈，要增进“协调性博弈”。与同盟体系不同，协调性博弈并不排斥合作。东北亚需要增强“共有理念”认知，超越社会制度和意识形态的差别，重新构建东北亚身份认同，实现政治和解。[②] 有人提出以“共生观”作为导向，以东方方式处理地区关系。共生观基于求同存异的认知，通过建设性互通实现相生相长，在存在争议的情况下，以非零和的方式求得安排和解决。[③] 有人提出，欧洲合作是基于“一个欧洲”的认知，东北亚也需要共同构筑一个认识上的纽带，以既作为国家又作为地区的人存在，努力共同构筑地区和平的认知共同体（epistemic community）。[④]

显然，这些观点的一个突出特点是，东北亚需要新的理念，即区域的共生、共有、共建。所言“共同体”，不是要建设一个实体性的区域组织来管理区域事务，而是强调基于公共认知的自我与协调行动，创建共生平台和利益。

---

① 在欧洲联合中，法德和解与合作起着核心引领的作用。在东盟，马来西亚、印度尼西亚、泰国、新加坡、菲律宾五个发起国抱团推动进程，功不可没。

② 参见韩彩珍：《东北亚合作机制的微观解释——从博弈论的角度》，《东北亚论坛》2004 年第 1 期，第 11 页；韩彩珍：《东北亚地区的合作：一种制度分析》，《国际论坛》2004 年第 1 期，第 10 页。

③ 参见任晓：《中国周边学：以共生观照周边》，石源华主编：《中国周边学研究文集》，世界知识出版社 2019 年版，第 359—361 页。

④ 参见[韩]李熙玉：《东北亚历史问题与和平合作的议题》，《当代韩国》2006 年第 3 期，第 6、9、10 页。认知共同体是指对某一特定事物拥有共同理念的精英，他们为实现目标制定战略，并在其中起着重要的创新作用。参见[美]詹姆斯·多尔蒂、[美]小罗伯特·普法尔茨格拉夫：《争论中的国际关系理论》，阎学通、陈寒溪等译，世界知识出版社 2013 年版，第 175 页。曾任韩国外长的洪淳瑛认为，只有东北亚共同体才可以让居于大国之中的韩国摆脱大国的夹挟，实现和平发展。Hong Soon-Young, “For a Northeast Asian Community”, *New Perspective Quarterly*, Vol.16, 1999, pp.50-52，转引自钟飞腾：《东北亚命运共同体构建何以成为可能？》，《日本学刊》2020 年第 1 期，第 77 页。

(二)推动构建“东北亚和平共同体”

东北亚地区需要基于共同安全的思维,推动东北亚共同安全的建设,改变美国同盟安全体系主导的架构。① 其实,“六方会谈”曾决定成立专门小组,就构建东北亚长久和平机制提出方案,该机制的主导意图是构建一种共同参与和建设的新框架。为此,东北亚的安全不是靠均势,也不是靠集体安全,而是靠合作安全。合作安全并不要求必须建立约束性的安全机制,是非排他性的,同时,合作安全是由多种安全机制支撑的。② 有人认为,东北亚地区安全秩序构建应该以中美主导的双领导体制为基础,或者以大国协调为中心。③ 也有人提出,东北亚存在很多问题,面临诸多挑战,关键是寻求共同利益点。其中,和平与安全涉及各国的核心利益,应该推进和平与安全的战略对话。④

东北亚目前及未来的主要威胁来自安全领域,以和平导向构建地区关系和秩序是有必要的。如朝鲜半岛,韩国提出把构建和平共同体作为推动更广泛合作的基础,也是抓住了重点。东北亚和平共同体并不是要建立一个有形的安全组织或者机制,而是靠合作安全理念指导下的多种安全合作机制来构建,这可能更符合东北亚的安全实际。不过,在这种理念下,特别是考虑到中美两国安全战略的不同,希望以中美双领导体制来克服东北亚安全的悖论,实际上是难以行得通的。⑤

(三)推动东北亚的和解与合作进程

东北亚问题错综复杂,很多问题都是长期历史累积造成的。因此,应把东北亚问题放在一个长历史发展进程来对待,不仅是二战后的问题,也有之前的问题。⑥ 所以,东北亚的新关系和秩序的构建是一个长进程。有人提

---

① 韩国提出构建和平共同体,文在寅先后提出与东盟、俄罗斯、朝鲜构建和平共同体,以和平推动其他合作。东北亚的和平共同体构建能为东北亚走向更高的合作水平提供基础。参见周永生:《从东北亚“和平共同体”到“命运共同体”》,《区域与全球发展》2019 年第 2 期,第 64 页。

② 参见宫玉涛:《合作安全视角下的东北亚安全机制建构》,《教学与研究》2011 年第 9 期,第 75、77 页。

③ 关于以中美共治为基础的安全构建,参见王俊生:《东北亚安全秩序的悖论与中美双领导体制的未来》,《当代亚太》2019 年第 2 期,第 144 页。

④ 参见门洪华、甄文东:《共同利益与东北亚合作》,《外交评论(外交学院学报)》2013 年第 3 期,第 107 页。

⑤ 对于东北亚的安全定位与战略,中美有着很大的不同。Seong-hyon Lee, “The Shift of Security Environment in Northeast Asia: The US-China Conflict and the Implications for Korea”, 2018-11-14, https://www.tandfonline.com/doi/full/10.1080/25751654.2018.1542655.

⑥ 参见靳利华:《东北亚问题演化的历史考察》,《河北师范大学学报》(哲学社会科学版)2010 年第 5 期,第 123—127 页。

出，重要的是进程本身，这有别于西方传统的结果导向，进程不仅仅是实现目的的手段，进程本身往往就是目的。① 东北亚的问题相互交织，需要逐步化解。实现和解与合作，需要各国把本民族的利益和区域利益结合起来，增加集体认同，构建合作共处的区域观。为此，需要减少而不是增加摩擦，在构建新关系与秩序的进程中，需要超越历史，超越民族国家眼界。②

基于上述各种观点与方案，考虑到东北亚的历史与现实的复杂交叉，我们应该清楚地认识到，推动东北亚的历史性转变，需要新的理念引领，需要面向未来的视野，需要找到解决现存问题的可行方案。在东北亚走向新关系和秩序的进程中，需要多种相向而行的力量推动，在进程中化解矛盾和争端，在进程中逐步增进共识和实现目的。从这个意义上说，进程本身是目的并非没有道理。新理念引领下的新关系和秩序构建，与传统的力量转换改变结构不同。理念的转变基于两个重要的变化：一是共同利益认知的导向，二是区域认知的导向。③ 因此，东北亚的历史转变并不依赖于力量的翻转或者力量的新均衡。④

推动东北亚的良性转变，重要的是改变传统思维方式，即地区秩序必然是大国主导的。如果是这样，鉴于美国在东北亚有着直接的参与，也有盟国体系，且把维护现有结构和美国主导地位作为基本战略定位，这必然会影响到东北亚区域的合作。⑤

在此情况下，重要的是如何让东北亚基于区域共生、区域和平和区域合

---

① 参见秦亚青：《全球治理：多元世界的秩序重建》，世界知识出版社 2019 年版，第 185 页。

② 参见靳利华、胡洋：《民族主义视阈下东北亚问题的解读》，《黑河学刊》2010 年第 11 期，第 66—67 页；姜克实：《历史认识问题的现状和未来》，《开放时代》2011 年第 5 期，第 53—67 页。

③ 区域的认知是基于通过区域性构建增加利益的理念，是开放与连接的，而不是封闭与排斥的，这符合“开放的区域主义”原则。“开放的区域主义”源自亚太经济合作组织（APEC）构建所遵守的基本原则，要义是不搞封闭的集团，成员参与 APEC 并不影响参与其他的机制合作。C. Fred Bergsten, *Open Regionalism*, PIIE Working Paper, Jan. 1997.

④ 力量的翻转意味着一种主导力量替代另一种主导力量，而力量的新均衡（均势）则意味着以改变现有力量对比结构为基础，以这样的定位创建新关系和秩序，必然会引起争斗，甚至引发战争。

⑤ 波拉克认为，美国在东北亚的基本定位是维护现有机构不改变，确保美国的地位和作用不改变。但东北亚地区在发生改变，这会改变东北亚的战略与美国同盟的安排与作用。Jonathan D. Pollack, “The Changing Political-Military Environment: Northeast Asia”, 2020-2-25, https://www.rand.org/content/dam/rand/pubs/monograph_reports/MR1315/MR1315.appa.pdf。有人认为，针对中国的实力和影响力增强，美国所应采取的办法是加强美日韩同盟，平衡中国，由美国主导军事与经济进程，在应对中国方面与盟友协商。Patrica M. Kim, “China's Quest for Influence in Northeast Asia: The Korean Peninsula, Japan, and the East China Sea”, 2019-1-29, https://www.nbr.org/publication/chinas-quest-for-influence-in-northeast-asia-the-korean-peninsula-japan-and-the-east-china-sea/.

作的理念和行动议程成为主流。较之其他地区,东北亚的历史性转变具有更大的挑战性。尽管如此,推动东北亚走向新未来的努力不会停下脚步。

三、构建东北亚命运共同体

世界进入一个百年大变局的时代,突出特征是全球化把世界各国紧密联系在一起,涉及政治、经济、社会各个领域,没有一个国家可以独善其身;大变局范围广、深度大,发展范式、生态环境、国际关系、世界秩序等都在生变。面对这样的大变局,中国提出了推动构建人类命运共同体的倡议。2011年,中国政府发表《中国的和平发展》白皮书,全面阐述崛起的中国走什么样的道路、对世界做什么贡献的大问题。白皮书明确指出,"不同制度、不同类型、不同发展阶段的国家相互依存、利益交融,形成'你中有我、我中有你'的命运共同体"[①]。2012年,党的十八大报告强调,"推动建设持久和平、共同繁荣的和谐世界","要倡导人类命运共同体意识","促进各国共同发展,建立更加平等均衡的新型全球发展伙伴关系,同舟共济,权责共担,增进人类共同利益"。[②] 2017年召开的党的十九大正式把推动构建人类命运共同体作为中国的国策,列入新时代中国特色社会主义基本方略之一,"坚持推动构建人类命运共同体"[③]。

(一)如何理解人类命运共同体构建

构建人类命运共同体是一个认知理念,它代表了中国对世界未来发展的一种愿景。中国的传统思想文化中不乏关于实现大同世界、和合世界的认知。现代中国总是把实现公平合理的世界作为奋斗的目标,因此,中国提出推动构建人类命运共同体,有着深厚的思想文化积淀基础,是基于认知理念对世界美好愿景的期待。[④] 重要的是,构建人类命运共同体并不只是一个愿景,还是一个要为之去努力实施的方案。也就是说,人类命运共同体构

---

① 中华人民共和国国务院新闻办公室:《中国的和平发展》,2011年9月6日,http://www.scio.gov.cn/zxbd/nd/2011/document/999798/999798.htm。

② 胡锦涛:《坚定不移沿着中国特色社会主义道路前进 为全面建成小康社会而奋斗——在中国共产党第十八次全国代表大会上的报告》,人民出版社2012年版,第47页。

③ 习近平:《决胜全面建成小康社会 夺取新时代中国特色社会主义伟大胜利——在中国共产党第十九次全国代表大会上的报告》,人民出版社2017年版,第25页。

④ 吴志成等认为,人类命运共同体理念是中华传统思想的创造性发展,诸如"协和万邦""和合共生""和而不同""天人合一"等体现在人类命运共同体的理念之中。参见吴志成、吴宇:《人类命运共同体思想论析》,《世界经济与政治》2018年第3期,第4—33页。

建，既体现了中国对世界未来发展的谋划，也体现了中国为之奋斗的目标。党的十九大把推动构建人类命运共同体作为建设中国特色社会主义的基本方略，写入宪法，表明中国言必信、行必果。

如何推动构建人类命运共同体？迄今，中国政府尚未提出具体实施的愿景与行动文件，尽管有关命运共同体的研究成果颇多，但也很少有关于具体蓝图的设计。因此，只有准确把握人类命运共同体的含义，才能增进共识，集聚更多的志同道合者一起行动。[①]

我们可以回顾一下二战后国际关系与秩序构建的历史。在两次世界大战之后，人类面临的最大挑战是如何防止新的世界大战爆发，创建世界的持久和平。为此，建立了联合国，确立了国家间关系的基本原则，设立了安理会。这是人类历史上首次建立具有全球权威的人类安全治理制度。为了推动战后重建和为世界经济创建长期增长的环境，先后成立了国际复兴开发银行（现世界银行）、关税与贸易总协定（GATT，WTO的前身）以及国际货币基金组织（IMF）等，这些组织成为战后国际经济治理体系的支柱。

战后国际治理体系的建立，体现了人类为共建一个和平与发展的世界所取得的巨大进步。但是也要看到，战后体系没有摆脱近代西方崛起后所形成的传统思维和战略，即大国治理与大国主导。比如，旨在构建世界和平的安理会，其基本理念是大国共治，防止一国单独行动。但在实践中，赋予安理会成员的一票否决权常常被滥用，从而否定了许多本应采取措施的合理决定。特别是美国，作为实力最强大、有美元本位支撑、在国际机构中拥有否决权的超级大国，常常为一己私利而滥用否决权，把本国的利益放在超越国际治理机制的地位，使国际体系的普惠性和公平性受到侵害。因此，改革联合国安理会、改革国际经济体系的呼声一直很高。

中国推动建立人类命运共同体并不是另起炉灶构建一套新制度和体系代替现行的制度和体系，而是针对人类社会面临的诸多重大挑战，处在新的百年大变局的情况下，提出的新理念、新方略。就笔者的理解，推动构建人类命运共同体至少包含两层意思：其一，面临诸多重大挑战与威胁，从生态

---

① “命运共同体”提法在国际上很早就有，但表达方式不同，含义也很不相同。中国将命运共同体用在国内，把命运共同体与各民族和谐共处联系起来，把大陆与台湾联系起来；用在国际，把命运共同体与中国和周边邻国关系联系起来。但是，以国家的名义把推动构建人类命运共同体作为全球治理的方略，这是前所未有的。

危机、气候变化到经济发展、总体安全，都需要各国协力应对，通过合作来解决。协力就是通过协商达成共识，劲往一处使，而不是各行其是，只顾自己，甚至不负责任；合作就是大家共同参与、共谋方案、共同出力。在一个相互依赖的世界上，没有一个国家可以单独应对和解决面临的诸多挑战。就像气候变化带来的威胁，需要各国承担责任，共同努力，负责任地落实联合国制定的各项协议。其二，以新的理念和方式应对与处理大变局带来的新挑战、新问题，避免出现历史上大变局时期发生的悲剧，尤其是因力量对比变化而发生战争，推动新型大国关系与新型伙伴关系构建，实现和平相处、合作发展的愿景，共创未来是构建人类命运共同体的核心含义。①

就全球治理体系构建而言，一则，在维护二战后建立的以联合国为中心的国际体系基础的同时，推动机构的调整与改革，以适应新的变化；二则，支持新机构的建设与发展，以适应新的需要。二战后，全球层面已经逐步在各个领域建立起了各国广泛参与的治理机构，大多都需要根据形势的变化进行变革。推动人类命运共同体的构建，不是拆台而是补台，是让现有的体系更完善，让世界向更好的方向发展。现实中，出于复杂的原因，在重大问题上要在全球形成共识并采取一致行动的难度很大，对于未来国际体系改革的方向也存在很大的分歧。因此，让人类命运共同体的理念成为不断扩大的共识，让基于共识的合作不断增多，需要做出不懈的努力。人类处在一个新的历史发展期，面临诸多重大的转变，至关重要的是，防止发生大的冲突，确保和平与发展的大局。②

中国在多个层面提出并推动命运共同体的建设，既有全球范围的也有双边、地区范围的，既有体系结构的也有功能性的。显然，构建人类命运共同体作为一个整体性的愿景，是通过各个不同层次、不同领域、不同方式的努力来实现的。作为实现人类美好愿景的方略，命运共同体构建的同时强调利益共享与责任共担的重要性，也就是说，既要考虑到共建的利益，也要考虑到共建的责任，把利益与责任统合起来。中国还把命运共同体与具体

---

① 党的十九大报告中“人类命运共同体”的官方英文译文“a community with a shared future for mankind”清楚地表达了这一含义。

② 有学者提出，人类命运共同体不是一个实体共同体，而是一个价值共同体。作为价值共同体，其着眼于正义，强调同理、同利，从而化解冲突与纷争。不过，在笔者看来，尽管明确人类命运共同体不是实体共同体的认识是有益的，但如果仅仅作为价值取向，缺乏实际的措施，则难以保证价值的实现。有关论述参见周安平：《人类命运共同体概念探讨》，《法学评论》2018 年第 4 期，第 17—29 页。

的领域合作推进直接联系起来，比如，把基于共商、共建、共享方式推动的“一带一路”建设作为推动人类命运共同体的重要实践。[①] 新冠疫情在世界范围蔓延时，中国倡导命运共同体精神，积极推动全球防疫合作，推动全球公共卫生命运共同体建设等。这些都表明，人类命运共同体构建是在一个个基于合作的实际行动中不断积累的。

（二）如何推动构建东北亚命运共同体

推动构建东北亚命运共同体是近代东北亚关系和秩序发展的一个历史性转变。近代，东北亚地区的关系和秩序构建陷入了帝国、殖民、大国争夺的旋涡，迄今没有完全摆脱旧体系的羁绊和争斗的阴影。基于和平相处、合作发展理念的命运共同体构建，就是旨在解开枷锁，走出阴影，共创一个美好的未来。实现这个目标，不是短时间可以做到的，是一个百年变革与重建的长历史进程。[②]

推动东北亚命运共同体的构建，需要推动各国对和平相处、合作发展理念的认同，以此为基础推动基于共识的合作行动议程。东北亚命运共同体构建是一个逐步积累的进程，在进程中培养意识、凝聚共识与开展合作，在进程之中化解矛盾和争端，实现东北亚历史的和解与现实的合作。因此，为了凝聚共识，需要大力推动政治对话与协商。目前，中日韩建立了以领导人对话机制为核心，包括部长、高官和70多个工作层机制为支撑的对话与协商机制。建立以来，尽管多有波折，但能够一直坚持下来，进程本身就是逐步增进共识的过程。从未来发展看，可以考虑逐步吸纳其他东北亚国家参加。如果领导人参加一时有困难，可以先从工作层面开始，也可以考虑构建包括东北亚所有国家参加的东北亚论坛。

基于意愿与共识的功能性合作机制构建是推动东北亚命运共同体建设的重要方式。所谓功能性合作，就是针对某个领域的合作。功能性合作机制并不要求地区内国家都参与，也不排斥域外国家参与，是开放的。沿着这样的路径，东北亚命运共同体构建就可以不断充实内容。这样，东北亚也许并不需要像欧洲那样建立一个超国家的区域管理机构，也不用像东南亚那

---

① 参见高扬：《“一带一路”实践推动构建人类命运共同体进入新阶段》，《马克思主义与现实》2020年第1期，第11页。

② 关于百年大变局与东北亚关系与秩序重建的分析，参见张蕴岭：《百年大变局下的东北亚》，《世界经济与政治》2019年第9期，第4—23页。

样通过一部东盟共同体的大法(《东盟宪章》),而是基于理念导向、共识增进与功能性机制建设的累积进程,逐步让命运共同体意识成为公共认知,通过不断增加的合作,铺垫与加固命运共同体的基础。① 凝聚合作导向的共识,推动基于共识的行动,是东北亚命运共同体构建的基本保证。共识是基础,合作是关键,共识与合作是建立在参与利益认同和相互信任基础上的。特别是对于功能性合作来说,基于共识的合作是取得成效的保证,参与者之间所构建的是一种合作伙伴关系,与传统的同盟关系不同。②

应急性合作凸显命运共同体的意识与责任。处在转变期的东北亚是矛盾多发地,一些矛盾特别容易被激化,甚至发生冲突,若失控很可能会导致灾难性后果。同时,突发性事故、自然灾害、传染病疫情也会迅速蔓延,因此,需要构建危机和应急处理合作机制。鉴于东北亚地区经济社会联系紧密,加强应急合作的必要性和重要意义不言而喻。面对新冠疫情大规模蔓延,出于疫情防控的需要,各国都首先各自采取应急防控措施,无论是疫情还是由其导致的社会经济问题,都成为各国的共同问题。在此情况下,人们对命运共同体的感知就非常深刻,涌现出许许多多守望相助的感人故事。这表明,命运共同体的"潜意识"根植于各国人民的心中。

1.关于安全命运共同体的构建

安全、经济和社会文化命运共同体构建是东北亚命运共同体构建的重心。③

① 就理论分析而言,与结构主义理论解释变革所描述的结构与行为体之间的关系不同,命运共同体构建并不设定一个固定的整体结构,或者通过行为体的互动创建一个整体结构,而是强调一个基于理念所推动的向好的进程,通过进程逐步实现和平相处、合作发展的愿景。关于结构主义的归纳,参见[美]詹姆斯·多尔蒂、[美]小罗伯特·普法尔茨格拉夫:《争论中的国际关系理论》,阎学通、陈寒溪等译,世界知识出版社2013年版,第105—107页。钟飞腾提出,将东北亚命运共同体的构建作为东北亚实现和平与和解的目标,需要创新理论、创新方式、创新行动,走出西方思维与范式的影响,探索新的地区和解合作的目标。参见钟飞腾:《东北亚命运共同体构建何以成为可能?》,《日本学刊》2020年第1期,第83、92页。

② 伙伴关系是一种平等参与的关系,没有意识形态、价值观的要求,而同盟则是一种不平等的参与关系,有着鲜明的意识形态与价值观要求。因此,结伴不结盟、和而不同是命运共同体理念下合作的本质特征。

③ 东盟共同体是由政治安全共同体、经济共同体和社会文化共同体三个共同体组成。东北亚命运共同体的构建可借鉴东盟方式的经验,从三个支柱的角度加以考虑。当然,东北亚命运共同体是基于理念的多层次、多结构、多方式功能性合作构建,不同于东盟基于《东盟宪章》的制度构建。

在安全领域，命运共同体构建的核心是实现东北亚的可持续和平。[①] 东北亚各国的政治制度不同，如果把意识形态、政治制度的认同与单一的安全机制作为认同标准是难以做到的，只会增加分裂、激化对抗。因此，需要有契合东北亚实际的政治与安全认同。应该说，追求和平是各国人民价值观认同的最大公约数，特别是在历史性的转变期，把和平构建作为公共价值观具有特别重要的意义。历史经验表明，和平总是与战争相联系，在大多数情况下，和平是战争的结果，且战后的和平秩序一般由获胜者主导。然而，这样的和平往往不能持久，一旦新的挑战者出现，试图改变现有秩序，那么新的战争又会爆发。新时代的东北亚和平构建必须超越传统战争—和平的"规律"，以和平的方式实现可持续的和平。[②]

基于命运共同体理念的东北亚和平构建，一是靠各国的主动性，做负责任的国家，把和平构建作为己任；二是靠双边关系稳定，确保不发生冲突，合力推动和平构建；三是靠区域性合作机制，考虑到东北亚地区情况，区域性合作机制并不急于推动泛区域性的合作机制，而应基于多框架、多功能的机制构建与多轮驱动。在机制构建中，领导人的对话机制与职能部门的协商机制非常重要。目前，中日韩已经建立起三国领导人对话机制，对话主要聚焦经济领域，今后需要增加安全问题，并且在中日韩三国机制基础上，以灵活的方式吸收其他东北亚国家参加（俄罗斯、蒙古国、朝鲜），如果美国有意愿参加，也不应该拒绝。[③]

安全合作机制的构建以解决问题为目标，多层次、多形式，并不强求"全家福"，根据不同的情况和需要，从务实、有用、见效的目标出发，顺势而行。

---

① 中国提出构建中国与东盟之间的可持续和平。参见刘娟娟：《构筑可持续和平　共创可持续未来——2012 年国际和平日纪念活动暨中国—东南亚和平发展论坛侧记》，《当代世界》2012 年第 10 期，第 35—36 页。可持续和平的概念被用在中美新型大国关系构建中，新型大国关系以可持续和平为首要目标。参见金灿荣、张昆鹏：《建构以实践为导向的可持续和平——新型大国关系的再解析》，《太平洋学报》2018 年第 1 期，第 38—39 页。

② 韩国专家林炳奭提出，东北亚的安全合作应该基于人类安全的理念，排除强国利己的目的。参见[韩]林炳奭：《构建"东北亚人类安全共同体"中的人类安全议题和国际机制探索》，《当代韩国》2014 年第 2 期，第 22—39 页。

③ 安全是一个敏感领域，中日韩开展安全合作会让美国紧张，也会让日韩谨慎，可以从两方面考虑：一是从非传统安全领域着手，二是推动与美国的对话和参与。同时，可以让新安全机制构建与美日韩同盟并存，在可能的情况下建立联系。有学者认为，东北亚的合作安全机制构建应该基于域内国家和域外相关利益者的参与，美国应该是一个参与主体。参见宫玉涛：《合作安全视角下的东北亚安全机制建构》，《教学与研究》2011 年第 9 期，第 77—78 页。

实现功能性合作，共同的规则制定与遵守很重要，领土争端、海上冲突、空域对撞（特别是防空识别区的重叠）是最容易发生摩擦和冲突的，规则的作用是坚守通过协商和平解决争端，通过风险预警交流避免形势恶化。新时代的东北亚和平秩序构建不同于传统的战后和平协议，也不是由一个或两个大国主导，而是基于对和平公共价值观的认同，并为此开展合作。

东北亚面临诸多安全威胁，和平构建需要直面这些威胁，寻求解决之道。朝鲜半岛和平构建是重中之重。朝鲜半岛问题很复杂，有历史遗留因素，但主要是由二战后冷战背景下生成的南北分裂、对抗所致。冷战结束后，美朝对抗加剧，朝鲜加快发展核武器步伐，进而引发对抗升级，这使朝鲜半岛问题变得更为复杂。朝鲜拥核受到联合国的制裁，没有一个国家会接受朝鲜有核国家的地位。然而，在没有真正安全保障的情况下，朝鲜不会弃核。“六方会谈”曾以朝鲜弃核作为前提，推动朝鲜半岛及东北亚和平构建，但没有成功。后来，美朝双方试图通过首脑会晤的方式来实现突破，迄今没有达成协议。从根本上讲，朝鲜半岛问题还是需要放在东北亚和平构建的大框架下来解决。从这个角度来认识，也许需要以解决朝鲜的安全关注为出发点，来解决朝核问题、朝鲜半岛问题与东北亚和平机制的问题。[①] 鉴于此，需要以朝鲜半岛和东北亚和平构建为出发点，由联合国安理会主持召开专门会议，讨论制定东北亚和平议程应该是一个可行的选择。[②]

中美竞争对东北亚地区的和平产生多重影响。随着中国综合实力提升，美国对中国的战略警惕增加，针对中国的战略与军事部署也在加强，而中国出于对自身安全的考虑，也会提升自己的对抗能力。在此情况下，地区有陷入以中美竞争为背景的安全陷阱的风险。因此，在东北亚的和平构建中，把握中美关系大局，推进两国的共同参与，防止东北亚再次出现力量重组对抗的局面至关重要。除了中美双方要降低竞争带来的不确定性和风

---

① 笔者认为，需要走出以朝核问题为核心的战略思维。作为战略性思维，可以理解朝鲜拥核保安全的理由，但出于共同安全的理由，必须否定朝鲜拥核的权利。因此，必须把朝鲜的安全与朝鲜弃核联系起来。东北亚其他国家可以对朝鲜的安全做出集体担保，美国可以参加，也可以支持东北亚国家的集体担保，促使朝鲜弃核。同时，朝核问题超出东北亚、朝美的安全范畴，涉及联合国安理会的多次决议，因此，在综合安排上还需要联合国安理会介入。

② 如今朝核问题陷入僵局，似乎坐等美国与朝鲜达成协议，这是很不可靠的。中国应该联合包括朝鲜在内的其他东北亚国家，也包括非东北亚国家，启动朝鲜半岛与东北亚和平会议。

险，也需要创建其他的合作机制，以改变中美竞争主导东北亚安全议程的局面。[①]

值得重视的是，如今和平的内涵及构成与以往不同。传统的和平含义主要是不发生战争，如今的和平威胁还包括诸多非传统安全领域的冲突（如网络战），它们所造成的损害甚至超过传统的战争，如气候变化、污染扩散、传染病、重大事故特别是核事故等，对人与财产的安全威胁巨大。应对和处理这些威胁，单个国家难以做好甚至难以做到，需要地区及更大范围的合作，有些需要构建常设的合作机制。这方面的合作一般分歧比较少，易于开展，大国发挥更大的作用也容易被接受。事实上，东北亚地区在治理空气污染、地震、海啸和核事故等领域已经建立起了一些合作机制，新冠疫情进一步催生公共卫生领域的合作机制构建。考虑到东北亚地区人口密度大、经济社会的活动相互连接性强的特点，构建有效合作机制的必要性要比其他地区更强。显然，非传统安全的合作已经超出一般意义上的和平构建。就像应对新冠疫情，各国都把它称为“战役”，举国家之力，动员全民参与，同时以积极开放的态度支持开展国家合作。[②]

总之，构建安全命运共同体，和平构建是导向，也是目标。新时代的和平构建，需要走出传统安全构建的思维，把和平作为公共产品和公共价值观，推动各方参与。同时，和平具有新的内涵，高度重视非传统安全领域的安全合作。

2.关于经济命运共同体的构建

经济全球化、区域化是当代世界经济发展的重要特征。东北亚地区的经济已经建立起了紧密的联系，除朝鲜外，其他国家均实行开放发展政策，企业实行国际化经营，由此，建立起了相互连接的经营网络。中国、日本和韩国是东北亚地区的经济重心，GDP分别居世界第二、第三和第十一位，三国之间的紧密联系主要建立在投资—贸易链条基础之上，面向东亚、亚太和世界市场。很大程度上说，中日韩三国是经济上相互依赖的命运共同体。

---

① 中美关系的演变与东北亚地区关系的历史性转变是直接关联的，因此，处理好两国关系对东北亚的新关系与秩序构建至关重要。参见倪峰：《美国与东北亚关系概览》，张蕴岭、毕颖达主编：《东北亚地区关系概览》，世界知识出版社2019年版，第78页。

② 与传统安全所不同的是，非传统安全具有“共享安全”的特征，因为非传统安全的威胁带有共同威胁的性质，在非传统安全威胁增大的情况下，没有战争的和平并不能与安全画等号。这方面论述参见余潇枫等：《非传统安全理论前沿》，浙江大学出版社2020年版，第69—70页。

中日韩建立了领导人年会晤机制，设立了合作秘书处，主要议程是推进三国间的经济合作。从未来发展看，尽管三国间经济链接的结构会发生变化，但是相互依赖与共利发展的基础不会发生根本性改变。[①] 以中日韩合作为基础，推动构建东北亚经济区的建设，是东北亚经济命运共同体构建的一个重要内容。

东北亚经济命运共同体构建的认知基础是共同受益，通过开放与合作，实现共同发展，从而使各方获得好处。东北亚作为一个经济区，相互间的联系与合作是建立在多结构、多层次基础上的，开放合作可以使各自的优势得到释放。中国的巨大生产能力、创新活力和市场潜力，日本、韩国的精工技术，俄罗斯、蒙古国丰富的资源储藏以及朝鲜待开发的潜能等，构成世界上少有的优势互补经济区特征。

中日韩之间之所以能够发展起紧密的经济关系，主要是构成了一种优势互补的“天然组合”。[②] 中国的开放和其能提供的诸多优势资源（市场、人力、政策等）、日本的领先技术和经营优势、韩国的先进制造能力和与中国的近地缘链接等，让三国组成特殊的“地缘＋优势”组合，即便三国没有签署自贸区协议，基于多边开放体系规则的市场环境也提供了经济链接的基础支撑。推动构建中日韩自贸区建设的努力一直进行，由于经济结构、经济力量对比的变化，加上政治因素的影响，谈判的难度很大。目前只有中韩之间签署了双边自贸协定，中日韩之间签署了一个投资促进协议，自贸区的协定还在谈判中。中日韩自贸区的建立会对构建基于开放与规制基础的更紧密的经济关系起到重要的作用，不过，考虑到其他各国经济的情况，实现中日韩自贸区的扩大、吸纳其他东北亚国家参加的难度较大。

像蒙古国这样的国家，其优势在资源产业，而资源型产业具有独占性，需求方不会对所需资源产品的进口设置障碍。该国的制造业能力弱小，开放市场并不能使其能力提升，反而可能会失去对市场的管理能力。朝鲜的开放还需要等待，即便开放，也需要很长时间具备全面、高质量开放的能力。

---

① 新冠疫情期间，日本政府设立专门资金，援助撤离中国或转产其他国家的日本企业，这不能被看作“脱钩”，而是一种调整。随着中国经济规模的扩大，以中国市场为目标的日本和韩国企业还会扩大投资和加强经营。在中国经济提升的情况下，三国的经济关系将会在新的结构基础上重构。

② 中日韩三国间的内部贸易投资比例并不高，但是，一则韩国对中国、日本对中国的贸易市场依赖度都占首位，二则三国间的供应链在国际供应链中居于非常重要的地位。随着三国竞争结构的变化，中国作为消费市场链接中心的作用会增大。

俄罗斯的优势也主要在资源产业，特别是参与东北亚经济圈的远东地区，很难发展起具有竞争力的制造业与服务业。在此情况下，推进东北亚地区的合作就具有非常重要的意义。与基于高标准开放的自贸区协议不同，经济合作具有很大灵活性，只要双方或多方有意愿，就可以推动，规划好了就可以做起来。从合作的主体来说，既可以是中央政府，也可以是地方政府；既可以是公司企业，也可以是社团与个人。就合作的领域而言，可以涵盖几乎所有的领域，包括生产、服务、交通运输、技术研发与利用、环境保护等。东北亚地区已经在各个层次、各个领域发展起了多种形式的合作，但还远远不够。

在认识上，以往关于区域经济构建的重点是构建自贸区。尽管自贸区是提升区域经济共利的重要方式，但在很多情况下，共利性并不主要是通过自贸区的形式实现的。在诸多领域，经济合作的重要性更为凸显。比如次区域的合作，既可以在统合的自贸区框架下进行，也可以在没有自贸区的情况下进行。从东北亚经济合作的情况看，其形式多样。比如，链接中俄朝的图们江次区域合作早在冷战刚刚结束不久就被提出来了，由联合国开发计划署（UNDP）推动，中国、俄罗斯、朝鲜（后退出）、蒙古国、韩国参加，聚焦小区域的综合合作。尽管其所取得成效不如预期的大，但还是一直坚持了下来，特别是在推动边境地区发展方面开展了许多务实的合作项目，起到了不可替代的作用。又如，以海洋链接发展的经济圈推动了相关国家地方的合作，促进了相互间的人员交流和项目合作。因此，东北亚地区的活力存在于多层次、多形式的地方与民间的参与和推动。[①]

显然，东北亚经济命运共同体的构建是建立在多层结构的基础上的，开放、竞争与合作是经济区域构建的基本原则，目的是发挥区域构建的潜力和优势，实现各国经济的更好发展。经济命运共同体就像安全命运共同体一样，作为推动东北亚区域共利合作的理念，推动经济领域的合作发展与共同受益。

3.关于社会文化命运共同体的构建

东北亚地区各国人民间有着长久的交流，有着相互尊重、相互学习的友

① 这方面的相关分析参见和春红、刘昌明：《东北亚地区经济合作的内生动力分析》，《经济问题探索》2019年第7期，作者提出了东北亚区域合作的“集体行动困境”与“公共产品供给不足”的问题，认为需要调动地方和民间参与的积极性。

好历史，但是近代发生了重大的转变，也有着令人难以忘记的杀戮、仇恨、敌视记录。构建社会文化命运共同体，其宗旨是推进东北亚各国人民间的和睦交流、守望相助与文化上的相互理解和互通互鉴。

就社会关系而言，二战后，随着国家间关系正常化，特别是经济上的紧密关系，人际间的交流得到快速发展，由商务、学习、旅游等拉动的人员流动规模前所未有，人民间的相互了解、理解也大大增进。不过，受到国家间关系波动的影响，人民之间的相互友好认知也不时受到损害。特别是朝鲜半岛南北之间的隔离，导致同一个民族的人民几乎没有往来。

从社会角度思考的东北亚命运共同体，当然首要的是人民的福祉和以此为基础的友好相处，前者依托合作发展来提高，后者主要依靠良好的国家关系。推动社会层面的命运共同体构建，需要加强各国间的社会联系，构建社会交流与合作的网络，增进民心相通。特别是在发生危情的情况下，如天灾、重大事故、传染疾病等，能够动员社会互助、相互支援。就像面对新冠疫情时，东北亚各国立即动员了官方与民间的力量，以各种方式提供援助，加深了人民之间的感情和守望相助的命运共同体意识。

文化命运共同体的核心是不同文化间的互通互鉴。文化存在于知识、信仰、道德、思想、文学、艺术、习俗、习惯等之中，推动文化命运共同体建设，重在推进各国间的文化相互交流与相互学习，政府为“文化互联互通”提供便利的环境和条件。东北亚地区有着文化交流的历史积淀，也曾有中国文化居主导地位的历史，但现代，各国都发展了独具特色的主体文化。而且，各国都有基于自己认知的历史、遗产、思想等叙事方式，这难免会有差别、冲突、矛盾。因此，作为有着长久历史和现代文化交流的东北亚各国，需要有“共享历史（shared history）观”“共享文化（shared culture）观”，即把各自不同的历史、文化叙事、遗产记录与叙事作为区域共处的共享财富，总结相互交往的经验与教训，提炼文化精髓。[①] 推动东北亚文化命运共同体建设，要义不是推进区域文化上的整合或者推崇一种主流文化，而是推进多样性基

① 当然，这并不是说没有是非曲直，特别是在对东亚近代历史的认知上，侵略与被侵略是一个基准定位。但历史问题涉及的因素很复杂，中日韩为寻求共享历史和文化做出了努力，如三国学者合作编写《东亚历史共同读本》、中日韩合作秘书处组织编写《中日韩共用汉字词典》等。

础上的互通互鉴。[①] 值得重视的是,应该区别文化的共享性与文化的共同性,前者是在互学互鉴的基础上发展的,基于不同的共识认同,而后者强调的是交流上的一致性,基于相同的共识认同。基于不同的文化互通互鉴,会凝练出共享性的文化因素。[②] 共享性以尊重各国的个性特色为前提,以开放交流为保障,互通互鉴的价值来源于各具特色的个性。东方文化的精髓是包容性与融通性,东北亚文化命运共同体的构建是要把它发扬光大。

依据这样的认识,推动东北亚文化命运共同体的构建有利于凝聚共识,可以减少许多人对中国倡导并推动命运共同体构建的疑虑。在一些人看来,在综合国力提升的背景下,中国试图在东北亚推进以中国文化为中心的运动,重新确立中国文化主导的地位。在新时代,没有哪个国家在推行文化霸权主义上可以获得成功。全球化越发展,相互交往越会加强,各国在学习吸收其他文化精华的同时,就越会奋力保护自己的主体文化,凸显自身文化的独特性和优越性。在一定程度上,甚至会采取措施抵御强势文化的入侵,实施个性很强的文化保护主义。在这一点上,甚至要比经济上的保护主义更强烈。

推动东北亚地区的文化交流,需要广开渠道,推进各国文化的相互传播,让各国人民能更好地了解其他国家的文化,需要推动政府间和民间的交流组织与机制的建设,让交流常态化。在很多情况下,可以超越国家间政治关系波动的影响,以文化交流推动国家间关系正常化与区域合作运动的发展。以互联网为代表的新媒体是当今和今后文化交流传播的重要形式,应该让其发挥共享文化桥梁的作用,而不是相反。[③]

四、中国的思想引领与行动

提出构建人类命运共同体,这本身就是中国的一种思想引领。人类命

---

① 这与欧美、伊斯兰国家以宗教为取向的文化认同有区别。为此,有人提出,把异质文化的跨文化认同作为目标,而这里所说的“认同”并非同一或同化。参见谢晓娟:《文化与东北亚地区国际合作》,《中国特色社会主义研究》2006年第4期,第90—94页。

② 在中国、日本和朝鲜半岛长期的交流中,形成了一些已被认同的“东北亚价值观”,它们以“相似的方式”融入本国的主体文化。也许,“共享性插座”的创建可以有助于体会基于个性的共享性特征。欧洲统一大市场建设中曾就如何统一欧洲各国不同的电插座进行过讨论,最后的结果是创建了一种保留各国特色的共享式国际通用插座,而不是搞一个共同的单一插座。

③ 鉴于网络空间的自由化特征,为了商业目的或者受到其他势力的影响,网络舆论的情况比较复杂,因此,需要积极推动与引导新媒体在增进文化互通互鉴中的建设性作用。

运共同体建设面向世界，在各种实践中加以落实，思想引领的作用不仅在于提出，更在于凝聚认知上的共识和行动上的共进。中国是倡议者，倡议只有被越来越多的国家和个人接受，才能得到越来越强的支持。命运共同体的构建是共建，实现共同愿景，需要大家携手共建。因此，构建命运共同体，首要的是推动认知上的共识，让更多的国家、机构、个人理解和接受，让命运共同体理念深入人心，成为公共的价值观。在这方面，已经取得了不少积极的进展。比如，在联合国的一些文件中，写入了人类命运共同体构建，这成为推动全球新发展的重要共识。[①]

在东北亚，出于复杂的政治生态，形成一种公共的价值观认知并不是一件容易的事情，关于命运共同体构建的倡议会遇到一些非议或者冷遇。由此，会使大家对共利性的认同降低，增加权势的竞争与争夺。从现实看，东北亚地区尚处在由近代以来构建的传统关系与秩序向新时代关系与秩序历史性转变的初始阶段，人们对未来的走向还没有一个比较清晰的理解和认知。

显然，在东北亚推动有关构建命运共同体的认知认同还有很长的路要走，对此需要有一个客观的判断。这种情况也表明，在推动命运共同体构建的认知认同上，不可操之过急，也不可强人所难，需要做耐心、细致的工作，付出不懈的努力。前文分析表明，在东北亚有着许多基于区域和平发展与文化互通互鉴的思想，可以把它们融汇到命运共同体构建的理念之中。鉴于东北亚命运共同体的构建是体现在多样性的实践之中的，因此，推进认知的共识需要寻求可以对接的灵活方式，让理念融入看似不同却含义相近的话语集成之中，也就是说，以各方习惯的方式表达类同的理念。这样，交流的空间就可以扩大，认知的公共性就可以增加，在进程中逐步形成共同认知基础上的公共价值观。

中国要通过自己的行动在东北亚历史性转变的进程中发挥引领作用，这是必然的。一般而言，大国在关系和秩序构建中的行动引领作用主要通

① 据报道，2017 年 2 月 10 日，构建人类命运共同体的理念写入联合国社会发展委员会“非洲发展新伙伴关系的社会层面”决议；3 月 17 日，写入联合国安理会关于阿富汗问题的第 2344 号决议；3 月 23 日，写入联合国人权理事会关于“经济、社会、文化权利”和“粮食权”两个决议；11 月 2 日，写入联合国大会“防止外空军备竞赛进一步切实措施”和“不首先在外空放置武器”两份安全决议。参见徐祥丽、李焱：《“构建人类命运共同体”为什么被写入联合国决议？》，2019 年 10 月 11 日，http://politics.people.com.cn/n1/2019/1011/c429373-31394646.html。

过两种方式进行：一是通过获得主导权而发挥领导者的作用，按照自己的主张推行关系与秩序构建。这通常被称为“霸权方式”，而霸权往往主要通过战争或者强权的方式获得。二是通过榜样影响力，提供可供引导方向的公共产品，并且利用这种影响力凝聚共识，推动行动议程前行。新时代的东北亚关系与秩序构建，并不为中国提供获得霸权的条件与环境，同时，中国也不想通过战争或者强权的方式来获取主导地位。因此，中国的行动引领主要是通过榜样影响力来推进共识与合作行动。

通过榜样影响力来推动东北亚命运共同体的建设，首先要把中国自身的事情做好。中国作为新型大国崛起，肩负两个责任：一是建设更好的社会经济发展与国家治理制度，在百年大变局中体现发展和制度优势；二是推动构建一个更好的世界体系与秩序，纠正现行体系和秩序的弊端。[①] 中国在实现快速发展、提高人民生活水平、建设中国特色社会主义等方面已经取得了巨大的成绩，为世界所瞩目，但是在建立一个更好的社会发展与国家治理制度方面，还有很长的路要走。就履行推动构建一个更好的世界的责任而言，一是在中国进一步发展的进程中体现的，二是与中国自身力量和能力的不断提升相呼应而逐步增大的。循序渐进，量力而行，引领行动的最大效力体现在中国不断增强的综合实力和国际影响力，即能为世界提供更多的公共产品，为更多的国家和社会公众所认同，以便吸引更多的同路者，沿着命运共同体构建的方向相向而行。

在东北亚地区，中国要在社会经济发展与国家治理上为其他国家所认可还需要时间。至于为其他国家所学习、借鉴，也许需要更长的时间。从这个角度来说，正是因为如此，才增加了中国行动引领的难度。就推动建立一个更好的东北亚地区关系与秩序而言，中国尚不具备以主导之力来实现转变。应该看到，二战后以及冷战结束后形成的东北亚地区权势组合还有很强的基础。美日韩军事同盟在安全、地区关系与秩序结构导向等方面，还有很强的影响力，无论是出于政治原因还是战略考虑，对中国单独推动的议程都可能会产生观望、怀疑甚至抵触。在许多方面，俄罗斯、朝鲜、蒙古国也都可能难以成为支持中国主导作用的志同道合者。

新时代的命运共同体构建，不同于传统的大国主导或霸权下的关系与

---

① 关于中国在新时代承担的两个责任或者说双重使命的论述，参见张蕴岭主编：《百年大变局：世界与中国》，中共中央党校出版社 2019 年版，第 16—17 页。

秩序构建，基于新理念，采取新方式，因此在认识和分析上也需要创新。中国提出命运共同体构建倡议，并非意在主导议程，而是旨在凝聚共识、推动共建，目标是实现东北亚的长久和平与合作发展。因此，推动命运共同体构建的进程是开放和包容的：开放性体现在不搞势力集团，欢迎所有利益相关者参与，包容性体现在支持各种相向而行的努力。因此，命运共同体构建是集大家之慧，靠大家之力，中国既是倡导者，也是行动者。

（本文原载于《世界经济与政治》2020 年第 6 期，略有调整）

“一带一路”研究

找回逝去的记忆和创新未来

中国提出“一带一路”倡议，具有深远的意义。从地缘构建的角度看，可以让我们“找回逝去的记忆”；从世界发展的角度看，可以畅想“创新未来”。找回逝去的记忆，是为了从历史的发展中得到启迪；创新未来，是为了实现中华民族伟大复兴和世界的和平发展。“一带一路”既是历史遗产的承继，更是面向未来的大作为，因此，认识“一带一路”要有历史的眼光和前瞻的大视野。

一、找回什么记忆

历史上，中国曾是世界上最发达的国家，与外部建立起了密切的和富有特色的关系。中国三面接陆，一面临海。陆上的交往之路是靠脚踩出来的，人们翻山越岭，暴走沙漠，历尽千辛万苦，百折不回；海上交往看似容易，实际更难，风大浪急，险象环生，前仆后继，不知有多少人葬身海底。

被称为“古丝绸之路”的线路，主要是指从长安往西，过中亚、西亚，到欧洲。据有的学者研究，在对外贸易交往中，域外的人来得多，因为中国有吸引力，他们带来自己的“土特产”，换回中国的丝绸等。不仅是经贸交往，思想、文化的交流也很丰富，外来的佛教传入中国，中国的传统文化和思想也扩散到域外。如今，我们在敦煌可以看到当年文化交流的繁荣历史。

海上古丝绸之路从中国沿海过南中国海，穿印度洋，到达非洲。除了贸易，也有政治与文化交流。郑和带领船队，七下西洋，浩浩荡荡，一路撒下友好交往的种子，传播文明，留下传颂至今的佳话。

从唐代到清朝中后期，中国与外部的陆海交往越来越发达，并且与各国建立起了以互利与和睦为理念的特殊关系。域外国家钦佩中国，中国与它们友好相处，甚至给予特殊的待遇，这些都是历史的美好记忆。

近代，中国衰落，与外部的交往关系发生了巨大变化：一是中国自身变得贫穷了，不再是对外部有吸引力的繁华之地；二是西方殖民主义扩张，占领了中国周边国家，改变了中国与那些传统交往国家关系的性质；三是中国自身也成为被殖民和侵略的对象，自顾不暇。由此，那些历史的美好记忆就在国人的苦难中渐渐逝去了。

如今，找回逝去的记忆，重要的是找回历史留给我们的遗产。古丝绸之路留给我们最宝贵的历史遗产是什么呢？不是路，因为当时的路已荡然无存，而是精神，因为精神可以永存。古丝绸之路是一条和平之路，因为它的开拓不用战争，不用征服；它是一条互利之路，因为互通有无带来的是让大家受益；它是一条互鉴之路，因为内外文化、宗教的交流带来了文明的相互吸收和融通……事实上，我们重提丝绸之路，就是要弘扬这种精神，以这种精神创建未来。

在中国处于衰落的时期，多少仁人志士大声疾呼，奔走呼号，抛洒热血，“振兴中华”成为中国人的共识。从 1840 年的鸦片战争到 1949 年新中国成立，100 多年，中国经历了“百年衰落”。直到 1949 年新中国成立，才终止了中国衰落的下行线。新中国成立使中国发生了巨大的转变：中国挺起了独立自主的脊梁，尽管国家没有实现完全的统一，但本土内乱终止，整体走向稳定与发展。从这个角度来分析，新中国的成立是中华复兴的一个起点。

然而，新中国成立后，复兴的道路并不平坦，我们经历了美苏冷战、西方的封锁、与苏联关系的破裂、外部冲突与战争。我们自己的发展探索也犯过很多错误，其中有些错误比如大跃进、“文化大革命”，后果非常严重，甚至使国家“走向破产的边缘”。可以说，尽管中国的发展取得了很大成绩，但也走过了很多弯路，付出了巨大的代价。

改革开放让中国走向了复兴的快车道，在短短的几十年内，中国重新跃居世界前列，中国的 GDP 跃居世界第二位，对外贸易、外汇储备世界第一，人均国民收入提升到世界中高水平，令世界刮目相看。我们自己设定了“两个一百年”奋斗目标：一是到 2020 年全面建成小康社会，二是到 2050 年建成富强民主文明和谐美丽的社会主义现代化强国。据预测，到 2030 年，中国经济总量将重新跃居世界第一位。1949 年到 2050 年，又一个百年，这是“百年复兴”。

崛起的中国该做更多的事情，其中，重要的是密切中国与周边国家以及陆海地缘链接国家的关系，用历史积淀的“丝绸之路精神”创新未来，这就是中国提出“一带一路”倡议的动机。为此，2013 年习近平主席分别在哈萨克斯坦和印度尼西亚提出了建设“丝绸之路经济带”和“21 世纪海上丝绸之路”的倡议。2013 年 9 月，习近平主席在哈萨克斯坦演讲时动情地说：“二千一百多年前，中国汉代的张骞肩负和平友好使命，两次出使中亚，开启了中国同中亚各国友好交往的大门，开辟出一条横贯东西、连接欧亚的丝绸之路。我的家乡陕西，就位于古丝绸之路的起点。站在这里，回首历史，我仿佛听到了山间回荡的声声驼铃，看到了大漠飘飞的袅袅孤烟。”①“千百年来，在这条古老的丝绸之路上，各国人民共同谱写出千古传诵的友好篇章。两千多年的交往历史证明，只要坚持团结互信、平等互利、包容互鉴、合作共赢，不同种族、不同信仰、不同文化背景的国家完全可以共享和平，共同发展。这是古丝绸之路留给我们的宝贵启示。”②他提议，“用创新的合作模式，共同建设‘丝绸之路经济带’”③。同年 10 月，他在印度尼西亚国会讲演时生动地回顾，自汉代起人们如何克服浩瀚大海的阻隔，远洋航海，“留下友好交往的历史佳话”，倡议“共同建设 21 世纪‘海上丝绸之路’”。显然，找回逝去的记忆并不是要回到或者复制过去，而是为了创建新的未来，让未来比过去更辉煌。

二、“一带一路”干什么

中国东边是浩瀚的太平洋，大洋提供了最便捷、最经济的运输通道。改革开放以后，中国利用海洋优势，发展“两头在外”的加工贸易，通过出口拉动，推动了整个经济的快速增长。20 世纪 80 年代初，中国建了 14 个沿海开放城市，它们都发展得很快，成为全国经济的重心，与外部的经贸关系也迅速发展。不过，就经济关系而言，贸易关系主要是外部链接，通过投资建立的产业链才是内在链接。同时，海上链接的深度融合还体现在物流网络的构建、便利化的交易体系等。为此，需要发展以深度融合为出发点的新海上丝绸之路。显然，建设新时期的“海上丝绸之路”，既是海洋经济发展的需要，也是中国对外交往发展的需要。

---

① 《习近平外交演讲集》第 1 卷，中央文献出版社 2022 年版，第 53 页。
② 《习近平外交演讲集》第 1 卷，中央文献出版社 2022 年版，第 54 页。
③ 《习近平外交演讲集》第 1 卷，中央文献出版社 2022 年版，第 55 页。

中国北部、西部、西南部和东南部与域外的大陆相连。尽管中国与陆连国家的综合关系得到很大发展，但是，多数国家的交通设施落后，经济不够发达，需要改善基础设施，建设交通网络，中国需要支持那些地区国家的经济发展，使之成为互联互通的经济发展带。20 世纪 80 年代初，中国建了 14 个沿海开放城市，它们虽然从无到有发展起来，但最大的问题就是对外连接基础设施落后，缺乏拓展的空间。中国的发展需要东西南北平衡，为此提出了西部大开发战略，在中央政府的支持下，鼓励东部的资源向西部转移。然而，资源转移只在国内转不行，还需要打开外部的大通道，创建与外部的广泛联系，拓展更大的发展空间。比如，把东部的纺织厂移到新疆，那里产棉花，成本也低。但是，如果联通中亚的交通设施不发展起来，中亚国家经济不发达，产品还得运回来，走东部的大港口运出去。设想一下，如果连接中亚的交通设施网建设起来，中亚国家也发展了，在新疆生产的东西就可以直接往西走，可以一直通到欧洲。这样的话，东部的资源往西部转移才有吸引力。由此，新疆就成为中国和中亚、欧洲联系的中部地区。这不是神话，比如广西，作为中国的边缘省份长期发展不起来，有了中国—东盟自贸区、中国东盟博览会建设，就不一样了，它就是中国与东盟之间的中间地带了。地位变了，大量的资源就开始往那里转移，广西就借势快速发展起来了。设想一下，有了丝绸之路经济带，新疆的霍尔果斯有一天可能就成为一个中等甚至大城市了。比如云南，如果“孟中印缅”经济走廊建设起来，它就可以直通印度洋，贸易通道就不用绕道东部沿海港口，而是直接走印度洋，可以通过海上丝绸之路往西走，一直链接南亚、非洲和欧洲。这样，中国的大西南就可以实现发展的跨越。

“一带一路”是一个整体，两个框架（丝绸之路经济带和海上丝绸之路）相辅相成。构建丝绸之路经济带为中国打开通向中亚、西亚、南亚和欧洲陆上通道的大门，与沿线国家一起激发新的发展动力，有助于实现中国东西南北开放发展的均衡格局。同时，通过与沿线国家的合作，共同规划与建设，拓展新的开放发展空间，以“创造性转移”的方式，拉动我国的设备、基础产业和技术出口，为我国经济结构的调整与提升提供新的空间。建设海上丝绸之路是要发挥中国沿海先行发展的优势，提升与海上国家经贸关系的水平。同时，也推动与海路相关国家的广泛合作，构建基于开放、发展、合作与安全的新海洋秩序。

“一带一路”是中国提出的倡议，但不是中国一个国家的事情，也不是中国一个国家可以做到的，需要大家共同协商、共同设计、共同参与、共同建设。

互联互通是“一带一路”倡议的支撑基础。实现互联互通，就是要构建全方位链接，发展起四通八达的基础设施网络（陆、海、空交通网络），实现“政策沟通、设施联通、贸易畅通、资金融通、民心相通”的“全方位、立体化、网络状的大联通”。因此，建设“一带一路”，基础设施网络建设是重点，实现互联互通是关键，创建产业园区、构建产业链是亮点。同时，“一带一路”建设远不止经济领域，也包括政治、社会、文化、教育和安全领域，打造的是全面和深度融合、同休共戚的命运共同体。

“一带一路”建设起步于现在，但是一个长期合作的进程。在共商与共建的过程中，中国与沿线国家会逐步发展起相互了解、相互尊重和相互信任的新关系。建设“一带一路”特别是“一带一路”的基础设施网络，需要大量的资金，这也就是亚洲基础设施投资银行（简称“亚投行”）的建设得到如此多的国家支持的原因。亚投行既是对现有的国际金融机构（如世界银行、亚洲开发银行）的补充，也是在新形势下融资机构的创新。

中国的周边是“一带一路”建设的优先地区。周边地区不发达，周边形势也就不稳定，中国与各国的关系也难处，中国自己的边疆地区也发达不起来。中国与如此多的国家相邻而居，提出发展周边关系的“亲诚惠容”新理念，“一带一路”就是一个很好的实践。周边是中国和平发展的战略依托区，要通过扩大合作让周边国家发展起来，只有这样才可以形成真正的命运共同体。

“一带一路”建设体现的是新发展理念和新发展方式。以往中国与中亚国家的经贸关系主要是在资源领域，要建设经济带，就要改变简单的能源关系，在中亚地区建设资源加工业、加工制造业以及服务业，使中亚地区的经济发展水平得到提升。只有中亚国家的经济得到更为全面的发展，彼此才可以从中得到更大的拓展空间。基础设施建设、产业园建设会为中国的设备产品出口和产业转移提供巨大的发展空间，但不能借机把落后产能、污染产业转移到合作伙伴国，要把教训留给自己，把经验传给别人，让当地人民得到实惠，尝到搭中国和平发展“便车”的甜头。

三、"一带一路"意味着什么

"一带一路"倡议着眼于推动新时期的发展合作,为地区和世界提供一种创新型发展合作的新模式。当今,世界经济的发展正处于大的结构变化和发展方式的调整期。发展中国家发展,一批新兴经济体崛起,更多的发展中国家步入起飞阶段,这是大趋势。如何维护发展的大势,为发展中国家创建可持续发展的环境?美国领衔TPP制定新规则,实际上是旨在提高自身的高位竞争优势,抬高发展中国家进入世界市场的门槛。开放发展是大趋势,但仅仅开放并不能解决发展中国家面临的"发展瓶颈"。发展中国家最需要的是什么?从大势来说,一是维护开放的国际经济体系,二是改善自身的发展环境,特别是基础环境。

"一带一路"基于合作共赢,为推动新形势下的发展合作提供大平台,把中国的发展与其他国家的发展结合起来,通过中国的投入和带动,动员各方的积极性,打造新的发展空间,创建新的发展引擎。"一带一路"是一个开放的平台,在这个平台上,大家都可以参与,共商规划、共建项目、共享成果。"一带一路"的合作项目不是通过谈判,而是通过协商,是新型的发展合作方式。长期以来,对于发展中国家来说,发展融资特别是基础设施建设、长项目工程建设融资非常困难。现行的国际金融机构能力有限,私人金融机构投资意愿不强,因此,基础设施发展滞后,发展的综合环境改善缓慢。通过"一带一路",可以推动创建合作性融资机构和其他多种形式的金融机制,可以破解融资瓶颈,中国也可以在这个平台上发挥更大的作用。为此,中国倡议成立亚洲基础设施投资银行、金砖国家新开发银行,筹备成立上合组织开发银行,中国自己出资成立丝路基金等。"一带一路"倡议的设计指导思想超越了自贸区和多边贸易体制,旨在推进综合发展环境的改善,也突破了以我为主的利益观,强调共同建设、共同发展和共享利益。

"一带一路"是一个跨区域的开放性框架,有很大的延伸和拓展空间,从亚洲到欧洲、非洲,还可以延伸到更广的区域。从这个意义上说,"一带一路"是一个带有世界意义的倡议。事实上,"一带一路"是一个大框架,由多样性、多层次的协议作为保证,由项目、工程、园区作为支撑,不能简单地把"一带一路"倡议归结为几条线路。

总体来说,"一带一路"体现的是新发展观(改善发展中国家的综合发展环境）、新合作观（开放型，共商、共建和共享）、新秩序观（海上航行开放、安全合作和发展合作），是中国作为世界大国的新贡献，更是中国推动构建更加公平合理的国际新秩序的新努力。

四、如何应对挑战与风险

“一带一路”是一个新生事物，中国提出这个倡议以后，国际上包括沿线国家存有不少怀疑，有的国家在观望，有的国家疑虑重重，也有不给予支持的国家。尽管目前许多工作已经开展，但真正做起来还会有许多障碍。一些国家对中国提出“一带一路”倡议的意图有怀疑，担心中国借此实施扩张，对于建设基础设施网络存有疑虑，不太愿意让中国主导大通道的建设，甚至把经济发展的问题政治化。像美国，出于担心自己利益的考虑，不仅自己不予支持，还向盟友施加压力。对于亚洲基础设施投资银行的建设，美国就公开表示反对，日本也拒绝参加。对于公路、铁路网络建设，印度、缅甸也都表现出一些质疑。对于中国发展与一些国家（如巴基斯坦、斯里兰卡等）的海上与港口合作，也被赋予政治甚至军事含义。

“一带一路”对相关国家来说是一项大倡议，具体建设涉及沿途各个国家。因此，最重要的是让各方理解，得到各方的支持，形成真正的共识，进行认真的投入。同时，“一带一路”是“百年工程”，这样的大建设需要时间，需要付出巨大的努力，在推进上不可操之过急，在项目建设上不可急功近利。

一是需要多做工作，减少或消除对中国“一带一路”倡议的疑虑。“一带一路”是中国提出的，意图很清楚，就是实现合作发展、共同受益。但是，很多国家不这样看，有些国家即便口头表示支持，实际参与上也是非常谨慎，甚至采取平衡的策略。因此，中国在继续做工作的同时，重要的是搞成一些示范工程，让大家看到好处。

二是需要规避和化解争端与风险。“一带一路”特别是海上丝绸之路建设存在南海争端的障碍，南海是建设海上丝绸之路的第一站，要找到超越的办法。沿线国家中，有些政局不太稳定，有些地方极端势力、恐怖主义势力泛滥。一方面，要加强对沿线国家政治的深入了解，做深入的政治工作，对政局变动有预测、有对策，避免因政局变动而使建设受到影响；另一方面，要加强与当地的安全合作，共建反恐、反极端势力的合作机制，对大通道、大项目的安全要有常设的安全保卫机制、信息收集和通报机制。

三是需要算好经济账，减少投资风险和损失。“一带一路”是大工程、长期计划，其建设至少需要几十年的时间才能见大成效，要有长期的打算。大项目，比如基础设施网络建设，需要大投资，中国的投入多，这一方面要算大账，即战略账、发展账；同时也要算小账，即算投资回收、投资效益等。特别是企业参与，还是要精打细算的，要利用好已经建立起来的新融资机制，如亚投行、新开发银行等，也要加强与原有国际机构的合作，如世界银行、亚洲开发银行、非洲开发银行。

既然是大谋略，就要看得远，坚持做下去。挑战也好，风险也好，都只能去面对，去化解，知难而进，不能遇难而退。中国“一带一路”倡议是大家的事情，是“交响乐”，不是“独奏曲”。作为世界大国，中国肩负着实现中华民族伟大复兴的中国梦和世界和平发展梦的双重责任，任重而道远。

（本文原载于《东吴学术》2016年第1期，略有调整）

“一带一路”与新型发展合作

“一带一路”链接了从亚洲、非洲到欧洲的广大地区。“一带一路”倡议是中国探索新国际经济合作形式的尝试，为参与各方提供了一个具有包容性的合作框架来规划、共同投资开发基础设施网络、工业园区以及其他项目。为了克服融资短缺的瓶颈，中国还发起成立了亚洲基础设施投资银行（AIIB）、金砖国家新开发银行（NDB）以及建立了自己的丝绸之路基金（SRF）。

“一带一路”倡议重点关注基础设施网络建设，鼓励工业园区建设、能力提升和制度安排（FTA、贸易和投资便利化等）等综合性开发项目。为控制各种风险和挑战，“一带一路”倡议不仅加强同参与各方的合作，还与现有的国际组织如世界银行、亚洲开发银行等密切合作。作为一种新型发展合作形式，“一带一路”倡议将有助于培养增长动力，缩小经济发展差距。

一、“一带一路”倡议

建设“丝绸之路经济带”与“21 世纪海上丝绸之路”的倡议由中国于 2013 年提出，2015 年 3 月 28 日，国务院授权国家发展改革委员会、外交部和商务部联合发布了《推动共建丝绸之路经济带和 21 世纪海上丝绸之路的愿景与行动》的官方文件（以下简称“‘一带一路’文件”）[①]，开启了从倡议到建设的进程。

丝绸之路经济带主要联结中国、中亚、俄罗斯和欧洲（波罗的海），通过中亚和西亚联结中国与波斯湾、地中海，以及联结中国与东南亚、南亚和印度洋。海上丝绸之路的重点方向是从中国沿海港口过南海到印度洋延伸至

① 《推动共建丝绸之路经济带和 21 世纪海上丝绸之路的愿景与行动》，2015 年 3 月 28 日，http://news.xinhuanet.com/english/china/2015-03/28/c_134105858_2.htm。

欧洲,从中国沿海港口过南海到南太平洋。将中国与"一带一路"倡议沿线国家相链接,有助于建立一个新的经济空间,不仅为中国的西部地区拓展出新的发展边界,也扩展了整个中国的新发展空间。对于中国国内来说,新发展空间有利于吸引投资和劳动力从东部地区流向西部地区,西部地区成为联系中国与"一带一路"倡议沿线国家的桥梁。

地理位置赋予了中国促进"一带一路"倡议的特殊需要和优势,中国东面(东、东南方向)是浩瀚的海洋,西面(西北、西和西南方向)是涵盖了从亚洲到欧洲的广袤大陆。发展海上航线似乎很容易,但它们需要配套设施和综合网络,包括海港、港口、物流网络以及有关国家之间的官方层面上的制度安排,还有私人层面上的商业社区。

中国与周边国家之间的互联互通需要跨境基础设施网络的支持,包括公路、铁路和航空,但现在所有这些跨境基础设施无论是在硬件上还是在软件上都不发达。"一带一路"倡议旨在改善跨境基础设施网络,通过海上丝绸之路发展现代化港口,建设港口区、海上物流网络;通过丝绸之路经济带优先发展基础设施网络和经济区。因此,"一带一路"倡议将有助于改善中国的地理环境和开放的经济发展空间。"一带一路"倡议在本质上不是反对美国的"亚洲支点"战略,而是基于中国自身的需要。①

"一带一路"倡议还有助于开发新的市场机会,这对中国经济转型意义重大。经过了三十多年的高速增长,中国经济转向了"新常态"的局面,即从高速增长转变为中等速度的增长。为了创造新的增长引擎,需要建立以内需拉动的增长动力,同时拓展外部市场机会。发展中经济体能够提供全球经济的新空间,但其薄弱的基础设施和工业供应链已成为发展的瓶颈。中国的邻国大部分是发展中经济体,如果它们通过参与"一带一路"倡议改善其经济环境,将有利于中国的发展。通过为基础设施和工业区建设提供资金,"一带一路"倡议能够为欧元区、非洲地区创造新的增长潜力。在"一带一路"倡议中,中国可以发挥关键性作用,因为中国在投资资金、设备供应以及发展基础设施网络和工业区方面的技术和经验上拥有独特的优势,这也

① 卢西奥·布兰科·皮特洛三世(Lucio Blanco Pitlo Ⅲ)认为,著名的丝绸之路的复兴似乎预示着中国的魅力的扩展,通过增加贸易优惠和交通互联互通赢得在该地区的邻国和其他国家的欢迎。"China's 'One Belt, One Road' To Where?", 2015-2-18, http://thediplomat.com/2015/02/chinas-one-belt-one-road-to-where.

为中国企业“走出去”提供了巨大的发展机会。[①]

与贸易不同，直接投资将使中国经济与其他经济体之间的一体化程度更高。“一带一路”倡议通过增加海外投资，使中国经济在进一步融入全球市场方面迈出了新的一步。“一带一路”倡议文件中表示，推进“一带一路”建设既是中国扩大和深化对外开放的需要，也是加强和亚欧非及世界各国互利合作的需要。其实，“一带一路”倡议不是中国政府匆忙抛出的一个突发奇想，因为许多建议和行动早已提出并实施，如中巴经济走廊、上海合作组织(SCO)框架下的经济议程、孟中印缅经济走廊、中蒙俄经济走廊等。

“一带一路”倡议是以发展合作为导向的，它使中国能够在沿线区域和国家通过发展基础设施网络、建立工业园区等许多项目来寻找新的经济发展机会。中国许多劳动密集型制造业工厂需要重新寻找生产场所以降低成本、保持竞争优势，而亚洲和非洲的发展中国家具有利用其低廉的劳动力成本优势发展自己制造业的能力和需求。不同于过去转移重污染产业的传统模式，中国将在“一带一路”框架下与当地国家共同协商、设计、建造新的产业。这种新型的合作发展模式不同于传统的援助和基于市场力量配置落后生产能力的模式。

中国作为一个新兴发展经济体，一直愿意在建立新的全球经济治理模式方面承担更大的责任，为全球经济增长提供新的动力。目前全球经济面临着许多新的挑战：2008 年金融危机后经济复苏缓慢，贫富国家之间、地区之间的发展极不平衡，国际机构在支持恢复和纠正失衡方面发挥的作用不足。“一带一路”倡议通过学习经验，相互分享资源、共享利益，将有助于建立新的增长引擎和新的具有包容性的平衡发展模式。“一带一路”倡议下的一些举措，如建立亚投行、新开发银行并不是为了取代现有的世界银行(WB)、亚洲开发银行(ADB)等国际机构，相反，它们将通过合作实现互补。例如，亚投行开始的基础设施项目是与亚行、世行联合开展融资业务。[②] 由于现有的国际经济体系与世界经济的发展现实协调性较差，急需新的思路和新的倡议，而中国倡导“一带一路”建设的目的就是提供一种新的思路和

① Yonghua Song, “B&R Leads China's Companies to Go Abroad”, 2014-12-27, http://world.people.com.cn/n/2014/1227/c1002-26285988.html.

② “AIIB and ADB Provide Loan Together on the Project”, 2016-3-31, http://bank.jrj.com.cn/2016/03/22102320721783.shtml.

推动全球经济增长、改善全球经济治理的新框架。对于中国可能通过倡导“一带一路”建立与现有国际体系不同的机制的担心是没有根据的,中国无意去创造一个不同的国际经济体系,而且中国是现有国际体系的重要成员,多年来从现有国际体系中获益良多。①

“一带一路”倡议的目的是通过双赢的合作方式促进区域经济发展。“一带一路”倡议文件指出:(1)“一带一路”倡议符合《联合国宪章》的宗旨和原则,坚持和平共处五项原则;(2)欢迎所有国家、国际和地区组织参与;(3)提倡文明包容,尊重不同国家选择的发展道路和模式,促进所有国家和平共处、共同繁荣;(4)遵循市场运作,遵守市场规则和国际惯例,以企业为主体,通过市场发挥资源配置的决定性作用,政府发挥其应有的功能;(5)寻求容纳各方的利益和关切。“一带一路”倡议虽是中国政府的一项举措,但并不意味着是中国或中国政府的独角戏,“一带一路”倡议遵循共商、共建、共享的原则。伙伴关系和市场规则意味着中国和参与各方共同设计和建设“一带一路”,企业将是计划实施的主要参与者。虽然政府在启动和促进“一带一路”倡议中起着主导作用,但企业在建设中将发挥重要的作用,因此需要建立公私伙伴关系(PPP)。② “一带一路”倡议不仅促进中国的发展,也繁荣其他国家的经济。“一带一路”倡议是“一带一路”沿线国家的合唱,而不是中国自己的独奏曲。③

“一带一路”倡议旨在促进经济要素的有序自由流动,实现资源的高效配置和市场的深度融合,鼓励“一带一路”沿线国家实现经济政策协调,开展更加深入和广泛的高标准区域合作,共同营造一个开放、包容、均衡的区域经济合作架构以促进各国的发展。它本着开放的区域合作精神,以平等互利为特征,寻求互利共赢,在共商、共建、共享的基础上,对所有国家、国际和

① 习近平主席指出:“中国倡导的新机制新倡议,不是为了另起炉灶,更不是为了针对谁,而是对现有国际机制的有益补充和完善,目标是实现合作共赢、共同发展。中国对外开放,不是要一家唱独角戏,而是要欢迎各方共同参与;不是要谋求势力范围,而是要支持各国共同发展;不是要营造自己的后花园,而是要建设各国共享的百花园。”具体参见习近平:《中国发展新起点 全球增长新蓝图》,2016 年 9 月 3 日,http://www.china.org.cn/chinese/2016-09/05/content_39233599.htm。

② “Xi Jinping: Learning from the Historical Experience, Innovating the Cooperation Concept and Making B&R Helpful to the Development of All Relating Countries”, 2016-5-1, http://news.xinhuanet.com/mrdx/2016-05/01/c_135326297.htm.

③ “President Xi Vows Mutual ‘Belt and Road’ Benefit”, 2016-5-1, http://en.people.cn/n3/2016/0501/c90000-9051862.html.

地区组织开放。

从地理上看,丝绸之路经济带的重点是共同建设新亚欧大陆桥,发展中国、蒙古国、俄罗斯、中亚、西亚和中南半岛经济走廊。它利用国际运输航线,依靠"一带一路"沿线国家的核心城市和主要经济产业园区作为合作平台。丝绸之路经济带由三条路线组成:第一条是从中国经中亚和俄罗斯到欧洲(波罗的海);第二条是从中国经中亚、西南亚到波斯湾、地中海;第三条是从中国经东南亚、南亚到印度洋。21 世纪海上丝绸之路将重点放在连接主要港口,共同建设便利、安全、高效的运输航线,旨在通过南海和印度洋打通从中国海岸到欧洲的通道,以及从中国海岸经由南海抵达其他南太平洋国家。其中,中巴经济走廊和孟中印缅经济走廊(BCIM)建设将与"一带一路"倡议密切协调。

"一带一路"倡议具有开放性和包容性,不仅沿线国家可以参与,也欢迎世界上其他国家参与建设。以亚投行为例,其成员资格对真正有兴趣并愿意做出贡献的所有国家开放。[①] 互联互通并不仅仅局限于这些路线,它应被解读为涵盖了横跨欧亚大陆的多种多样的链接。[②] 事实上,"一带一路"倡议的地理覆盖范围非常灵活,涵盖了所有愿意参与国家基础设施建设、社会经济发展的地区。

"一带一路"倡议的重点集中在:(1)政策协调,通过协调经济发展战略和政策,制订计划和措施,为合作伙伴实施计划提供政策支持;(2)通过建设基础设施网络实现互联互通,包括了建设计划和技术标准系统的整合;(3)通过改善投资和贸易便利化促进贸易和投资,消除投资和贸易壁垒,创造良好的营商环境;(4)通过建立金融合作、投融资体系和信用信息系统,实现货币互换结算,发展债券市场,建立新的金融机构,如亚投行(AIIB)、新开发银行(NDB)以及上海合作组织(SCO)融资机构;(5)通过促进文化交流和学术交流、人员交流与合作、媒体合作、青年和妇女的交流和志愿服务,赢得公众的支持。中国作为一个发展中的大国,可以在上述实践中扮演特殊的角色,作为倡导者和主要参与者,要主动提供关键的资本投入和技术支持。

互联互通是"一带一路"建设的优先领域,主要加强基础设施建设和技

---

① 亚投行成立于 2015 年 12 月 25 日,最初的成员有 57 个,其中 37 个来自亚洲,20 个来自其他地区。

② Tim Summers, "China's 'New Silk Roads': Sub-national Regionsand Networks of Global Political Economy", *Third World Quarterly*, Vol.37, No.9, 2016, pp.1628-1643.

术标准体系，在亚洲、欧洲和非洲之间建立一个与亚洲所有次区域相连接的基础设施网络。交通基础设施建设重点是提高道路网络连通性，建立国际运输公路和铁路物流系统，其他基础设施建设则主要包括能源基础设施、跨境光缆、通信干线网络等。

投资和贸易合作是"一带一路"建设的关键领域，旨在通过促进投资和贸易便利化，消除投资和贸易壁垒，在沿线国家之间构建自由贸易区。"一带一路"倡议下的合作将有助于扩大贸易和投资，完善贸易和投资结构，通过改善基础设施、建立工业区和港口网络、发展筹资等创造新的发展领域。

金融合作是"一带一路"建设的关键支撑，涵盖了广泛的跨境金融议程，其中包括货币稳定、项目融资、双边货币互换、跨境人民币结算、人民币计价债券等。亚投行、新开发银行、丝路基金以及中国—东盟银联体和上合组织银联体等都将发挥各自的作用。"一带一路"建设中要加强金融监管合作，建立有效的监管协调机制，提高风险应对和危机管控的能力，建立区域金融风险预警系统，创建交流与合作的机制来应对跨境风险和危机。通过这些协同努力，有助于促进货币流通的稳定，增强信用体系的抗风险能力，鼓励商业性股权投资基金和民间资金参与重点项目的建设。

民心相通为"一带一路"建设提供了公共支持。"一带一路"建设不仅包括促进经济的议程，也包括文化、学术交流，培训，媒体合作，人才交往，从而"赢得公众对深化双边和多边合作"的支持。"一带一路"建设还鼓励人才交流、旅游合作、体育交流、疫情信息共享、预防治疗技术和医务人员培训交流、科学和技术合作，以及针对青年就业创业培训实践合作、职业技能开发、社会保障管理等的交流与城市合作。

"一带一路"倡议链接亚洲、欧洲和非洲，是在新时期对古丝绸之路精神的复兴。"一带一路"建设作为中国为地区和世界提供的公共产品，不仅包含了中国全面深化改革和全方位开放的国内议程，还考虑了其他参与方的利益。[①] 中国有句俗语"要想富，先修路"，基础设施落后是发展中国家经济发展的瓶颈，也是发展中国家之间经贸往来的瓶颈。因此，"一带一路"建设以互联互通为主，包括道路网络建设、贸易促进、资本流动、政策协调和民心相通的交流。一项研究表明，互联互通的改进将促进产业链的发展，也推动

---

① Ge Su, "The Belt and Road Initiative in Global Perspective", *International Studies*, No.2, 2016, pp.1-13.

城市、城市群以及广大地区的发展。①

考虑到“一带一路”沿线国家经济的多样性，“一带一路”通过项目建设紧密连接对东道国的发展规划，促进来自中国和其他方面的资源的有效配置，实现双赢。所有合作伙伴将受益于参与建设海洋、陆上的欧洲—亚洲—非洲经济走廊以及涉及增长领域的新项目。② 现实中该地区的大多数发展中国家的经济发展受到基础设施不足的阻碍，“一带一路”倡议主动提供融资和网络设计，为突破国家、跨国家的公路、铁路建设瓶颈提供了重要契机。鉴于自身经济发展的经验，中国会在帮助发展中国家改善基础设施方面发挥重要作用。许多项目已经链接各个次区域，包括高铁、石油和天然气管道以及电信和电力的联结。由于“一带一路”倡议建立了具有包容性的框架，对所有有兴趣参与倡议的伙伴开放，因此除了从丝路基金、亚投行等机构直接融资外，其他金融机构也将积极参与“一带一路”建设。更重要的是，企业作为主要参与者，“一带一路”建设欢迎中国企业和所有其他国家企业在开放和公平竞争的基础上开展投资。

例如，落后的基础设施是东盟共同体建设面临的最严重挑战之一。由于基础设施投资的限制，互联互通总体计划的进展非常缓慢。东盟具有包括陆上丝绸之路经济带和海上丝绸之路的最佳位置。③ 丝绸之路经济带连接亚洲和欧洲的基础设施，通过发展新的工业区、金融中心、自由贸易和投资区以及其他综合项目，如油气管道、电网、互联网络、输电线路和通信网络等，促进各方发展建立紧密的经济合作，这在长期将催生一个巨大的欧亚市场。④ 洲际开放和动态经济区的愿景必将对全球经济格局产生巨大的影响，成为新政治、经济秩序的基础。⑤

“一带一路”倡议引起了国际社会的众多反馈，大多数国家欢迎“一带一

① 参见孙久文、顾梦琛：《“一带一路”战略的国际区域合作重点方向探讨》，《华南师范大学学报》(社会科学版)2015 年第 5 期，第 85—92 页。

② Yong Wang, “Offensive for Defensive: The Belt and Road Initiative and China's New Grand Strategy”, *The Pacific Review*, Vol.29, No.3, 2016, pp.455-463.

③ Haiqing Wang, “Commentary: ‘Belt and Road’ Initiatives to Benefit Asia, beyond”, 2015-3-31, http://news.xinhuanet.com/english/2015-03/31/c_134113505.htm.

④ Tim Summers, “China's ‘New Silk Roads’: Sub-national Regions and Networks of Global Political Economy”, *Third World Quarterly*, Vol.37, No.9, 2016, pp.1628-1643.

⑤ Werner Fasslabend, “The Silk Road: A Political Marketing Concept for World Dominance”, *European View*, Vol.14, 2015, pp.293-302.

路”倡议的举措。经济结构调整和增长放缓刺激了中国寻求更多的海外市场的愿望，作为世界第二大经济体，中国可以投资海外市场，在全球范围内建立自己的供应链，而不是简单地向国外倾销产品。“一带一路”倡议与中国的经济崛起以及近期经济增长放缓有较强的联系。[①]

中国与邻国之间经济规模的巨大差异意味着，随着双边经济相互依存日益加深，中国具有更大的杠杆撬动能力。“一带一路”倡议鼓励中国企业走出去，为东道国当地经济发展做出贡献。在经济新常态下，中国的资本流动将对世界释放出发展红利。[②] 互联互通和基础设施建设在“一带一路”倡议中具有长远的意义，从历史来看，陆地上的联结是国家开展文化和商业活动的主要途径。丝绸之路是中国与亚洲其他地区以及欧洲之间的主要连接。自16世纪大发现以来，由于海路比陆路更优越，海洋逐渐成为现代商业活动和交流的主要途径。因此，陆地上跨国、跨大陆的联通已变得落后，内陆国家变得不发达，并且殖民体系占主导地位的海上强国的统治使一些即使是海洋定位的国家也欠发达。

“一带一路”倡议将深化陆地上的互联互通与海上联系。正如“一带一路”文件指出，“一带一路”贯穿亚洲、欧洲和非洲的大陆，一端联结着充满活力的东亚经济圈，另一端联结着发达的欧洲经济圈，涵盖了具有巨大经济发展潜力的众多国家。丝绸之路经济带通过投资基础设施和其他经济活动，建立一个紧密联系的经济区，涵盖亚洲、欧洲和非洲。21世纪海上丝绸之路倡议通过投资基础设施、港口网络、临港商务区等经济项目建设海上联结，将给重点合作领域带来新的增长潜力和新的秩序。

对丝绸之路经济带而言，目前其面临的挑战是政治稳定性以及来自极端势力和投资安全的威胁。21世纪海上丝绸之路面临的挑战是如何处理好与部分东盟国家在南海问题上的争端，以及通过南海和印度洋的海上航线带来的与印度在战略上的不信任。此外，美日的战略猜疑也很强，关于自由和安全航行的原则、海上供应链和物流网络，以及海洋资源开发都可以基于合作的精神予以解决。中国无意谋求海上竞争或通过21世纪海上丝绸之

---

① Junxian Gan and Yan Mao, “China's New Silk Road: Where Does It Lead?”, *Asian Perspective*, Vol.14, 2016, pp.105-130.

② Tim Summers, “China's ‘New Silk Roads’: Sub-national Regions and Networks of Global Political Economy”, *Third World Quarterly*, Vol.37, No.9, 2016, pp.1628-1643.

路获取主导权。[①]

亚洲开发银行认为，亚洲地区的基础设施仍需要大量投资，但亚洲开发银行和世界银行很难找到经济上可行的项目。如马来西亚继续发展其公路、高速路、机场等基础设施，然而铁路建设是该国基础设施的显著瓶颈，直到现在这一领域都是投资不足的基础设施领域。然而随着其经济发展水平的提高，目前它不能再像过去一样从发达国家或世界银行等国际组织那里获取优惠的基础设施项目融资和软贷款项目。亚洲开发银行估计，为维持东盟目前的经济增长趋势，在基础设施领域的投资将超过1万亿美元。

对于海上丝绸之路规划的中南半岛经济走廊，东盟国家在其中将发挥至关重要的作用，将进一步促进区域一体化。陆地和海洋的互联互通对贸易和安全非常重要，提高和扩大中国与东盟之间的互联互通非常重要，特别涉及新加坡、马来西亚、泰国、缅甸、越南、柬埔寨和老挝。东盟内部以及中国—东盟论坛、协议和互联互通的相关事项显示出它的重要性。有人建议在东南亚大陆通过一系列的公路和铁路连接中国与东盟。中国与东盟在2011年签署了基础设施建设指南，中国愿意加强规划、整合技术体系，加快重大项目的建设，尤其是高铁主干线与东盟公路、港口和机场的互联互通。例如，新加坡昆明铁路是“南宁新加坡经济走廊”建设计划的一部分，随着2013年昆明曼谷公路通车，南北经济走廊建设已初具规模，中国也在广西通往友谊关和东兴港的中越边境完成了高速公路的建设，从昆明到缅甸和越南边界的路也被升级改造了。

中国倡导的区域互联互通与东盟的规划不谋而合，海上丝绸之路倡议可以支持现有的许多双边和区域互联互通、经济联系的建议和协议。从这个角度看，海上丝绸之路倡议恰好切入了区域互联互通的期望。[②] 东盟国家一直是中国的主要贸易伙伴，自2010年推出中国—东盟自由贸易区(CAFTA)，不断改进制度合作，构建起越来越复杂的区域内供应链，推动了中国与东盟

---

① 徐赛兰(Sara Hsu)认为，侧重于软实力而非军事力量或经济胁迫等影响深远的外交政策，可以说是更加多元的全球化版本3.0，全球化版本3.0的一部分看起来更国际化、更合作、避免片面，期望建设一个更加和平、包容的全球化，这改变了发达国家与发展中国家之间的力量对比。Sara Hsu，“China's One Belt and One Road-globalization 3.0”，2015-6-3，http://triplecrisis.com/chinas-one-belt-one-road-globalization-3-0/.

② “Vice Premier Zhang Gaoli's Speech at China-ASEAN Expo”，2014-9-17，http://europe.chinadaily.com.cn/china/2014-09/17/content_18614066.htm.

双边贸易的快速发展。新的公路、铁路建设将促使中国日益成为这一区域生产网络、接收原材料和资本货物的中心。双向投资、大型基础设施项目、电子商务、跨境人民币交易的发展将在中国—东盟经济合作中发挥更大的作用。地理上的发展合作强调了互联互通对促进双向贸易、商务、旅游、人员交流以及合作解决共同关注问题的重要性。

除了基础设施升级，东盟国家还通过引入一站式的海关服务和统一的行政措施，加强区域互联互通。中国也愿意与东盟一起打造中国—东盟信息港，加强信息基础设施建设，促进次区域的可持续发展。例如，泰国与其他东盟国家合作引用了现代电子物流和一站出口服务中心以提高物流效率，老挝和越南在边境检查站推出了单一窗口检验，中国和泰国也正在努力简化各自的进口条例。

中国希望树立一个新的和负责任大国的形象，通过给"一带一路"沿线国家提供更好的互联互通和更大的经济效益来提高自己的声誉。通过"一带一路"建设，中国传播自己的一些发展经验，从而对国际经济体系发展做出贡献。比如，强调发展基础设施建设对发展中国家加快其现代化和增强包容性经济系统的能力具有重要的借鉴意义。新的金融机构如亚投行、丝路基金、新开发银行，将有助于建立一个公平的国际金融体系以符合全球治理发展的新形势。

"一带一路"建设包含两部分内容，其主要部分是有关国家的国内经济项目，另一部分是跨境基础设施网络，即公路、铁路、航空以及连接亚欧非地区的海运航线。然而互联互通并不仅仅意味着道路、铁路、港口、机场等"硬件基础设施"建设，还包括从政策支持到制度建设（如 FTAs 等）的"软件基础设施"发展。

由于"一带一路"沿线国家大多是发展中国家，金融设施薄弱，能力不足，许多人担忧"一带一路"建设项目投资面临着较高的风险。"一带一路"建设项目投资的安全性和效率的确至关重要。"一带一路"建设项目按照公私合作伙伴关系模式运作，其中私人投资发挥主要作用，而政府提供基本的支持。政府协议提供法律和政策支持，新的机构（如亚投行）将把控投资安全原则的布局。当然，还要面对投资安全性和效率以及长期基础设施项目的挑战。

"一带一路"建设已经取得了明显进展，中国已经与 20 多个国家签署了合作协议。“一带一路”倡议具有将经济欠发达和政治不稳定的“一带一路”沿线地区变成世界经济活力新支柱的潜能。这不仅会大大提高“一带一路”沿线地区人民的生活水平，而且会将“一带一路”沿线地区发展成为全球供应链的一个新的细分市场，从而促进世界经济的增长。

二、推动新型发展合作

在过去，发展合作主要关注发达国家向欠发达国家提供官方发展援助（ODA），有明确的援助框架指导、规划捐赠者和接受者的实践。目前，更复杂、多样化的发展合作方法使得这种架构正处于变革过程中，新参与者及新方法的出现大大拓展了援助的内涵。[①] 发展合作是动态变化的国际合作系统的一部分，它在国家、区域和全球层面上过于分散、协调性较差，同时参与者及新方法又层出不穷。[②]

发展合作的根本目的是改善贫困国家的生活条件，而捐赠者的援助在分配上一直由不同的动机驱使，其中包括援助接受者的需要以及捐赠者的利他动机[③]和捐赠者的利益[④]，而超越援助是另一种发展合作的方式。尽管新的超越发展合作援助模式在过去的十年里蓬勃发展，但总的来说仍处于起步阶段，关于超越援助的概念，业界存在较大的争议。超越援助作为一个总称，从不同的角度突出了发展合作的转变，部分是由充满活力的南南合作和发挥着越来越大作用的非国家行为者如非政府组织（NGO）、私人慈善基金会等，将其推到了前台。

最传统的发展合作活动是促进发展中国家与发达国家的经济趋同，使它们能够实现经济增长和结构转型。更广泛的国际发展架构的重新设计，包括国际贸易体系和国际金融体系，以及减缓气候变化、促进政策的连贯性以利于发展。因此在国家层面上，要把影响发展中国家发展合作目标的政

---

① Charles Gore, “The New Development Cooperation Landscape: Actors, Approaches, Architecture”, *Journal of International Development*, Vol.25, Issu.6, 2013, pp.769-786.

② Arnab Acharya, Ana Teresa Fuzzo de Lima, Mick Moore, “Proliferation and Fragmentation: Transactions Costs and the Value of Aid”, *The Journal of Development Studies*, Vol.42, Issu.1, 2006, pp.11-21.

③ Derek Headey, “Geopolitics and the Effect of Foreign Aid on Economic Growth: 1970-2001”, *Journal of International Development*, Vol.20, Issu.2, 2008, pp.161-180.

④ Jean-Claude Berthélemy, “Aid Allocation: Comparing Donors' Behaviors”, *Swedish Economic Policy Review*, Vol.13, 2006, pp.75-109.

策包括进来，还要考虑参与者的多样性以及协调行动的复杂性。新发展合作模式中参与者的增加以及发展合作模式的多样性引起了越来越多的关注，传统的援助发展合作结构治理模式已经不适应新的形势。

随着外商直接投资的迅速增长和结构性转变，国外汇款和全球化的金融流动也越来越重要，新发展合作的重要特征是政府发展援助作为发展中国家的一个主要的外部资金来源，其相对重要性显著降低。为解决目前全球和国家发展面临的挑战和问题，已经有越来越多国家关注超越援助的模式，在一个更广阔的发展合作模式下重新界定援助的角色。①

不同发展合作的方法植根于不同的发展合作模式，发展合作的分歧较大。南南合作通过提升国家生产力以促进经济的发展，确保经济增长的收敛具有可持续性和包容性。南南合作的重要特点是具有多样性，建立在共同的原则之上，在明确了相互平等、相互尊重、相互收益以及尊重国家主权的前提下，承担共同的责任，分享共同的经验。②

援助的捐赠者与接受者需要越来越多地寻求合作，以当地政府的良好治理包括政治改革和完善的市场体系为条件，调整、协调它们的资金和技术援助。但越来越多的证据表明，这并不是一个行之有效的方法。发达国家提供的援助资金越来越多地与其政治目标相挂钩，支持发展议程的援助所起的作用则有所减弱。发展中国家已经认识到援助本身不足以促进发展，因此它们也越来越不再依赖于援助，发达国家通过提供援助的方式来制定政策的能力也就有所下降。经合组织对 40 个发展中国家政府的调查发现，尽管存在经济和环境方面的巨大挑战，对发展合作的需求较大，但它们希望捐赠者提供资金以支持政府主导的部门项目，提供更多、更好的技术援助和政策支持以有利于撬动更多的私人资金投入。③

发展合作援助捐赠者之间迫切需要增加对话，甚至在某种范围内以共同的目的和更协调的方式与全球范围内的合作伙伴加强互动。然而，发展

---

① Heiner Janus, Stephan Klingebiel and Sebastian Paulo, "Beyond Aid: A Conceptual Perspective on the Transformation of Development Cooperation", *Journal of International Development*, Vol.27, No.2, 2015, pp.155-169.

② Charles Gore, "The New Development Cooperation Landscape: Actors, Approaches, Architecture", *Journal of International Development*, Vol.25, Issu.6, 2013, pp.769-786.

③ Robin Davies and Jonathan Pickering, *Making Development Co-operation Fit for the Future: A Survey of Partner Countries*, OECD Development Cooperation Working Papers, No.20, 2015.

中国家援助捐赠者并没有将它们的资金援助视为政府发展援助，它们探索将基于公平、信任、互惠互利和建立长期关系的模式作为目前发展合作模式的替代方式。

与传统的南北经济关系相比，“一带一路”倡议采取不同的方式共享资源，基于平等的伙伴关系共同发展、共享利益。“一带一路”倡议避免投资、知识共享、培训和技术转让与任何硬的或软的政治条件相挂钩。“一带一路”参与方作为平等的伙伴，这些国家、地方的政府应该承担起更大的责任，提供完整的高水平服务，满足建设项目的基本要求。“一带一路”倡议中，沿线伙伴国家要负责项目的规划、设计和运营，中国与参与“一带一路”建设国家是合作伙伴关系，中国投资者也必须与其他国家的投资者在公开、公平的条件下展开竞争。“一带一路”倡议提出的促进发展援助和合作的新思想、新战略，也需要在对发展中国家的资金、技术转让方面有所创新，以适应发展中国家的优先事项。

非洲在基础设施发展上落后于许多其他发展中国家。基础设施的落后导致很多企业的服务与其他地区相比成本较高。例如，在非洲的公路运输成本是美国的2—4倍，沿主要港口的出口运输时间是亚洲的2—3倍，西方捐赠者一般不从事大型硬件基础设施建设的援助，其大量的援助是面向社会部门或有限的基础设施部门，如对家庭健康有直接影响的供水和卫生部门。西方捐赠者从硬基础设施建设中退出的一个重要原因是它们认为私营部门可以填补这一空白。的确，私人投资已经满足了电信业的许多需求，电信业是非常适合私人运营的行业。然而电力、高速公路和铁路却难以吸引私人资金投入，这些部门的投资回报需要非常长的周期，加上欠发达国家的政治和经济不确定性，私人投资者需要非常高的回报率以弥补风险，其结果是导致了非洲目前的基础设施建设赤字。

中国作为非洲基础设施项目的主要参与者受到广泛的欢迎，中国有着援助非洲的悠久历史。国务院新闻办公室2011年发布了中国对外援助的第一个白皮书，据2011年白皮书，从20世纪50年代到2009年年底，中国对外援助额为2562亿9000万元，其中对非洲国家的援助占45.7%的份额。2014年7月10日，中国发布了对外援助的第二个白皮书。根据白皮书统计，2010—2012年，中国对外援助的总额为893亿4000万元，其中对非洲国家的援助占51.8%的份额。[①]

中国作为非洲国家的发展合作伙伴，提供资金以帮助非洲国家重点建设基础设施、促进经济发展。中国提供信贷资金支持，使非洲国家通过优惠贷款支持基础设施项目和建设新的公路、水电厂、医院和现代化的机场。大部分的融资优惠条件都符合西方官方发展援助的定义，同时中国高度重视以提供援助为手段，从根本上提高受援国的发展能力。中国不仅授人以鱼，最重要的是授人以渔，以帮助这些国家探索出一条自主发展的道路。

中国希望深化与受援国的关系，赢得受援国的民心。通过提供对外援助，中国展示了承担更多、更大的国际责任的意愿。项目建设集中于重点突破制约发展中国家发展的三个瓶颈，即基础设施落后、人才短缺和资金不足，以加快工业化和农业现代化，实现自主和可持续发展。中国主要以承接项目、提供资金的形式向受援国提供对外援助，中国负责项目建设资金的分配和使用，中国企业负责项目建设和管理，以确保资金的正确使用，提高援助项目的效率，确保资金不会被受援国的官员挪用或私吞。中国作为一个发展中国家，不认为对外援助是简单的捐赠，而是南南合作的重要形式，对外援助通过帮助受援国建设经济发展相关的项目，有利于推进中国和其他发展中国家互利双赢、共同发展。

中国的对外援助自2000年以来不断增加。在2015年12月的约翰内斯堡中非峰会上，习近平主席宣布中国政府对非洲的援助将翻倍，在未来2016年到2018年的三年内达到600亿美元，其中包括50亿美元的一揽子计划。非洲国家将以赠款和无息贷款的形式获得，以优惠贷款和出口信贷的形式获得350亿美元，另外50亿美元成立中非发展基金(CAFD)以支持中小企业的发展。中非发展基金由中国国家开发银行于2007年6月成立，初始资金10亿美元，未来逐步达到50亿美元。该基金的主要目的是通过过渡性融资、财务咨询、非洲特定管理建议、识别潜在的投资机会以及对接中国在非洲项目的投资者，促进中国在非洲的投资。以私募基金为工具支持贸易合作，明确了非洲的发展思路。事实上，基金成立后中国在非洲的投

① 参见《中国的对外援助(2011)》，2011年4月21日，https://www.gov.cn/gzdt/2011-04/21/content_1849712.htm；《中国的对外援助(2014)》，2014年7月10日，https://www.gov.cn/zhengce/2014-07/10/content_2715467.htm。

资开始明显回升。[①]

国有企业曾经是中国海外投资的“领头羊”，但现在中国进入非洲的直接投资中近一半来自较小的私人投资者。同时中国个人纷纷在非洲批发和零售业、餐饮业和制造业设立企业，中非发展基金指明了中国与非洲之间合作的新路径，私营部门在积极参与非洲市场、承担风险方面可以发挥重要的作用。中非发展基金更重要的作用是保证中国企业通过合作伙伴的投资方式很容易地实现参与实体之间风险的分担，这促进了“双赢”策略的实现，无论是非洲还是中国的企业均会从投资中受益，这也有利于引导非洲企业和政府努力设计出盈利可行性高的项目，同时使当地民众受益。中非发展基金还承担起确保投资必须符合社会和环境标准的责任，满足创造就业机会、提升民众福利和符合本地标准的要求。中非发展基金资助的项目建设还有助于给非洲国家带来更多的税收和出口。

近年来，中国承诺对非洲基础设施的投资不断增加。例如据报道[②]，2015 年中国最大的铁路承建商中国铁路建设总公司(CRCC)在非洲签署的两大建设订单总额近 55 亿美元，包括一个在尼日利亚的城铁项目(35 亿 600 万美元)和一个在津巴布韦的住宅建设项目(19 亿 3000 万美元)。中国在非洲的投资已不再局限于自然资源开发和基础设施建设，越来越多的公司在非洲寻找新的市场，这些工程公司、机械出口商和其他中国企业建立了规模和竞争优势，它们需要寻找到新的投资机会和创造就业机会。非洲提供了广阔的投资机会，目前对非洲投资的资金远远不能满足非洲国家对投资的需求。由中国的外汇储备和中国进出口银行联合成立的中国非洲产业能力合作基金，初始资本 100 亿美元，主要投资于非洲国家的制造业、高新技术、农业、能源、基础设施和金融等领域。

中国更多的劳动密集型制造企业正在广阔的非洲大陆寻找发展机会，这为非洲提供了良好的就业机会。非洲有大量的青年人口，年龄在15 岁到 24 岁的年轻人超过 2 亿，然而约有 60%的年轻人是失业者。中国把更多的劳动密集型制造业转移到非洲以加快非洲国家发展工业，投资应该符合非

① “President Xi Jinping Delivers Speech at FOCAC Summit”, 2015-12-5, http://english.cri.cn/12394/2015/12/05/4083s906994.htm.

② “China Inks 5.5 bl. USD Infrastructure Construction Contracts in Africa”, 2015-4-27, http://news.xinhuanet.com/english/2015-04/27/c_134189494.htm.

洲不同国家的发展重点，更加注重技术转移，增加本地的增加值以及创造就业机会。

从地理上看，“一带一路”建设覆盖了60多个国家的广大地区，它需要所有相关合作伙伴的积极参与和密切合作。“一带一路”建设遵循的原则是，在满足所有参与者利益的基础上，通过协商共同建设，努力整合所有参与者的国家发展战略。大多数“一带一路”沿线国家和地区是发展中经济体，人均GDP水平仍然很低，不到世界平均水平的一半。任何单独的国家都不可能建立一个良好的基础设施网络。“一带一路”倡议作为一项集体议程，无论是通过合作伙伴还是通过新建立的机构之间的合作，有助于动员、聚集资源。[①] 事实上，为了满足新的需求，对新机构的建设赋予了高度期望。比如，由于基础设施的发展需要长期的投资，公共资金和金融机构的合作支持至关重要。亚投行是基础设施发展合作融资的新型模式，有助于打破长期投资的瓶颈约束。亚投行的运作将严格遵循国际公认的原则，由其成员共同做出决策。既要适应新的需求，又面临新的挑战；既要改革现有的国际机构，又要建立新的国际机构。国际社会欢迎新的举措和行动，亚投行旨在为世界经济带来新的动力，尽管美国和日本拒绝参与亚投行，但来自亚洲、非洲和欧洲的许多国家都积极加入亚投行并成为其创始成员国。中国作为新兴的力量，以负责任的姿态提出新的倡议，一方面可以在全球发展中发挥更大的作用，另一方面也为全球发展做出更多的贡献。[②] 亚投行能够提供专业和灵活的投资资金、技术帮助，及时响应、满足伙伴国家项目的需求。这些国家申请亚投行的援助时，必须保证自己拥有配套资金和足够的能力。

事实上，由于基础设施投资额大，预计在未来几年还会进一步增加，所有的发展中国家在满足其基础设施需求方面都面临着巨大的压力。联合国贸易和发展会议估计，为实现2030年可持续发展目标（SDGs），发展中国家每年需要投资3.3万亿至4.5万亿美元（需要超过目前投资金额约2.5万亿

---

① 恰如观察到的现状，一国融资建立新的港口及相关运输设施或升级现有的设施，将会非常欢迎新的援助者和融资提供者，增加区域互联互通将促进贸易和商业，使参与国家能够更有机会进入巨大的中国市场，同时吸引急需的投资。“China's ‘One Belt, One Road’ To Where?”, 2015-2-18, http://thediplomat.com/2015/02/chinas-one-belt-one-road-to-where.

② 穆罕默德·阿齐祖尔·哈克（Muhammad Azizul Haque）认为，中国筹资承担全球责任明显体现出中国努力确保中国和世界的和平、稳定与发展。这体现在中国提出了建立亚投行、金砖国家新开发银行、上合组织、亚信会议（CICA）等。Muhammad Azizul Haque, “One Belt, One Road Initiative of China”, 2014-9-4, http://www.chinadaily.com.cn/m/gansu/2014-09/04/content_18545901.htm.

美元)，这些投资主要集中在基础设施项目(电力、电信、交通、水、卫生)以及与基础设施相关的具体项目(如食品安全、减缓和适应气候变化、健康和教育)。实施2030年可持续发展议程对一些国家运用全球资源有重要意义，包括公共和私人基础设施投资。[①]

在资金来源方面，发展合作传统上是通过双边和多边捐赠者的资助。但研究表明，一半以上的基础设施融资是由发展中国家政府自己承担的，约1/3的融资来自国内和国际的私营部门。发展援助的份额在6%—7%的较低水平上。[②] 这表明需要新型的发展援助和合作模式。“一带一路”倡议中的公私伙伴关系(PPP)模式提供了新的发展合作框架，这使得私人融资更安全和有保障。过去的经验表明，在电力、电信、运输和供水等领域，发展中国家的外商直接投资份额较少，现有的投资相对于满足可持续发展议程所需要的有效资源而言仍只占一小部分。

亚投行是基础设施建设驱动经济发展模式在国际上的自然拓展，经济的长期增长可以通过大量的、系统的、广泛的基础设施投资来推动。新开发银行是由金砖国家(巴西、俄罗斯、印度、中国和南非)建立的一家多边机构，通过贷款、担保、参股或其他金融工具支持公共或私人项目。它的目的是通过项目帮助国家建立发展计划，实现社会、环境和经济的可持续发展，促进基础设施和可持续发展项目给成员国的经济增长带来重大影响。从未来的角度来看，成立更多的以发展为导向的新型机构是必要的，它能为包容性发展带来新的活力。

“一带一路”倡议是及时的，由于结构的变化，目前世界经济正处于非常困难的时期，因为收入分配的差距，国内和跨国发展水平不平衡，加之贸易和投资等因素的影响，反全球化趋势呈加强状态。基于双赢和共享的“一带一路”倡议对公共和私人投资更具吸引力，有助于创造对发展中国家有利的内部和外部贸易环境，进而促进经济增长。更重要的是“一带一路”是合作倡议，而不是战略竞争，它给培养合作精神、创造共同利益带来了机会。

---

① UNCTAD, *World Investment Report 2016*, United Nations Publications.

② Kaori Miyamoto and Emilio Chiofalo, *Official Development Finance for Infrastructure: Support by Multilateral and Bilateral Development Partners*, OECD Development Cooperation Working Papers, No.25, 2015.

三、"一带一路"建设面临的困难

协商一致共同建设"一带一路"的共识是至关重要的。虽然"一带一路"建设能够惠及所有合作伙伴,但许多政客和媒体仍将它视为中国的项目,只给中国带来利益。由于中国是一个正在崛起的大国,外界对中国提出"一带一路"倡议的意图仍有猜疑[①],因此更多的磋商是非常必要的。由于"一带一路"倡议涵盖了双边和区域议程,在不同的层次的协商是必要的。建立信任和得到合作伙伴的充分支持的关键努力之一是将"一带一路"倡议下的项目与沿线国家的规划和发展计划相对接。同时新开发机构与世界银行、国际货币基金组织、亚洲开发银行等国际金融机构的合作也十分重要。虽然"一带一路"倡议聚焦于发展,但它对政治关系、区域安全以及社会文化关系等都具有重要的影响。加强在这些领域的合作,在促进发展的过程中是必不可少的。

对于中国而言,国内对"一带一路"倡议正确地理解和持久地推动对其实施非常重要。虽然目前中国领导人特别是习近平总书记对"一带一路"倡议给予了极大重视,但地方政府官员和企业界对新发展合作取得共识的努力还有待提高。其中,一些人可能把"一带一路"倡议当作促进贸易、投资或淘汰落后产能的一项外向型的战略,还有一些人认为"一带一路"倡议是政府主导的战略,以支持中国企业走出去,并获得项目合同。[②]

对合作伙伴而言,由于不同的国情和复杂的国内政治、社会情况以及面临着治理和资源的约束,"一带一路"建设可能成为政治争端议题甚至一些项目会中途夭折。在一些国家,极端恐怖主义是打击潜在投资者信心的消极因素。涉及不同国内组织之间的利益分配与协调的挑战,有时可能会延迟甚至阻滞项目的实施。[③] 部分专家和商业界对国家或跨国大型项目风险提出预警,如建立一个中国西北与欧洲联系的庞大走廊经济区,要受很多因

---

① "China's 'One Belt, One Road' To Where? ", 2015-2-18, http://thediplomat.com/2015/02/chinas-one-belt-one-road-to-where.

② Scott Kennedy, David A. Parter, "Building China's One Belt, One Road", 2015-4-3, https://www.csis.org/analysis/building-china's-"one-belt-one-road".

③ Bin Sheng and Feng Li, "An International Political and Economic Analysis of 'One Belt and One Road' Initiative", *Nankai Journal (Philosophy, Literature and Social Science Edition)*, No.1, 2016, pp.52-64.

素的影响,其中包括距离、地理特征、成本、安全、施工时间以及不同性质的合作伙伴等。

中国作为"一带一路"建设的倡导者,需要协调国内利益,评估不同商业项目风险,制定双边经济贸易协定和规则,促进和推广成功的合作模式,构建关键的创业项目,寻找与各国家之间关于发展经济、政治合作、安全保障和人员交流的契合点。"一带一路"建设特别强调要让中国的意图和利益与沿线国家当地的发展规划和优先项目相对接。

中国与许多国家和地区签订了协议来共同建设"一带一路",包括俄罗斯、蒙古国、中亚、中东欧、非洲、南亚以及东盟的国家。一些重大项目,如对接俄罗斯—欧亚经济联盟和欧亚铁路、蒙古草原之路,中国与东盟一些成员国的高铁建设等都有所进展。中国还宣布,一个跨非洲的基础设施网络将在"一带一路"倡议下与非洲国家合作建设。[①] 基础设施作为发展强大的经济联系和更好的政治合作的基础正在积极地推进建设中。[②]

中巴经济走廊是"一带一路"建设取得共识下的一个绝佳例证,中巴之间相互信任,因而很容易达成协议。中巴经济走廊能够帮助中国保障能源供应,也有助于巴基斯坦吸引大量投资,将巴基斯坦发展成一个区域经济中心。另一个例子是中蒙俄经济走廊,在过去很长的一段时间里,由于安全和战略问题,蒙古国采取了"第三方外交",旨在平衡与中国和俄罗斯的关系。"一带一路"倡议有助于消除不信任,促进三国之间的密切合作。中蒙俄经济走廊建设将集中在促进贸易投资、跨境经济合作区和跨境运输线等领域。当然,"一带一路"建设是一个漫长的过程,而不是一个短期项目,取得共识贯穿整个建设过程中,其关键是保持动力和可持续性。

根据亚行的一项研究报告,亚洲发展中经济体的基础设施投资有巨大的需求,例如中巴经济走廊下的基础设施项目就需要400亿美元的投资。[③] 如何为基础设施项目获取如此巨大的融资对"一带一路"建设至关重要。一般来说,有四种融资方式:(1)来自东道国的初始资本,但几乎所有的发展中

---

① Yong Wang, "Offensive for Defensive: The Belt and Road Initiative and China's New Grand Strategy", *The Pacific Review*, Vol.29, No.3, 2016, pp.455-463.

② Werner Fasslabend, "The Silk Road: A Political Marketing Concept for World Dominance", *European View*, Vol.14, 2015, pp.293-302.

③ 参见《亚行关于亚洲基础设施投资需求为8万亿美元的测算说明》,2015年2月3日,http://finance.china.com.cn/roll/20150203/2942741.shtml。

国家的能力都是有限的;(2)外国投资者,由于长期的利润回报率较低和面临不确定性风险,他们的投资通常都非常谨慎;(3)国际金融机构的贷款,如世行、亚行等,通常只有有限的资金;(4)从发达国家获得的官方发展援助,受到越来越严格的限制。因此,"一带一路"建设面临的挑战是在基础设施融资问题上,每一个参与方只有有限的潜能。

"一带一路"倡议旨在建立一个广泛而具有包容性的合作框架和可靠的发展环境,使所有的资源能够聚集起来,同时建立新的金融机构为基础设施及其相关领域建设提供融资。例如,成立亚投行以提供金融支持,将促进相关国家的基础设施的互联互通。① 但是亚投行、丝路基金、新开发银行的规模都太小。各金融机构和公司之间的密切合作非常重要,在某些情况下,特别是对大型跨国项目建设,银团贷款是可行的模式。通常跨国项目融资的可持续性难以管理,考虑到不同的文化、法律制度和其他制度与政策,在国外经营一个项目存在较大困难,更不用说管理如此多具有不同政治制度和社会信仰的跨国项目②,因此有必要与合作伙伴或有关国家建立协调机制和合作设施。

在过去美元曾经是贷款和其他投资资本的主要货币,由于资本需求巨大,需要开展多种货币互换业务,包括双边和多边的货币互换安排。人民币的作用应加强,中国与许多国家签订了人民币互换协议,这有助于更多地将人民币用于基础设施融资。基于与中国签署的协议或担保,可以发行人民币债券为项目融资。可以鼓励人民币成为"一带一路"沿线国家在跨境贸易结算中的主要货币,"一带一路"沿线国家可能使用人民币作为央行外汇储备。实际上,人民币在商品贸易、基础设施融资、电子商务结算中有巨大的发展潜力,这表明拓展诸如银团贷款、发行债券等人民币融资渠道,提高人民币离岸对冲风险的功能,不仅有利于金融和商业部门的发展,也有利于推动人民币离岸市场的发展。③

虽然"一带一路"倡议在创造新的经济支柱和促进经济发展的新政策思

---

① Guobin Liu, "On AIIB's Role of Financial Support in the Belt and Road Initiative", *Northeast Asia Forum*, No.2, 2016, pp.58-66.

② Yiping Huang, "Understanding China's Belt & Road Initiative: Motivation, Framework and Assessment", *China Economic Review*, Vol.40, 2016, pp.314-321.

③ "Leaders of Multinational Companies Seek Further Cooperation through Belt and Road Initiative", 2016-5-18, http://news.xinhuanet.com/english/2016-05/18/c_135369616.htm.

路方面提供了重要的机会,但它也面临着巨大的风险和不确定因素,如地缘政治风险管理、国际政策协调和跨国项目融资的可持续性等。[①] 作为一种新的区域经济合作模式,“一带一路”倡议将有助于推动国家之间的深度一体化,解决在低制度化合作机制、低标准化程度的经济规则条件下影响经济发展的自然障碍。“一带一路”倡议依然面临着非常复杂的规则风险,尤其在国际体系、跨国系统和企业管理方面,需要在全球、区域和双边层面上完善规则和制度。[②]

“一带一路”建设是一项系统而复杂的长期工程,面临着多重风险和挑战,“一带一路”沿线国家的政治制度和经济制度差异较大。由于历史、宗教、边界的划定和自然资源等因素,沿线国家之间的关系也复杂多样。这需要投入大量的外交资源解决各国之间的合作问题,有时会因社会和文化差异而导致关系进一步恶化。一些国家的民族主义者反对大规模的开发项目,他们担心这样的发展最终会导致当地居民失去对自然资源的控制。一些地方领导人和居民也怀疑他们是否能从项目的承诺中得到收益。

“一带一路”倡议跨越广阔的地区,各国需要有效的合作协调机制,一些现有的组织和安排如上海合作组织能够满足各国之间的对话和交流需要,但其严重依赖双边协调机制,虽然具有一定的灵活性,却会牺牲政策合作的一致性。“一带一路”倡议包含了五个合作优先领域,如果没有一个有效的协调机制,大多数优先事项均面临困难。许多沿线国家都是最不发达国家,相互之间联系不畅,道路条件差、等级低,铁路技术标准多样化增加了运输周转环节而导致低效率。在所有国家建设跨境高速铁路以确保相同的标准程序、效率和安全性可能是相当困难的。由于海上运输信息共享有限,一些国家频繁发生海上安全事故,为了改善这种状况,需要大量的投资,但这些项目不可避免地要长期等待才能实现投资利润。

中国、美国以及日本之间的战略竞争使得“一带一路”建设面临更加复杂的发展环境。美国和日本表达了它们对中国“一带一路”倡议的极大关注,要么设法劝阻其盟友加入倡议,要么在竞争优势较大的领域设置不同的

---

① Tim Summers, “China's ‘New Silk Roads’: Sub-national Regions and Networks of Global Political Economy”, *Third World Quarterly*, Vol.37, No.9, 2016, pp.1628-1643.

② Xueli Ma, “The Research on the Rule-Risks of ‘the Belt and Road’ Initiative”, *Asia-Pacific Economic Review*, No.6, 2015, pp.3-8.

议程。如日本拒绝加入亚投行，为自己的优先项目设立发展基金。中日之间在高铁项目和其他一些项目上存在激烈竞争。美国竭力推出自己的“新丝绸之路”计划，制定印度—太平洋战略。事实上，“一带一路”倡议对所有有兴趣的国家是开放的。南海纠纷也给“一带一路”建设带来了负面影响。①

“一带一路”倡议的显著特点是中国将其作为重要的合作平台，其中互联互通是关键，而构建国际秩序的合作是一个多维度、开放的过程。在全球经济地理深刻变化的背景下，“一带一路”倡议可以被视为包含了跨国因素的空间规划，通过基础设施投资刺激全球经济的项目，为构建新的国际合作和国际秩序探索新的方法。② “一带一路”倡议能够为中国拓展新市场提供机会，有助于促进中国的经济结构调整和转型，通过新的思路和途径探索新型的发展合作模式。“一带一路”倡议以平等参与、利益共享的方式惠及所有参与方，同时在建设过程中通过培育公私伙伴关系以体现这一精神。③

虽然中国在“一带一路”倡议中起着主导性的作用，但它无意主导整个过程或谋求霸权。相反，中国希望基于平等、公开、公平的原则建立新秩序，这对区域和全球的和平、合作与发展是至关重要的。④ 目前虽然还没有一个成型的中国发展模式，但可以通过实验和适应性学习进行多方面的探索和努力，虽然这一过程要面临重大的挑战和困难，甚至是失败。作为一个学习的过程，发展合作的转型可以为中国与“一带一路”沿线国家创建链接和协同。“一带一路”倡议超越了传统的“富国—穷国”援助的方法，它将一个更广泛的框架，结合区域和国际机构各种资源，包括传统的援助和新的创新工具，开放给发达国家和发展中国家。

“一带一路”倡议扩大了知识和资源的转移，开辟了从特殊的发展合作历史经验中交流和学习的机会，所有的合作伙伴都在寻求新的、更平等的发展合作模式，以新的地缘政治和逻辑认知，超越政府不应该参与市场规则制定的新自由主义框架。通过经济走廊建设、亚欧交通运输网络和海运枢纽

---

① Fengzhi Huang and Rui Liu, “The Japanese Perception of ‘the Belt and Road Initiative’ and China's Response”, *Contemporary International Relations*, No.11, 2015, pp.37-43.

② Zhongping Feng and Jing Huang, “Sino-European Cooperation on the Belt and Road Initiative: Drive, Dynamics, and Prospect”, *Contemporary International Relations*, No.2, 2016, pp.9-15.

③ Yunzhen Bai, “The Belt and Road Initiative and the Transformation of Chinese Foreign Aid”, *World Economics and Politics*, No.11, 2015, pp.53-71.

④ Yunling Zhang, “Recurrence of China's Regional Conception and New Regional Order”, *World Economics and Politics*, No.1, 2015, pp.5-25.

的支持,"一带一路"建设已经取得了一些早期收获,但是"一带一路"建设还面临许多挑战。如由于地缘政治角逐带来的政治风险可能给中国政府提供的优惠融资项目带来金融风险。[①] 要在发展合作中取得进展,需要提出新的思路和制度,这并不意味着要消除现有的机构,而是通过结合新倡议(如"一带一路"),改革现有的援助和融资模式,进而建立新的合作伙伴关系框架。[②]

(本文原载于[印]阿玛迪亚·森、刘民权、夏庆杰等编:《新时代国际经济发展与合作:"一带一路"倡议》,中国人民大学出版社 2018 年版,略有调整。中国社会科学院亚太与全球战略研究院张中元博士参与研究)

① Ying Yu, "The Mode of Chinese External Foreign Infrastructure Investment and Regulation on Political Risks: From the Perspective of One Belt and One Road Geopolitics", *On Economic Problems*, No.12, 2015, pp.8-14.

② 2016 年 9 月 19 日,为促进"一带一路"建设,中国与联合国开发计划署共同签署了一份谅解备忘录,使得"一带一路"拓展到联合国组织。